Lyriktheorie

Texte vom Barock bis zur Gegenwart

Herausgegeben von
Ludwig Völker

AF197743

Philipp Reclam jun. Stuttgart

RECLAMS UNIVERSAL-BIBLIOTHEK Nr. 8657
Alle Rechte vorbehalten
© 1990 Philipp Reclam jun. GmbH & Co. KG, Stuttgart
Durchgesehene und bibliographisch ergänzte Ausgabe 2000
Gesamtherstellung: Reclam, Ditzingen. Printed in Germany 2011
RECLAM, UNIVERSAL-BIBLIOTHEK und
RECLAMS UNIVERSAL-BIBLIOTHEK sind eingetragene Marken
der Philipp Reclam jun. GmbH & Co. KG, Stuttgart
ISBN 978-3-15-008657-5

www.reclam.de

Inhalt

Einleitung

I

»Es leben jetzt, die wenigen ausgenommen, die selbst im Lyrischen etwas Echtes hervorbringen, keine fünf Menschen in Deutschland, welche über diese zartesten Geburten der Seele ein Urteil hätten.«

Diese Feststellung Friedrich Hebbels aus dem Jahr 1838[1] kann als ein frühes und markantes Zeugnis jener Auffassung gelten, wonach Produkte der lyrischen Gattung in besonderer Weise der Gefahr ausgesetzt sind, zum Opfer eines kritisch-ästhetischen Fehlurteils zu werden, und wonach das Reden über Lyrik ein Feingefühl voraussetzt, das nur ganz wenigen gegeben ist. Zwei Generationen später wird Hugo von Hofmannsthal seinem Versuch, angemessenes Reden über Lyrik in der dialogischen Form eines sympathetisch-freundschaftlichen *Gesprächs* zu ermöglichen (vgl. Text Nr. 52), diesen Satz Hebbels voranstellen, als Zeichen der Warnung vor falschen Einstellungen gegenüber einem Thema, über das sich nach Hofmannsthals Überzeugung »mehr in Metaphern als in dürren Terminologien« reden läßt.[2] Unter einer bestimmten Perspektive scheint die Frage, was Lyrik sei, mit der anderen Frage, ob und in welcher Form angemessenes Reden über Lyrik überhaupt möglich sei, nahezu identisch zu sein. Und daß dies seine Gültigkeit bis heute behalten hat, bezeugen die Ausführungen, die in einer neueren dichtungs- und lyriktheoretischen Abhandlung, *Sprache und Verwandlung* von Johannes Anderegg (vgl. Text Nr. 83),

---

1 Friedrich Hebbel an Elise Lensing, 27. April 1838 (Friedrich Hebbel, *Werke*, hrsg. von Gerhard Fricke, Werner Keller und Karl Pörnbacher, 5 Bde, München 1963–67, Bd. 5, S. 509).

2 Hugo von Hofmannsthal an Stefan George, 27. Juli 1903 (*Briefwechsel zwischen George und Hofmannsthal*, hrsg. von Robert Boehringer, Berlin 1938, S. 193).

dem Thema »Reden über das Gedicht« und der Gefahr des
»Am-Gedicht-Vorbeiredens« gewidmet sind.

Kann über Lyrik gar nicht, oder wenn überhaupt, dann nur in
einer besonderen, den Spielregeln diskursiver Rationalität
enthobenen Sprache geredet werden?

Man könnte versucht sein, die Warnung vor unangemesse-
nem Reden über Gedichte nicht als das aufzufassen, als was
sie sich darstellt, nämlich als Feststellung eines mit der besonderen Beschaffenheit des Gegenstands zusammenhängenden
objektiven Methodenproblems, sondern als Kundgabe eines
vorgefaßten subjektiven Dichtungs- und Lyrikverständnis-
ses, dem »Lyrik und Logik« (vgl. Text Nr. 63) an sich schon
als unvereinbar gelten und dem das Gedicht nur als willkom-
mener Beweis für ein generell irrationales Kunstdenken
dient. Beispiele für solches Denken wären in seiner Funktion
sowohl als allgemeiner Bestandteil deutscher Literatur- und
Geistestradition wie als angewandte Lyriktheorie leicht zu
benennen.

Es muß jedoch zu denken geben, daß selbst ein Mann wie
Brecht, der sich nicht scheut, die Lyrik den strengen Maßstä-
ben rationalen Denkens zu unterwerfen und z. B. gänzlich
unschwärmerisch die Frage nach dem »Gebrauchswert« von
Gedichten zu stellen (vgl. die Texte Nr. 59 und 63), in der
Frage der theoretischen Festlegung von Lyrik zur Vorsicht
rät – und sich dabei auf sein ›Gefühl‹ beruft: »Was die Lyrik
betrifft, so gibt es ebenfalls in ihr einen realistischen Standpunkt. Ich fühle aber, daß man ganz außerordentlich vorsich-
tig vorgehen müßte, wenn man darüber schreiben wollte.«[3]
Auch wer nicht bereit ist, der Lyrik unter den Gegenständen
ästhetischer Reflexion eo ipso einen Sonderstatus zuzugestehen oder sich gar der Meinung anzuschließen, ein Gedicht
könne nur durch ›Einfühlung‹, durch die genaue Reproduktion seiner selbst im Nachvollzug des Lesens und Hörens,
angemessen erfaßt werden, sieht sich mit der Tatsache kon-

---

3 Bertolt Brecht, *Gesammelte Werke in acht Bänden*, Frankfurt a. M. 1967,
　Bd. 8, S. 300.

frontiert, daß die neuzeitliche Gattungspoetik und Ästhetik sich außerordentlich schwer tut, die Lyrik auf einen überzeugenden Nenner zu bringen. Bei aller Einseitigkeit und Blickverengung, die für die Geschichte der deutschen Lyriktheorie vielfach charakteristisch ist, gibt eine Reihe durchaus unverdächtiger Zeugen begründeten Anlaß zu der Vermutung, daß die Möglichkeit des Redens über Lyrik erkauft wird entweder um den Preis des Verzichts auf diskursive Rationalität oder aber um den Preis der Fixierung auf Nebensächliches zu Lasten entscheidender, als konstitutiv für das Wesen lyrischer Dichtung angesehener Momente.

II

Das Problem des angemessenen Redens über Lyrik ist nicht zuletzt ein Problem der äußeren Form, der Wahl der Textsorte und der mit ihr gegebenen Bedingungen sprachlicher Mitteilung und Erkenntnis.

Die in der vorliegenden Sammlung zusammengestellten Texte zeigen hierin eine beträchtliche Spannweite. Der Typus der *Abhandlung*, sei es in ihrer methodisch-logischen Form, sei es in der freieren Form des *Essays*, stellt zwar das Hauptkontingent der Texte (Nr. 7, 9, 10, 12, 13, 18, 34, 50, 54, 56, 60, 62, 66, 70, 71, 74, 75, 77, 82, 83), ist aber keineswegs die Norm, ebensowenig der Typus systematischer Darstellung in Form der akademischen *Vorlesung* (Texte Nr. 25, 30, 31, 37) oder des systematischen *Lehr- und Handbuchs* (Texte Nr. 1–5, 11, 15, 16, 26, 27, 39, 41, 45, 49, 57, 67). Wie nicht anders zu erwarten, spielt das Moment der Verbindung theoretischer Reflexion mit praktisch-kritischer Lektüre eine wichtige Rolle und schlägt sich in Formen wie der *Rezension* (Texte Nr. 8, 17, 33, 36, 40, 43, 44, 59) oder des *Vor-* oder *Nachworts* zu Lyrik-Anthologien nieder (Texte Nr. 14, 47, 81). Ungewöhnlich viele Texte haben, darin die Schwierigkeiten einer klaren Wesensbestimmung spiegelnd, *Entwurfs-* und *Fragment*charakter (Texte Nr. 9, 13, 20, 22, 28, 46, 79)

oder präsentieren sich mit der Kühnheit zugespitzter Verallgemeinerung in der Form des *Aphorismus* (Texte Nr. 21, 23,
38). Neben der demonstrativ-programmatischen Darstellung
in *Vortrag* und *öffentlicher Rede* (Texte Nr. 68, 69, 72, 73, 78,
80) findet sich die eher private Niederschrift und Erörterung
in *Tagebuch, Brief* oder *Autobiographie* (Texte Nr. 10, 19,
38, 42, 58, 65).

Gewiß ist die Handhabung der einzelnen Muster äußerst vielfältig und die Wahl der äußeren Redemittel nicht immer in
gleicher Weise das Ergebnis einer bewußten Entscheidung.
Sicher aber eröffnet oder verschließt andrerseits die mit der
Redeform gegebene Denkform Perspektiven der lyriktheore-
tischen Reflexion, die bei der Wahl einer anderen Redeform
eine andere Rolle spielen würden. Wenn es als ein Problem
angesehen werden muß, beim Reden über Gedichte deren
Wesen nicht zu verfehlen und die ihnen angemessene Sprache
zu finden, so dürfen die Ursachen für ein Scheitern oder
Gelingen nicht im individuellen Reden allein gesucht werden.
Mitbeachtet werden muß die Kraft der institutionalisierten
Sprach- und Redeformen, deren sich der einzelne Versuch als
Vehikel und Werkzeug seiner Erkenntnis bedient. Um es an
drei Beispielen deutlich zu machen: Daß Hugo von Hofmannsthal sich für die Form des *Gesprächs* entscheidet (Text
Nr. 52), daß Robert Musil seine Vorstellungen zur Lyrik in
enger Verbindung mit einer Theorie des *Essays* entwickelt
(Text Nr. 60), daß Paul Celan in seiner Büchner-Preis-Rede
dabei ist, die Grenze diskursiver Durchsichtigkeit, die von
öffentlicher Rede zu erwarten ist, zur Bildsprache der Lyrik
hin zu überschreiten (Text Nr. 73), dies weist auf die Bedeutung der Sprachform für das Denken und illustriert den vorliegenden Sachverhalt, und es ist bezeichnend, daß, um ein
weiteres Beispiel zu nennen, an der Stelle, an der zuerst eine
intensive, lang anhaltende Bemühung um den Lyrikbegriff zu
konstatieren ist, nämlich bei Herder, mit der Frage nach dem
Wesen lyrischer Dichtung zugleich auch die Frage nach der
ihr gemäßen Begriffssprache und Erkenntnismethode gestellt

wird, und dies zudem in einer Sprache, die selbst Züge desjenigen aufweist, was mit ihr erkannt und definiert werden soll (Text Nr. 9). Die Schwierigkeiten im Umgang mit Lyrik sind nicht zuletzt auch darauf zurückzuführen, daß die Sprache und Denkform der Lyrik mit der Sprache und Denkform ›normalsprachlicher‹, kulturell dominierender Erkenntnis- und Kommunikationstechnik in einem Verhältnis der Abweichung und des spannungsvollen Gegensatzes steht.

III

Die oben angeführte Äußerung Hebbels ist in einer weiteren Hinsicht bemerkenswert: Indem Hebbel die »wenigen, die selbst im Lyrischen etwas Echtes hervorbringen« heraushebt und ihnen eigene, unbestrittene Kompetenz zugesteht, trägt er dazu bei, dem Kriterium eigener praktischer Erfahrung als wesentlichem Qualifikationsmerkmal theoretischer Erkenntnis Geltung zu verschaffen. Es liegt auf der Hand, daß dieses Kriterium in einem Falle wie dem vorliegenden, wo schon die Wahl der richtigen Sprache und Methode Probleme aufwirft, besonderes Gewicht erhält.

Nicht alle hier zusammengestellten Texte stammen von Leuten, die im Umgang mit Lyrik über entsprechende Erfahrungen aus erster Hand verfügen, und gewiß wäre es verfehlt, solchen Texten automatisch eine geringere Aussagekraft zuzugestehen, wie es unangebracht wäre, den Texten derjenigen, die selbst Gedichte schreiben, einen höheren Wahrheitsanspruch zuzubilligen. Die Tatsache praktischer Erfahrung allein begründet noch keine theoretische Kompetenz, wie umgekehrt die abstrakte theoretische Reflexion zu gültigen Erkenntnissen durchaus in der Lage sein kann. Immerhin scheint, auch unter dem allgemeineren historischen und wissenschaftstheoretischen Aspekt, unter dem das Verhältnis von Lyrik und Lyriktheorie zu sehen ist, der Umstand nicht unerheblich zu sein, daß die vorliegenden Texte nach Qualifikation, Bildung und praktischer Kompetenz ihrer Verfasser sich unterscheiden und daß sich das Gewicht und der Anteil der einzelnen Richtungen im Lauf der Zeit auf signifikante Weise verschieben, so daß daran Veränderungen des lyriktheoretischen Denkens abzulesen sind, die ihrerseits in einem Zusammenhang mit Veränderungen im allgemeinen kulturgeschichtlichen Rahmen stehen.

Drei Textgruppen lassen sich unterscheiden:

1. ›Autorpoetische‹ Lyriktheorie von Verfassern, die »selbst im Lyrischen etwas Echtes (bzw. auch nur: etwas[4]) hervorbringen« und diese poetische Erfahrung als erkennbaren Bestandteil ihrer Reflexion ausweisen (vgl. u. a. Opitz, Klopstock, Schiller, Goethe, Hölderlin, Heine, Hebbel, Storm, Herwegh, Holz, Hofmannsthal, Benn, Brecht, Eich, Enzensberger, Celan, Jandl, Theobaldy).

2. ›Akademische‹ Lyriktheorie von Vertretern aus dem Bereich der Schulpoetik, der Germanistik und Literaturwissenschaft (u. a. vertreten durch Morhof, Gottsched, Sulzer, Engel, Eschenburg, Bouterwek, Wackernagel, Jeitteles, Vischer, Carriere, Werner, Walzel, Ermatinger, Staiger)[5].

3. ›Interdisziplinäre‹ Lyriktheorie von Autoren, deren Kompetenz und Interessen die Fachgrenzen der Literatur und Poetik überschreiten (hier vor allem durch Philosophen vertreten, vgl. u. a. Mendelssohn, Schelling, Hegel, Solger, Schopenhauer, Nietzsche, Heidegger, Adorno).

Eine Auseinandersetzung findet allerdings sowohl innerhalb wie außerhalb dieser Gruppen nur in sehr begrenzter, meist punktuell-polemischer Form statt, und die Entwicklung ist aufs Ganze gesehen eher durch starres Festhalten an bestimmten Positionen, durch sprunghaften Perspektivenwechsel und isolierte Thesenbildung als durch kontinuierli-

---

4 Hofmannsthal zitiert Hebbels Äußerung verkürzend: »die selbst im Lyrischen etwas hervorbringen«, und gibt so dem Kriterium eigener lyrischer Praxis eine abgeschwächte Form (Hugo von Hofmannsthal, *Gesammelte Werke in zehn Einzelbänden*, hrsg. von Bernd Schöller in Beratung mit Rudolf Hirsch, Frankfurt a. M. 1979, Bd. 7, S. 495).

5 Bei Max Kommerell und Walter Höllerer verbinden sich akademische Lehrtätigkeit und eigene dichterische Praxis.

ches Gespräch und Fortschreiten in gemeinsamer Diskussion gekennzeichnet. Hofmannsthals *Gespräch* verkörpert in der Idealität seines Gelingens das bezeichnende Gegenbild zu einer Entwicklung, die durch mangelnde Diskussion und Gesprächsfähigkeit gekennzeichnet ist. Wenn dabei freundschaftliche Verbundenheit und Übereinstimmung in Gesinnung und Sensibilität als Voraussetzung des Gelingens postuliert wird, so weist das erneut auf die dem Gegenstand inhärente Erkenntnisproblematik, nach der eine Verständigung über Lyrik offenbar nur ›unter Freunden‹ und auf der Basis gleichen ästhetischen Empfindens, nicht aber im diskursiven Widerstreit gegensätzlicher Erfahrungen, Beobachtungen, Meinungen und Schlußfolgerungen möglich scheint. Kein Wunder, daß sich die Kritik gegenüber den inhaltlichen Aussagen mehr auf deren Resultate und Wirkungen als ihre Begründung und Ableitung aus der konkreten Erfahrung im Umgang mit einzelnen Gedichten konzentriert: »Dieses *Gespräch über Gedichte* und die darin [...] präsentierte dichterische Poetologie erlangte, unkritisch wörtlich aufgefaßt, durch die *Grundbegriffe der Poetik* Emil Staigers, der sich ausdrücklich darauf beruft, weiteste Verbreitung in germanistischen Proseminaren, deren Studenten der darin geäußerten Auffassung, daß das Kriterium des Gefühls auch das Kriterium der Wissenschaftlichkeit sein werde, ehrfürchtig staunend rat- und machtlos gegenüberzustehen pflegten.«[6]

6 Hartmut Zelinsky, *Brahman und Basilisk. Hugo von Hofmannsthals poetisches System und sein lyrisches Drama ›Der Kaiser und die Hexe‹*, München 1974, S. 237. – Die Tendenz zur unkritischen Hypostasierung der Hofmannsthalschen Überlegungen kommt auch in der willkürlich veränderten Titelgebung durch spätere Herausgeber zum Ausdruck: der ursprüngliche Titel der Erstveröffentlichung (in der *Neuen Rundschau*, Bd. 1, 1904, S. 129 ff.) *Über Gedichte*, von Hofmannsthal in der Buchausgabe der *Unterhaltungen über literarische Gegenstände* (1904) zu *Über Gedichte. Ein Dialog* und in den *Gesammelten Werken* (1924) zu *Gespräch über Gedichte* abgewandelt, erscheint in den *Gesammelten Werken in Einzelausgaben*, hrsg. von Herbert Steiner, Prosa II, 1.–5. Tausend, Frankfurt a. M. 1951 (S. 94 ff.), 6.–9. Tausend, Frankfurt a. M. 1959 (S. 80 ff.) und ebenso in der zehnbändigen Ausgabe der *Gesammelten Werke* im Fischer Taschenbuch Verlag, hrsg. von Bernd

IV

Betrachtet man die Geschichte der Lyriktheorie in Deutschland aus einiger Distanz, so stellt man fest, daß eine Verständigung darüber, was Lyrik ist, vor allem dadurch erschwert wird, daß aus ganz unterschiedlichen Motiven über das Gedicht geredet wird, daß die Reflexion sich auf verschiedenen Ebenen bewegt und ihr erkenntnisleitendes Interesse keineswegs immer in die gleiche Richtung geht.

Von einer Reihe von Texten muß man sagen, daß die in ihnen angestellten Überlegungen gar nicht so sehr darauf abzielen, die Frage: Was ist Lyrik? zu beantworten. Ihre Motive und Interessen liegen anderswo. Das bedeutet nicht, daß die Aussagen, die in ihnen zur Lyrik gemacht werden, darum weniger ernst zu nehmen wären, im Gegenteil. Sowohl Schopenhauers wie Nietzsches Überlegungen zur Lyrik (Texte Nr. 32 und 48) bilden einen wichtigen Bestandteil der deutschen lyriktheoretischen Reflexion, obwohl sie in Problemzusammenhängen stehen, für die die literarische Gattungsfrage eine untergeordnete Rolle spielt. Und was bei Schopenhauer und Nietzsche mit besonderer Deutlichkeit in Erscheinung tritt, gilt tendenziell für fast alle Texte. Lyrik, das unterscheidet die lyriktheoretische Reflexion von der über das Drama und die Erzählkunst, weckt offenbar ein Interesse nicht nur als Gegenstand einer gattungspoetischen Reflexion, sondern vor allem als Paradigma für grundlegende Sachverhalte in den Beziehungen zwischen Ich, Sprache und Wirklichkeit. Die vielfach zu beobachtende Neigung, der Lyrik im gattungspoetischen Rahmen eine Sonderstellung als ›reinste‹ und ›ursprünglichste‹ Gattung und Verkörperung des Dichterischen einzuräumen, findet hier – von entstehungsgeschichtlichen Ableitungen, die ja oft nur den nachträglichen Beweis für die vorgefaßte Meinung liefern, einmal abgesehen – ihre Erklärung.

Schoeller in Beratung mit Rudolf Hirsch, Frankfurt a. M. 1979 (Band 7, S. 495 ff.) in der apodiktischen Form *Das Gespräch über Gedichte*.

Die Folge ist, daß lyriktheoretische Überlegungen in einem
hohen Maß Stellvertreterfunktion haben und das Reden über
Lyrik Vorwand für ein Reden über ganz anderes wird. Daß
ein so motiviertes Denken nicht zum Ziel kommt, wenigstens
nicht zum angeblich angestrebten, ist ebenso einleuchtend,
wie klar ist, daß solches Denken nicht an seinem Scheitern,
sondern an seinen wahren Motiven zu messen ist. Im Hinblick auf die Stellung der Lyrik im literarischen System und
ihre Bestimmung als literarische Gattung liefert die Geschichte der Lyriktheorie in Deutschland ein enttäuschen-
des und eher verwirrendes als klärendes Bild. Im Hinblick auf
die – an ihrem Beispiel – erörterten allgemeinen philosophischen, ästhetischen, erkenntnistheoretischen, psychologischen, sprachtheoretischen usw. Fragestellungen spiegelt sie
die Auseinandersetzung um zentrale Probleme der literarischen, wissenschaftlichen und geistigen Tradition. Wäre dies
nicht so, verdiente sie ein weit geringeres Interesse.

V

Auch wenn von der vorliegenden Dokumentation als Ergebnis – aus den genannten Gründen – nicht das Bild einer homo-
genen, kontinuierlichen Entwicklung und schon gar nicht die
endgültige Definition des Gattungsbegriffs ›Lyrik‹ erwartet
werden darf, so lassen sich doch anhand der hier versammelten Texte gewisse Schwerpunkte, Phasen und Grundlinien
fixieren, die einer ersten Orientierung über die Geschichte
der deutschen Lyriktheorie als vorläufige Anhaltspunkte dienen können:
1. Eigenes Profil als Gattung gewinnt die Lyrik ungewöhnlich spät, zumindest wenn man von der – zwar üblichen,
jedoch keineswegs unproblematischen – Annahme ausgeht,
daß der Trias Lyrik-Dramatik-Epik der Status einer erschöpfenden und allgemeinverbindlichen Klassifikation literarischer Erscheinungsformen zukommt. Die Poetik der Antike
hatte die Formen lyrischer Dichtung nicht unter gattungssy-

stematischen Aspekten behandelt und auch keine Maßstäbe
geliefert, die ihre Zusammenfassung als homogene Größe
unter einem einheitlichen Gattungsbegriff erlaubt hätten. Die
Reflexion über Lyrik als selbständige literarische Gattung
neben Epik und Dramatik setzt in Deutschland, mit einer
gewissen Verspätung gegenüber den anderen europäischen
Literaturen, erst in der Mitte des 18. Jahrhunderts ein (Texte
Nr. 7, 9, 10, 11, 13, 15). Was in den Poetiken zuvor über
Merkmale lyrischer Dichtung ausgeführt wurde, bewegt sich
auf der Ebene der Stil- und Redehaltungen oder einzelner
Formen und Unterarten und orientiert sich noch nicht an
einem übergeordneten Gattungsbegriff ›Lyrik‹ (Texte Nr.
1–4). Der Begriff ›lyrischer‹ Dichtung ist zudem noch weit
ins 18. Jahrhundert hinein von der etymologisch begründeten
Vorstellung bestimmt, daß es sich bei ihr wesentlich um
gesungene Sprache, um eine Verbindung von Dichtung und
Musik handelt.[7]

2. Den entscheidenden Anstoß zur terminologischen Differenzierung eines eigenen Gattungsbegriffs ›Lyrik‹ erfährt die
deutsche Gattungspoetik durch das Vorbild des französischen Ästhetikers Batteux, dessen Gattungssystematik, vom
Grundgedanken der ›Nachahmung‹ ausgehend, den Unterschied zwischen lyrischer und epischer bzw. dramatischer
Dichtung dahingehend bestimmt, daß diese nicht Handlungen, sondern Empfindungen (»sentiments«) nachahmend zur
Darstellung bringe (Text Nr. 5).

3. Wird der Vorschlag von Batteux zur Gattungssystematik, was das Formal-Terminologische anlangt, übernommen,
so stößt das ihm zugrundeliegende Nachahmungs-Konzept
mit der strengen Ausrichtung am Fiktionalitäts-Denken auf
heftige Kritik und wird in der Diskussion unter anderem

---

7 Der in der zweiten Hälfte des 18. Jahrhunderts sich vollziehende Wandel des
Wortgebrauchs läßt sich u. a. daran ablesen, daß Ramler bei der Veröffentli-
chung seiner *Lyrischen Gedichte* (1775) eine eigene Gruppe »Musikalische
Gedichte« unterscheidet (*Karl Wilhelm Ramlers Lyrische Gedichte*, Karlsruhe
[1775], S. 215 ff.).

mit der Möglichkeit einer nichtfiktionalen, unmittelbaren Darstellungsform konfrontiert, die für die Auffassung der Lyrik als Darstellung von ›Empfindungen‹ wichtige Perspektiven eröffnet (Text Nr. 5). Zugleich werden traditionelle Elemente der Poetik für die genauere Bestimmung des ›lyrischen‹ Gefühls- und Empfindungsausdrucks genutzt und neu gedeutet, wie das Kriterium der Sangbarkeit und Bindung an die Musik oder die aus der Oden-Diskussion bekannten Kriterien des »beau désordre« und einer enthusiastisch-erhabenen Sprachhaltung (Texte Nr. 6, 7, 8, 10, 11, 12).

4. Eine herausragende Bedeutung als Anreger und Begründer eines neuen Lyrik-Denkens hat Herder. In seinem Denken »kulminieren alle die Strömungen, die im Laufe des Jahrhunderts zu einer Neudeutung der Lyrik führten«.[8] Er bereitet den Boden und schafft in verschiedenen Anläufen die Grundlagen für ein spezifisches Verständnis lyrischer Dichtung, zu dessen Schwerpunkten gehören:

– die Auffassung der Lyrik als der ursprünglichen und ersten dichterischen Gattung;

– die Auffassung der Lyrik als einer unmittelbar aus der Empfindung hervorgehenden und durch sie bestimmten Ausdrucksgestalt;

– die Auffassung der Lyrik als einer natürlichen Lebensäußerung, an der gemeinsame Elemente von Sprache, Tanz und Musik Anteil haben (Texte Nr. 9, 14).

5. Neben Herder – und in seinem Schatten zu Unrecht in Vergessenheit geraten – entwickeln Moses Mendelssohn und Johann Jacob Engel noch aus dem Geist der Aufklärung heraus eigenständige lyriktheoretische Vorstellungen, die auf der Basis einer teils bewußtseinspsychologischen (Mendelssohn: Texte Nr. 8 und 13), teils stil- und darstellungsorientierten (Engel: Text Nr. 15) Analyse die Gesetzmäßigkeiten lyrischer Dichtung zu bestimmen suchen.

8 Klaus Gerth, *Studien zu Gerstenbergs Poetik*, Göttingen 1960, S. 184.

6. In eine neue Phase tritt die deutsche Lyriktheorie im Umkreis von Klassik und Romantik. Unter dem Einfluß des Idealismus und der spekulativen Systemphilosophie erhalten die Gattungsbegriffe den Status von Äußerungsformen eines über das rein Literarische hinausgehenden allgemeinen philosophischen Sachverhalts im Bezugssystem der Oppositionen subjektiv–objektiv, individuell–allgemein, Ich–Welt, Sein–Bewußtsein usw. Dabei wird die Lyrik einerseits, indem sie als ›subjektive‹ Gattung bestimmt wird, nun auch terminologisch auf die schon in der voridealistischen Phase sich abzeichnende Tendenz der sich emanzipierenden Individualität und Subjektivität festgelegt. Andrerseits wird diese Tendenz durch die dialektische Vermittlung des Subjektiven und Individuellen zum Objektiven und Allgemeinen im idealistisch gedachten Ganzen aufgefangen und entschärft, was zu deutlichen Spannungen und Widersprüchen führt (Texte Nr. 17, 18, 20–26, 28, 30, 31).

7. Im lyriktheoretischen Denken zwischen 1830 und 1890 zeigt sich als dominierender Zug ein deutlicher Stillstand der Reflexion und die Tendenz zur Verfestigung bereits definierter Positionen in schlagwortartiger, nicht selten synkretistischer Wiederholung und Verallgemeinerung bei einer offenkundigen, durch die lyrische Praxis der Zeit geförderten, aber theoretisch kaum weiter reflektierten Vorliebe für das ›Liedhafte‹ als Inbegriff lyrischer Dichtung (Texte Nr. 35, 37, 39, 41, 59).

8. Eine dagegen über bisher Erreichtes hinausgehende Vertiefung des Lyrik-Begriffs wird unter folgenden Gesichtspunkten versucht:
– im Hinblick auf die Bedeutung der Form und die Notwendigkeit seiner Differenzierung durch eine genauere Analyse der Form-Inhalt-Beziehung und ihrer Rolle im Prozeß lyrischer Gestaltung (bei Storm und Hebbel: Texte Nr. 42–44, 47);
– im Hinblick auf den Ausbau der überkommenen spekulativen Subjekt-Objekt-Systematik durch Berücksichtigung

empirischer, an lyrischen Texten und Formen gewonnener Beobachtungen (bei Vischer: Text Nr. 45);
– im Hinblick auf die Bedeutung, die das lyrische Sprechen, in neuer Annäherung an die Musik, im Rahmen eines lebensphilosophisch-kunstmetaphysischen Entwurfs als Verwirklichung einer Synthese von ›subjektivem‹ Lebensdrang und ›objektiver‹ Selbstreflexion zugesprochen bekommt (bei Schopenhauer und Nietzsche: Texte Nr. 32 und 48).
9. In der zweiten Hälfte des 19. Jahrhunderts entsteht unter dem wachsenden Einfluß der Naturwissenschaften auch in der lyriktheoretischen Diskussion das Bedürfnis nach methodischer Klärung und exakter Begriffsbildung, jedoch ohne zu brauchbaren Ergebnissen zu führen (Text Nr. 50). Die im Gegenzug einsetzende Selbstbesinnung auf den genuin ›geisteswissenschaftlichen‹ Wissenschaftsbegriff im Zeichen der Diltheyschen Hermeneutik schirmt die lyriktheoretische Reflexion vor weitergehenden Versuchen einer strengeren Begründung des Gattungsbegriffs ab und stellt mit der Akzentuierung des ›Erlebnis‹-Begriffs ein Konzept zur Verfügung, mit dem die traditionelle Einschätzung der Lyrik als Ausdruck individuellen Fühlens und Erlebens neuen Aufschwung erhält (Texte Nr. 52, 53, 57).
10. Das lyriktheoretische Denken im 20. Jahrhundert wendet sich, soweit es nicht an traditionellen Vorstellungen festhält oder diese aus anderer Sicht neu präsentiert (Text Nr. 67), vordringlich den folgenden Problemkreisen zu:
– dem Verhältnis von Sprache und Wirklichkeit (Texte Nr. 52, 58, 72, 73, 77, 79, 80, 83);
– dem Verhältnis von Autor-Ich und ›lyrischem Ich‹ (Texte Nr. 54, 56, 58, 68, 77);
– der Frage nach Form und Bedeutung lyrischer Rationalität (Texte Nr. 60, 62, 63, 69, 73, 77, 78);
– der Frage nach der geschichtlichen Bedeutung und sozialen Verantwortung lyrischer Subjektivität (Texte Nr. 59, 61, 69, 74, 81).
11. Bei allgemein nachlassendem Interesse an umfassenden

gattungspoetischen Systementwürfen werden philosophisch orientierte Theorie-Ansätze nur noch unter eingeschränkter Perspektive versucht (u. a. bei Heidegger durch die reduzierte Konzentration allein auf die Lyrik: Text Nr. 78; bei Käte Hamburger durch die Beschränkung auf die sprachlogischen Verhältnisse: Text Nr. 77; bei Adorno durch den Verzicht auf gattungsspezifische Differenzierung: Text Nr. 69). Auf der anderen Seite kündigt sich eine neue (über Herder und Hegel hinausgehende) historische Perspektivierung der Lyriktheorie an. Wo sie nicht schon durch entsprechende weltanschauliche Voraussetzungen gegeben ist und in die lyriktheoretischen Überlegungen mit einfließt (Beispiel Brecht: Texte Nr. 59, 66), wird der Blick für die Notwendigkeit historischer Betrachtung und Relativierung des Lyrikbegriffs durch das Bemühen, Wesenszüge ›moderner‹ Lyrik zu bestimmen, geschärft (Texte Nr. 54–56, 64, 68, 74–76).

12. Die lyriktheoretische Diskussion im 20. Jahrhundert ist weiterhin gekennzeichnet durch eine kritische Revision der traditionell als konstitutiv für die Lyrik angesehenen Begriffe ›Gefühl‹, ›Stimmung‹, ›Erlebnis‹, ›Ausdruck‹ (Texte Nr. 59, 62, 64, 67, 68, 71) sowie eine neuerliche Reflexion des ›Form‹-Begriffs, sei es als allgemeine ästhetische Grundsatzfrage (Texte Nr. 62, 68, 82), sei es als Erörterung wichtiger Einzelfragen der lyrischen Gestaltung (Texte Nr. 60, 68, 70, 76, 80).

13. Aus den im Blick auf die moderne Lyrik entwickelten Vorstellungen, insbesondere zur Frage der Erkenntnisfunktion und des Wirklichkeitsbezugs lyrischer Sprache, ergeben sich neue Gesichtspunkte für die Behauptung einer gattungspoetischen Sonderstellung der Lyrik als Kern und Inbegriff dichterischer Sprache überhaupt (Texte Nr. 52, 58, 60, 66, 69, 71, 73, 78, 79, 83).

VI

Es versteht sich von selbst, daß die genannten Gesichtspunkte nicht unbeeinflußt sind von der subjektiven Sicht, die zur Auswahl der Texte geführt hat, und daß sie nicht mehr sein können als Andeutungen für eine Geschichte der deutschen Lyriktheorie, deren Darstellung noch aussteht und eine wichtige Aufgabe – nicht nur aus gattungspoetischer Sicht – der Literaturwissenschaft wäre.

Im Hinblick auf die besondere Problematik, der alle Lyriktheorie unterworfen ist, wenn sie ihren Gegenstand ernst nimmt, seien einige grundsätzliche methodologische Erwägungen und Vorschläge, zu denen die vorliegenden Texte Anlaß geben, mitgeteilt:

1. Als unumgänglich erscheint es, vor der Diskussion einzelner inhaltlicher Bestimmungen zum Lyrikbegriff zunächst zu klären, in welchen erkenntnisleitenden Zusammenhängen die jeweilige lyriktheoretische Reflexion steht und mit welcher Absicht die Frage: Was ist Lyrik? gestellt wird – ob es um eine Klassifizierung literarischer Arten und Gattungen gehen soll, ob am Beispiel der Lyrik tiefere Einsichten in das Wesen dichterischer Sprache, in die Struktur menschlicher Erfahrung, in die Funktion sprachlich-ästhetischer Gestaltung, in das Verhältnis von Ich und Welt, Individuum und Gesellschaft, Gefühl und Ratio, Bild und Gedanke, Prosa und Vers usw. gewonnen werden sollen.

2. Zu beachten wäre weiterhin die historische Relativität aller lyriktheoretischer Versuche: »Lyrik kann nicht definiert, sondern nur historisch bestimmt werden« (Preisendanz).[9] Dies gilt nicht nur für die geistes- und bewußtseinsgeschichtlichen Veränderungen im Erleben der Dichter,[10] sondern

---

9 Wolfgang Preisendanz, »Lyrik, Roman, Humor«, in: *Identität*, hrsg. von Odo Marquard und Karlheinz Stierle, München 1979, S. 739.

10 Vgl.: »Diese Veränderungen im Erlebnis der Dichter wandelten ihr bisheriges Verhältnis zu den Gegenständen und Gattungen der Poesie, und jede dieser Gattungen erhielt durch sie eine andere Struktur« (Wilhelm Dilthey, *Das Erlebnis und die Dichtung*, 15. Aufl., Göttingen 1970, S. 16).

auch für die äußeren Veränderungen, die im literarischen Leben stattfinden und auf ihre Weise Gestalt- und Funktionsveränderungen der literarischen Ausdrucksformen und Gattungen bewirken.[11]

3. Dringend erforderlich ist auch eine vorausgehende Verständigung darüber, welche Funktion literarische Gattungsbegriffe eigentlich erfüllen sollen und können. »Schlendrian und Pedantismus in der Kunst urtheilen immer gern nach Gattungen [...] der offene Kunstsinn aber kennt keine Gattungen, sondern nur Individuen« (Grillparzer).[12] Die Erfüllung einer bloß schulmäßigen Ordnungssystematik ist gewiß kein hinreichender Grund, an Gattungsbegriffen festzuhalten. Den Gattungsbegriff ganz fallen zu lassen und sich am individuellen Werk als dem allein relevanten Objekt künstlerischer Leistung zu orientieren,[13] kann allerdings kaum als befriedigende Lösung angesehen werden. Und auch der Vorschlag, das spekulative Gattungsdenken zugunsten einer ›literarischen Formenlehre‹ aufzugeben und damit in den Kreis der europäischen Literaturtradition zurückzukehren, der mit der idealistischen deutschen Gattungspoetik nach Lessing verlassen wurde,[14] kann (und will) die Bemühung um übergeordnete Gattungsbegriffe nicht überflüssig machen. Ob diese allerdings auf empirisch-induktivem Wege gewonnen werden können, scheint zweifelhaft. Emil Staigers These von der Notwendigkeit einer außerliterarischen Ableitung der Gattungsbegriffe: »Längst ist uns deutlich geworden, daß die Gattungen sich auf etwas beziehen, das nicht nur zur Literatur gehört«,[15] wäre leichter zu widerlegen, wenn Literatur

---

11 Beispielhaft etwa zu erkennen an Benjamins Baudelaire-Analyse (Text Nr. 64).

12 Zit. nach Mario Fubini, *Entstehung und Geschichte der literarischen Gattungen*, Tübingen 1971, S. 22.

13 Vgl. Benedetto Croce, *Aesthetik als Wissenschaft vom Ausdruck und allgemeine Sprachwissenschaft. Theorie und Geschichte*, nach der 6., erw. ital. Aufl. übertr. von Hans Feist und Richard Peters, Tübingen 1930.

14 Vgl. Friedrich Sengle, *Vorschläge zur Reform der literarischen Formenlehre*, 2., verb. Aufl., Stuttgart 1969.

15 Emil Staiger, *Grundbegriffe der Poetik*, 5. Aufl., München 1983, S. 148.

und ihre Bedeutung für den Menschen allein aus sich selbst heraus definiert werden könnte, was nicht der Fall ist. Will man dem gerecht werden, was in Literatur mehr ist als ›nur‹ Literatur, so wird man um theoriehaft definierte Gattungsbegriffe nicht herumkommen. Was nicht heißt, daß solche Theorie-Entwürfe davon befreit wären, ihre Voraussetzungen und Interessen zu benennen und mitzubedenken.

4. Bei aller Problematik, die der Gattungstheorie im allgemeinen und der Lyriktheorie im besonderen anhaftet, könnte die lyriktheoretische Diskussion zumindest in einem Punkt auf eine solidere Basis gestellt werden. Max Kommerell hat in seinen *Gedanken über Gedichte* (Text Nr. 66) in eher beiläufiger Form darauf hingewiesen, daß die Frage nach dem Gedicht sich auf verschiedenen Ebenen bewegen und zu verschiedenen Antworten führen kann: »Das Gedicht kann [...] in Hinsicht auf dreierlei betrachtet werden: in Hinsicht auf sich selbst, in Hinsicht auf den Dichter, in Hinsicht auf den, der es liest oder hört.«[16] Nimmt man hinzu, daß es noch eine vierte Ebene gibt, auf der das Gedicht in einem Bezug zur Realität steht und diese in einem geistig-abbildhaften Entwurf reflektiert, so zeichnen sich Möglichkeiten einer differenzierten Perspektivierung nach

– autororientierten (produktionsästhetischen)
– leserorientierten (rezeptionsästhetischen)
– textbezogenen (werkästhetischen)
– mimetisch-pragmatischen

Gesichtspunkten ab, mit der Aussicht auf eine fruchtbarere Auseinandersetzung und Diskussion der einzelnen lyriktheoretischen Ansätze.

5. Schließlich wäre im Sinne einer besseren Verständigung auch eine Trennung der klassifizierenden Frage nach dem Wesen von Gedichten von der wertenden Frage nach dem Wesen guter Gedichte angebracht. In der Diskussion werden beide Fragen oft miteinander vermengt, wie Staigers Erläute-

---

16 Max Kommerell, *Gedanken über Gedichte*, 3. Aufl., Frankfurt a. M. 1968, S. 21.

rung des Verhältnisses zwischen dem ›Lyrischen‹ und der ›Lyrik‹ durch den Vergleich mit den analogen Wortpaaren ›Eisen/eisern‹, ›Holz/hölzern‹, ›Mensch/menschlich‹ zeigt.[17] Die ideale Bedeutung, die Staiger, mit Blick auf die Trennung des äußeren Gattungsbegriffs ›Lyrik‹ von der Ausdruckshaltung des ›Lyrischen‹, den Adjektiven ›lyrisch‹ und ›menschlich‹ (im Unterschied zu ›hölzern‹ und ›eisern‹ in bezug auf ›Eisen‹ und ›Holz‹) zuschreibt, ist keineswegs, wie Staiger annimmt, eine sprachliche Gegebenheit, sondern das Resultat einer willkürlichen Auswahl aus den semantischen Möglichkeiten des Worts, gleichgültig ob als Substantiv oder als Adjektiv! Die Erweiterung des Interesses an einer nicht nur klassifizierenden, sondern zugleich wertenden Begriffsbestimmung kennzeichnet in mehr oder weniger ausgeprägtem Maße alle lyriktheoretischen Bemühungen, ohne stets als solche reflektiert zu werden.

VII

Entsprechend der oben erläuterten Zielsetzung wurde versucht, ein Gleichgewicht zwischen Texten aus dem akademisch-wissenschaftlichen Bereich und solchen aus dem Bereich der Autorpoetik zu halten. Aus demselben Grunde wurden auch Texte aufgenommen, die in mancher Hinsicht eher fragwürdige Aspekte der lyriktheoretischen Diskussion enthalten, weil sich an ihnen nicht nur die Problematik der Lyriktheorie als solcher, sondern die Problematik der für die deutsche Entwicklung kennzeichnenden Lösungsversuche verfolgen läßt.

Hingegen mußten zwei Bereiche ganz ausgeklammert werden, da eine ihrer Bedeutung gerechtwerdende Dokumentation weitaus mehr Platz erfordert hätte, als hier zur Verfügung stand. Es ist dies einmal der Bereich des ›poetologischen

17 Emil Staiger (s. Anm. 15) S. 167.

Gedichts‹[18], zum andern ist es der Bereich der außerdeutschen lyriktheoretischen Diskussion, der hier nur in einem besonders gelagerten Ausnahmefall berücksichtigt werden konnte (Text Nr. 5). Welche Bedeutung die außerdeutsche Lyrik und Lyriktheorie, spätestens in der letzten Phase seit der Jahrhundertwende, für die deutsche Entwicklung besitzt, davon mögen ersatzweise die Ausführungen bei Benjamin (Text Nr. 64), Benn (Text Nr. 68) und Enzensberger (Text Nr. 75) einen Eindruck vermitteln.

Einige Autoren sind auf Kosten anderer mit mehreren Texten vertreten (u. a. Herder, Mendelssohn, A. W. Schlegel, Storm, Brecht, Benn, Eich, Enzensberger), da es wichtiger schien, statt einer ohnehin nicht erreichbaren Vollständigkeit zum einen die individuelle Entwicklung, zum andern die Verschiedenartigkeit der durch den jeweiligen Ansatz erfaßten Aspekte zu dokumentieren.

Für die wertvolle Unterstützung bei der Ermittlung von Zitaten, Anspielungen und Textvorlagen danke ich Ulrich Breuer, Susanne Schulte und Barbara Seckler.

---

18 Vgl. hierzu die von Walter Hinck herausgegebene Auswahl *Schläft ein Lied in allen Dingen. Poetische Manifeste von Walther von der Vogelweide bis zur Gegenwart*, Frankfurt a. M. 1985.

1

MARTIN OPITZ

Die Übersicht, die Martin Opitz (1597–1639) im fünften Kapitel seines für die Barockpoetik grundlegenden »Buchs von der deutschen Poeterey« (1624) über das System der literarischen Gattungen gibt, kennt noch keinen Sammelbegriff für die einzelnen lyrischen Genres (»Epigramm«, »Ekloge«, »Elegie«, »Echo«, »Hymne« usw.) und zählt diese als selbständige Formen neben »Epos«, »Tragödie« und »Komödie« auf. In der gattungspoetischen Einteilung wendet Opitz sowohl formale wie inhaltliche Kriterien an. Für die an letzter Stelle genannte Gruppe der »Lyrica« ist die Bindung an die Musik und Sangbarkeit das verbindende formale Kennzeichen, während im Inhaltlichen auf die Inhaltsbestimmung in Horaz' »ars poetica« (V. 83–85) verwiesen wird.

Von der Disposition oder abtheilung der dinge von denen wir schreiben wollen

Das Epigramma setze ich darumb zue der Satyra / weil die Satyra ein lang Epigramma / vnd das Epigramma eine kurtze Satyra ist: denn die kůrtze ist seine eigenschafft / vnd die spitzfindigkeit gleichsam seine seele vnd gestallt; die sonderlich an dem ende erscheinet / das allezeit anders als wir verhoffet hetten gefallen soll: in welchem auch die spitzfindigkeit vornemlich bestehet. Wiewol aber das Epigramma aller sachen vnnd wŏrter fåhig ist / soll es doch lieber in Venerischem wesen[1] vberschrifften der begråbniße vnd gebåwe[2] / Lobe vornemer Månner vnd Frawen / kurtzweiligen schertzreden vnnd anderem / es sey was es wolle / bestehen / als in

---

1 Liebesangelegenheiten.
2 Gebäude.

spõttlicher hõnerey vnd auffruck[3] anderer leute laster vnd
gebrechen. Denn es ist eine anzeigung eines vnverschåmten
sicheren gemütes / einen jetwedern / wie vnvernünfftige
thiere thun / ohne vnterscheidt anlauffen.

Die Eclogen oder Hirtenlieder reden von schaffen / geißen /
seewerck[4] / erndten / erdgewåchsen / fischereyen vnnd anderem feldwesen; vnd pflegen alles worvon sie reden / als von
Liebe / heyrathen / absterben / buhlschafften / festtagen vnnd
sonsten auff jhre båwrische vnd einfåltige art vor zue bringen.

In den Elegien hatt man erstlich nur trawrige sachen / nach-
mals auch buhlergeschåffte / klagen der verliebten / wünd-
schung des todes / brieffe / verlangen nach den abwesenden /
erzehlung seines eigenen Lebens vnnd dergleichen geschrieben; wie dann die meister derselben / Quidius / Propertius /
Tibullus / Sannazar[5] / Secundus[6] / Lotichius[7] vnd andere auß-
weisen.

Das ich der Echo oder des Wiederruffes[8] zue ende der wõrter
gedencke / thue ich erstlich dem Dousa[9] zue ehren / welcher
mit etlichen solchen getichten gemacht hat / das wir etwas
darvon halten; wiewol das so Secundus geschrieben (wie alle
andere seine sachen) auch sehr artlich ist: darnach aber / weil
ich sehe / das sie bey den Frantzosen gleichfalls im gebrauche
sein; bey denen man sich ersehen kan. So sind jhrer auch
zwey in meinen deutschen Poematis, die vnlengst zue Straßburg auß gegangen / zue finden. Welchen buches halben / das
zum theil vor etlichen jahren von mir selber / zum theil in
meinem abwesen von andern vngeordnet vnd vnvbersehen

---

3 Tadel.

4 Arbeit des Säens.

5 Jacopo Sannazaro (1456–1530), Begründer des Schäferromans (*Arcadia*,
  1504).

6 Johannes Secundus (Johannes Nicolai Everaerts, 1511–36), Verfasser der neulateinischen Sammlung von Liebesgedichten *Basia* (Küsse; 1539).

7 Petrus Lotichius Secundus (1528–60), Verfasser neulateinischer Liebeslyrik.

8 Echo-Gedicht, Echo-Reim.

9 Janus Dousa (1572–97), niederländischer Dichter und Philosoph.

zuesammen gelesen ist worden / ich alle die bitte denen es
zue gesichte kommen ist / sie wollen die vielfältigen mångel
vnd irrungen so darinnen sich befinden / beydes meiner jugend / (angesehen das viel darunter ist / welches ich / da ich
noch fast ein knabe gewesen / geschrieben habe) vnnd dann
denen zuerechnen / die auß keiner bösen meinung meinen
gueten namen dadurch zue erweitern bedacht gewesen sein.
Ich verheiße hiermitt / ehestes alle das jenige / was ich von
dergleichen sachen bey handen habe / in gewiße bücher ab zue
theilen / vnd zue rettung meines gerüchtes / welches wegen
voriger vbereileten edition sich mercklich verletzt befindet /
durch offentlichen druck jederman gemeine zue machen.
Hymni oder Lobgesånge waren vorzeiten / die sie jhren Göttern vor dem altare zue singen pflagen / vnd wir vnserem
GOtt singen sollen. Dergleichen ist der lobgesang den Heinsius vnserem erlöser[10] / vnd der den ich auff die Christnacht[11]
geschrieben habe. Wiewol sie auch zuezeiten was anders
loben; wie bey dem Ronsard ist der Hymnus der Gerechtig-
keit / Der Geister / des Himmels / der Sternen / der Philosophie / der vier Jahreszeiten / des Goldes / etc.
Sylven oder wålder sind nicht allein nur solche carmina, die
auß geschwinder anregung vnnd hitze ohne arbeit von der
hand weg gemacht werden / von denen Quintilianus im dritten Capitel des zehenden buches saget: Diuersum est huic
eorum vitium, qui primùm discurrere per materiam stylo
quàm velocissimo volunt, & sequentes calorem atque impe-
tum ex tempore scribunt: Hoc syluam vocant;[12] vnd wie an
den schönen syluis die Statius geschrieben zue sehen ist /

---

10 Daniel Heinsius (1580–1655), *Lof Sanck van Iesus Christus, den eenigen
   ende eeuwigen Sone Godes* (um 1616).
11 *Lobgesang über den freudenreichen Geburtstag unseres Herrn und Heilan-
   des Jesu Christi* (1624).
12 »Entgegengesetzt ist der Fehler, den diejenigen machen, die zunächst alles,
   was das Thema enthält, mit dem Schreibstift so schnell wie möglich durchei-
   len wollen und der Wärme und dem Schwung des Augenblicks folgend
   schreiben. Das so Gewonnene nennen sie ihren Rohstoff« (*M. Fabii Quinti-
   liani Institutionis Oratoriae Libri XII / Ausbildung des Redners*, hrsg. und
   übers. von Helmut Rahn, Darmstadt 1975, Buch X, 3,17).

welche er in der Epistel fůr dem ersten buche nennet libellos qui subito calore & quadam festinandi voluptate ipsi fluxerant:[13] sondern / wie jhr name selber anzeiget / der vom gleichniß eines Waldes / in dem vieler art vnd sorten Båwme zue finden sindt / genommen ist / sie begreiffen auch allerley geistliche vnnd weltliche getichte / als da sind Hochzeit- vnd Geburtlieder / Glůckwůndtschungen nach außgestandener kranckheit / item auff reisen / oder auff die zuerůckkunft von denselben / vnd dergleichen.

Die Lyrica oder getichte die man zur Music sonderlich gebrauchen kan / erfodern zuefŏderst ein freyes lustiges gemůte / vnd wollen mit schŏnen sprůchen vnnd lehren håuffig geziehret sein: wieder der andern Carminum[14] gebrauch / da man sonderliche masse wegen der sententze halten muß; damit nicht der gantze Cŏrper vnserer rede nur lauter augen zue haben scheine / weil er auch der andern glieder nicht entberen kan. Ihren inhalt betreffendt / saget Horatius:

> Musa dedit fidibus diuos, puerosque deorum
> Et pugilem victorem, & equum certamine primum,
> Et iuuenum curas, & libera vina referre.[15]

Er wil so viel zue verstehen geben / das sie alles was in ein kurtz getichte kan gebracht werden beschreiben kŏnnen; buhlerey / tåntze / banckete / schŏne Menscher / Gårte / Weinberge / lob der måssigkeit / nichtigkeit des todes / etc. Sonderlich aber vermahnung zue der frŏligkeit: welchen inhalts ich meiner Oden eine / zue beschliessung dieses Capitels / setzen wil:

[*Es folgt das Gedicht »Ich empfinde fast ein Grauen«.*]

---

13 »Büchlein, die ihm plötzlich durch Eifer und eine gewisse Lust, sich zu beeilen, hervorgeströmt waren« (Publius Papinius Statius, *Silvae*, Vorrede zu Buch I).
14 Lied, Gedicht.
15 »Doch den Saiten verlieh die Muse, Heroen und Götter, / Faustkampfsieger und Rosse, die bei dem Rennen die ersten, / Auch den Kummer der Jugend und freies Gelage zu feiern« (Horaz, *Dichtkunst*, V. 83–85; übers. von Rudolf Helm).

2

GEORG NEUMARK

Auch für Georg Neumark (1621–81), Mitglied der »Frucht-bringenden Gesellschaft« und des »Pegnesischen Blumenor-dens«, der 1667 mit seinen »Poetischen Tafeln oder gründliche Anweisung zur teutschen Verskunst« den Versuch einer syste-matischen Gliederung und Beschreibung der literarischen Formen unternahm und dabei inhaltliche (Tafel VIII: »Von den Nahmen der Getichte nach ihrer Materie«) und formale Kriterien (Tafel IX: »Von den Nahmen der Getichte nach ihrer Form«) in getrennten Tabellen anwandte, stehen die »lyrischen Getichte« im Zeichen der Sangbarkeit, wobei zwi-schen strophischen (»Lyrische Getichte oder Lieder«) und nichtstrophischen Formen (»Getichte oder Carmina«) unter-schieden wird. Im Inhaltlichen dient wiederum Horaz' Bestimmung als Maßstab.

Von den Nahmen der Lieder nach ihrer Form

§ I. Von den Getichten nach dem Inhalts-begriff / ist nach Nothdurfft in vorhergehenden Sätzen gesagt; nun sind die-selbe nach ihrer Gestalt und Form zu betrachten. Da sich denn anfangs die Lyrischen vorstellen / die vorzeiten in einer Harmony gesungen worden / und von denen gemacht seyn / welche man Poetas Melicos oder Lyricos[1] genant.
[...]
§ II. (a) Die Lyrischen Getichte haben überall ihren Platz / und sind anfangs zu der Götter Lob von den Heiden / nach-mahls zu Beschreibungen der Örther / Thaten / und Verrich-tungen / Erhebung der Künste und Tugenden / und Vernich-tung der Laster gebraucht. Horatius fasst es kürtzlich:

---

[1] lyrisch-musikalische Dichter.

Musa dedit fidibus Divos, puerosq; Deorum,
Et pugilem victorem, & equum certamine primum,
Et juvenum curas, & libera vina referre.[2]

Man hat sich aber fleissig vorzusehen / daß man die Lyrischen
Getichte nicht zu gar weitläuftigen Geschichten und Kriegs-
beschreibungen ziehe / angesehen in so wichtigen argumen-
tis[3] die Rede sich so leicht nicht abkürtzen lässt / als in geringern Händeln[4] zu geschehen pfleget. Um der Ursach willen
beschrieben die Alten die Geschicht und Heldenthaten in
Heroischen Versen / als des Virgilii seyn / und in Deutscher
Sprache die zwölf und dreyzehnsylbigen Jambische / die man
auch nicht unbillich Heldenahrt nennen kan. Die Elegien
wurden meistentheils zu Klagen gewidmet; die Jambischen
zu Verhöhnungen / und die Lyrischen zu Gesängen.

3

DANIEL GEORG MORHOF

*Daniel Georg Morhof (1639–91), Professor der Poesie und
Beredsamkeit in Kiel mit universalem Wissensinteresse und
ausgedehnter wissenschaftlicher Tätigkeit (»Polyhistor«), verbindet in seinem »Unterricht von der Teutschen Sprache und
Poesie« (1682) sprach- und literaturgeschichtliche mit literaturkritischen und poetologischen Kriterien. Im Rahmen einer
Gattungssystematik, wonach die literarischen Gattungen in
»Helden-Gedichte«, »Oden«, »Schauspiele«, »Epigramme«
gegliedert werden, finden Bemerkungen zur Lyrik ihren Ort
in den Kapiteln 15 (»Von den Oden«) und 17 (»Von den
Epigrammatibus«) des dritten Teils.*

2 Horaz, *Dichtkunst*, V. 83–85.
3 Stoff, Inhalt, Gegenstand.
4 Angelegenheiten.

Von den Oden

Es hat nichts eine grössere Macht über den Menschlichen Geist / als wenn ein schönes / wohlgesetztes Carmen mit der Music verbunden wird / denn die Music giebt den Versen gleichsamb ein Leben / dadurch die Gemüther auffgemuntert / und zu allerhand Bewegungen gereitzet werden. Daher ist gekommen / daß / wenn man etwas auff die Nachkommen fortbringen wollen / man solches in Gesänge verfasset / da man noch die Schreibekunste nicht gehabt. Wenn unter dem Pövel[1] etwas seltzames sich begiebt / so pflegen sie reimende Sprichwörter davon zu machen. Denn sie bilden ihm viele eher die Wörter ein / die eine harmoniam bey sich führen. Weil nun das metrum nicht allein belustiget / sondern auch die Rede gleichsamb befestiget und verewiget / so hat man zu dem Gottesdienste / und der Helden Lob / solche Gesänge erwehlet. Es ist nicht ungläublich / daß / auch vor der Sündflut / dergleichen gewesen. Nach derselben sind keine ältern / als Mosis seine[2] / welchen hernach die Heydnischen gefolget / die Campanella[3] gar artig, degeneres Prophetas[4], nennet. Solche Carmina sind bey den Griechen / *Oden* / bey den Teutschen / *Lieder* / genennt worden. Das Wort *Ode* ist ein Griechisch Wort / so nun auch bey den Teutschen fast das Bürgerrecht gewonnen. Ronsard[5] hat es zu erst in Frantzösischer Sprache gebrauchet / will auch die Lyrica metra in derselben zu erst erfunden haben / dem aber einige den Clement Marott[6] vorwerffen / der die Psalmen Davids schon vorhin in gewisse Lieder gebracht.

[Nach längeren Ausführungen zum Anteil der Musik in

---

1 Volk.
2 Vgl. 5. Mos. 32,1–43.
3 Thomas Campanella (1568–1639), italienischer Philosoph und Theologe.
4 entartete Propheten.
5 Pierre de Ronsard (1524–85), führender Dichter der französischen Pléiade.
6 Clément Marot (1496–1544), *Trente Pseaulmes de David mis en françois* (1541–43).

*geschichtlicher und kritisch-poetologischer Perspektive und
kurzen Bemerkungen zu Stilhöhe, Wortwahl und Metaphorik:*]

Es können alle Sachen sich zu den Oden schicken / Geistliche / Sittliche / Liebreitzende / Kriegrische und dergleichen
mehr / da denn zum Theil auch die Redensart sich nach der
materie schicken muß.

[*Es folgt eine Darstellung der Formen geistlich-religiöser lyrischer Dichtung; danach geht Morhof zu weltlichen Formen
über:*]

Nächst den Geistlichen Oden folgen die / welche ein argumentum morale[7] haben / welches sich zu den Oden sehr wohl
schicket. Wir finden deren unterschiedliche / bey Flemmin-
gen / und andern. Die Chinenser halten auff die Poemata
moralia am meisten / in ihrer Confutius vier Bücher von
alten Carminibus, worzu er das fünffte gemacht / nachgelassen. In welchen die gantze Sittenlehre / die Art und Weise das
Regiment zu führen / und die Exempel der Tugenden begrief-
fen sind. [...] Die Lobgedichte / auff die Helden und ihre
Thaten / können auch in Oden vorgestellet werden. Denn bey
den alten Teutschen und Gothen hat man dergleichen auff
dieselben gemacht. Es muß aber alsdenn die Redensart ja so
hoch seyn / als in einem rechten Epico poemate[8], und muß
mans machen / wie Stesichorus[9], darvon Quintilianus lib. 10.
c. 1. urtheilet / quod epici carminis onera lyrâ sustinuerit.[10] In
Liebessachen ist dieselbe ungleich / nach dem die affectus[11]
sollen außgedrücket werden. Klagende oder verlangende

7 sittlichen Gegenstand.
8 epischen Gedicht.
9 griechischer Chorlyriker (um 640–555 v. Chr.).
10 »Den Stesichoros in der ganzen Stärke seines Talentes zeigen auch die Stoffe,
   die er sich wählt, wenn er die größten Kriege und berühmtesten Feldherrn
   besingt und mit seiner Lyra die schwere Bürde des epischen Gedichtes auf
   sich nimmt« (Quintilian, *Institutio Oratoria*, Buch X, 1,62; übers. von Helmut Rahn).
11 Gefühlsbewegungen.

Oden / können bißweilen abruptos sensus[12], tieffsinnige acu-mina[13] haben / wie die unvergleichliche erste Ode im fünfften Buche des Flemmings.[14] Schertzet man aber / so muß ein gleicher stylus[15] seyn / und sind die acumina von solchen fontibus[16] genommen / die mehr ein lachen / als verwundern / erwecken.

[Es folgen Beispiele und kritische Hinweise auf Einzelfragen der Gestaltung wie Wiederholung, Refrain, Schlußsentenzen, Metrum.]

Die Metra können in den Oden vielfältig seyn / Trochaische schicken sich am besten / da man ein Verlangen vorstellet / in Sittlichen und Liebessachen / Jambische in Schertz- und Schelt-Gedichten / Anapæstische und Dactylische / wenn man etwas lustiges vorstellet. Denn es würde sehr übel klin-gen / wenn man sie in traurigen Sachen gebrauchen wollte.

[Abschließend äußert sich Morhof zum Verhältnis von »Ein-fall« und »Nachsinnen« beim Schreiben des Gedichts:]

Der Trieb der Natur / oder / wie ihn die Poeten nennen / der ἐνθουσιασμὸς,[17] ist das vornehmbste in dieser Sache. Dersel-bige giebt den Erfindungen ein Leben / und wird in den Oden durch die Music erwecket / und gereitzet. Es lässet sich auch eine Ode viel besser machen / wenn man die Melodey ihm vorhero vorstellet / und die Verse nach derselben einrichtet. Dieser ἐνθουσιασμὸς ist etwas / das von einer sonderlichen Glückseeligkeit der Natur kömpt / und durch die Kunst und Nachsinnen bißweilen nur gehindert wird. Es ist zu mer-cken / daß insgemein die ersten Einfälle / als welche aus die-sem Triebe entstehen / die besten sind / welches ich offt an mir

12 Gedankensprünge.
13 pointenhafte Zuspitzungen.
14 Paul Fleming (1609–40), *Erbarme du dich meiner Qualen.*
15 Schreibart, Stil.
16 Quellen.
17 Gotterfülltheit, Inspiration.

selbst wahrgenommen. Denn ich pflege in Verfertigung eines
Carminis alles / was mir über einer Sache einfället so fort zu
Papiere zu bringen / ohne Ordnung / ohne Connexion, hal-
be / gantze Verse / damit mir die ersten Gedancken nicht aus
dem Sinne fallen. Unter diesen sind allezeit / die mir ohne
sonderlichen Nachdencken beykommen / die besten / die ich
aber so fort oder nachgehends durch weiters Nachsinnen
hinzusetze / und aus einigen fontibus, welche die Kunst eröffnet / herhole / entfernen sich etwas mehr von den Sachen / und
haben den Nachdruck nicht. Wenn diese erst angemerckt /
die gleichsamb wie ein Chaos[18] sind dessen / was daraus
gemacht soll werden / so findet sich die Außarbeitung leicht-
lich. Worinnen man endlich nicht zu eilen hat / sondern / je
mehr man drüber nachsinnet / je besser wird die Arbeit seyn.
Da man denn zum ersten auff des gantzen Carminis, und
alsdenn der andern Strophen / Schluß / wie auff ein Ziel /
darauff alles abdrücket / sehen muß.

4

JOHANN CHRISTOPH GOTTSCHED

*Die aufklärerische Poetik Johann Christoph Gottscheds (1700
bis 1766) »Versuch einer critischen Dichtkunst vor die Deutschen« (zuerst 1730, dann 1751 in vierter, »sehr vermehrter«
Auflage erschienen) gliedert die literarischen Formen nicht
nach systematischem, sondern historischem Gesichtspunkt in
»Gedichte, die von den Alten erfunden worden« (Epos, Tragödie, Komödie, Elegie, Epigramm usw.) und »Gedichte, die
in neuern Zeiten erfunden worden« (Sonett, Madrigal, Oper,
Kantate usw.). Dementsprechend finden die lyrischen Formen
ihre Behandlung jeweils als eigenständige Formen und nicht
in gattungssystematischer Zuordnung auf einen gemeinsa-*

---

18 gestaltlose Urmasse.

men Lyrik-Begriff. Gleichwohl sind Gottscheds Auffassungen nicht ohne Bedeutung für die späteren Bemühungen um den Gattungsbegriff Lyrik, sondern markieren wichtige Gesichtspunkte aus dem Bereich der traditionellen Poetik-Theorie, an denen die künftige lyriktheoretische Reflexion ansetzen wird. Diese betreffen a) das Ursprungs-Denken (lyrisch-liedhafte Formen als Anfang und Ursprung der Dichtung), b) das Nachahmungs-Konzept (fiktive Ich-Aussage und die Frage eines unmittelbaren Erlebnis-Ausdrucks), c) Sprache und Stil (die Sprache des Affekts im Spannungsfeld zwischen Rhetorik und Gattungs-Poetik), d) die ›Ode‹ (als Beispiel poetisch-lyrischer ›Unordnung‹ und pathetisch-eigenwilliger Sprachgestaltung).

Vom Ursprunge und Wachstume der Poesie

2. §. Einige wollen behaupten, daß die allerersten Menschen das Singen von den Vögeln gelernet haben. Es kann solches freilich wohl nicht ganz und gar geleugnet werden; vielmehr hat es eine ziemliche Wahrscheinlichkeit für sich. Leute, die im Anfange der Welt mehr in Gärten oder angenehmen Lustwäldern als in Häusern wohneten, mußten ja täglich das Gezwitscher so vieler Vögel hören und den vielfältigen Unterscheid ihres Gesanges wahrnehmen. Von Natur waren sie sowohl als die kleinesten Kinder, uns Erwachsene selbst nicht ausgenommen, zum Nachahmen geneigt: daher konnten sie leicht Lust bekommen, den Gesang desjenigen Vogels, der ihnen am besten gefallen hatte, durch ihre eigene Stimme nachzumachen, und ihre Kehle zu allerlei Abwechselungen der Töne zu gewöhnen. Diejenigen, welche vor andern glücklich darin waren, erhielten den Beifall der andern: und weil man sie gern hörete, so legten sie sich desto eifriger auf dergleichen Melodeien, die gut ins Gehör fielen; bis endlich diese vormaligen Schüler des wilden Gevögels bald ihre Meister im Singen übertrafen.

3. §. Allein es ist nicht nötig, auf solche Mutmaßungen zu verfallen. Der Mensch würde, meines Erachtens, gesungen haben, wenn er gleich keine Vögel in der Welt gefunden hätte. Lehret uns nicht die Natur, alle unsere Gemütsbewegungen durch einen gewissen Ton der Sprache ausdrücken? Was ist das Weinen der Kinder anders als ein Klagelied, ein Ausdruck des Schmerzes, den ihnen eine unangenehme Empfindung verursachet? Was ist das Lachen und Frohlocken anders als eine Art freudiger Gesänge, die einen vergnügten Zustand des Gemütes ausdrücken? Eine jede Leidenschaft hat ihren eigenen Ton, womit sie sich an den Tag leget. Seufzen, Ächzen, Dräuen, Klagen, Bitten, Schelten, Bewundern, Loben usw., alles fällt anders ins Ohr; weil es mit einer besondern Veränderung der Stimme zu geschehen pflegt. Weil man nun angemerket hatte, daß die natürlich ausgedrückten Leidenschaften auch bei andern eben dergleichen zu erwecken geschickt wären: so ließen sich's die Freudigen, Traurigen, Zürnenden, Verliebten usw. desto mehr angelegen sein, ihre Gemütsbeschaffenheit auf eine bewegliche Art an den Tag zu legen, um dadurch auch andre, die ihnen zuhöreten, zu rühren, das ist, ihnen etwas vorzusingen.

4. §. Wie nun, bisher erwähntermaßen, auch bloße Stimmen die innerlichen Bewegungen des Herzens ausdrücken; indem z. E. die geschwinde Abwechselung wohl zusammenstimmender scharfer Töne lustig, die langsame Abänderung gezogener und zuweilen übellautender Töne traurig klingt usf.: so ist es doch leicht zu vermuten, daß man nicht lange bei bloßen Stimmen oder Tönen im Singen geblieben sein, sondern auch bald gewisse Worte dabei wird ausgesprochen haben. Man höret es freilich auch auf musikalischen Instrumenten schon, ob es munter oder kläglich, trotzig oder zärtlich, rasend oder schläfrig klingen soll: und geschickte Virtuosen wissen ihre Zuhörer bloß durch ihre künstliche Vermischung der Töne zu allen Leidenschaften zu zwingen. Allein es ist kein Zweifel, daß Worte, die nach einer geschickten Melodei gesungen werden, noch viel kräftiger in die Gemüter wirken.

5. §. Sonderlich muß man dieses damals wahrgenommen haben, als die Gesangweisen so vollkommen noch nicht waren als itzo, da die Musik aufs höchste gestiegen ist. Es war also sehr natürlich, daß die ersten Sänger den Anfang macheten, anstatt unvernehmlicher Töne verständliche Silben und deutliche Wörter zu singen. Dadurch konnten sie dasjenige, was sie bei sich empfunden hatten, desto lebhafter ausdrükken, ihre Gedanken ausführlicher an den Tag geben und bei ihren Zuhörern den gewünschten Endzweck erreichen. Abgesungene Worte, die einen Verstand in sich haben oder gar einen Affekt ausdrücken, nennen wir Lieder; oder, welches gleichviel ist: ein Lied ist ein Text, der nach einer gewissen Melodie abgesungen werden kann. Die Gesänge sind dergestalt die älteste Gattung der Gedichte, und die ersten Poeten sind Liederdichter gewesen.

Von den poetischen Nachahmungen

[*Die erste Art der poetischen Nachahmung ist die bloße Beschreibung.*]

3. §. Die andre Art der Nachahmung geschieht, wenn der Poet selbst die Person eines andern spielet oder einem, der sie spielen soll, solche Worte, Gebärden und Handlungen vorschreibt und an die Hand gibt, die sich in gewissen Umständen für ihn schicken. Man macht z. E. ein verliebtes, trauriges, lustiges Gedicht im Namen eines andern, ob man gleich selbst weder verliebt noch traurig noch lustig ist. Aber man ahmet überall die Art eines in solchen Leidenschaften stehenden Gemütes so genau nach und drückt sich mit so natürlichen Redensarten aus, als wenn man wirklich den Affekt bei sich empfände. Zu dieser Gattung gehört schon weit mehr Geschicklichkeit als zu der ersten. Man muß hier die innersten Schlupfwinkel des Herzens ausstudieret und durch eine genaue Beobachtung der Natur den Unterschied des gekünstelten, von dem ungezwungenen angemerket haben. [. . .]

4. §. Die Klaggedichte, die *Kanitz*[1] und *Besser*[2] auf ihre Gemahlinnen gemacht, werden sonst als besondere Muster schön ausgedruckter Affekten angesehen. Man kann sie auch gar wohl unter diese Art der Nachahmung rechnen, ob sie gleich ihren eignen Schmerz und nicht einen fremden vorstellen wollen: denn soviel ist gewiß, daß ein Dichter zum wenigsten dann, wann er die Verse macht, die volle Stärke der Leidenschaft nicht empfinden kann. Diese würde ihm nicht Zeit lassen, eine Zeile aufzusetzen, sondern ihn nötigen, alle seine Gedanken auf die Größe seines Verlusts und Unglücks zu richten. Der Affekt muß schon ziemlich gestillet sein, wenn man die Feder zur Hand nehmen, und alle seine Klagen in einem ordentlichen Zusammenhange vorstellen will. Und es ist auch ohnedas gewiß, daß alle beide oberwähnte Gedichte eine gute Zeit nach dem Tode ihrer Gemahlinnen verfertiget worden: da gewiß die Poeten sich nur bemühet haben, ihren vorigen betrübten Zustand aufs natürlichste auszudrücken.

Von der poetischen Schreibart

[*Nach der Behandlung der ersten, »natürlichen oder niedrigen«, und der zweiten, »sinnreichen oder hohen«, Schreibart:*]

27. §. Noch ist zum dritten die *pathetische* oder affektuöse, hitzige und bewegliche Schreibart übrig, deren Namen sattsam ihre Art anzeigen. Sie entsteht aus allen Gemütsbewegungen und ist gleichsam die Sprache derselben. Sie ändert sich nach Beschaffenheit derselben und ist bald kurz und abgebrochen, bald etwas weitläuftig; allezeit aber voller Figuren und verwegenen Ausdrückungen. Sie hält nicht viel von sinnreichen Einfällen, Gleichnissen oder andern Künsten.

---

1 Friedrich Rudolf von Canitz (1654–99), *Klag-Ode über den Tod seiner ersten Gemahlin.*
2 Johann Besser (1654–1729), *Verhängnis treuer Liebe.*

Sie folget einer hitzigen Unbedachtsamkeit, die in allen Affekten herrscht und keinem Zeit läßt auszustudieren, was er sagen will. Sie scheint auch mehr zu donnern und zu blitzen als zu reden; weil alles unvermutet herausfährt und man zuweilen nicht begreifen kann, wo alles miteinander hergekommen. Sie meidet alle Verbindungswörter und ist zufrieden, wenn die Sachen einigermaßen zusammenhangen. Und in dieser Schreibart hat vielmals das sogenannte Hohe seinen Sitz, davon *Longin*[3] uns ein ganzes Buch geschrieben hat. [...]

28. §. Der Sitz dieser pathetischen Schreibart ist anfänglich in Oden, wo der Poet selbst im Affekte steht und sich voller Feuer ausdrückt. Ein Exempel gibt *Günthers Ode* auf den Eugen[4], die fast durchgehends diesen Charakter beobachtet hat. Sein Affekt ist daselbst die Freude, Verwunderung und heftige Begierde, seines Helden große Taten zu loben. Er sieht ihn gleichsam vor seinen Augen verschwinden und feuret seine Muse an, ihm nachzueilen:

> Eugen ist fort! Ihr Musen, nach!
> Er eilt und schlägt und siegt schon wieder.

Diese abgebrochene, kurze Art des Ausdruckes ist in der Tat eine glückliche Nachahmung des stärksten Affekts. [...]

29. §. Zum andern schicket sich die pathetische Schreibart in die Elegien, wo man entweder Verstorbene beklagen oder was Verliebtes schreiben will: denn dazu gehört eigentlich die Elegie. *Ovidius* und *Tibullus* sind hierin rechte Meister gewesen. Nichts ist beweglicher zu lesen als ihre Klagschreiben und verliebte Briefe. Alles ist herzrührend, und die Kunst scheint weit davon entfernt zu sein; herrschet aber um desto mehr darin. [...]

---

3 Cassius Longinus (um 213–273), galt lange Zeit als Verfasser der Schrift *Vom Erhabenen*.
4 *Auf den zwischen Ihro kaiserliche Majestät und der Pforte An. 1718 geschlossenen Frieden*, Ode von Johann Christian Günther (1695–1723) auf den Prinzen Eugen.

30. §. Drittens hat die pathetische Schreibart in Heldenge-
dichten statt: nicht zwar, wenn der Poet selbst erzählet, denn
da muß die natürliche herrschen; wohl aber, wenn er andere
Personen, die im Affekte stehen, redend einführet. [...]
31. §. Viertens schicket sich diese Schreibart in die Schauspiele. Da kommen unzählige Gelegenheiten vor, die Personen in vollen Affekten aufzuführen; und da können sie nicht
nachdrücklicher, beweglicher und durchdringender reden als
in dieser pathetischen Art des Ausdruckes.

Von Oden oder Liedern

1. §. Wir folgen der Ordnung der Natur. Oben ist erwiesen
worden, daß die Musik zur Erfindung der Poesie den ersten
Anlaß gegeben. Die ersten Dichter, *Eumolpus, Musäus,
Orpheus, Arion, Amphion* und *Linus,* haben lauter musikalische Verse gemacht und dieselben den Leuten vorgesungen.
Die Alten haben ihre Gesetze gesungen, und *Aristoteles* mei-
net gar, daß dieselben darum νομοι[5] genennet worden: weil
die Strophen der Lieder so hießen, darin sie vor alters abgesungen worden. [...] Die Lieder sind also die älteste Gattung
der Gedichte, und wir können mit gutem Grunde von denselben den Anfang machen.
2. §. Weil ein Lied muß gesungen werden können, so gehört
eine Melodie dazu: und weil der Text und die Musik sich
zueinander schicken sollen, so muß sich eins nach dem
andern richten. Es versteht sich aber leicht, daß sich zuweilen
die Poesie nach der Singweise, zuweilen aber die Singweise
nach der Poesie bequemen wird, nachdem entweder jenes
oder dieses am ersten fertig gewesen ist. Zwar die alten Poeten, weil sie zugleich auch Sänger waren, und weder in einem
noch in dem andern Stücke gar zu viel Regeln wußten, mögen
wohl zuweilen aus dem Stegreife ganz neue Lieder gesungen

5 das Zugeteilte, Festgesetzte.

haben, davon vorher weder die Melodie noch der Text
bekannt gewesen. Sie nahmen es weder in der Länge der Zeilen noch in dem Silbenmaße so genau und konnten auch leicht
so viel Töne dazu finden, daß es einem Gesange ähnlich ward.
Ich habe selbst einen alten Singmeister, der ein Sänger und
Poet zugleich sein wollte, in großen Gesellschaften zur Lust
auf jeden insbesondere ein ganz neues Lied singen hören. Er
dichtete und komponierte also aus dem Stegreife, wie man
teils aus den Knittelversen, teils aus der Melodie leicht hören
konnte. So kann und muß man sich denn auch die ältesten
Poeten einbilden. Ihre Texte waren so ungebunden als ihre
Melodien; und wenn wir in Kirchen den Lobgesang Mariä,
die Litanei oder das Lied Simeons[6] singen, so können wir uns
leicht vorstellen, wie solches mag geklungen haben.
3. §. Doch von diesen ersten Liedern ist hier nicht mehr die
Frage. Man hat sie allmählich regelmäßiger zu machen angefangen und teils die Texte, teils die Melodien gebessert. Man
erfand gewisse Gesangweisen, die sehr schön ins Gehör fielen, und bemühte sich, dieselben nicht wieder zu vergessen.
Der Text ward darnach eingerichtet; und das war ein Lied von
einer Strophe. Wollte der Poet noch mehr Einfälle und
Gedanken ausdrücken, so hub er seine Melodie von vorne
wieder an: und weil seine Verse sich auch darnach richten
mußten, so entstund abermal eine Strophe, die der ersten
ungefähr ähnlich war. Und damit fuhr man so lange fort, bis
das Lied lang genug schien oder bis der Dichter nichts mehr
zu sagen hatte. [...]
10. §. Die Materien, die in Oden vorkommen können, sind
fast unzählig: obgleich im Anfange die Lieder nur zum Ausdrucke der Affekten gebraucht worden sind. Dieser ersten
Erfindung zufolge würde man also nur traurige, lustige und
verliebte Lieder machen müssen; oder höchstens Lobgesänge
auf Götter und Helden machen dörfen. Aber nach der Zeit
hat man sich daran nicht gebunden, sondern kein Bedenken

---

6 *Nunc dimittis*, Hymnus in drei Distichen, vgl. Luk. 2,25 ff.

getragen, alle mögliche Arten von Gedanken in Oden zu setzen. Es ist also lächerlich, wenn einige halbigte Kunstrichter
wunder was für Dinge von einer jeden Ode fodern; das weder
ein *Alcäus* noch eine *Sappho*[7], ja bisweilen *Pindar* nicht einmal beobachtet hat. Zwar *Horazens* Regel nach würden nur
wenige Klassen darinnen vorkommen, so verschieden sie an
sich selbst schon sind:

> Musa dedit fidibus Divos, puerosque deorum,
> Et pugilem victorem, et equum certamine primum,
> Et juvenum curas, et libera vina referre.[8]

Aber seine eigenen Exempel zeigen, daß er es bei Göttern und
Helden, ja Kämpfern, Wein und Liebe nicht hat bewenden
lassen; indem er wohl sogar Briefe in Form der Oden
geschrieben, ja Satiren, Gespräche und Lehrgedichte darin
abgefasset, Fabeln erzählet, sich selbst in einen Schwan verwandelt und unzählige andere Erfindungen darinnen angebracht hat. Bei unsern alten Poeten wird man alle diese Arten
auch antreffen, wie die Exempel in ihren Schriften sattsam
zeigen werden. Indessen, wenn man die Natur der Sachen
ansieht, so ist es wohl am besten, wenn man sich von der
ersten Erfindung so wenig entfernet, als möglich ist, und das
Lob der Helden und Sieger, den Wein und die Liebe mehrenteils darin herrschen läßt. Doch begreift ein jeder, daß man
das Lob sowohl bei freudigen als traurigen Begebenheiten
und die Liebe sowohl bei eigener als fremder Leidenschaft,
d. i. bei Hochzeiten besingen könne.
11. §. Daraus ist nun leicht abzunehmen, in was für einer
Schreibart die Ode abgefaßt werden müsse. Nach ihren verschiedenen Gattungen muß sich dieselbe auch ändern. Die
Loboden müssen in der pathetischen und feurigen, die lehr-
reichen in der scharfsinnigen, die satirischen in der stachlich-

---

7 Bezieht sich auf die alkäische, sapphische und pindarische Strophe, Oden-
  maße, benannt nach Alkaios von Mytilene (geb. um 630/620 v. Chr.), Sappho
  (7.–6. Jh. v. Chr.) und Pindar (522/518–438 v. Chr.).
8 Horaz, *Dichtkunst*, V. 83–85.

ten oder beißenden, die lustigen und traurigen teils in der natürlichen, teils beweglichen Schreibart gemacht werden. Die Ursache sieht man leicht. In der ersten Art beherrscht die Bewunderung und Erstaunung den Poeten, die ihm alle Vorwürfe vergrößert, lauter neue Bilder, Gedanken und Ausdrückungen zeuget; lauter edle Gleichnisse, reiche Beschreibungen, lebhafte Entzückungen wirket; kurz, alle Schönheiten zusammenhäufet, die eine erhitzte Einbildungskraft hervorbringen kann. Und dieses ist denn die sogenannte Begeisterung, das berühmte Göttliche, so in den Oden stecken soll, weswegen *Pindar* so bewundert worden. [...]

16. §. Aus allen den angeführten Oden aber wird man wahrnehmen, daß darin durchgehends eine größere Lebhaftigkeit und Munterkeit als in andern Gedichten herrschet. Dieses unterscheidet denn die Ode von der gemeinen Schreibart. Sie machet nicht viel Umschweife mit Verbindungswörtern oder andern weitläufigen Formeln. Sie fängt jede Strophe so zu reden mit einem Sprunge an. Sie wagt neue Ausdrückungen und Redensarten; sie versetzt in ihrer Hitze zuweilen die Ordnung der Wörter: kurz, alles schmeckt nach einer Begeisterung der Musen. Wer ausführlichere Regeln und gute Exempel davon sehen will, der darf nur die Oden der deutschen Gesellschaft[9] nachschlagen, wo er von allen Gattungen einige antreffen wird. Nur ist noch zu merken, daß man in Oden keine gar zu genaue Ordnung der Zeiten und Örter beobachten müsse. Dieses sieht einer Geschichte zu ähnlich, und macht eine Ode zu matt. Auch hüte man sich darinnen vor gar zu trocknen Vernunftschlüssen, die einem Weltweisen besser anstehen als einem Dichter, der gleichsam Orakelsprüche vorbringt, die er nicht beweisen darf, weil sie aus einer höhern Eingebung kommen. Daher kleiden alle die Bindewörter, *denn, weil, darum, daher, hernach* u. dgl., eine Ode sehr schlecht; und man pflegt zu sagen, daß eine schöne

9 Von Gottsched 1727 gegründete Gesellschaft zur Pflege der deutschen Sprache und Literatur mit eigenen Veröffentlichungen.

Unordnung in der Ode die Probe der höchsten Kunst sei. *Boileau* schreibt:

> Chez elle un beau désordre est un effet de l'art.[10]

5

CHARLES BATTEUX / JOHANN ADOLF SCHLEGEL

Erheblichen Einfluß auf die Herausbildung eines eigenen Lyrik-Begriffs in Deutschland hatte der Versuch des Popularphilosophen und Ästhetikers Charles Batteux (1713–80), durch Ableitung von einem einzigen Prinzip, dem der Naturnachahmung, ein vollständiges System der Kunst sowie der literarischen Gattungen aufzustellen (»Les beaux-arts réduits à un même principe«, 1746). Die Stellung der Lyrik in diesem System ergab sich zum einen daraus, daß die Lyrik wie Epik und Dramatik die Wirklichkeit nicht unmittelbar, sondern als nachgeahmte, künstlich reproduzierte wiedergibt, zum andern daraus, daß die Lyrik im Unterschied zu Epik und Dramatik keine Handlungen (»actions«), sondern Empfindungen (»sentiments«) zum Gegenstand ihrer Darstellung macht. Die Systematik Batteux' fand in Deutschland neben großem Anklang auch scharfe Kritik. So hat Johann Adolf Schlegel (1721–93) seiner deutschen Übersetzung des Batteux-schen Werks (»Einschränkung der schönen Künste auf einen einzigen Grundsatz«, 1751, weitere Auflagen 1759 und 1770) eine Reihe kritischer Anmerkungen hinzugefügt, die darauf abzielen, Batteux' Nachahmungskonzept grundsätzlich als unhaltbar und seine Anwendung insbesondere auf die Lyrik als verfehlt zu erweisen, da es die Möglichkeit eines kunstlosen, unmittelbaren, »unstudierten Ausdrucks der Empfindungen« leugne.

10 »Bei ihr ist eine schöne Unordnung eine Wirkung der Kunst« (Nicolas Boileau-Despréaux, *L'art poétique*, 1674, II,72).

Von der lyrischen Poesie

[*Batteux:*]

Wenn man *die lyrische Poesie* nur flüchtig überhin betrachtet: so scheint es, als ob sie mehr als die andern Dichtungsarten sich weigere, unter diesen allgemeinen Grundsatz, welcher alles auf die Nachahmung zurückleitet, sich bringen zu lassen.

Wie? wird man sogleich ausrufen. Die Gesänge der Propheten, Davids Psalmen, Pindars und Horazens Oden sollten keine wirkliche Gedichte sein? Sie sind gerade die vollkommensten. Man gehe auf den Ursprung der Dichtkunst zurück. Ist die Poesie nicht ein Gesang, welchen Freude, Verwunderung, Dankbarkeit einflößen? Ist sie nicht ein lebhafter Ausdruck des Herzens, ein schneller Ausbruch seiner Empfindungen, wobei die Natur alles und die Kunst nichts tut? Ich sehe keine Schilderei, kein Gemälde darinnen. In ihr ist alles nichts als Feuer, Gefühl, Trunkenheit. Solchergestalt sind folgende zweene Sätze gewiß: erstlich, daß lyrische Poesien wirkliche Gedichte sind, zweitens, daß diese Poesien keine Spur einer Nachahmung an sich haben.

Dies ist der Einwurf in seiner ganzen Stärke.

[*Anmerkung Schlegels:*]

Es ist nicht sowohl der Einwurf in seiner ganzen Stärke als vielmehr über seine Grenzen hinausgetrieben, damit er desto leichter verdächtig gemacht werden könne. Denn sobald diese Wendung ihm gegeben wird, so haben beide, Batteux und seine Gegner, Unrecht. *Die lyrischen Gedichte sind ohne Zweifel Poesie, denn sie sind der Ursprung derselben, die erste Gattung von Gedichten. Im Anfange herrschte gar keine Nachahmung in der Ode, und auch nach ihrer vollkommnern und mannigfaltigern Ausbildung findet man viele, die keine Spur der Nachahmung an sich haben; also ist die Nachahmung nicht der oberste und allgemeine Grundsatz der Poesie.* Wie läßt sich, sobald die Vordersätze zugegeben sind, dieser

Einwurf beantworten? Aber gleichfalls würde der Schluß gegen diejenigen sich umkehren lassen, welche die Nachahmung ganz und gar für keinen Grundsatz der Poesie gelten lassen wollten.

[*Batteux:*]

Ehe ich darauf antworte, frage ich diejenigen, die ihn machen, ob in der *Musik*, ob in den *Opern*, in welchen alles lyrisch ist, wirkliche oder nachgeahmte Leidenschaften herrschen; ob die *Chöre der Alten*[1], welche die ursprüngliche Natur der Poesie beibehalten, diese Chöre, welche bloß ein Ausdruck der Empfindung waren, ob die Natur selbst oder nur die nachgeahmte Natur gewesen; ob Rousseau in seinen *Psalmen*[2] von seiner Materie ebenso wirklich durchdrungen gewesen als David; und ob endlich unsre *Schauspieler*, die auf der Schaubühne so lebhafte Leidenschaften zeigen, dieselben ohne Hülfe der Kunst und darum fühlen, weil ihre wirklichen Umstände dieselben in ihnen erregen? Ist dieses alles erdichtet, künstlich, nachgeahmt: so mag denn die Materie der lyrischen Poesie durchgängig eitel Empfindungen sein; sie wird darum nichtsdestoweniger der Nachahmung unterworfen sein müssen.

[*Anmerkung Schlegels:*]

Die ausgedrückten Empfindungen sind nicht selten Nachahmung, also müssen sie es allezeit und überall sein. Was ist denn nicht bindig, wenn es dieser Schluß ist? Und eben der ist's gleichwohl, durch den Batteux diejenigen, welche seinen Grundsatz nicht für den allgemeinen halten, schon vorläufig, ehe er noch ihre Einwürfe widerlegt, besiegen will. Einem so schwachen Schlusse, da er keiner Gründlichkeit fähig ist, wenigstens ein blendendes Ansehen zu geben, wirft er die Exempel, auf die er sich beruft, mit vieler Kunst durcheinan-

---

1 Von Musik und Tanz begleitete strophische Rede; Urform des griechischen Dramas.
2 Jean-Baptiste Rousseau (1670–1741), *Odes. Livre premier* (Oden I–XVII).

der; denn wer sollte die Psalmen Davids und des Rousseau poetische Übersetzungen derselben zwischen den Opern, den Chören der alten Schaubühne und der theatralischen Deklamation suchen? Das zwar haben sie hiebei miteinander gemein, daß sie insgesamt ein *Ausdruck der Empfindungen* sind; und gleichfalls wird das niemand streitig zu machen begehren, daß die *Schauspielkunst*, die *Opern der Neuern* und die *Chöre der Alten* ganz und lediglich ihrer Natur nach eine *künstliche Nachahmung* sind. Aber erstlich: Was hat der Verfasser für eine Absicht, wenn er uns versichert, daß *die Chöre der Alten die ursprüngliche Natur der Poesie beibehalten haben*? Will er damit weiter nichts sagen, denn dies: daß sie sich *mehr als die übrigen Teile des Schauspiels der ersten Poesie nähern*, daß sie nicht Schilderei, nicht Handlung waren, sondern, gleich jener, ein Gesang, ein Ausdruck von Empfindungen? Das wird ihm jedermann willig zugeben, und er hat dadurch nichts gewonnen, denn er kann daraus für seinen Hauptbeweis, *daß alle Poesie, auch die Ode, sich auf die Nachahmung einschränken müsse*, nicht den geringsten Vorteil ziehen. Die Chöre sangen in Liedern, die ihnen der tragische oder komische Dichter in den Mund legte, Empfindungen, welche ihnen nur geliehen wurden. Verhielt sich's wohl mit der Poesie in ihrem Ursprunge auch also? Sang sie nicht vielmehr zuerst in eignen Liedern eigne Empfindungen? Und wenn sie sich denn dadurch, der Ähnlichkeit ohngeachtet, von den theatralischen Chören sehr weit unterschied; warum erwähnt Batteux hier in so unbestimmten Worten dieser Ähnlichkeit, da sie die Beweiskraft des Exempels, das er von den Chören hernimmt, nicht verstärket? Was hat er denn also mit diesen Worten sagen wollen? Hat er uns dadurch zu verleiten gedacht, die ursprüngliche Poesie auch für nachgemachte Empfindungen zu halten? *Ist*, so fragt ferner der Verfasser *Rousseau in seinen Psalmen von seiner Materie ebenso wirklich durchdrungen gewesen als David?* Der Mensch, in welchem die Wahrheiten der geoffenbarten Religion diejenigen Empfindungen erwecken, die sie in jedem

Gemüte hervorbringen sollen, läßt sich freilich mit dem Propheten, in welchem diese Empfindungen durch die Offenbarung solcher Wahrheiten unmittelbar von oben herab gewirket werden, ohne Vermessenheit und Nachteil der Lehre von der göttlichen Eingebung nicht in Vergleichung stellen. Aber was folgt daraus? Daß jene Empfindungen nicht von einer so erhabnen Art sind als die Empfindungen Davids oder des Jesaias. Sind sie aber darum weniger wahrhaft? Darf Gellert oder Klopstock in ihren *geistlichen Liedern*, dürfen andre Dichter in den *erhabensten Oden, darinnen sie Materien der Religion besungen*, nicht die Empfindungen ihrer eignen Herzen ausgedrückt haben? Und, wenn sie sie ausgedrückt, sind sie dann weniger Dichter? Oder sollten wenigstens die Leser sie bloß als nachgemachte Empfindungen betrachten? War es nicht vielmehr die Absicht christlicher Poeten, daß die Leser ihnen dieselben, nicht zur Belustigung, sondern im Ernste, nachempfinden sollten? Man nehme sogar den poetischen Übersetzer der Psalmen, den Nachahmer derselben. Nur lasse man sich nicht durch den Namen täuschen, der hier ganz etwas anders anzeigt, als eigentlich in den schönen Künsten dies Kunstwort bedeutet; denn die *Nachahmung eines Psalms* ist nicht die Nachbildung eines Originals, sondern *eine kleine Veränderung des Originals selbst, durch die es auf die gegenwärtige Zeit, auf besondre Umstände angewandt wird;* kurz: insofern, wenn sie nicht als Ode, sondern als Nachahmung betrachtet wird, kann sie nicht zur Poesie gerechnet werden, sondern gehöret unter das Gebiete der Rhetorik, aus der sie auch beurteilt werden muß, weil sie eine Gattung der *gelehrten oder rhetorischen Nachahmung* ist. Auch der poetische Übersetzer oder Nachahmer der Psalmen, ein Cramer[3] oder ein Rousseau, *kann* die Empfindungen, die er in seinem Urbilde vor sich findet, und, wofern er seiner Religion aufrichtig zugetan ist, *wird* er sie in sein Herz *übertragen*. Nunmehr singt er in der Tat seine eigne Empfin-

3 Johann Andreas Cramer (1723–88), *Poetische Übersetzungen der Psalmen* (4 Bde, 1755–64).

dungen; er hat sie, ob sie gleich anderswoher entlehnt sind, in sein Eigentum verwandelt. Höchstens findet sich hier nur eine *sittliche Nachahmung*, die alle gute Kunstrichter, Batteux selbst im 2. Kap. des 1. Teils, von der *künstlichen* sorgfältig unterscheiden. Oder sollte etwan der Nachahmer der Psalmen in den Empfindungen, die er ausdrückt, demjenigen Dichter ähnlich sein, welcher die Empfindungen eines Helden vorgibt, itzt als Brutus, itzt als Cato, itzt als Cäsar redet? Sollte er dem Schauspieler ähnlich sein, welcher durch Hülfe seiner Kunst sich in Feuer setzt und diese Empfindungen *an sich nimmt, bloß um sie glücklicher ausdrücken zu können*, nicht um sie ernstlich, als seine eigne, fühlen zu wollen; welcher diese Empfindungen in den Zuschauern *erregt, daß sie ihre Herzen auf einige Zeit zu ihrer Ergetzung täuschen*, nicht daß sie darinnen haften sollen? Dann wird er zwar noch immer ein Dichter sein; aber ein Dichter, der seinem Herzen desto weniger Ehre macht, je mehr er von der Seite des poetischen Ruhmes gewinnt; einem freigeisterischen Voltaire nicht unähnlich, der, wenn er will, auch christliche Tragödien[4] schreiben kann. Diesem sollen fromme Poeten, wenigstens bei ihrer Beurteilung, gleichgesetzt werden müssen? Und man sollte den Wert ihrer Gedichte nicht anders fühlen und bestimmen können, als wenn man dasjenige indessen annähme, was, wenn es wahr wäre, zu ihrer Schmach gereichen würde? Sollte die Ehre des Gedichts und die Ehre des Dichters sich nicht vereinigen lassen? Wer sieht nicht hieraus, daß diejenigen *Oden, welche aus der Religion ihre Materie schöpfen*, von dem Gesetze der Nachahmung ausgenommen sind? Und sie sind nicht etwan die einzigen. Wollte man wohl den *Tränen*, welche Haller über den Gräbern seiner Mariane und seiner Elise geweinet[5], den Namen der Oden streitig machen, weil sie aus dem Herzen geflossen sind? Sie

---

4 U. a. *L'enfant prodigue* (*Der verlorene Sohn*; 1736).
5 Albrecht von Haller (1708–78), *Trauer-Ode, beim Absterben seiner geliebten Mariane* (1736), *Über den Tod seiner zweiten Gemahlin, Elisabeth Bucher* (1741).

sind es nicht minder, ja sie könnens noch mehr sein als die Klagen, mit welchen der Zorn oder der Tod einer erdichteten Phyllis beseufzet wird.

[*Batteux:*]

Der Ursprung der Poesie beweist wider diesen Grundsatz ebensowenig. Den Begriff der Poesie aus ihrem Ursprunge bestimmen wollen heißt, mitten in ihrem Entstehen, ehe sie noch ihre völlige Gestalt gewonnen, ihr Wesen schon bestimmen wollen. Die Elemente der Kunst wurden mit der Natur zugleich erschaffen. Aber die Künste selbst, so wie wir dieselben itzt kennen und beschreiben, sind von dem, was sie bei ihrem ersten Anfange waren, sehr unterschieden. Man urteile von der Poesie nach den andern Künsten. Sie waren, als sie entstanden, nichts als ein rohes unsilbichtes Geschrei oder ein grobumzeichneter Schatten oder ein Dach auf vier Stützen. Sehen sie sich in diesen Beschreibungen wohl noch ähnlich?

[*Anmerkung Schlegels:*]

Der Verfasser drückt sich hier sehr dunkel aus. Chercher la poésie dans son premier origine, c'est la chercher avec son existence.[6] Ich habe den dunkeln, vieldeutigen Ausdruck aus dem Zusammenhange zu erhellen und genau zu bestimmen gesucht. Und ob ich gleich nicht zuverlässig sagen kann, ob mir's gelungen sei, des Batteux eigentlichen Sinn zu fassen, so hoffe ich doch, seiner Beantwortung des Einwurfs, welcher aus dem Ursprunge der Poesie wider den Grundsatz der Nachahmung hergenommen wird, so viel Stärke, als sie nur haben kann, gelassen zu haben. Diese Beantwortung wird ihm indessen seine Sache nicht gewinnen, ob er sie gleich auch hier mit vieler Beredsamkeit mehr verwickelt, als auseinandergesetzt hat. *Die Elemente der Kunst sind ja allerdings mit der Natur zugleich geschaffen.* Aber zu welchem Ende erwähnt er hier dessen? Kann er daraus beweisen, daß

6 »Die Poesie in ihrem ersten Ursprung aufsuchen heißt, sie in ihrer (wahren) Existenz aufsuchen«.

man aus dem, was die Künste in ihrem Ursprunge sind, ganz und gar keinen Begriff von ihnen sich machen könne? Oder sollen wir glauben, daß ihr Ursprung sich ins Unmerkliche verliere und von uns nicht gefunden werden könne, weil wir ihm bis in den Ursprung der Natur nachspüren müßten? Die Elemente der Künste sind nicht ihr wirklicher Ursprung; sie waren vielmehr, als sie mit der Natur zugleich hervorgebracht wurden, nur das, was die künftige Existenz der Künste möglich machte. Die Töne sind nicht die Musik, die Farben sind nicht die Malerei, harmonische Worte, bildreiche Gedanken und Ausdrücke, lebhafte Empfindungen sind noch nicht die Poesie selbst; sie sind es ebensowenig, als das Chaos die Natur ist. Die Kunst fängt nicht eher an zu existieren als mit *der ersten Zusammensetzung der ihr zuständigen Elemente*; diese ist der *Ursprung* derselben. Aus der Gestalt, welche sie zu derselben Zeit hat, wird man freilich keinen vollständigen Begriff von ihr empfangen, was sie nach ihrem ganzen Umfange und in ihrer höchsten Vollkommenheit ist. Die *genetischen Begriffe*, die von der Entstehungsart einer Sache hergenommen werden, sind mangelhaft; sie fassen nicht alle nötige Bestimmungen unter sich: sie geben uns nur irgend einige Kennzeichen an die Hand, daran wir dieselbe von andern unterscheiden können; sie zeigen uns in den Künsten vielleicht nur die ersten Grundlinien ihres Wesens, nur irgendeinen Teil davon. Und schon dies ist hinreichend, uns zu überzeugen, daß sie nicht ganz ohne Nutzen sind. Die Kunst kann durch ihre Ausbildung einen größern Umfang erhalten; es kann ihr durch Genie und Fleiß so viel Vollkommenheit gegeben werden; daß sie sich kaum noch ähnlich sieht. Doch das, was sie in ihrem Ursprunge war, muß ihr allezeit bleiben, wo sie nicht dadurch, ebendieselbe zu sein, aufhören soll. War nicht die *Malerei* schon da eine Nachahmung von Gestalten, als sie nur noch *ein grobumzeichneter Schatten war*? Als noch die *Musik* in einem *rohen unsilbichten Geschrei* bestund, wenn sie anders jemals darinnen bestanden hat, denn es ist wahrscheinlicher, daß sie zuerst ein monoto-

nischer, mißklingender Gesang vernehmlicher Worte gewesen; was sie auch in ihrem Anfange gewesen sein mag, war sie
nicht allezeit eine Nachahmung von dem Gesange der Vögel?
Die *Baukunst* ist ihrer Natur nach keine nachahmende Kunst,
sondern eine solche, welche Nutzen schaffen und die Natur
zu unserm Dienste anwenden soll. Das war sie auch in ihrer
Kindheit, als sie noch weiter nichts zu leisten vermochte, als
ein Dach auf vier Pfähle zu legen. Wenn denn Batteux seinen
Gegnern das nicht streitig macht, daß die *Poesie* ursprünglich
ein Ausdruck nicht nachgemachter, sondern wirklicher Empfindungen gewesen, *ein Gesang, welchen Freude, Verwunderung, Dankbarkeit einflößten:* so wird daraus zwar nicht folgen, daß sie durchgängig ein Ausdruck wirklicher Empfindungen sein müsse und die Nachahmung davon ganz ausgeschlossen sei, aber doch dies, daß sie nicht notwendigerweise
Nachahmung sein müsse, *daß sie auch ein Ausdruck wirklicher Empfindungen sein dürfe,* ohne daß sie dadurch ihre
Natur verleugnete, oder daß die wirklichen Empfindungen
nötig hätten, unter der Maske nachgemachter Empfindungen
sich einzuschleichen, wenn sie eines ruhigen Besitzes der Ode
sich versichern wollten.

[*Batteux:*]
Die heiligen Gesänge mögen wahre Poesien sein, ohne daß
sie Nachahmungen sind. Sollte wohl dies Exempel wider die
Poeten viel beweisen, da diese allein von der Natur begeistert
werden können? War es der Mensch, der im Moses[7] sang?
Legte ihm nicht der Heilige Geist die Worte in den Mund?
Dieser ist unumschränkter Herr dessen, was er tut; er hat
nicht nötig nachzuahmen; er erschafft. Unsre Dichter hingegen haben bei ihrer vorgegebnen Trunkenheit des Geistes
keinen andern Beistand als den Beistand ihres natürlichen
Genies; den Beistand einer durch die Kunst erhitzten Einbildungskraft, einer selbstgemachten Begeisterung, die zu

7 Vgl. 5. Mos. 32,1–43.

Gebote steht. Sie mögen eine wirkliche Empfindung der Freude haben; davon läßt sich singen; aber nur eine oder zwo Strophen hindurch. Soll das Stück länger sein; so kömmt es der Kunst zu, demselben neue Empfindungen anzusetzen, die den ersten ähnlich sind. Die Natur mag das Feuer entzünden; wenigstens muß die Kunst ihm die Nahrung geben und es im Brande erhalten.

[*Anmerkung Schlegels:*]

Die Kunst muß ohne Zweifel der Natur zu Hülfe kommen, wenn der Ausdruck wirklicher Empfindungen Poesie sein soll. Aber wird sie dadurch wohl diesen Ausdruck in Nachahmung verwandeln? So wird in der Erregung der Affekten auch die Beredsamkeit für Nachahmung gelten müssen, welche doch Batteux sorgfältig und mit Rechte von dem Anteile an diesem Grundsatze ausschließt. Vermag die *Kunst* weiter nichts, als *nachzuahmen*? Kann sie nicht auch die Natur *ausbessern*? Und wenn sie dann *die Ergetzung zum Hauptzwecke behält*, so wird sie noch stets eine *schöne Kunst* bleiben, die sich selbst von den Künsten der mittlern Klasse, welche die Ergetzung, als den Nebenzweck, dem Nutzen unterordnen, genugsam unterscheidet. Das Herz des Dichters fühlt sich von einer lebhaften Freude begeistert oder von einem heftigen Schmerze zerrissen. Er beschließt, sein Entzücken oder sein Leid zu singen. Ein natürlicher Entschluß: denn die Empfindung strebt, sich zu ergießen. Sie mag von ihrem ersten Ungestüme nachgelassen haben; dies wird die Ausführung seines Vorsatzes nicht hindern noch schwerer machen; denn eben sein *Vorsatz* richtet seinen Geist auf den Gegenstand seines Affekts und heftet ihn daran. Der *Gegenstand* selbst, sobald derselbe von ihm mit der ganzen Aufmerksamkeit seiner Seele betrachtet wird, entzündet in seiner Brust das Feuer wieder, auch wenn es schon verlöschen wollte; er erneuert seiner Seele die Empfindung und gibt ihr ihre vorige Stärke. Die anhaltende *Beschäftigung mit dem Gegenstande* aber wird das entzündete Feuer nicht niederbrennen lassen; ja, da sie durch nichts abgezogen und unterbrochen wird, das Herz vielleicht in noch größre Glut setzen. Dennoch kann der Poet der *Hülfe der Kunst* nicht entbehren. Diese muß die Empfindung dadurch ausbessern, daß sie *absondert*, was mißfallen würde, und *ergänzet*, was an ihr mangelhaft ist. Sie *verhütet* die allzuöftern Wiederholungen, die dem Affekte so ungewöhnlich sind, und erlaubt sie, damit sie nicht ekelhaft werden, nur da, wo der Affekt zu seiner größten Höhe steigt. Sie *entwickelt* ihm das, was er nur dunkel fühlte; sie läßt ihn *die rührendste Seite wahrnehmen*, von der er seine Empfindung zeigen kann; sie hilft ihm *die Ausdrücke aufsuchen*, die dem Affekte so oft fehlen, und *wählt* ihm die stärksten und vollsten darunter. Hier wird der Poet überflüssigen Stoff haben, von seiner Freude, von seiner Wehmut mehr als ein paar Strophen zu singen; denn die Gedanken des feurigsten Gedichts, sie mögen noch so zusammengedrungen sein, können den weit schnellern Empfindungen eines Affekts nicht mit gleichem Schritte nacheilen; und den Schmerz einiger Minuten auszudrücken, wird der Raum einer langen Ode kaum hinreichen. Wo findet sich nun in diesem Beistande der Kunst die mindeste Spur einer Nachahmung? – – – Soll es etwan die Erneurung und Belebung der Empfindung sein, welche er besingt? Und ist nicht diese Erneurung selbst mehr ein Werk des Gegenstandes als der Kunst? – – – Oder soll es die Ausbesserung der Natur sein? Aber die will ja Batteux selbst von der Nachahmung genau unterschieden wissen. Er beschwert sich im 1. Teil dieses Werks im 2. Kapitel darüber, daß man unter diesen Grundsatz alle Arten der Nachahmung gezogen und ihn dadurch verdunkelt habe. Macht er nicht dessen bei der Ode sich selbst schuldig? Ich leugne übrigens nicht, daß man *auch seine eignen Empfindungen nachahmen könne*. Das geschieht, wenn der Poet aus dem Vorrate der Erfahrungen, die er an sich selbst gemacht hat, die Empfindungen der Freude, des Schmerzes, des Mitleids, des Zornes, des Schreckens hervorholt, sie den Personen, die er aufführt, in den Mund zu legen,

oder wenn ihm eine Liebe, die er ehemals fühlte, den Ton
angibt, eine erdichtete Liebe zu besingen. Aber *seine eignen
Empfindungen auszudrücken*, das kann ohnmöglich so viel
heißen als nachbilden, fingere, ὑποϰρίνειν.[8]

6

FRIEDRICH GOTTLIEB KLOPSTOCK

*Klopstocks (1724–1803) »Gedanken über die Natur der Poe-
sie«, zuerst 1759 im »Nordischen Aufseher« veröffentlicht,
nehmen ihren Ausgang von einer kritischen Abgrenzung
gegen Batteux' Nachahmungs-Konzeption. Entscheidend sei
nicht die Frage, ob eine wirklich erlebte oder eine nachgeahmte Empfindung zur Darstellung komme, sondern die
Frage, ob die Darstellung ihre Wirkung, die Erregung der
Seele, beim Leser erreiche; dies wiederum hänge allein davon
ab, ob der Gegenstand den ihm angemessenen Ausdruck
gefunden habe. Dazu gehört, daß der Dichter ein Gespür für
den jeder Gattung und Form eigenen »Hauptton« besitzt. Die
Folgerungen, die sich daraus speziell für den »lyrischen Dichter« ergeben, entwickelt Klopstock an der »Ode« als der bei-
spielhaften lyrischen Form, wobei er sich in seiner Auffassung
des Formal-Prosodischen mehr am Beispiel Horaz, in der
Sprachgestaltung (vor allem auch der eigenen Odendichtung)
mehr am Beispiel des ›pindarisch‹-erhabenen Tons des »Hymnus« orientiert.*

---

8 erklären, deuten, eine Rolle spielen, vortragen, heucheln, sich verstellen,
  nachbilden.

Gedanken über die Natur der Poesie

Der Hauptton eines Gedichts besteht nicht allein in der *Art* und dem *Grade* der Schönheiten, die einer gewissen Dichtart vorzüglich eigen sind, sondern es kömmt auch sehr darauf an, daß die gewählten Objekte von Seiten gezeigt werden, die mit dieser Art und diesem Grade der Schönheiten harmonieren. Man nehme an, daß, in einem Gedichte vom Landleben, eine schöne Gegend beschrieben werde; und dann, daß ein lyrischer Dichter, in einem Lobe der Gottheit, sich mit einer ähnlichen Beschreibung beschäftige: werden sie nicht sehr verschieden sein müssen? Jener muß fürs erste in dem Tone des Lehrgedichts schreiben, und dann seine Objekte in einem Gesichtspunkte betrachten, die den Eindruck einer *sanften Freude* auf uns machen. Der lyrische Dichter muß sowohl dadurch, daß er dem Tone der Ode gemäß singt, als auch dadurch, daß er die schöne Gegend, als ein Werk des Allmächtigen vorstellt, uns *entzücken.* Fast allen neuern Oden fehlt etwas von dem Hauptttone, den die Ode haben soll. Ich gestehe zu, daß ich unrecht habe, wenn folgende Anmerkung falsch ist.

Horaz hat den Hauptton der Ode, ich sage nicht des Hymnus, durch die seinigen, bis auf jede seiner feinsten Wendungen, bestimmt. Er erschöpft alle Schönheiten, deren die Ode fähig ist. Man wird also den Wert einer Ode am besten ausmachen können, wenn man sich fragt: Würde Horaz diese Materie so ausgeführt haben? Aber man müßte ein wenig streng bei Beantwortung dieser Frage sein. Denn sonst bekommen wir zu viel Horaze unsrer Zeiten.

Ich erkläre mich hierdurch gar nicht gegen die Ansprüche, die besonders der lyrische Dichter auf einen Originalcharakter hat. Ich rede nur von der Biegsamkeit, mit der sich selbst ein Originalgenie dem Wesentlichen, was die lyrische Poesie fodert, unterwerfen muß. Und dieses Wesentliche, behaupte ich, hat Horaz, durch seine Muster, festgesetzt.

7

FRIEDRICH JOSEF WILHELM SCHRÖDER

*Eine wichtige Voraussetzung für die Entstehung eines eige-
nen, dichtungstheoretisch fundierten Lyrik-Begriffs ist die
kritische Überprüfung des traditionellen Sangbarkeits-Krite-
riums und die Neubestimmung des Verhältnisses zwischen
Musik und lyrischer Sprache. Der Arzt und Literat Friedrich
Josef Wilhelm Schröder (1733–78) unternimmt in einer
Abhandlung, die unter der Überschrift »Von der lyrischen
Poesie und der Empfindung; oder vom Tone, vom akkordmäßigen Schwung und vom Takte« 1759 im Anhang zur Ausgabe seiner »Lyrischen, elegischen und epischen Poesien« veröffentlicht wurde, den Versuch, die innere Verwandtschaft
zwischen Lyrik und Musik als Ausdrucksformen der Empfindung zu bestimmen und die gesetzmäßigen Analogien, die das
Erscheinungsbild der beiden Schwesterkünste prägen, aufzuweisen. Ein vernichtendes Urteil über Schröders Versuch
fällte der Aufklärer Friedrich Nicolai im 187. »Literaturbrief«
(»das abenteuerlichste Zeug, was jemals über diese Materien
mag geschrieben worden sein«); Herder jedoch setzte sich
intensiv mit ihm auseinander (vgl. Lempicki, S. 299, Gerth,
1960, S. 183).*

Von der lyrischen Poesie und der Empfindung

Was ist die Musik anders als ausgedrückte Empfindung? Sie
setzt künstlich oder nachahmend schön und vollkommen die
uns natürlichen Töne, womit wir unsere Empfindungen ausdrücken, so zusammen, daß dadurch eine neue Vermischung
von Empfindungen ausgedrückt wird, die wir fühlen müssen,
wenn wir nur noch irgend Gefühl der Seele und Ohren zu
hören haben. Allein hat die lyrische Dichtkunst dieselbe
Pflicht und denselben Endzweck? Wie wollen wir das beweisen? Man braucht weiter nichts, als auf den Ursprung dieser

Gedichte zurückzugehen, um zu sehen, was die ersten Erfin-
der für einen Endzweck hatten. Man braucht nur die besten
Muster in dieser Art anzusehen, so wird überall die Empfin-
dung hervorleuchten. Die Psalmen Davids und Asaphs[1] und
die Lieder Moses[2] und Salomons[3], die Hymnen des Homers,
Pindars Gesänge, die Idyllen Theokrits und die Lieder
Anakreons und des Alzeus[4], die Oden des Horaz, die guten
Elegien Ovids und anderer, alle, auch selbst die unsrigen, die
Utzischen, die Klopstockischen, Hagedornischen, Langi-
schen und Gleimschen, Opitzischen und Güntherischen Elegien, Oden und Lieder, werden uns nichts anders zeigen als
Nachahmungen der Empfindungen, die wir beschrieben
haben. War nicht der Endzweck der Erfinder derselben, daß
sie der Musik, die die Empfindungen ausdrückt, beigesellt
werden und zu Hülfe kommen sollten, die Töne deutlich zu
machen? Zeugt nicht die Harmonie der Verse selbst vom
Affekt? Ist sie nicht bei den Alten musikalisch genung, um
diese Benennung zu verdienen? Gehet bis zu dem allerersten
Ursprunge dieser Gedichte zurück; da werdet ihr ihre Natur
lernen und sie in der Unschuld der Empfindungen der ersten
goldnen Zeiten finden. [...]

[*Empfindung ist in ihrer reinsten und ursprünglichsten Form
Empfindung des Guten, das »Empfindungsvolle« – die
Grundlage sowohl des »Musikalischen« wie des »Lyrischen« –
mithin zugleich Zeichen von Moralität, weshalb eine in ihm
gründende Kunst moralischen Nutzen hat und zur Verbesserung des Menschen beiträgt. Da Musik und lyrische Poesie in
gleichem Maße von der Empfindung bestimmt sind, müssen
sich auch die gattungsspezifischen Gesetzmäßigkeiten beider
Künste vergleichen lassen:*]

Jede Musik ist also erstlich eine ausgedrückte Empfindung.

1 Gründer einer Tempelsängergilde (vgl. 1. Chron. 16,7 und Ps. 50,73–83).
2 Vgl. 5. Mos. 32,1–43.
3 Das Hohe Lied.
4 Alkaios (von Mytilene).

Sie erfodert aber nicht schlechte[5] Empfindung, sondern, weil sie eine Kunst, auch nachgeahmte Empfindung. Diese Regeln setzen wir als allgemein voraus. Denn sagen wir weiter: die Empfindung erfordert zu ihrem Ausdrucke Klang und Töne, die nachgeahmte Empfindung zusammengesetzte Töne oder Akkorde und Melodie. Die Melodie erfordert eine Abänderung der Töne, einen Schwung. Der Schwung setzt einen Grundton mit seinen akkordmäßigen Tönen und Nebentöne mit ihren Akkorden voraus. Es ist also ein Unterschied der Töne; und jeder Ton hat seinen eigenen Charakter und Bedeutung; und hieraus fließen die Regeln von den Eigenschaften des musikalischen Ausdrucks, die ziemlich mit den Regeln des Malerischen übereinkommen. Lauter Regeln vor die Poesie! Man setze nur statt des Wortes Ton: Empfindung, die durch Worte und Silbenmaß ausgedrückt ist, so hat man hier die Regeln der Poesie. Denn da die Musik nur den Ausdruck der Empfindung, der Poet aber die Empfindung selbst mit dem Ausdrucke zugleich nachahmt, so ist auch darnach der Unterschied zu machen. Der Poet geht also auch hier wieder weiter, als der Tonkünstler kommen kann; und er hat doppelte Regeln, wo der Tonkünstler nur eine hat, indem er hier zugleich auf die Empfindung und auf den Ausdruck oder das Silbenmaß zu sehen hat, welches letztere bei ihm das wenigste ist. Da indessen eine ausgedrückte Empfindung die Empfindung selbst ist, so passen die Regeln des Ausdrucks auch auf die Empfindungen der Poesie selbst.

Jedes musikalische Stück muß also 1) Affekt und natürliche Empfindung oder Leidenschaft sein. Die Regel braucht keinen weitern Beweis. Man wende sie sogleich auf die musikalische und lyrische Dichtkunst an. Ein Lied, ein Gesang, eine Elegie oder jedes andre poetische Stück von der Art ohne gute Empfindung wird unnatürlich sein, und wäre es selbst aus der meisterhaften Feder des *Horaz* geflossen. Ist es nicht absurd und verdrießlich, eine physikalische oder philosophisch-

---

5 schlichte, bloße, einfache.

trockne Abhandlung in einer Ode zu lesen? Ist es nicht unnatürlich, Wahrheiten, die das Herz nichts angehen, in die
Form des Silbenmaßes zu gießen, da sie sich auf keine Weise
zu der Harmonie des affektvollen Verses schicken? Nein, wer
Oden und Lieder singen will, der singe wirklich, ich meine, er
rede Empfindungen, oder lasse es lieber gar bleiben, wenn
sein Herz dazu zu hart und zu hölzern ist. Es wird ihm sonst
ebenso gehen wie den Tonkünstlern, die, bloß auf ihre Kunst
stolz, ohne Natur unser Ohr mit einer Menge wilder und
ohne Geschmack und Melodie zusammengeraffeter Töne
quälen und doch Wunder glauben, wie sehr alle Menschen ihr
künstliches Konzert bewundern müßten, wo die Kunst gegen
die Natur sich auflehnt. Allein die menschliche Seele ist ganz
anders zu urteilen gewohnt. Was ihr gefallen soll, muß Natur
sein und muß sie rühren. Auch nicht ein Ton muß umsonst
oder ohne seinen gehörigen Affekt mit unterlaufen: kein
Wort darf umsonst und ohne Nachdruck des gehörigen Affekts dastehn. Weg also mit den unnatürlichen, matten und
geflickten Worten! Nein, wir wollen uns alle mögliche Mühe
zu gefallen geben, wenn wir einmal diese Absicht haben.
Ich rate demnach allen musikalischen Geistern, zu allererst,
ehe sie sich zu diesen Künsten und ihren geheimen Regeln
verstehen, sich zu untersuchen und die Musik der Empfindungen oder Gedanken, die Harmonie der Affekten zu lernen, ohne die in Ewigkeit keine gute ausgedrückte Harmonie
und Musik herauskommt. Der Grund aller Harmonie liegt
nur in unsrer Seele, nicht in der Kunst. [...]
Der Tonkünstler und Dichter soll also 2) nicht bloß empfinden; er soll nachahmend empfinden. Das heißt, er soll
seine Empfindungen so schön, so vollkommen und künstlich zusammensetzen als möglich, daß ein neues kunstvolles
Stück herauskomme, das zwar der Natur gleich sieht, aber
auch insoweit übertrifft, daß es alle Schönheit und Güte der
Natur in eins, jedoch harmonisch, zusammenbringet. Das
heißt dann poetisch *natürlich* und *schöne Natur*. [...]
Es ist aber nun 3) nicht genung, daß die Seele des Tonkünst-

lers musikalisch sei; sondern er muß nun auch insbesondre auf den Ausdruck seines Affekts sehen. Es ist schon genung gesagt, daß sich der Affekt eigentlich nur durch Töne und der nachgeahmte Affekt durch melodische Töne, durch Takt und durch Akkorde oder regelmäßig zusammengesetzte Töne, ausdrücke. Eben dieses gilt in der Dichtkunst, obgleich bei derselben noch mehr, nämlich geredete Töne, Worte und die Empfindungen selbst erfordert werden. Es ist vergebens, daß einige Dichter es gewagt haben, Oden in Prosa zu schreiben. Sie haben die Natur des Affekts und der Kunst nicht erreicht. Drücken einzelne Töne gleich solches hie und da aus, so fehlt doch das Ganze der Schönheit; es fehlt das Rührende des poetischen Nachdrucks. Vers und taktmäßig abwechselnde Töne sind also notwendige Stücke der schönen Natur in der Poesie, welche nichts als das Schönste, das Vollkommenste, das Regelmäßigste leidet. Man wird von selbsten sehn, daß sich dieses nicht auf den Reim mit erstrecke. Nichts ist leichter zu erweisen, als daß er nicht allein ein unnötiger und überflüssiger Zierrat und also eine Verzierung, sondern auch wirklich ein unnatürlicher Zierrat ist, den nur die Gewohnheit den feinern Ohren noch leidlich, den groben aber nur angenehm macht. Denn er ist keine Nachahmung des Tons und also auch nicht der Empfindung, sondern er ist ein bloßes künstliches Spiel mit den Buchstaben [. . .]. Die Poesie hat also zwar mit der Tonkunst dieselben Regeln; allein diese Regeln erstrecken sich bei ihr nicht bloß auf Ton und Ausdruck wie bei jener; sondern sie gehn auch vornehmlich die Empfindung selbst mit an, weil die Poesie die Mutter der übrigen Künste und mehr das Wesentliche davon ist, da die Künste nur ihre verschiedene Gestalten sind. Lasset uns also weiter gehen und bloß auf das Wesen der Sachen sehen. Wir haben genung vom Äußeren geredet. Es ist schon gesagt, daß die Musik nicht bloß in dem äußeren Ausdrucke bestehe, sondern daß es auch eine Musik, eine Melodie der Empfindungen selbst gebe. Lasset uns hierauf nun ferner die Regeln der Tonkunst in der Poesie anwenden.

Eine Melodie erfordert also 4) einen Grundton mit seinen
akkordmäßigen Tönen, der den Charakter der Musik bestimmt, da die Nebentöne ihm nur zu Hülfe kommen und
sich auf ihn beziehen und also eine Zusammensetzung, eine
Melodie machen. Eine neue Regel vor die Poesie! Was dieser
Grundton in der Musik ist, das ist der Hauptaffekt in einem
lyrischen Stücke. Auf denselben muß sich alles beziehen; und
unzählige Töne und Affekten kommen nur ihn zu erhöhen zu
Hülfe, damit er am Ende desto stärker gefühlt werde. Das
verlangt die Nachahmung. Würde aber die schlechteste Musik diejenige sein, die gar keinen Charakter hätte: so ist es
mit der Poesie auf dieselbige Art beschaffen. Es würde absurd
sein, auf einem musikalischen Instrument wild in den Tag
hinein zu lärmen, und ebenso absurd ist es, wenn Dichter
Empfindungen in die Welt hinein schreiben, die sich gar nicht
zusammen schicken und am Ende nichts sagen. Und das ist es
eigentlich nur, was die Einheit verletzen heißt, wann man sich
durch Nebentöne und verwandte Affekten ganz von der
Sache abbringen läßt; wie es oft einigen Tonkünstlern geht,
denen es einfällt, auch wohl mitten im ernsthaften Affekt
bei Gelegenheit eines einzigen fremden Wortes, z. E. des
Lachens, solches auszudrücken, bis sie darüber den ganzen
Affekt verlieren, den sie sich abzubilden Mühe geben sollten,
da sie die Ohren so lange mit dem Lachen martern, daß man
des Unnatürlichen ganz satt wird, indem die Augen schon
zum Weinen bereit waren.
Es gibt aber dennoch 5) vermöge der Natur des nachgeahm-
ten Affekts bei jeder Musik eine künstliche Ausschweifung,
die im Akkord selbst gegründet und unentbehrlich notwendig ist; ja es gibt sogar in den Nebentönen unvermutete
kleine Schwünge, die die größte Kunst und Behutsamkeit erfordern. Ist dies die feinste, die größte Kunst des Komponisten einer Musik, so ist gewiß die Kunst dieser Regel bei dem
lyrischen Dichter von eben der Feinheit und Wichtigkeit. Es
ist die Regel des *Schwunges* der Töne und Affekten und die
Regel der im Französischen so genannten *Touren* und *Wen-*

dungen;[6] das größte und feinste Stück des Tonkünstlers und des Poeten, aus dem man die ganze Fähigkeit der Künstler gleich beim ersten Anblick abnimmt; eine Regel, die so groß und allgemein ist in der Poesie, daß sie nicht bloß vom Affekt gilt, sondern in allen Erdichtungen zur Vollkommenheit unentbehrlich ist; die ganze Kunst des Poeten. [...] Die Regeln aber dieses Schwunges, der in einem jeden Gedichte sein muß, wenn es ein Gedicht sein soll, und seine vornehmsten Eigenschaften, die sich besser ausüben als lehren lassen, sind unter andern diese, daß der Schwung der Affekten, und vornehmlich der größere Schwung im ganzen Gedichte oder die Tour, unvermutet und auf einmal den Leser oder Zuhörer überrumpele, wie der Tonkünstler auf einmal in andere Töne und Semitonia[7] fällt und solche nachgehends auflöset, und wie selbst auch die guten Silbenmaße, die gleichfalls diesen Schwung haben müssen, bald schweben und auf einmal fliegen und mit einem fallenden Schlage das Ohr erschüttern und dann ruhen. Ebenso muß der innere Inhalt des Gedichtes sein. So sind alle guten Gedichte der Alten aus allen Völkern von aller Art; und so sind auch die wenigen guten Dichter, die wir aus unsern Landsleuten aufzuweisen haben. Je näher ein Dichter dieser Vollkommenheit kommt, je schöner und um desto höher ist er zu schätzen, und die Dichter, die sie gar nicht erreicht haben, verdienen diesen Namen nicht, wenn ihre einzelnen Stellen auch noch so schön wären. Wie elend ist die Denkungsart eines Dichters, der sich auf gut Glück hinsetzt und allerhand schöne Gedanken aufschreibt, die ihm entweder die Notwendigkeit einer zwangvollen Ordnung oder ein blindes Ohngefähr oder gar der allerliebste Reim eingibt, der ein unvergleichliches Hülfsmittel für nichtsdenkende Köpfe ist! Und denken nicht wirklich auf die Art unsere meisten Dichter? Ein wahrer Dichter aber sieht vor allem erst, ehe er sich zu schreiben hinsetzt, auf die ganze Einrichtung seines Werks und überlegt, welchen Schwung er

6 »tour (de phrase)«: Ausdruck, Redewendung.
7 Halbtöne.

seinem Werke in der Ordnung des Ganzen geben will, und
dann malt er es aus. Dies ist die Hauptsache und die größte
Vollkommenheit eines jeden Gedichts; es sei auch von welcher Art es nur wolle. Der Schwung aber erfordert auch ferner, daß seine Ausschweifung nicht ins Wilde gehe und daß
man seinen Leitfaden, seinen Grundton, auf den er sich
bezieht, merke, und daß er sich bei demselben mehrenteils
wieder einfinde, sich auflöse und dann ruhe.

8

MOSES MENDELSSOHN

*Das Wort des französischen Literaturtheoretikers Nicolas
Boileau (1636–1711) von der »schönen Unordnung«, dem
»beau désordre«, als Wesensmerkmal der »Ode« wurde nicht
selten als Freibrief für Willkür und Planlosigkeit aufgefaßt,
weshalb Kritiker wiederholt darauf hinwiesen, daß auch der
Odendichtung (in Form der pindarischen Hymne) eine verborgene, höhere Ordnung zugrunde liege. Seine Besprechung
eines Gedichtbandes der Anna Luise Karsch (1722–93), der
»deutschen Sappho«, wie sie zu ihrer Zeit genannt wurde,
nimmt Moses Mendelssohn (1729–86), der bedeutende Ästhetiker im Übergang von Baumgarten zu Kant, 1764 zum
Anlaß, um die Vorstellungen von der »Ode« (und damit
zugleich vom Wesen lyrischer Dichtung) auf eine solidere
Grundlage zu stellen, die ihren Mißbrauch als vermeintlich
zwanglose und freie Form ausschließt. – Mendelssohns
Besprechung erschien in den von ihm zusammen mit Lessing
herausgegebenen »Briefen, die neueste Literatur betreffend«.
Herder erwähnt sie in seinen »Fragmenten über die neuere
deutsche Literatur« (1767) als wichtigen Baustein zu einer
künftigen Lyrik-Theorie und zitiert die entscheidenden Passagen wörtlich (Sämtliche Werke I, 463 ff.).*

Gedanken von dem Wesen der Ode

Es hat der Dichterin gefallen, die erste Hälfte ihrer Gedichte Oden zu überschreiben. Vielleicht weil in denselben eine Unordnung herrscht, und sie gehöret hat, daß man gemeiniglich der Ode die schöne Unordnung für ein Verdienst anrechnet. Allein die wahre Kritik erkennet in der Ode eine höhere Ordnung, die zwar versteckt sein, aber niemals vernachlässiget werden darf. Es gibt mancherlei Ordnungen, in welchen die Gedanken unsrer Seele aufeinander folgen können. Die Ordnung der Zeit, wenn die Begriffe so aufeinander folgen wie die Begebenheiten außer uns; die Ordnung des Raums, wenn wir die Gegenstände überdenken, wie sie nebeneinander sind; die Ordnung der Vernunft, wenn unsere Begriffe schlußförmig aufeinander folgen. Die Ordnung des Witzes, der Scharfsinnigkeit usw. Die Ode verwirft alle diese Ordnungen. Sie beschreibet nicht historisch, wie der epische, nicht topisch[1], wie der malerische Dichter, sie folget auch nicht der Ordnung der Vernunft, wie etwa der Lehrdichter. Die Ordnung die ihr wesentlich ist, kann die *Ordnung der begeisterten Einbildungskraft* genannt werden. So wie in einer begeisterten Einbildungskraft die Begriffe nacheinander den höchsten Grad der Lebhaftigkeit erlangen, ebenso, und nicht anders, müssen sie in der Ode aufeinander folgen. *Eine einzige ganze Reihe höchst lebhafter Begriffe*, wie sie nach dem Gesetze einer begeisterten Einbildungskraft aufeinander folgen, ist eine Ode. Die Mittelbegriffe, welche die Glieder miteinander verbinden, aber selbst nicht den höchsten Grad der Lebhaftigkeit besitzen, werden von dem Odendichter übersprungen, und daraus entstehet die anscheinende Unordnung, die man der Ode zuschreibt. Durch diese Betrachtung läßt sich auch entscheiden, in welcher Gattung von Oden ausgemalte Bilder und Gleichnisse, öfters auch

1 räumlich.

Digressionen[2] und Nebenbetrachtungen erlaubt sind, und in
welcher die Bilder und Gleichnisse nur mit großen Pinselzü-
gen zu berühren und die Ausschweifungen von dem Hauptgegenstande sorgfältig zu vermeiden sind. Ich könnte auch
aus diesen Begriffen einige Regeln herleiten, wo die Ode sich
anfangen und wo sie schließen muß. Jedoch sie wollen ja eben
jetzt keine kritische Abhandlung über die Ode von mir lesen.
Ich merke nur noch dieses an.

Da die Anlegung des Plans zu einem Gedichte, und also auch
zur Ode, kein Werk der Begeisterung, sondern des Nachden-
kens und der überlegenden Vernunft ist, so muß der Plan der
Ode dem Dichter ungemeine Schwierigkeiten machen; denn
hier muß die Vernunft überdenken, was die feurige Begeisterung für einen Weg nehmen würde. Man muß durch Nachdenken und Vernunftschlüsse ergründen, welche Ideen die
lebhaftesten sein werden und in welcher Ordnung sie nach
dem Gesetze der Einbildungskraft aufeinander folgen werden. Der Dichter muß sich also in beide Verfassungen
zugleich setzen, er muß nachdenken und empfinden, und
man siehet leicht ein, was ihm dieses für Schwierigkeit
machen muß. Überläßt er sich ganz ohne Plan dem Strom der
Begeisterung und dichtet, so wird er zwar eine Folge von sehr
lebhaften Begriffen hervorbringen können, aber diese Folge
wird selten ein Ganzes ausmachen, selten ein bestimmtes
Subjekt und nur durch ein Ungefähr die gehörige Einheit und
angemessene Kürze haben, vermöge welcher sie den kürzesten Weg zu ihrem Ziele eilet. Dieses geschiehet, wenn die
Gemütsbewegung, als die Ursache der Begeisterung, sehr
heftig ist. Alsdenn eilet der Strom der Gedanken seinen Weg
unaufhaltsam und sicher, und die bloße Natur erfüllet alle
Bedürfnisse der Kunst. Wenn aber ein gemäßigter Affekt
herrschen soll, als nämlich Hoffnung, Dankbarkeit, stille
Freude usw., so ist die Natur ohne Leitfaden der Kunst eine
sehr mißliche Führerin. Sie führet den Dichter auf Abwege,

2 Abschweifungen.

sie erlaubt ihm zu schwärmen, wo er den kürzesten Weg nehmen sollte, sie verbindet Gedanken, die eine allzugeringe Beziehung aufeinander haben und bringt also *poetische Phantasien* herfür, aber keine Oden.

Und so muß es unsere Dichterin angefangen haben. Alle ihre Oden, wenige ausgenommen, sind nur *poetische Phantasien*, ohne Plan, ohne Ordnung und ohne odenmäßigen Zusammenhang. Fast mit jeder Strophe bietet sich ein anderer Gedanke als das Subjekt an, die Dichterin schwärmt von Gegenstand zu Gegenstand, kömmt öfters sogar wieder an die Stelle zurück, die sie verlassen hat, und läßt sich bloß vom Ungefähr führen oder vom Reime, der eben kein verständiger Führer ist.

9

JOHANN GOTTFRIED HERDER

Von Anfang an beschäftigte sich Johann Gottfried Herder (1744–1803), der große Anreger und Vermittler neuer Sehweisen zum Verhältnis von Kunst, Literatur, Leben und Geschichte, mit dem Problem einer Theorie lyrischer Sprache und Dichtung. Ohne je eine geschlossene Lyriktheorie in gattungssystematischem Rahmen vorzulegen, hat er in wiederholten Anläufen äußerst eindringliche und wirkungsträchtige Perspektiven zur Theorie und Geschichte lyrischer Dichtung formuliert, von den frühen »Fragmenten einer Abhandlung über die Ode« und dem »Versuch einer Geschichte der lyrischen Dichtkunst« (beide um 1765) über den »Auszug aus einem Briefwechsel über Ossian und die Lieder alter Völker« (1773) und die Vorrede zur Sammlung der »Volkslieder« (1778/79) (vgl. Text Nr. 14) bis hin zu den beiden späten Abhandlungen »Die Lyra. Von der Natur und Wirkung der lyrischen Dichtkunst« (vgl. Text Nr. 18) und »Alcäus und Sappho. Von zwei Hauptgattungen der lyrischen Dichtkunst«

*(beide 1795). Herders Interesse an der Lyrik leitet sich von
drei Schwerpunkten seiner theoretischen Reflexion ab: dem
Ursprungs- und Geschichtsdenken (Lyrik als das »erstgeborne
Kind der Empfindung« und »Ursprung der Dichtkunst«), der
Totalitäts- und Unmittelbarkeitsvorstellung (Lyrik als Form
elementarer und umfassender Lebensäußerung in enger Verbindung mit Tanz und Musik) und der irrationalistisch-trans-
rationalistischen Aufwertung des Fühlens und Empfindens
(Lyrik als Ausdrucksform einer »Logik des Affekts«).*

Fragmente einer Abhandlung über die Ode

Vorläufiger Gesichtspunkt

Je mehr sich die Lehren der ganzen Weltweisheit der Erfahrung und den subjektiven Begriffen des Seins nähern: desto
gewisser werden sie zwar, aber auch desto unerklärlicher; die
Unzergliedlichkeit der ästhetischen Grundsätze scheint
ebenso zu wachsen, je mehr sie zur Empfindung des Schönen
absteigen. Ja weil die Ästhetik überhaupt sehr nahe mit
unserm Busen verwandt ist, da sie sich statt allgemeiner Ver-
nunftgrundsätze mit den feinsten Erfahrungen der *Empfindung* beschäftigt: so ist ihr Knäuel auch schwerer zu entwik-
keln als andre mehr angebaute[1] metaphysische Begriffe. –
Man versteht mich schon, daß ich unter Ästhetik die Metaphysik der schönen *Künste* verstehe, bei der die Baumgarten-
sche Theorie der schönen *Wissenschaften*[2] bloß einen unvollendeten Anhang ausmacht: daß ich das Feld voll Garben
meine, von denen wir kaum *wenige Erstlinge* gesehen haben:
ah! spem gregis, gemellos[3]. Schriebe man nach ihren Grundsätzen nachher eine allgemeine ästhetische Poetik: so würde

1 gebräuchliche.
2 Alexander Gottlieb Baumgarten (1717–62), mit seiner *Aesthetica* (1750–58)
  Begründer der Ästhetik.
3 »Zwillinge, ach! Hoffnung der Herde« (Vergil, *Bucolica*, Ekloge I,14 f.).

sich die vorige Abstufung der Zergliederung zeigen: wenn auch ihre Theorie der Ästhetik die Begriffe des Schönen zu zergliedern überließ, und der praktische Teil bloß die Gedichtarten allgemein ohne Exempel bestimmte. Desto mehr verwickeln sich die Gattungen der Gedichte, je mehr sie sich der Empfindung nähern. Woher kommt's, daß das *Heldengedicht* sehr viele, das *Drama* noch eine Menge und die *Ode*, die doch jener ihre Adern durchglüht, fast keine wahre hat? Woher, daß die Nebensprößlinge der Ode keine große Beobachtungen erhielten, da ihr Stamm undurchsucht blieb? Wie? daß die Deutsche die wahre Arten der Dichtkunst so wenig und die am wenigsten poetische mit dem größten Reichtum erklärt und dem genielosesten Glücke ausgebildet haben? Kurz! aus der Ode wird sich vielleicht der ganze große Originalzug der Gedichtarten, ihre mancherlei und oft paradoxen Fortschritte entwickeln: das reichste und unerklärteste Problem! –

Das erstgeborne Kind der Empfindung, der Ursprung der Dichtkunst und der Keim ihres Lebens ist die *Ode*. Von welchen unentfalteten Geheimnissen und fruchtbaren Entwickelungen würde sie also ein schwangeres Samenkorn sein, wenn ein Kenner der Bewegungshebeln unseres Herzens, ein Genie, das die Dichtkunst in ihrem Jugendfeuer im männlichen Streit und Triumph bemerket, sie zergliederte. Allein welche Schwürigkeiten! Der Ursprung der Dichtkunst gehört mit zum allerheiligsten Dunkel des Orients, in die orphischen und eleusinischen Geheimnisse, zu den Priesterschwüren der Druiden und Barden. Das Feinste der Empfindung ist völlig vielleicht individuell: wenigstens bei ihr unter den Nationen ungleichartig. Der Geist der Ode ist ein Feuer des Herrn, das Toten unfühlbar bleibt, Lebende aber bis auf den Nervensaft erschüttert: ein Strom, der alles Bewegbare in seinem Strudel fortreißt. Zergliederern verfliegt er so unsichtbar wie der Archäus[4] den Chymikern, denen Wasser und

---

4 Naturgeist, Weltseele (in naturphilosophisch-alchimistischer Auffassung).

Staub in der Hand bleibt, da seine Diener, das Feuer und der Wind, im Donner und Blitz zerfuhren. – Ursachen gnug, die hier vielleicht, im Gegensatz mit den übrigen zusammengesetzteren, spätern und kälteren Gedichten, bloß abgerißne Erfahrungen verstatten. Ich setze mir bloß vor, einzelne Beobachtungen zu liefern, die einiges falsch Gesagte zerstören, und, wo sie sich nicht in negative Größen verlieren, die Null zu ihrer höchsten Summe haben.

[Es folgen Bemerkungen zur historischen und nationalen Vielfalt der Erscheinungsformen der »Ode«, bezogen auf die Gesichtspunkte »Empfindung«, »Gegenstand« und »Sprache/Rhythmus«.]

Erklärung der Ode aus der Empfindung

Der Affekt, der im Anfange stumm, inwendig eingeschlossen, den ganzen Körper erstarrete und in einem dunkeln Gefühl brausete, durchsteigt allmählich alle kleine Bewegungen, bis er sich in kennbaren Zeichen predigt. Er rollt durch die Minen und unartikulierte Töne zu der Vernunft herab, wo er sich erst der Sprache bemächtigt: und auch hier durch die genauesten Merkmale der Absteigerung sich endlich in eine Klarheit verliert, die ihm schon sein Selbstgefühl frei läßt. – Wenn die Natur im Ganzen dieselbe Ordnung halten muß, die sie im Kleinen hält: so kann ich mir nicht eben den Ursprung der Ode aus den *Dank*empfindungen eines neugeschaffnen Naturmenschen vorstellen. Sein Gefühl wird vielleicht nicht *Dank* und noch weniger *Hymne* sein; doch dies sei in seinem Wert! – Da die Nachahmung der Natur gewiß nicht ursprünglich das Wesen der *Dichterei* gewesen, wenn es gleich unsrer Poetik ein seichter Grundsatz sein kann, der unsre wenige Original*poesie* oder den Geschmack an ihr verrät: so ist die erste Ode, das nächste Kind der Natur, gewiß der Empfindung am treusten geblieben. In den ersten Hymnen, Dithyramben, verliebten und Heldenoden besang man meistens sein Gefühl; und hier ist die Aufsuchung dieses *subjektiven* Fadens eine angenehme Feinheit. In der Folge wurde die Ode mehr objektiv, teils um neu zu sein, teils weil sich das Gefühl verminderte und durch die Phantasie ersetzt; doch noch stets sang sie einen individualen Fall. Immer erweiterten sich die Aussichten allgemeiner: die *rührende* Ode ward in Pindars Munde eine voll Bewunderung: immer wurden sie kälter, betrachtender, voll Allgemeinörter und Moralen: wie die feurigsten des Horaz. Unter uns verlor sie fast den Schein der Empfindung, die Einzelnheit des Gegenstandes, und wurde eine moralische Predigt über einen allgemeinen Satz; kaum so feurig als das kalte Lehrgedicht.

Übernähme man's, die ältesten wahrhaftig lyrischen Stükke in diesem subjektiven Gesichtspunkt zu zergliedern: so würde sich nicht bloß die Wahrheit ihrer Empfindung im Ganzen, sondern auch in ihren feinen Gängen zeigen und sich der kalte Zwang der Neuern entdecken, die sich in einen fremden Affekt der Alten setzen und mitten unter heißen Ausrufungen allgemeine Lehren, Exempel und kalte Übergänge verlieren. Dies ist überhaupt die gewisse Kluft, in die uns unser Weg zu den Empfindungen, den wir über die Metaphysik nehmen, stürzet: wir zirkeln uns kalte Plane nach Regeln ab, um künstlich trunken in ihnen zu kindern. Auf die Naturdichter folgten Kunstpoeten, und wissenschaftliche Reimer beschließen die Zahl. –

In jeder Ode zeigt sich also ein *Faden der Leidenschaft:* und so wie man allerdings Schönheit und Vollkommenheit unterscheidet: so ist Pindars Logik der Aristotelischen in gewissem Verstande eben zuwider, und Pindarn eine philosophische Ordnung und Gründlichkeit schuld geben zu wollen, wird beinahe lächerlich. Die heißeste Leidenschaft und die kälteste Empfindung der Vernunft sind in ihrer Wahrheit und Form so weit verschieden, daß ihr Maß verschwindet: Vernunft und Gefühl bleiben die beiden Ende der Menschheit. Eine deutliche, durch Worte bewiesene Empfindung ist ebenso ein Unding als der feurige Gang der Leidenschaft, der abgemessen, wie ein Philosoph, gehen soll.

Die Logik des Affekts – man verzeihe mir diesen anscheinenden Widerspruch – ist die kürzeste und schwerste aller Logiken im Reich der Wirklichkeit und Möglichkeit. In ihm empfindet man die sinnlich größte Einheit, ohne sie mit der Übereinstimmung des Verstandes vergleichen zu können; die wahrste Sinnlichkeit, unter der ein Beweis beinahe bis zum Lächerlichen erniedrigt ist: die rührendste Mannichfaltigkeit ohne Kette[5] des Mathematikers.

Vergleichungen der Ode unter sich

[. . .]
Die Ode der Natur, die nicht Nachahmung ist, ist ein lebendiges Geschöpf, nicht eine Statue, noch ein leeres Gemälde. Bloße Worte sind Zeichen der Gedanken und nie des Affekts: höchstens zeichnen sie die entferntesten Folgen der aufgeregten Leidenschaft: eine empörte Einbildungskraft und Gesichtspunkte, in denen der Verstand die Empfindung betrachtet. Eine Ode also erdichten, sie bloß lesen zu lassen, setzt diese Regeln zum voraus: Setze dich nicht in Empfindung, der dem Affekt grenzt: sonst wirst du wortarm, verworren, dunkel, dem kalten Leser lächerlich und dem eigensinnigen Kunstrichter abenteuerlich scheinen. Verleugne aber dich selbst soviel als möglich; setze dich aus dir an die Stelle eines Lesers, um dessen Beifall du buhlest, zeichne die *gewählte* Sache, wie er oder du sie empfinden würdest, wenn du läsest: – Unsere Oden sind also perspektivisch gezeichnete Gemälde des Affekts, die freilich – – Aber ein rasender Mensch der Natur? Was Diderot in sein Theater so zerstreut, so entkräftet anbringen kann: und doch schon rühren will, das muß hier ohne Zweifel in seinen Kern konzentriert völlig rühren! – Der Odendichter im Parenthyrsus[6] seiner Affektbegeisterung tönt wenige Worte, und diese ganz mit ihren

5 Beweiskette.
6 Ausdruck der Begeisterung, des Enthusiasmus.

Naturakzenten, die sich den unartikulierten bloß im stärksten Feuer nähern, er tanzt nicht pantomimisch, sondern spricht durch einfältige Gebärden. Einfache musikalische Harmoniengänge, – denn das sind die Melodien der Naturoden, – lassen sich zu seinen Affektakzenten herab und erhöhen sie; freie Stellungen, die nicht Theatergemälde sind, erhöhen seine Gebärden; und eine einfache Poesie, die nicht phantastische, sondern wirkliche Empfindung so genau ausdruckt, daß kaum ein Schein der Nachahmung bleibt; kurz: drei Künste in allen Abmessungen der Schönheit, Tanz und Musik und Poesie, bestürmen uns mit der Stärke der Oper (der sie aber das Künstliche der Erzählung und des Witzes lassen), sie bestürmen uns mit der ganzen Natur und machen rasend. Die Ode ist hier die heftigste Jugend der Dichtkunst, deren Leben und Kraft wir aus Handlung abmessen: so wie der Pantomime, der am wenigsten Tänzer ist, uns am meisten beschäftigt; wie ein Komet in seiner Exzentrizität. Dieses freche Feuer des Parenthyrsus ist das schöpferische Genie. Der Theaterheld mäßigt schon seine Franchezza,[7] wie der Maler die Stellungen des Tänzers schon auswählt: und den Helden der Epopee,[8] nicht aber der Ode, geziemt jene stille Größe, die in den Statuen der Alten rührt und die der Mensch der Vernunft beweiset. Das erste Genie ist also ganz Gefühl im Verfertigen und Beurteilen, das mittlere Gefühl vom Geschmack und das dritte Gefühl von Wissenschaft geleitet; in den beiden letzten wird das Dichtungsvermögen von Zwecken, in der Ode vom sinnlichen Affekt und der trunknen Einbildungskraft geführt. – –

Und hier kann man die Alten und Neuern vergleichen, ohne über den Grundsatz der Nachahmung zu richten. Tyrtäus[9] singt: um ihn klingen spartanische Waffen: Fahnen fliegen um ihn: der Befehl des Apolls in seinen Ohren, das Bürger-

---

7 Freimut, Unbefangenheit.
8 Epos, Heldengedicht.
9 Griechischer Dichter des 7. Jh.s v. Chr., verfaßte Kriegselegien für die Spartaner.

recht Spartas sein Zweck: vor ihm wütende Messenier[10], hinter ihm Spartaner, noch in den Narben der Feigheit Helden; – Tyrtäus singt – Kriegslieder –, die mehr als Armeen überwanden, denn sie waren Affekt, Handlung und Leben. Wer singt dir nach, Tyrtäus! Kaum ein Barde, stark wie du, vor dreifach starke Spartaner; aber zum Unglück in einer andern Zeit! –

10

HEINRICH WILHELM VON GERSTENBERG

Zu den Literaten und Kritikern, die seit der Mitte des 18. Jahrhunderts die Notwendigkeit einer theoretischen Bestimmung der lyrischen Gattung erkannten, zählt in besonderer Weise Heinrich Wilhelm von Gerstenberg (1737–1823). Seine kritisch-theoretischen Überlegungen zum Lyrik-Begriff, am zusammenhängendsten entwickelt im zwanzigsten der »Briefe über Merkwürdigkeiten der Literatur« (1766), tragen wesentlich dazu bei, die Besonderheit der Lyrik nicht nur im Sinne Batteux' äußerlich als Sprechen v o n den Empfindungen, sondern innerlich-ausdruckshaft als Sprechen a u s der Empfindung zu definieren und damit die Grundlage zu schaffen für eine Neubestimmung des Verhältnisses von Lyrik und Musik, nach der das Wesen lyrischer Sprache nicht in einer ›äußeren‹, durch begleitenden Gesang hergestellten Verbindung, sondern in einer ›inneren‹, in der Sprache selbst zu realisierenden Musikalität liegt (vgl. Gerth, 1960, S. 187). Die in Dialogform geführte Auseinandersetzung um die »Natur des Liedes« knüpft an eine französische und eine deutsche Anthologie zeitgenössischer deutscher Lyrik an und bezieht sich im folgenden wiederholt auf die »Berliner Sammlung«, die von Karl Wilhelm Ramler (1725–98) herausgegebenen »Lieder der Deutschen« (1766).

10 Volk von Messenien in der südwestlichen Peloponnes, in wiederholten Kriegen von Sparta erobert.

Briefe über Merkwürdigkeiten der Literatur, 20. Brief

»Ich muß Ihnen also voraus sagen, daß die Theorie der lyrischen Dichtkunst meines Erachtens unter allen Theorien eine der mangelhaftesten sei. Die Frage: *was kann gesungen werden?* haben unsere Kunstrichter vorlängst beantwortet; auch ist nichts leichter zu sagen, als daß Wahrheiten und Träume, Ernst und Scherz, Lob und Tadel, Einsamkeit und Gesellschaft, Liebe und Unempfindlichkeit, Freundschaft und Zwietracht, Freude und Leid, Glück und Widerwärtigkeit, ein jedes Alter, ein jeder Stand der Menschen, was wir wissen und empfinden, mit einem Worte *fast alles* unter das Gebiet des Liedes gehöre. Nur auf die Frage: *wie sollen alle diese Dinge gesungen werden? und wodurch werden sie das bestimmte Subjekt des Gesanges?* bemerkt man ein tiefes Stillschweigen. Es ist hier nicht genug, zu sagen: weil die lyrische Poesie zum Singen gemacht, die Musik aber ein Ausdruck der Empfindungen durch *unartikulierte* Töne sei, so müsse die lyrische Poesie ein Ausdruck der Empfindungen durch *artikulierte* Töne oder Worte sein. Nicht ein jeder Ausdruck der Empfindungen ist *sangbar*, und das Verhältnis der Empfindungen zum Gesange ist von den Empfindungen selbst sehr unterschieden. Noch weit weniger wahr ist es, wenn jemand spricht, die lyrische Poesie könne als eine Poesie beschrieben werden, die die Empfindungen ausdrückt; man dürfe nur eine singende Versart hinzutun, so habe sie *alles*, was zu ihrer *Vollkommenheit* nötig ist. Was sollte jemanden, der nicht durch die Gewalt des Vorurteils, der Gewohnheit oder wohl gar nur durch den Bewegungsgrund jenes Müßiggängers beim *Dryden*:

He whistled as he went, for want of thougt;[1]

verführt wird, was, sage ich, sollte ihn wohl veranlassen,

---

1 »Er pfiff beim Gehen aus Mangel an Gedanken«.

folgende *Ausdrücke* der Empfindungen im lyrischen Silbenmaße lieber zu singen als zu lesen oder zu rezitieren?

> Und fehlten dir der Schönheit holde Gaben,
> So machte mich dein seltner Geist beglückt;
> Und solltest du so feinen Witz nicht haben:
> Mich hätte doch der Glieder Pracht entzückt.
> Der reiche Geist, die göttliche Gestalt
> Ward dir vertraut, zu leben und zu lieben.
> Geliebtes Kind, tot werd ich mich betrüben,
> Wenn nicht dein Blut für mich aus Liebe wallt.[2]

> Komm an den freundlichen Kamin!
> Mit unsparsamer Hand
> Türm ich den jungen Buchenwald
> Zu hellen Flammen auf.[3]

Diese und unzählig andere Stellen können ihre großen Schönheiten haben: aber der Begriff eines Liedes scheint mir auf
eine sehr zufällige Art damit verbunden zu sein. Ich will
Ihnen ganz ungezwungen sagen, worin meiner Meinung
nach, und sofern ich die Sache begreife, der Mißverstand
bestehe und woher er entsprungen sei.
Die Musik kann und muß nur allgemeine Ideen ausdrücken,
und diese Ideen müssen Empfindungen sein. In der Rhapso-
die des zweiten Teils der *Krause- und Ramlerischen Oden-
Melodien*[4] hören Sie den Tritt der Elefanten, das Gemurmel
der Bäche, den Gesang der Nachtigall, sogar das Wallen der
Saaten. Spielen Sie das Ganze ohne die daruntergeschriebene
Erklärung, und Sie haben nichts gehört. Es ist ohne Charakter, es ist lauter Detail. Im höhern oder geringern Grade ist
dieser Fehler allen übrigen Singstücken der nämlichen Gat-

---

2 Johann Nikolaus Götz (1721–81), *An Aeglen* (In: *Lieder der Deutschen*,
   gesammelt und in 4 Büchern hrsg. von Karl Wilhelm Ramler, Berlin 1766,
   S. 301).
3 Friedrich Wilhelm Zachariae (1726–77), *Der Punsch* (ebd., S. 341).
4 *Oden mit Melodien*, hrsg. von Karl Wilhelm Ramler [Texte] und Christian
   Gottfried Krause [Kompositionen], 2 Tle., Berlin 1753–55.

tung eigen, je nachdem sie sich mehr oder weniger von dem allgemeinen Haupttone der Leidenschaft entfernen.

Folglich drückt sich nicht *jeder Gegenstand* der Empfindung durch den Gesang aus, sondern die Empfindung selbst, in welche die verschiedenen Gegenstände zusammenfließen, löst sich in Töne auf und wird der simple und einfache Gesang der Natur. Das Schmachten der Liebe, ihre Schmeicheleien, ihre Schmerzen, ihre Wallungen usw., das Objekt mag ein schönes Mädchen oder eine Weinflasche sein! – nicht die darin konzentrierten und untergeordneten Begriffe! –

Prüfen Sie nach dieser Idee unter andern unsere heutigen Opernarien, und Sie werden sich sogleich eine Ursache angeben können, warum Ihnen die wenigsten, bei aller Schönheit der Melodie und bei der reichsten Fülle der Harmonie, einige Genüge tun: merken Sie aber zugleich, daß ich den Gesang, der ein bloßer Ausbruch der Empfindung ist, von melodischen Gängen unterscheide, die nur ein rhythmisches und wohlklingendes Schema der Rezitation und Deklamation enthalten. Diese sind nichts als die schöne Natur der menschlichen Töne beim Ausdruck aller Arten von Begriffen – sind dem, was ich vorher den Gesang der Natur oder die unmittelbare melodische Sprache allgemeiner Empfindungen nannte, so wenig wesentlich – und hangen so sehr von Nationalsprachen ab, daß sie sich wirklich, wie schon *Addison* angemerkt hat, auf mehr als eine Art erklären lassen und dem Herzen, überhaupt genommen, ganz unverständlich werden. Zu dieser deklamatorischen Art des Ausdrucks gehören die Melodien auf alle diejenigen Lieder, in denen der einfache Hauptton der Empfindung nicht herrscht, den ich von einem wahren Liede, so wie die Natur dasselbe hervorbringt, erfordert habe. Der Gesang ist hier also eine bloß willkürliche Begleitung und kann es in eben der Bedeutung auch für Epopöen, Tragödien, Komödien, didaktische Gedichte, landschaftliche Gemälde und dergleichen sein. Ich frage Sie aber, wenn von derjenigen Gattung des Liedes die Rede ist, die der Geschmack par excellence von andern Arten der Dichtkunst

unterscheidet, ob es erlaubt sei, diesen Begriff so weit auszudehnen? Wenigstens haben wir dem Mangel, oder, wenn Sie
es lieber so nennen wollen, der Nachsicht des Geschmacks in
diesem Punkte viele der unbestimmtesten und schlechtesten
Lieder-Melodien beizumessen; und ich leite die Überschwemmungen mittelmäßiger lyrischer Dichter aus *eben* der
Quelle her.«

»*Aber so bringen Sie uns ja auf einmal um mehr als die Hälfte
unserer witzigsten und reizendsten Lieder, die bisher mit
Recht für Meisterstücke der lyrischen Dichtkunst sind gehalten worden?*«

»Gar nicht! Sie können immer sehr vortrefflich sein, wenn sie
gleich im eigentlichen Verstande keine Lieder sind. Ich habe
auch nicht das geringste dawider, wenn Sie diese Poesien *singen* wollen. Nur müssen Sie mir einräumen, daß Sie sich
alsdann etwas ganz anders bei einem Liede denken als ich;
und daß ich nach meinem Begriffe befugt sei, viele Lieder in
der Berlinischen Sammlung für keine Lieder zu erkennen.
Meine Grundsätze sind übrigens bei weitem so neu oder sonderbar nicht, als sie Ihnen vielleicht itzt scheinen mögen. Der
Guardian hatte schon empfunden, daß die *Franzosen gar oft
Lieder und Sinngedichte miteinander verwechseln;*[5] und
Vater *Hagedorn* bestätigt dieses, indem er sagt, *daß die zu
epigrammatischen und zu sinnreichen Einfälle des spielenden
Witzes dem Charakter der Oden und Lieder zuwider sind.*[6]
Eine noch wichtigere Instanz ist mir der Ausspruch Herrn
Klopstocks, derzufolge die Lehrode den Charakter des geistlichen Liedes aufhebt.[7] Die ihm widersprochen haben bewiesen, daß sie ihn nicht verstanden. Stellen Sie sich eine
Gemeine von hundert Personen vor, deren jede auf folgende
Art singt:

---

5 *The Guardian,* 16. Stück (Vgl.: Friedrich von Hagedorn, *Poetische Werke,*
  Bd. 3, Hamburg 1757, S. XXVI).
6 Friedrich von Hagedorn, *Poetische Werke,* Bd. 3, Hamburg 1757, S. XXVII f.
7 Vgl. die Einleitung zu Klopstocks *Geistlichen Liedern* (1758).

Du klagst, o Christ, in schweren Leiden,
Und seufzest, daß der Geist der Freuden
Von dir gewichen ist.
Du klagst und rufst: Herr, wie so lange?
Und Gott verzeucht, und dir wird bange,
Daß du von Gott verlassen bist.

— — —

Zag nicht, o Christ, denn deine Schmerzen
Sind sichre Zeugen bessrer Herzen,
Als dir das deine scheint.
Wie könntest du dich so betrüben?
usw.

Ist nicht die erste Anmerkung, die man machen muß, diese? *Wer ist denn der Christ, den alle diese Leute auf einmal ansingen? Wer ist der Lehrende? Wer der Lernende? Und wenn jeder einzelne Sänger niemand als sich selbst meint, wozu eine so wunderbare Wendung?* – Die gleiche Anmerkung findet bei allen Arten von Liedern statt, die bloß Lehren vortragen; und *Klopstock* behauptet also mit Recht, daß *diese Lehren* nicht Sentenzen, sondern Empfindungen sein sollen.

Lassen Sie mich aus meinen Grundsätzen noch eine Folgerung auf die höhere Ode ziehen. Sie äußert sich nicht durch einfache, sondern durch begeisterte und eben darum zusammengesetzte Empfindungen, welche eine symmetrische Strophen-Melodie auszuschließen scheinen. Der Gesang muß inzwischen ihr herrschender Ton sein, und darum ist ihr nichts so sehr zuwider als familiärer Ausdruck und Wendungen der Prose. *Horazens* Carmina[8] sind mehrenteils wirkliche Oden; seine *Epoden*[9] hingegen sind nur *Sermones*[10] im lyrischen Silbenmaß. Diesen Unterschied kann ich Ihnen nicht besser begreiflich machen als durch folgende sogenannte Ode

---

8 Lyrisches Hauptwerk des Horaz, in Odenform.
9 *Epodon liber* (Buch der Epoden), eine 17 Stücke umfassende, vorwiegend in Jamben verfaßte Dichtung des Horaz.
10 Plaudereien.

des Engländers *Cowley*[11], bei der Sie sich des Lachens nicht werden enthalten können, sobald Sie den Begriff der Ode hinzudenken. Ich wähle eine Übersetzung der Horazischen Ode ›Inclusam Danaen turris ahenea‹, die eben keinen besondern Schwung hat, damit Sie noch deutlicher durch die Gegeneinanderhaltung abnehmen können, wie die Familiarität des Stils dasjenige burlesk mache, was durch den Ton des Gesanges lyrisch war.

[*Es folgt der Text des Gedichts »A tower of brass ...«*]

Sie sehen, was man alles zur Klasse der Lieder hinüberziehen kann, wenn man will. Können Sie noch in dem Wahne beharren, daß etwas dadurch lyrisch werde, weil man es singt?«
»Sie machen mich wirklich zweifelhaft«, versetzte ich; »aber doch werde ich mir nicht getrauen, einen Grundsatz anzunehmen, der, anstatt das Gebiet der lyrischen Dichtkunst zu erweitern, dasselbe nur noch mehr einschränkt. Sie wissen, was man gegen Grundsätze dieser Art eingewandt hat.«
»Ich bedaure«, antwortete er mir mit einem Achselzucken, »daß ich nicht gelehrig genug bin, mich nach diesem Gesetze zu bequemen. Meine Absicht ist nicht, Ihnen ein System daherzumachen; ich erzähle Ihnen ganz offenherzig, wie ich die Sache empfinde und was das Resultat meiner Untersuchungen gewesen ist. Daß man, um die Poesie nicht ärmer zu machen, als sie schon ist, ihr gewisse Principia angedichtet hat, nach denen sich auf die ungezwungenste Art von der Welt alles zu einem Gedicht machen läßt, was eine poetische Sprache hat – das ist nicht meine Schuld! Wenn ich einen Beruf empfände, mich in die Streitigkeiten der Kunstrichter einzumischen, so würde ich vielmehr recht sehr darauf bedacht sein, alle die unechten Gattungen, die man von *Aristoteles*' Zeiten an bis auf die unsrigen zur Dichtkunst herübergezerrt hat, eine nach der andern wieder herauszuwerfen, und ich gestehe Ihnen, daß wenig übrig bleiben würde.«

11 Abraham Cowley (1618–67), Nachdichtung der Horazischen Ode *Inclusam Danaen turris ahenea* (Oden III,16).

JOHANN GEORG SULZER

*In Anlehnung an den »Dictionnaire portatif des beaux-arts«
(1752) des Franzosen Jacques Lacombe nahm der Schweizer
Ästhetiker und Popularphilosoph Johann Georg Sulzer (1720
bis 1779) ab 1753 eine enzyklopädisch umfassende Gesamt-
darstellung der Ästhetik in alphabetischer Ordnung in An-
griff. Seine »Allgemeine Theorie der schönen Künste« stieß,
als sie 1771–74 in zwei Teilen veröffentlicht wurde, bei den
Vertretern der Genie-Bewegung auf heftige Kritik (vgl.
die Besprechung Mercks und Goethes in den »Frankfurter
Gelehrten Anzeigen«), fand aber auch einige Anerkennung
und wurde wiederholt nachgedruckt und in erweiterter Form
neu aufgelegt (zweite Auflage 1777–78; dritte Auflage, nach
Sulzers Tod besorgt durch Blanckenburg, 1786–87). Obgleich
ein moralisierend-aufklärerischer Grundansatz Sulzers Seh-
weise einengt, verrät die Charakterisierung des lyrischen
Gedichts als eines »empfindungsvollen Selbstgesprächs« und
die Betonung des stimmungshaften Moments (festgemacht am
Begriff der »Laune«) ein Gespür für neue Aspekte im Lyrik-
Denken der Zeit.*

Lyrisch

(Dichtkunst)

Die lyrischen Gedichte haben diese Benennung von der Lyra
oder Leier, unter deren begleitenden Klang sie bei den ältesten Griechen abgesungen wurden, wiewohl doch auch zu
einigen Arten die Flöte gebraucht worden. Der allgemeine
Charakter dieser Gattung wird also daher zu bestimmen sein,
daß jedes lyrische Gedicht zum Singen bestimmt ist. Es kann
wohl sein, daß in den ältesten Zeiten auch die Epopöe von
Musik begleitet worden, so wie wir es auch mit Gewißheit
von der Tragödie behaupten können. Dessenungeachtet ist

der Charakter des eigentlichen Gesanges vorzüglich auf die
lyrische Gattung anzuwenden, da die epischen und tragischen Gedichte mehr in dem Charakter des Rezitatives als des
Gesanges gearbeitet sind.
Um also diesen allgemeinen Charakter des Lyrischen zu entdecken, dürfen wir nur auf den Ursprung und die Natur des
Gesanges zurücksehen.[a] Er entsteht allemal aus der Fülle der
Empfindung und erfodert eine abwechselnde rhythmische
Bewegung, die der Natur der besondern Empfindung, die ihn
veranlasset, angemessen sei. Niemand erzählt oder lehret singend, wo nicht etwa die Äußerung einer Leidenschaft zufälligerweise in diese Gattung fällt. Lyrische Gedichte werden
deswegen allemal von einer leidenschaftlichen Laune hervorgebracht; wenigstens ist sie darin herrschend, der Verstand
oder die Vorstellungskraft aber sind da nur zufällig.
Also ist der Inhalt des lyrischen Gedichts immer die Äußerung einer Empfindung oder die Übung einer fröhlichen oder
zärtlichen oder andächtigen oder verdrießlichen Laune an
einem ihr angemessenen Gegenstand. Aber diese Empfindung oder Laune äußert sich da nicht beiläufig, nicht kalt, wie
bei verschiedenen andern Gelegenheiten, sondern gefällt sich
selbst und setzet in ihrer vollen Äußerung ihren Zweck. Denn
eben deswegen bricht sie in Gesang aus, damit sie sich selbst
desto lebhafter und voller genießen möge. So singet der Fröhliche, um sein Vergnügen durch diesen Genuß zu verstärken,
und der Traurige klagt im Gesang, weil er an dieser Traurigkeit Gefallen hat. Bei andern Gelegenheiten können dieselben
Empfindungen sich in andern Absichten äußern, die mit dem
Gesang keine Verbindung haben. So läßt der Dichter in der
Satire und im Spottgedicht seine verdrießliche oder lachende
Laune aus, nicht um sich selbst dadurch zu unterhalten, sondern andre damit zu strafen. Das lyrische Gedicht hat, selbst
da, wo es die Rede an einen andern wendet, gar viel von der
Natur des empfindungsvollen Selbstgespräches. Darum ist

a s. Gesang.

die Folge der lyrischen Vorstellungen nicht überlegt, nicht methodisch; sie hat vielmehr etwas Seltsames, auch wohl Eigensinniges; die Laune greift, ohne prüfende Wahl, auf das, was sie nährt, wo sie es findet. Wo andre Dichter aus Überlegung sprechen, da spricht der lyrische bloß aus Empfindung. *Gravina*[1] hat nach seiner unnachahmlichen Art in gar wenig Worten den wahren Begriff des lyrischen Gedichts angegeben. Die lyrischen Gedichte, sagt er, sind Schilderungen besonderer Leidenschaften, Neigungen, Tugenden, Lastern, Gemütsarten und Handlungen; oder Spiegel aus denen auf mancherlei Weise die menschliche Natur hervorleuchtet.[b] In der Tat lernt man das menschliche Gemüt in seinen verborgensten Winkeln daraus kennen. Dieses ist das Wesentliche von dem innern Charakter dieser Gattung. Doch können wir auch noch zum innerlichen Charakter die Eigenschaft hinzufügen, daß der lyrische Ton durchaus empfindungsvoll sei und jede Vorstellung entweder durch diesen Ton oder durch eine andre ästhetische Kraft müsse erhöhet werden, damit durch das ganze Gedicht die Empfindung nirgend erlösche. Nichts ist langweiliger als eine Ode, darin eine Menge zwar guter, aber in einem gemeinen Ton vorgetragener Gedanken vorkommt. Daß der besonders leidenschaftliche Ton bei dem lyrischen Gedicht eine wesentliche Eigenschaft ausmache, sieht man am deutlichsten daraus, daß die schönste Ode in einer wörtlichen Übersetzung, wo dieser Ton fehlet, alle ihre Kraft völlig verliert.

Hieraus ist auch die äußerliche Form des lyrischen Gedichtes entstanden. Da lebhafte Empfindungen immer vorübergehend sind und folglich nicht sehr lange dauern, so sind die

b I componimenti lirici sono ritratti di particolari affetti, costumi, virtu, vizii, genii e fatti: ovvero sono specchii, da cui per varii riflessi traluce l'umana Natura. Ragione poetica. L.I, c.13. [Die lyrischen Darstellungen beziehen sich auf besondere Gefühlsbewegungen, Sitten, Tugenden, Laster, außergewöhnliche Menschen und Ereignisse, kurz: sie sind Spiegel, aus denen in verschiedenen Reflexen die menschliche Natur hervorstrahlt.]
1 Gian Vicenzo Gravina (1664–1718), italienischer Ästhetiker, Hauptwerk: *Della Ragione Poetica* (1708).

lyrischen Gedichte nie von beträchtlicher Länge. Doch schik-
ket sich auch die völlige Kürze des Sinngedichtes nicht dafür,
weil der Mensch natürlicherweise bei der Empfindung, die
ihm selbst gefällt, sich verweilet, um entweder ihren Gegenstand von mehrern Seiten oder in einer gewissen Ausführlichkeit zu betrachten, oder weil das ins Feuer gesetzte Gemüt
sich allemal mit seiner Empfindung selbst eine Zeitlang
beschäftiget, ehe es sich wieder in Ruhe setzet.
Natürlicherweise sollte das lyrische Gedicht wohlklingender
und zum Gesang mehr einladend sein als jede andre Art, auch
periodisch immer wiederkommende Abschnitte oder Strophen haben, die weder allzulang und für das Ohr unfaßlich
noch allzukurz und durch das zu schnelle Wiederkommen
langweilig werden. So sind auch in der Tat die meisten lyrischen Gedichte der Alten. Aber der eigentliche Hymnus der
Griechen, der in Hexametern ohne Strophen ist, geht davon
ab. Auch ist in der Tat die Empfindung darin von der ruhi-
gern, mit stiller Bewundrung verbundenen Art, für welche
der Hexameter nicht unschicklich ist.

12

JOHANN GEORG JACOBI

*Johann Georg Jacobi (1740–1814), zusammen mit seinem
jüngeren Bruder Friedrich Heinrich Jacobi Wegbegleiter der
Sturm-und-Drang-Generation und in eigenen lyrischen Versuchen ganz der anakreontisch-geselligen Formtradition verpflichtet, versucht sich in der Abhandlung »Über das Lied,
dessen Ursprung und Gattungen« in einer stark vereinfachten
und schematisierten Ableitung der Lieddichtung aus einem an
Herder erinnernden natur- und kulturhistorischen Denken.
Die Abhandlung erschien 1776 in der von ihm selbst herausgegebenen »Iris«, einer »Vierteljahresschrift für Frauenzim-
mer«. Ihr vorausgegangen war eine Abhandlung »Über das
Singen«.*

Über das Lied

In meiner Abhandlung vom Singen[a] bat ich Sie, meine Damen, die kleinen Sänger in Felder und Büschen zu beobachten, und ich wünschte, Sie möchten noch einmal mit mir bei denselben verweilen. Es lassen viele Predigten sich über den Text halten: *Sehet die Vögel unter dem Himmel an*,[1] denn von den ersten Lerchen oder Nachtigallen, welche dem ersten Brautpaar den Hochzeitsgesang anstimmten, bis auf die Wachtel, die ein noch lebender Dichter so lieblich betrauerte, blieben sie getreu der Mutter Natur. Was also mag es sein, das aus ihren hundertfältigen Kehlen auf so mancherlei Weise tönt? Was ist der Geist ihrer Melodie? Um es recht zu beantworten, müssen wir die einzelnen Töne, den bloßen Ausdruck ihres Bedürfnisses, das, was ich gern *die Sprache* der Vögel nennte, von ihrem eigentlichen *Singen* unterscheiden. Wenn das Männchen sein Weibchen lockt, die Alten den Jungen rufen, wenn sie ein Nest zusammen bauen oder einen Feind wittern, dann ist ihr Getriller oder Geschrei ganz anders als der Gesang, mit welchem sie hoch in die Luft steigen oder ins Grüne sich niedersetzen. *Der Gesang* ist Verkündigung ihres Daseins, Übung ihrer Fähigkeit; durch ihn bewillkommen sie den Blüten-Mond, werben um eine Gattin, freuen sich des besseren Lebens und unterrichten, wie einige Naturforscher bemerkt haben, ihre Kinder. Wenn es Abend wird, dann schweigen die mehrsten Vögel, ebenso, wenn es stürmt, aber sie beginnen wieder mit hellerem Schlage, sobald die erste Morgenröte sich erblicken läßt oder am blauen Himmel es ruhig wird. Je stiller und wärmer die Lüfte, je frischer das Grün nach dem Regen oder im Tau, desto mehr Lieder! Kein Zweifel, daß Gesang der Ausbruch eines fröhlichen Gefühls, eines innern Wohlbehagens sei: Lob der Schöpfung und folglich des Schöpfers! Die vornehm-

a Iris, fünfter Band, S. 129.
1 Mt. 6,26.

ste Lieder-Zeit ist die, wo jeder Vogel sich eine Gespielin
sucht. Hat er sie gefunden, mit ihr ein kleines Völkchen erzogen, und dies Völkchen hat wieder gesucht und gefunden,
alsdenn sind die Wälder und Auen beinahe stumm. Gesang ist
Empfindung und Lob der Liebe. Daß die Fähigkeit zu demselben *schon an sich* eine Wohltat, ihr Gebrauch ein Vergnügen sei, das beweist uns die vom Aufgang der Sonne bis zum
Untergang singende Lerche, mit der auch im Finstern noch
schlagenden Nachtigall. Von den Nachtigallen weiß man,
daß sie einander im Singen zum Wettstreit fordern; und
einige, wie man erzählt, ruhen nicht eher, bis der Gegner vor
Mattigkeit von seinem Zweige taumelt. Scheint es nicht, als
hätten die Vögel ihre Künstler?

Nun, meine Damen, lassen Sie einen von diesen Waldbewoh-
nern gefangen werden. Zuerst bedauert er den Verlust der
Freiheit; man hört seine Stimme nicht. Da sitzt er im engen
Kerker! Für ihn kein Flug mehr ins offne Feld, kein Erwärmen der Sonne, kein Windes-Wehen, kein grüner Baum, kein
Baden im kühlen Wasser; nicht das ferne Schallen seines Lieds
noch das Antworten der übrigen Vögel! Endlich, wie zu seinem Trost, hebt er an und zwitschert und singt wieder und
begrüßt den Morgen, der schwächer ihm durchs Fenster in
sein Häuschen strahlt, ergötzt den Wirt für das im Tröglein
gereichte Futter und für den hingehängten lauen Trank. Vielleicht gefällt es seinem Herrn, auf seiner Drehorgel ihm ein
Liedchen vorzuspielen: da horcht er, ahmt es nach, schlägt
anfänglich etwas vom alten wilden Gesang dazwischen, bis er
mit der Zeit es herausbringt, völlig rein, nach dem Takt, und
sein ganzes Singen ein bloßes Kunststück geworden ist. Das
Hirtenmädchen wird nicht im künftigen Mai unter seinem
Busche sich lagern und neues Leben empfinden, wenn es ihn
hört; aber die Städter bewundern ihn. Leider achten zuletzt
auch diese nicht mehr darauf. Sein voriges Lied war, in
Absicht der Zusammensetzung, einförmiger als sein jetziges;
aber das zwanglose Verlängern und Verkürzen, Steigen und
Fallen im Ton macht' es abwechselnder. *Zuweilen* erfreut

uns das gelernte Stück; an jenem haben wir *täglich* unsern
Gefallen von Morgen bis Abend.

Und so hätten meine Leserinnen eine vollständige Geschichte
der Lieder-Poesie jedes Volks. Der freie Vogel ist der Mann in
der Wildnis; der im Käfig ... Dieses läßt sich mit wenigen
Worten nicht erklären. Zuvor müssen wir den ersteren etwas
genauer beobachten.

13

MOSES MENDELSSOHN

Mendelssohn, dessen grundsätzliches lyriktheoretisches Inter-
esse sich bereits in seiner Rezension der Gedichte der Anna
Luise Karsch ankündigte (vgl. Text Nr. 8), versucht in dem
1777 skizzierten, aber erst 1810 veröffentlichten Entwurf
»Von der lyrischen Poesie« eine Annäherung an das Wesen
lyrischer Gestaltungsweise auf der Grundlage rationalistisch-
psychologischen Denkens in Anlehnung an die Wolffsche Phi-
losophie und die Assoziationspsychologie der Engländer.
Friedrich Nicolai schickte seiner Publikation des Fragments in
der »Berliner Monatsschrift« folgende Vorbemerkung voraus:
»Moses Mendelssohn hatte diese Gedanken über die psycholo-
gische Beschaffenheit der lyrischen Poesie seinem Freund
Engel zu Gefallen aufgesetzt, aber schriftlich nicht ganz geen-
digt, weil sich beide mündlich über diesen Gegenstand unter-
hielten«. Zu den lyriktheoretischen Vorstellungen Johann
Jakob Engels vgl. unten Text Nr. 15.

Von der lyrischen Poesie

Die Begriffe stehen miteinander entweder in *Realverbin-*
dung, so wie ihre Urbilder, die wirklichen Dinge außer uns,
in Absicht auf ihr Dasein in Zeit und Raum miteinander ver-

bunden sind, oder in *Idealverbindung*: und zwar a) als Grund
und Folge, d. i. *Rationalverbindung*, b) durch Gemeinschaft
der Merkmale, welches die Verbindung der *Einbildungskraft*
ausmacht.

Wenn in der Masse des Bewußtseins die Realverbindung die
herrschende ist, so sind wir in *wachendem* Zustande und bei
uns selbst. Solange das Bewußtsein der Rationalverbindung
herrschet, *meditieren* wir, das ist, wir lösen Begriffe auf oder
setzen sie zusammen, gehen von Grund auf Folge oder von
Folge auf Grund. Im *Traume* ist die Verbindung nach der
Gemeinschaft der Merkmale (Ähnlichkeit, Gleichheit usw.)
die herrschende. Wenn alle diese Arten der Verbindungen
sich einander die Waage halten und keine merklich hervor-
sticht, so hört das Bewußtsein auf: wir *schlafen*.

In Absicht der *Folge* der Begriffe wird die Aufmerksamkeit,
insoweit sie nicht von der Freiheit des Willens abhängt, geleitet: 1) von der Stärke des Eindrucks; 2) von dem Anteil, den
wir daran nehmen; 3) von dem Vorsatz, den wir gefaßt haben,
eine gewisse Idee zu verfolgen. Die Stärke der unfreien Aufmerksamkeit ist also nach diesem dreifältigen Verhältnis zu
schätzen.

Man kann die Freiheit des Willens, mit welcher wir die Aufmerksamkeit zu lenken imstande sind, die *subjektive* Gewalt
sowie die Kraft der Vorstellungen selbst auf die Aufmerksamkeit, in Gegensatz mit jener, die *objektive* Gewalt nennen.
Die subjektive Gewalt ist desto größer, je mehr objektive
Gewalt sie zu besiegen vermag, je mehr sie imstande ist, die
Aufmerksamkeit, aller Hindernisse ungeachtet, nach Gutfin-
den zu lenken.

Mit jedem Fortschritt der Begriffe gleitet die Seele in Imagina-
tionsverbindungen aus, sobald eine Nebenidee die stärkste
objektive Gewalt erlangt. Sie kömmt von derselben in die
Realverbindung zurück durch die Stärke des Eindrucks wirklicher Gegenstände; und in die Rationalverbindung durch die
Kraft des Vorsatzes oder auch durch die Freiheit des Willens,
welcher sie sowohl auf jene als auf diese zurückrufen kann.

Solange wir es in unserer Gewalt haben, die Gedanken von jeder andern Reihe, bei der mindesten Veranlassung, in die Realverbindung zurückzurufen, so lange besitzen wir *Gegenwart des Geistes* (Besonnenheit). In den Augenblicken, in welchen wir dieser Freiheit beraubt sind, sagt man, wir seien *abwesenden Geistes*. Und zwar, wenn uns die Stärke des Vorsatzes, eine gewisse Idee zu verfolgen, überwältigt, so sind wir in *Betrachtung* vertieft. Ist es die Gewalt der Teilnehmung, die uns verhindert, gegenwärtig zu sein, so sind wir in *Empfindung* verloren oder durch Gemütsbewegung außer uns. Reißt uns aber die Lebhaftigkeit der Einbildungen mit sich fort, so sind wir in *Verzückung, Begeisterung* udgl. – Wer keinen festen Vorsatz hat, eine Idee zu verfolgen, auch keiner starken Teilnehmung sowie keiner lebhaften Einbildung fähig ist, kann leicht gegenwärtigen Geistes sein. Je fester hingegen jener Vorsatz ist, desto mehr Kraft der Seele wird zur Besonnenheit angestrengt werden müssen.

Aus der Realverbindung findet sich leicht ein Übergang in die Reihe des Vorsatzes, denn diesen gefaßten Vorsatz haben wir sehr oft mit dem Begriffe der Realverbindung zusammengedacht und also in Assoziation gebracht. Es gibt also im wachenden Zustande mehr Übergänge aus den Nebenwegen der Imagination in die Reihe des Vorsatzes. Im Traume muß uns bloß die Stärke des Vorsatzes selbst zurückführen; im Wachen aber geschieht es durch die Stärke des Vorsatzes unmittelbar und durch die Realverbindung, die in diesem Zustande herrschend ist, mittelbar.

Dieses mag die Ursache sein, warum wir eine Meditation im Traume nur selten gehörig ausführen und warum sie im wachendem Zustande besser vonstatten geht. Wir werden im Traume durch die herrschende Verbindung, vermittelst der Gemeinschaft der Merkmale, zu oft von unserm Vorsatz abgeleitet, und der äußere Eindruck ist nicht mächtig genug, uns in die Realverbindung und vermittelst derselben auf den Vorsatz zurückzuführen.

Nach dieser psychologischen Einleitung komme ich zum *lyrischen Gedichte*.

Das lyrische Gedicht soll die Veränderungen darstellen, die in einem von der *Teilnehmung* beherrschten Gemüte vorgehen.

Die Veranlassung dazu ist allezeit eine Begebenheit in der Realverbindung der Dinge. Diese kann also mit dargestellt werden.

Aber keine topische[1] Beschreibung, auch keine chronistische[2]. – Diese setzen Bewußtsein der Realverbindung und Gegenwart des Geistes voraus.

Auch kein deutliches Bewußtsein eines bestimmten Vorsatzes, diese oder jene Idee zu verfolgen. Wenn der Dichter einen solchen Vorsatz hat, so muß er gleichsam tief in seiner Seele verborgen liegen und durch die Teilnehmung gleichsam bedeckt sein.

Die Folge der Begriffe aufeinander geschieht nach der Verbindung der Teilnehmung. Bei jedem Fortschritt eine kurze oder längere Abschweifung in gleichartige Nebenbegriffe. Die Rückkehr geschieht durch Gemeinschaft der Merkmale oder durch die Gewalt der Hauptteilnehmung, die in der Seele herrscht, niemals durch den Vorsatz, noch weniger durch die Realverbindung. Sobald die Hauptteilnehmung nicht mehr lebhaft genug ist, in Worte sich zu ergießen, so schließt sich das lyrische Gedicht.

Alle Nebenideen, die durch das stärkere Licht der Hauptideen in dem von der Teilnehmung beherrschten Geiste verdunkelt werden, muß der lyrische Dichter verschweigen. – Daher die Sprünge, die plötzlichen Übergänge, die versteckte Ordnung. Dieses ist eigentlich die Ordnung des Vorsatzes, die der Dichter zu verbergen sucht.

In keiner Dichtungsart kömmt die Natur der Kunst so nahe als in der lyrischen. Denn wenn der Dichter wirklich in dem besungenen Gemütszustande sich befindet, so ist er sich

1 räumliche.
2 geschichtliche, vorgangshafte.

selbst Gegenstand, also causa objectiva[3] und causa efficiens[4]
zugleich.
Alle Völker haben lyrische Gedichte, selbst die ungebildesten
nicht ausgenommen.
Die lyrischen Gedichte der Kunst unterscheiden sich durch
die verborgene Ordnung des Vorsatzes (den Plan).

Untergattungen

Lied. Der Gegenstand der Teilnehmung ist unbestimmt. –
Noch keine wirkliche Gemütsbewegung, nur Anlage und
Bereitschaft dazu. – Die Ordnung ist zum Teil Idealverbindung, durch die Assoziation gleichartiger Empfindungen,
zum Teil Rationalverbindung, jedoch nicht ohne Teilnehmung. – Keine völlige Abwesenheit des Geistes. – Keine
eigentliche Abschweifung, denn ihre Reihe und Ordnung
schließt keine Nebenidee aus.
Elegie. Der Gegenstand der Teilnehmung bestimmt. – Die
Veranlassung nicht mehr *neu.* – Die Teilnehmung ist zwar in
Affekt übergegangen, hat aber durch die Zeit von ihrer stür-
mischen Gewalt verloren. Sie hat sich vielmehr tief in den
Grund der Seele gesenkt und mit allen dunklen Begriffen und
verborgenen Triebfedern derselben auf das genaueste verbunden. – In dem entferntesten Nebenbegriffe findet die Seele
Gleichartigkeit mit dem herrschenden Interesse. Daher die
sanften Übergänge. Kein Aufbrausen, keine Verwunderung,
keine plötzliche Abschweifungen und Rückkehr, sondern
alles ist durch das Band der Teilnehmung aufs innigste verbunden.
Ode. Der Gegenstand höchst bestimmt. Der Dichter kann
nicht sagen:

> Welche Gottheit soll auch mir
> Heute einen Wunsch gewähren?
> Unentschlossen irr' ich hier
> Zwischen den Altären.

3 entgegenstehende Sache, Gegenstand.
4 bewirkende Sache, Ursache.

Dieses ist der Anfang eines Liedes, keiner Ode. Pindar, der eine seiner Oden mit einer ähnlichen Frage anfängt,[5] hat die sehr gute Entschuldigung für sich, daß der Held, den er zu loben hatte, von so manchen Göttern und Halbgöttern abstammte, daß er natürlich im Zweifel sein muß, welchen von dessen Ahnherren er zuerst preisen soll. Die Ungewißheit entsprang also bei ihm gerade aus der Bestimmtheit des Gegenstandes. Inwieweit sich diese Entschuldigung auch bei Horaz und bei unserm Ramler, welche beide diesen Anfang nachgeahmt,[6] anbringen läßt, mag ich nicht entscheiden. – Die Veranlassung neu, unerwartet, Verwunderung erregend. Der Dichter unterliegt der Gewalt des Affekts. – Abwesenheit des Geistes – Verzückung – Begeisterung. Er sieht erstaunliche Dinge, verspricht Wunder und ist nicht an die Regel der Bescheidenheit gebunden, die Horaz jedem andern Dichter, und vornehmlich dem Heldendichter, vorschreibt:

ex fumo dare lucem.[7]

Der Anfang der Ode ist mehrenteils da, wo die Begriffe lebhaft genug geworden und sich aus der Seele gleichsam hervordrängen, zuweilen gleich nach dem ersten Staunen, sobald der Affekt in Worte auszubrechen bemüht ist. Daher bei allen Odendichtern der entferntesten Völker die Redensarten: *Ich tue meinen Mund auf! Mein Geist beginnet erhabene Dinge! Ich will reden, Höret mich!*
Der Fortgang ... –
Der Schluß, zuweilen im höchsten Grade des Affekts: indem dieser nämlich durch Nebenbegriffe so vermehrt werden kann, daß ihm Worte fehlen und der Dichter gleichsam in sich selbst zurückkehren muß; zuweilen mitten in der Abschweifung: wenn die Bilder und Begriffe, welche der Dichter auf dem Nebengange antrifft, wichtig genug sind, ihn von dem

5 Zweite Olympische Ode (»Ihr Hymnen, mächt'ger als Harfen ...«).
6 Vgl. Horaz, *Oden* I,12 und Karl Wilhelm Ramler (1725–98), *Das Phantheon*.
7 »aus Rauch Lichtglanz aufgehen zu lassen« (Horaz, *Dichtkunst*, V. 143).

Hauptgegenstande völlig abzuführen und ihm nun kein anderer Rückweg mehr offen ist, als durch die ihm verbotene Ordnung der Realverbindung.

14

JOHANN GOTTFRIED HERDER

Herders Interesse für das Volkslied hängt aufs engste zusammen mit seiner Idee der »Volkspoesie« und den ihr zugrunde-liegenden Vorstellungen von der Entstehung und individuellen Entfaltung der Dichtung in verschiedenen Zeiten und Kulturen. Eine erste eigene Sammlung von Volksliedern lag schon 1773 vor, wurde aber erst 1778/79 (in erweiterter Form in zwei Teilen) veröffentlicht. In der Vorrede faßt Herder das zuvor an anderer Stelle zum Volkslied Geäußerte zusammen (vgl. »Auszug aus einem Briefwechsel über Ossian und die Lieder alter Völker«, »Von Ähnlichkeit der mittlern englischen und deutschen Dichtkunst«). Durch die Beschäftigung mit dem Volkslied tritt gegenüber der »Ode« (vgl. Text Nr. 9) das »Lied« als neuer Leitbegriff in den Mittelpunkt seiner lyriktheoretischen Überlegungen und gewinnt das Moment der musikalisch-lyrischen Formgebung verstärkte Bedeutung (vgl. den Rückgriff auf die mittelalterlichen Termini »Ton« und »Weise«), weshalb z. B. bei der Übersetzung fremder Volkslieder nach Herders Meinung der metrisch-strophischen Struktur des Liedes gegenüber seinem Aussage- und Bildgehalt der Vorrang zu geben ist.

Volkslieder, Zweiter Teil.
Vorrede

Endlich kann ich nicht umhin, noch mit ein paar Worten merken zu lassen, was ich für das *Wesen des Liedes* halte. Nicht Zusammensetzung desselben als eines Gemäldes niedlicher Farben, auch glaube ich nicht, daß der Glanz und die Politur seine einzige und Hauptvollkommenheit sei; sie ist's nämlich nur von einer, weder der ersten noch einzigen Gattung von Liedern, die ich lieber Kabinett- und Toilettstück, Sonett, Madrigal u. dgl. als ohne Einschränkung und Ausnahme *Lied* nennen möchte. Das Wesen des Liedes ist *Gesang*, nicht Gemälde: seine Vollkommenheit liegt im *melodischen Gange* der Leidenschaft oder Empfindung, den man mit dem alten treffenden Ausdruck: *Weise*[1] nennen könnte. Fehlt diese einem Liede, hat es keinen *Ton*, keine poetische *Modulation*, keinen gehaltenen Gang und Fortgang derselben, habe es Bild und Bilder und Zusammensetzung und Niedlichkeit der Farben soviel es wolle, es ist kein *Lied* mehr. Oder wird jene Modulation durch irgend etwas zerstört, bringt ein fremder Verbesserer hier eine Parenthese von malerischer Komposition, dort eine niedliche Farbe von Beiwort u. f. hinein, bei der wir den Augenblick aus dem Ton des Sängers, aus der Melodie des Gesanges hinaus sind, und ein schönes, aber hartes und nahrungsloses Farbenkorn kauen; hinweg Gesang! hinweg Lied und Freude! Ist Gegenteils in einem Liede *Weise* da, wohlangeklungne und wohlgehaltne *lyrische* Weise, wäre der Inhalt selbst auch nicht von Belange, das Lied bleibt und wird gesungen. Über kurz oder lang wird statt des schlechtern ein beßrer Inhalt genommen und drauf gebauet werden; nur die *Seele* des Liedes, poetische Tonart, Melodie, ist geblieben. Hätte ein Lied von guter Weise einzelne merkliche Fehler, die Fehler verlieren sich, die schlechten Strophen werden nicht mit gesungen, aber der Geist des Liedes, der allein in die Seele wirkt und Gemüter zum Chor

1 Die metrische Gestalt einer Strophe, eines Liedes.

regt, dieser Geist ist unsterblich und wirkt weiter. Lied muß
gehört werden, nicht *gesehen*; gehört mit dem Ohr der *Seele*,
das nicht einzelne Silben zählt und mißt und wäget,
sondern auf Fortklang horcht und in ihm fortschwimmet.
Der kleinste Fels, der sie daran hindert, und wenn's auch ein
Demantfels wäre, ist ihr widrig; die feinste Verbesserung, die
sich gibt, statt den Sänger zu geben, die hundert Sänger und
ihre tausend Gesänge über einen Leisten zieht und modelt,
von dem jene nichts wußten; so willkommen die Verbesserung für alle Meister und Gesellen des Handwerks sein mag
und soviel sie an ihr, wie es heißt, *lernen* mögen, für Sänger
und Kinder des Gesanges ist sie

> – purer puter[2] Schneiderscherz
> Und trägt der Schere Spur
> – nichts mehr vom großen vollen Herz
> Der tönenden Natur.[3]

Auch beim Übersetzen ist das Schwerste, diesen Ton, den
Gesangton, einer fremden Sprache zu übertragen, wie hundert gescheiterte Lieder und lyrische Fahrzeuge am Ufer unsrer und fremden Sprachen zeigen. Oft ist kein ander Mittel,
als, wenn's unmöglich ist, das Lied selbst zu geben, wie es in
der Sprache singet, es treu zu erfassen, wie es *in uns* übertö-
net, und festgehalten, so zu geben. Alles Schwanken aber
zwischen zwo Sprachen und Singarten, des Verfassers und
Übersetzers, ist unausstehlich; das Ohr vernimmt's gleich
und haßt den hinkenden Boten, der weder zu sagen noch zu
schweigen wußte. Die Hauptsorge dieser Sammlung ist also
auch gewesen, den Ton und die Weise jedes Gesanges und
Liedes zu fassen und treu zu halten; ob's überall geglückt sei,
ist eine andre Frage. Indessen mag diese Anmerkung wenigstens den *Inhalt* mancher Stücke rechtfertigen; nicht der
Inhalt, sondern ihr Ton, ihre Weise war Zweck derselben. Ist
diese gelungen, klingt sie aus einer andern in unsre Sprache
rein und gut über, so wird sich in einem andern Liede schon

2 nach lat. *purus putus:* rein und blank.
3 Matthias Claudius: *Serenata, im Walde zu singen.*

der Inhalt geben, wenn auch kein Wort des vorigen bliebe.
Immer ist's alsdann aber besser, neue bessere Lieder zu geben
als verbesserte, d. i. verstümmelte alte. Beim neuen Liede
sind wir völlig Herr über den Inhalt, wenn uns nur die Weise
des alten beseelet; bei der Verbesserung sind wir meistens *ohn
alle Weise*, wir nähen und flicken; daher ich alte Lieder wenig
oder gar nicht geändert habe. – Dies ist meine Meinung über
das Wesen des Liedes, andrer Meinungen unbeschadet, und
jedem Jüngerlein freigestellt, jetzt viel von *Weise* eines Liedes
zu gacken, wie es bisher von *Wurf* getan hat; ich will hier
weder widerlegen noch theorisieren, sondern erläutern und
vorbereiten, was zum Gebrauch und Inhalt dieser Sammlung
dienet.

15

JOHANN JACOB ENGEL

*Der Popularphilosoph, Ästhetiker und Verfasser einiger Dra-
men und eines Romans (»Herr Lorenz Stark«) Johann Jacob
Engel (1741–1802) geht in seinen gattungstheoretischen Überlegungen wie Mendelssohn von einem rationalistisch-psycho-
logischen Ansatz aus und versucht, die Besonderheit lyrischer
Dichtung durch eine für ihre Darstellungsform charakteristische Abfolge der Ideen und Vorstellungen zu bestimmen.
Seine u. a. durch vergleichende Textanalysen untermauerten
Auffassungen basieren zwar auf der Annahme einer umfassenden Gattungssystematik – Engel unterscheidet hierbei vier
Klassen: 1. die »malerische oder beschreibende«, 2. die »pragmatische«, 3. die lyrische, 4. die didaktische –, doch zielt Engel
dabei weniger auf die Unterscheidung fester Gattungen als
auf den Nachweis elementarer literarischer Gestaltungsweisen, die sich im einzelnen Werk über die äußeren Gattungs-
grenzen hinweg mischen und verbinden können, womit in
gewisser Weise die Staigersche Abgrenzung von Epik, Lyrik,*

Dramatik und Episch, Lyrisch, Dramatisch vorweggenom-
men wird (vgl. Text Nr. 67). Die 1783 veröffentlichten
»Anfangsgründe einer Theorie der Dichtungsarten, aus deut-
schen Mustern entwickelt«, denen 1774 die ebenfalls wichtige
stil- und gattungstheoretische Abhandlung »Über Handlung,
Gespräch und Erzählung« vorausgegangen war, dokumentie-
ren auf eindringliche Weise, »daß die Aufwertung und Aner-
kennung einer dritten Hauptgattung l y r i s c h e P o e s i e in
der Poetik durchaus auf dem Boden traditioneller Beständig-
keit erreicht wurde und nicht allein, wie allgemein angenom-
men wird, auf die Initiative der jungen Generation um Her-
der zurückzuführen ist« (Scherpe, 1968, S. 159).

Von dem lyrischen Gedichte

Lyrisch heißt oft soviel als musikalisch und bezieht sich dann
auf die äußere Form eines Werks, auf die zum Gesange
schickliche Einrichtung desselben. Lyrisches Schauspiel ist
ein zum Singen eingerichtetes theatralisches Stück und gehört
zu der pragmatischen Gattung. Was wir hier unter lyrischem
Gedichte verstehen, ist eine eigene Dichtungsart, die sich von
den bisher betrachteten nicht bloß durch äußre Form, sondern durch Inhalt und Materie unterscheidet.
Man hat der lyrischen Dichtungsarten mehrere: Ode, Lied,
Elegie. Den Odendichter hält man für den vornehmsten, für
den am meisten lyrischen Dichter; eben in der Ode also wird
das Wesen dieser Dichtungsart am sichtbarsten hervorste-
chen müssen; und so wollen wir die Theorie derselben aus
folgender *Ramlerischen* Ode zu entwickeln suchen:

Auf ein Geschütz

O du, dem glühend Eisen, donnernd Feuer
Aus offnem Ätnaschlunde flammt,
Die frommen Dichter zu zerschmettern, Ungeheuer,
Das aus der Hölle stammt!

Wer zur Verheerung blühender Geschlechter
Dich an das Sonnenlicht gebracht,
Hat ohne Reue seine Mutter, seine Töchter
Frohlockend umgebracht.

Ganz nahe war ich schon dem Styx, ganz nahe
Dem Giftgeschwollnen Cerberus:
Ich hörte schon das Rad Ixions rasseln, sahe
Die Brut des Danaus,

Verdammt zum Spott bei bodenlosen Fässern,
Und Minos' Antlitz und das Feld
Elysiens: den großen Ahnherrn eines größern
Urenkels und sein Zelt

Voll tapfrer Brennen sah ich: ihre Lieder,
Ihr Fest bei jedem Freudenmahl
Ist Er, der wider sechs Monarchen ficht und wider
Satrapen ohne Zahl.

Schon sang ich seine jüngste Tat, wie brausend
Ein Meer von Feinden ihn umfing,
Er aber seinen Weg hindurch auf zehen tausend
Zertretnen Schädeln ging.

Alkäus würde jetzt mein Lied beneiden;
Schon säh ich Cäsarn lauschend nahn,
Mit ihm den weisen Antonin und den von beiden
Gefeirten Julian.

Allein Merkur stand neben mir und wandte
Durch seinen wunderbaren Stab
Den Ball, der mich ins Reich der Nacht zu schleudern
                                    brannte,
Von meinen Schläfen ab.

Denn ich soll noch die Laute stärker schlagen,
Wann er durch Weihrauchwolken zeucht,
Die Kriegesfurie gefesselt an dem Wagen
Des Überwinders keucht;

Wann er, auf einem Throne von Trophäen,
Rund um sich her der Künste Kranz,
Und wir im Musentempel seine Siege sehen,
Versteckt in Spiel und Tanz;

Wann er, ein Gott Osir! durch unsre Fluren
Im seligsten Triumphe fährt,
Indes der Überfluß auf jede seiner Spuren
Ein ganzes Füllhorn leert.

Wir sehen sehr bald, daß dieses Stück einen ganz andern Charakter hat als alle, die wir bisher haben kennenlernen. Der beschreibende, der pragmatische, der didaktische Dichter, jeder hatte seinen eigenen Vorsatz, aus dem wir die ganze Komposition seines Werkes begreifen konnten. Der beschreibende ging einen gewissen Gegenstand nach seinen Teilen oder Merkmalen durch; der pragmatische gab seinen Personen Absichten, deren Erreichung sie in Tätigkeit setzte; und war das Werk erzählend, so äußerte er noch ganz deutlich den eigenen Vorsatz, uns die ganze Entstehung einer Begebenheit aus ihren moralischen und den konkurrierenden äußern Ursachen begreiflich zu machen. Der didaktische setzte sich zum Zwecke, eine gewisse Erkenntnis zum Anschauen zu bringen, eine ihm wichtige Wahrheit zu lehren, zu beweisen, wider Einwürfe zu retten. Durch diese Absichten war der Ideengang aller dieser Dichter, soviel Raum ihnen auch noch übrig bleiben mochte, doch immer zwischen gewisse Grenzen eingeschränkt; sie durften ihr Ziel nie gänzlich aus den Augen verlieren und auf gut Glück umherschwärmen, oder der Charakter ihrer Dichtungsart ging verloren. Welcher Zweck ist nun noch für den lyrischen

Dichter übrig? Welchen finden wir in dem obigen Beispiele
erreicht? – Der Dichter war soeben einer großen Gefahr ent-
gangen; er hat sich insoweit von seinem Schrecken erholt, daß
er über die Ursache derselben nachdenken kann; sein Schrek-
ken wird im ersten heftigsten Augenblicke zur Wut gegen das
unschuldige Werkzeug; im zweiten zur Wut gegen den
Werkmeister, der es hervorbrachte: und nun, nach Befriedigung dieses dringendsten Triebes in seinem von Leidenschaft
angeschwellten Herzen, erwägt er erst die ganze Größe der
Gefahr, der er entging. Da seine Phantasie von den Werken
und Ideen der alten Dichter so ganz erfüllt ist, so erwachen in
ihr die Bilder der Unterwelt, der im Tartarus bestraften Ver-
brecher, der in Elysium belohnten Tugendhaften. Und da die
herrschende Idee seiner Seele, die ihn nie verläßt, sein König
ist, so denkt er unter den letztern keinen eher als Friedrich
Wilhelm[1], den großen Ahnherrn des Königs: und kaum daß
er ihn im Geiste zu erblicken glaubt, so singt er ihm schon die
letzte bewundernswürdige Tat seines Urenkels. Voll von dem
Lobe seines Monarchen und von der Begierde, ihn noch
künftig zu loben, hält er seine Rettung für ein Wunder; Merkur hat ihn erhalten, daß er nach glorreich geendigtem Kriege
die Wohltaten singe, die der Monarch im Frieden über sein
Volk verbreiten wird. – In dieser ganzen Reihe von Gedanken
will der Dichter, wie es scheint, bloß seinem Herzen Luft
machen; er will uns nicht den Vorfall erzählen, nicht etwa das
Geschütz beschreiben, nicht über die Begebenheit oder seinen Zustand philosophieren, sondern sich bloß seiner Empfindungen, so wie sie sich nacheinander in seiner Seele entwickeln werden, entschütten. Das aber führt, wie man sieht,
durchaus zu keinem bestimmten Ziele; der Dichter läuft aus,
ohne, dem Ansehen nach, zu wissen oder sich auch nur vor-
zusetzen, wo er ankommen will.
Aber irgend etwas muß doch sein, das auch hier den Ideengang leitet; irgendein Gesetz muß doch die Vorstellungskraft

---

1 Der Große Kurfürst (1620–88).

auf ihrem Gange befolgen: denn eine ganz regellos wirkende Kraft ist ein Unding. Und was für ein Gesetz wird denn hier stattfinden? – Den didaktischen Dichter führt die Vernunft von Grund zu Folge, von Folge zu Grund; den beschreibenden führt die Betrachtung des Gegenstandes selbst von Teil zu Teil, von Erscheinung zu Erscheinung, von Merkmal zu Merkmal; den pragmatischen führen die Wünsche, die Begierden, die Leidenschaften, die er seinen Personen gibt, zu Absichten, die Absichten zu Mitteln: mithin herrscht auch hier die Vernunft, nur daß sie, mit weniger hellem Bewußtsein, unter einem Gewühle verworrner Vorstellungen wirkt. Was führt nun aber den Odendichter? was überhaupt jeden lyrischen Dichter? – Ein nur flüchtiger Blick auf das gegebene Beispiel zeigt uns sogleich, daß es die Phantasie ist, die ihn nach ihrem bekannten Gesetze leitet; daß bei ihm jeder Gedanke andere verwandte Gedanken weckt und er immer unter dem Haufen nach demjenigen greift, der vermöge seiner eigentümlichen Gemütslage für ihn das meiste Interesse, den meisten Reiz hat.

Nunmehr wird es uns klar, was wir eigentlich dabei dachten, als wir dem lyrischen Dichter Empfindungen zum Stoffe seiner Werke gaben. Jeder Dichter muß mit Empfindung, muß aus der Fülle des Herzens reden; kein anderer Ton ist wahrhaftig dichterisch: aber nicht jeder Dichter macht die Rührung der Seele zum Hauptwerke; vielmehr sehen alle übrigen vorzüglich auf die Ideen, welche die Rührung hervorbringen; der Ausdruck der letztern hängt sich nur an den Ausdruck der erstern; oder, wenn zuweilen die Rührung herrscht, so führt doch der Vorsatz, den der Dichter gefaßt hat, ihn bald wieder zu seinem eigentlichen Gegenstande zurück. Hingegen bei dem lyrischen Dichter ist die Rührung alles; er will nur sein volles Herz entschütten, und so ist sein Werk, wenigstens dem Ansehen nach, weiter nichts als Ausdruck des Zustandes, worin seine Seele durch gewisse Eräugnisse, gewisse Ideen versetzt ist; diese Ideen selbst aber oder diese Eräugnisse erfahren wir nur gelegentlich: ohne weitern

Vorsatz, als sein volles Herz zu entschütten, geht er fort, wie
das Interesse ihn führt, greift Wahrheiten, Bilder, Geschichten, alles, was ihm vorkommt, doch ohne irgend etwas zum
Hauptzwecke zu machen, ohne sich, wie es scheint, durch
irgendeine bestimmte Absicht fesseln zu lassen.

Zugleich hellt sich nun die ganze Einteilung des Gedichts
nach der Materie auf; wir erlangen von dem, was wir uns
unter diesem Worte denken sollen, eine deutliche Vorstellung. Wenn jedes Gedicht eine lebhafte Ideenreihe in Worten
ist, so ist *Materie* das herrschende Gesetz dieser Reihe.[a] Das
herrschende, denn jede Reihe kann alle andere entweder als
Teile in sich befassen oder sich mit ihnen als Formen vereinigen;[b] und was ein alter Weiser von der ganzen Natur sagte,
daß alles in allem sei, das läßt sich von den Werken der Dichtkunst vollkommen richtig sagen. – Werden die Ideen verbunden, so wie sie ineinander gegründet sind, so sind die Gründe
entweder allgemeine Ideen des Verstandes, und das Werk ist
didaktisch; oder es sind individuelle Neigungen des Herzens
und das Werk ist *pragmatisch*. Beide Dichtungsarten, wie
sich schon im vorigen gezeigt hat, stehen in genauer Ver-
wandschaft. Werden die Ideen verbunden, so wie es die Teile
in einem Ganzen, die Merkmale in einem Begriffe sind, den
der Verstand abstrahiert hat und den man jetzt als ein sinnliches aus mehrern Teilen bestehendes Ganze ansieht, oder
werden sie verbunden, so wie sich in ihrer Folge aufeinander
den Sinnen, dem Gedächtnisse darbieten, so ist das Werk
beschreibend. Werden sie endlich verbunden, so wie sie, nach
dem Gesetze der Phantasie, auf mannigfaltige Weise einander
wecken, so ist das Werk lyrisch.

a Materie ist also wohl von Gegenstand oder Klasse von Gegenständen, Welt,
wie wir es S. 66 nannten, zu unterscheiden. Ein Einteilungsgrund, den wir erst
künftig untersuchen werden.
b Siehe die Entwicklung des Begriffs der Formen im folgenden Hauptstücke.

JOHANN JOACHIM ESCHENBURG

*Im gleichen Jahr wie Engels »Anfangsgründe«, 1783, erschien
von Johann Joachim Eschenburg (1743–1820), dem Ästhetiker, Literarhistoriker und Shakespeare-Übersetzer, der »Entwurf einer Theorie und Literatur der schönen Wissenschaften« – »zur Grundlage bei Vorlesungen«, wie es im Untertitel
heißt, und hervorgegangen aus den Erfahrungen des Verfassers als Professor der Schönen Literatur in Braunschweig. Verschiedentlich neu aufgelegt (1789, 1805, 1817 und noch einmal
1836 nach Eschenburgs Tod, freilich in völlig umgearbeiteter
Form), ist Eschenburgs Darstellung Beispiel einer standardi-
sierten, die Ergebnisse der aufklärerischen Bemühungen
zusammenfassenden Gattungspoetik, die sich von den neuen
lyriktheoretischen Ansätzen, die unter dem Einfluß Herders
entwickelt wurden, und denen der beginnenden spekulativ-
systematischen Gattungstheorie weitgehend freihält. In der
Systematik geht Eschenburg wie Engel von vier Grundklassen
aus, führt diese jedoch auf eine Zweiteilung nach antikem
Muster zurück: 1. Darstellungen, in denen der Dichter selbst
redet (Lyrik, Didaktik, Epik), 2. Darstellungen, in denen der
Dichter andere reden und handeln läßt (Dramatik). Eschenburgs Einschätzung der Lyrik läßt noch immer den bestim-
menden Einfluß der hohen »Ode« als Muster lyrischer Gestaltung erkennen, daneben kündigt sich jedoch auch schon der
Typus des »Lieds« als neues Paradigma an.*

Die lyrische Poesie

1.

Lyrische Poesie ist sinnlich vollkommner Ausdruck leidenschaftlichen Gefühls, welches die ganze Seele des Dichters
einnimmt, vermittelst gleicher Fülle der Rede und einer

bestimmten, für den Gesang vorzüglich schicklichen Abmes-
sung der Verse, die in Strophen geteilt werden, welche gewöhnlich von einerlei Silbenmaß, Verselänge und Umfange
sind.

2.

Bei der Mannigfaltigkeit der Empfindungen, welche, durch
ebenso mancherlei Veranlassungen erregt, die Seele des Dichters mit ungewöhnlicher Lebhaftigkeit erfüllen und zur lyrischen Poesie begeistern können, finden mehrerlei Gattungen
derselben statt, deren Einteilung in den Empfindungen selbst
oder in der Art ihres Ausdrucks gegründet sein kann. Überhaupt aber lassen sich *zwei Hauptgattungen* lyrischer Gedichte absondern, die sich durch Inhalt und Vortrag merklich unterscheiden: nämlich die eigentliche *Ode* und das *Lied*.
Jene hat erhabnere Gegenstände, stärkre Empfindungen, höhern Schwung der Gedanken und des Ausdrucks; dieses
wird gewöhnlich durch leichtere und sanftere Gefühle veranlaßt und hat daher auch einen leichtern, gemäßigtern Ton.

3.

Die eigentliche *Ode* begreift wieder verschiedne Arten unter
sich: *Hymnen*, oder feurige Lobgesänge der Gottheit und
ihrer Werke, *Oden*, deren Gegenstände menschliche Unternehmungen von ungewöhnlicher Art sind, und *philosophische Oden*, Früchte eines vorzüglich lebhaften Gefühls solcher Wahrheiten, die leicht in Empfindung übergehn und
lyrischer Behandlung fähig sind. Die Quellen dieser Oden
sind gleichfalls dreifach: entweder vorzügliche Klarheit und
anschauende Stärke der Betrachtung oder außerordentliche
Rührung und Lebhaftigkeit der Einbildungskraft oder unge-
wöhnliche Bewegung und leidenschaftliche Erschütterung
der Seele.

4.

Begeisterung wird bei dem Odendichter in vorzüglichem Grade vorausgesetzt, weil seine ganze Seele mit ihrer itzigen Hauptempfindung und deren Gegenstande beschäftigt sein muß. Dadurch entstehen dann große, erhabene, ungewöhnlich lebhafte Vorstellungen, Bilder und Gefühle, die sich dem Gedichte selbst mitteilen und *lyrischer Schwung* heißen. Eben diese Stärke der Leidenschaft, und die ausschließende Richtung der Seele auf sie allein, macht es dem lyrischen Dichter unmöglich, an eine absichtliche, regelmäßige Folge seiner Gedanken, Bilder und Ausdrücke zu denken; daher die *lyrische Unordnung*, die aber mehr scheinbar als wirklich ist, weil die Ordnung und Gedankenreihe der begeisterten Phantasie doch immer dabei wirksam ist und zum Grunde liegt.

5.

Einheit des Gegenstandes der *Ode* und der dadurch erregten Hauptempfindung in der Seele des Dichters bleibt allemal ein notwendiges Erfordernis der Ode. Alle einzelnen Teile und Seiten des Gegenstandes, alle mit der herrschenden Leidenschaft verwandte Nebenempfindungen, sind soviel Quellen lyrischer *Mannigfaltigkeit*; und die Vorstellungen des Dichters entwickeln sich dann nach der natürlichen Entwickelung des Affekts in seiner Seele. Übergänge und Abänderungen der Empfindung in verwandte oder gegenseitige finden hier nur dann statt, wenn der Gegenstand unverändert bleibt und nur, von mehrern Seiten genommen, verschiedentlich auf den Dichter wirkt.

6.

Auch erfodert die Ode eine gewisse *Wahrscheinlichkeit* oder verhältnismäßige Zusammenstimmung ihres Gegenstandes mit den dadurch erregten Empfindungen, Vorstellungen und Bildern. Der Gegenstand sei, in Ansehung seiner Wichtigkeit und Wirkungsart, so beschaffen, daß er dies höhere Maß gei-

stiger Anstrengung habe hervorbringen können, sonst wird
die Ode ein bloßes Spiel der Phantasie, ein Werk kalter, müh-
samer Kunst, von gar keinem oder sehr widrigem Eindruck,
da sie hingegen bei jenem gleichen Verhältnis zwischen ihrem
Anlaß und Schwunge jeden Leser durch sich selbst interessieren muß.

7.

Die Natur des leidenschaftlichen Zustandes und die bald vor-
übergehende Währung desselben macht die Kürze, sowohl
der Gedanken als des Ausdrucks, der Ode und überhaupt der
lyrischen Poesie notwendig. Bloß der höhere Grad der Leidenschaft, nicht ihre allmähliche Zunahme und Abnahme,
deren Beschreibung für die Elegie gehört, ist Veranlassung
des lyrischen Gesanges; der Grad nämlich, worin zwar die
Leidenschaft schon unvermischt und in voller Stärke wird,
der aber doch der Seele noch Deutlichkeit der Vorstellungen,
und Besonnenheit genug läßt, ihr Gefühl auszudrücken und
andern mitzuteilen. Jene Kürze aber begrenzt nicht nur den
Umfang des Gedichts im ganzen, sondern auch jeden einzelnen Ausdruck und gibt ihm Fülle und Gedrungenheit.

8.

In der höhern Ode wirkt die Größe der Gegenstände und die
Stärke der dadurch erregten Empfindungen *Erhabenheit* der
Gedanken sowohl als des Ausdrucks. Dies wird oft noch
durch das *Wunderbare* oder Außerordentliche verstärkt,
wenn sich Wirkung übernatürlicher Kraft in den Gegenständen äußert und desto stärkere Bewunderung und Rührung in
der Seele des Dichters und des Lesers hervorbringt. Daher
auch das *Neue, Unerwartete* und *Überraschende* in den Empfindungen, Vorstellungsarten und Ausdrücken, welches oft
schon aus dem individuellen Charakter des Dichters oder aus
der Besonderheit der Lage entspringt, worin er sich wirklich
befindet oder worin ihn seine lyrische Begeisterung versetzte.

9.

Hymnen, deren Gegenstand das Lob der Gottheit, deren Inhalt die Bewunderung, Empfindung und Verherrlichung göttlicher Eigenschaften und Werke ist, machen die erhabenste Gattung der Oden aus und fodern den höchsten Grad der Begeisterung des lyrischen Dichters. Andacht und gottesdienstliche Anbetung herrschen darin durchgehends, und je lauterer die Religion ist, deren Gefühl sie ausdrücken, desto mehr sind sie imstande, die Seele des Lesers zu heben und mit gleich lebhafter Empfindung zu erwärmen. Nur wenige von unsern gewöhnlichen gottesdienstlichen Gesängen nehmen und vertragen den höhern lyrischen Schwung des Hymnus; die meisten sind mehr Lieder als Oden, mehr Äußerungen stiller betrachtender Andacht als Ausbrüche des lebhaftesten Religionsgefühls. [. . .]

12.

Die zweite Art der erhabnern Ode ist die sogenannte *heroische*, worin Menschen, menschliche Eigenschaften, Verdienste und Unternehmungen besungen werden. Sie hat alle ihre Regeln mit der Hymne gemein, nur nimmt sie keinen völlig so erhabenen Schwung, dem Verhältnisse ihrer Gegenstände gemäß. Diese sind gewöhnlich solche Personen, die sich durch vorzügliche Seelengröße unterscheiden und solche Handlungen oder Vorfälle, die viel Geist, Anstrengung oder Verleugnung fodern und von großer, ausgebreiteter Wirkung sind. [. . .]

15.

In der Mitte zwischen der Hymne und der heroischen Ode stehn die *Dithyramben*[1], höhere Gesänge von dem kühnsten Schwunge, die bei den Festen des Bacchus in Griechenland

---

1 Chorische Tanzlieder bei Umzügen zu Ehren des Dionysos.

ursprünglich verfertigt und angestimmt wurden. Ihren Inhalt machen die feurigen Empfindungen aus, in welche der Dichter durch den frohen Genuß des Weins und die Bewunderung seines ersten Pflanzers versetzt wird. Lyrische Unordnung des Ganzen, Kühnheit der Bilder und Neuheit der Sprache überschreiten in dieser lyrischen Gattung die Grenzen jeder andern. Die Alten hatten ihrer viele, die aber fast alle verlorengegangen sind. Einige neuere Dichter haben sie in der italienischen und deutschen Sprache nachzuahmen versucht.

16.

Philosophische Oden haben nicht spekulative, sondern bloß praktische Wahrheiten der Philosophie und auch aus dieser nur solche zum Gegenstande, deren überzeugende, einleuchtende Klarheit das Herz des lyrischen Dichters, dessen Schwung sich weit über den didaktischen hebt, mit lebhaftem, feurigen Gefühl zu erwärmen vermag. Alle trockne Vernünftelei, aller Lehrton, alle schulgerechte Zergliederung der Wahrheiten und ihrer Beweise sind daher in solchen Oden zu vermeiden. Tugend und Pflicht müssen bei dem Dichter in leidenschaftliche Empfindung übergehen, und dann werden seine Gedanken sich in Bilder, seine Zergliedrungen in Gemälde und seine Beweise in lebendig dargestellte Beispiele verwandeln. Auch kann ihn der Eifer wider Verbrechen und Laster zum lyrischen Gesange begeistern. [...]

18.

Das *Lied*, die dritte Gattung der lyrischen Poesie, hat mit den beiden vorigen Gattungen den Hauptcharakter vollen Empfindungsausdrucks und die daraus hergeleiteten Erfordernisse gemein; nur sind die darin ausgedrückten Empfindungen gewöhnlich von sanfterer Art, und die Gegenstände, welche sie veranlassen, minder erhaben und von minder ausgebreitetem Einfluß. Freude über den Anblick der Natur, das Gefühl der Zärtlichkeit und der Freundschaft, der frohe Genuß des geselligen Lebens, Scherz und Fröhlichkeit, durch diesen Genuß erweckt und belebt, machen den gewöhnlichsten Inhalt des Liedes aus.

19.

Nach der Verschiedenheit des Inhalts und Endzwecks lassen sich mehrere *Arten* von Liedern absondern, z. B. gottesdienstliche oder geistliche Lieder, zum Ausdruck sanfter Religionsempfindungen, die sich nicht bis zum Schwunge der Hymne noch in die Sphäre anhaltender Betrachtung erheben, sondern vornehmlich die wohltätigen Einflüsse der Religion auf die heitre, ruhige, aber doch gefühlvolle Stimmung der Seele zum Gegenstande haben; Nationallieder, zur Erweckung und Äußerung der Vaterlandsliebe und einträchtiger Gesinnungen guter Bürger; moralische Lieder, zur Belebung edler sittlicher Gefühle; leidenschaftliche Lieder, zum Ausdruck sanfter Zärtlichkeit und inniger Freundschaft; und gesellschaftliche Lieder, zur Belebung und Unterhaltung der durch Umgang und Tischgenossenschaft erweckten geselligen Fröhlichkeit.

20.

Der *Vortrag*, Ausdruck und ganze Gang des Liedes ist der Beschaffenheit seines Inhalts gemäß; leicht, natürlich, einfach, angenehm und wohlklingend.[a] Dies letztere um so mehr, da es von allen lyrischen Gattungen vorzüglich zum Gesang und zur musikalischen Begleitung bestimmt ist. Übrigens ist auch die Sittsamkeit eine Pflicht, auf welche der Liederdichter desto sorgfältiger zu achten hat, je leichter ihn die Macht froher Empfindungen und selbst der begeisterte

a Hiebei die nötigen Erinnerungen über die mannigfaltigen lyrischen Versarten und Silbenmaße der Alten und Neuern und deren vornehmste Arten. Vergl. Ramlers Batteux [Karl Wilhelm Ramler, *Einleitung in die Schönen Wissenschaften*, Leipzig 1756–58], Tl. I. S. 177.

Zustand, worin ihn Scherz und Fröhlichkeit des geselligen Lebens versetzen, über die Grenzen der Zucht hinausführen können. [. . .]

23.

Zu dieser letztern Gattung der lyrischen Poesie ist auch die *Romanze*[2] zu rechnen, die gemeiniglich ihrem Inhalte nach *erzählend* und ihrer Einkleidung nach *lyrisch* ist. Gewöhnlich ist irgendeine merkwürdige, oft auch an sich wenig erhebliche, aber durch den Vortrag des Dichters merkwürdig gemachte Begebenheit der Gegenstand dieser Dichtungsart von leidenschaftlicher, tragischer, wundervoller, verliebter oder auch bloß belustigender und scherzhafter Wendung. Mehr das Interessante der Begebenheit selbst oder des dichtrischen Vortrags als der Umfang derselben und ihr Reichtum an vielfachen einzelnen Umständen bezeichnet die darin erzählte Handlung.

24.

Die *Quellen*, woraus der Romanzendichter seinen Stoff zu entlehnen pflegt, sind: die Mythologie, die Geschichte, die Ritterzeiten, das Klosterleben, gemeine tägliche Vorfälle oder das weite Gebiete der Dichtung. Am schicklichsten wird dieser Stoff zur Romanze durch einen gewissen Anstrich des Wunderbaren, Abenteuerlichen, Neuen, Schauderhaften oder Lächerlichen; und ihre Täuschung beruht gewöhnlich darauf, daß sich der Leser mit dem Dichter in eine Gemütsfassung versetzt, die allen Eindrücken dieser Wirkungsmittel willig Raum gibt, und Meinungen, die auf Eingeschränktheit der Begriffe, Leichtgläubigkeit, Einfalt, Aberglauben und Bildern schwärmerischer Phantasie beruhen, durch kein schärfers Nachdenken aufzulösen und zu berichtigen sucht.

2 Balladenhafte, episch-lyrische Dichtung spanischen Ursprungs.

25.

Diese Eindrücke werden durch den *Vortrag* des Dichters am meisten erweckt und unterhalten, deren wesentlichste Erfordernisse Natur, Einfachheit, Leichtigkeit und Anmut der Erzählung sind, denen ein schicklich gewähltes lyrisches Silbenmaß keine geringe Hülfe gibt. Vorzüglich hat die *Laune* des Dichters in die Wirkung und das ganze Kolorit seiner Erzählung sehr viel Einfluß; und der daraus entstehende Ton des Vortrags, der, dem Inhalte gemäß, tragisch oder komisch, ernsthaft oder scherzhaft, naiv oder drollicht ist, läßt sich mehr aus Beispielen abnehmen, als auf allgemeine Regeln zurückführen.

17

FRIEDRICH SCHILLER

Schillers (1759–1805) 1791 anonym erschienene Rezension der Gedichte Gottfried August Bürgers (1747–94) fällt in die Phase seiner Abwendung vom Sturm und Drang der Frühzeit und der Neuorientierung an einem klassisch-idealistisch fundierten Humanitätsideal Weimarer Prägung. Die damit verknüpfte Forderung nach Läuterung und Veredelung des Individuellen und Subjektiven machte es ihm schwer, einer Lyrik-Auffassung, die, wie diejenige des frühen und mittleren Herder, gerade dem Individuellen eine hohe Bedeutung zumaß, eine eigene Berechtigung zuzuerkennen. An der Kritik Bürgers ist ähnlich wie später an der Matthisson-Rezension (1794) Schillers prinzipielle Opposition zu jenem Typus subjektiver Gefühls- und Erlebnislyrik abzulesen, der zunehmend als Maßstab für das Lyrik-Verständnis der Zeit genommen wurde, weshalb aus deren Sicht Schillers Urteil über Bürger den Beweis lieferte, »daß er kein Lyriker ist« (vgl. unten Text Nr. 34).

Über Bürgers Gedichte

Die Gleichgültigkeit, mit der unser philosophierendes Zeitalter auf die Spiele der Musen herabzusehen anfängt, scheint keine Gattung der Poesie empfindlicher zu treffen als die *lyrische*. Der *dramatischen* Dichtkunst dient doch wenigstens die Einrichtung des gesellschaftlichen Lebens zu einigem Schutze, und der *erzählenden* erlaubt ihre freiere Form, sich dem Weltton mehr anzuschmiegen und den Geist der Zeit in sich aufzunehmen. Aber die jährlichen Almanache, die Gesellschaftsgesänge, die Musikliebhaberei unsrer Damen sind nur ein schwacher Damm gegen den Verfall der lyrischen Dichtkunst. Und doch wäre es für den Freund des Schönen ein sehr niederschlagender Gedanke, wenn diese jugendlichen Blüten des Geists in der Fruchtzeit absterben, wenn die reifere Kultur auch nur mit einem einzigen Schönheitsgenuß erkauft werden sollte. Vielmehr ließe sich auch in unsern so unpoetischen Tagen, wie für die Dichtkunst überhaupt, also auch für die lyrische, eine sehr würdige Bestimmung entdecken; es ließe sich vielleicht dartun, daß, wenn sie von einer Seite höhern Geistesbeschäftigungen nachstehen muß, sie von einer andern nur desto notwendiger geworden ist. Bei der Vereinzelung und getrennten Wirksamkeit unsrer Geisteskräfte, die der erweiterte Kreis des Wissens und die Absonderung der Berufsgeschäfte notwendig macht, ist es die Dichtkunst beinahe allein, welche die getrennten Kräfte der Seele wieder in Vereinigung bringt, welche Kopf und Herz, Scharfsinn und Witz, Vernunft und Einbildungskraft in harmonischem Bunde beschäftigt, welche gleichsam den *ganzen Menschen* in uns wieder herstellt. Sie allein kann das Schicksal abwenden, das traurigste, das dem philosophierenden Verstande widerfahren kann, über dem Fleiß des Forschens den Preis seiner Anstrengungen zu verlieren und in einer abgezogenen Vernunftwelt für die Freuden der wirklichen zu ersterben. Aus noch so divergierenden Bahnen würde sich der Geist bei der Dichtkunst wieder zurechtfinden und in ihrem verjüngenden Licht der Erstarrung eines frühzeitigen Alters entgehen. Sie wäre die jugendlichblühende Hebe, welche in Jovis Saal die unsterblichen Götter bedient.

Dazu aber würde erfodert, daß sie selbst mit dem Zeitalter fortschritte, dem sie diesen wichtigen Dienst leisten soll; daß sie sich alle Vorzüge und Erwerbungen desselben zu eigen machte. Was Erfahrung und Vernunft an Schätzen für die Menschheit aufhäuften, müßte Leben und Fruchtbarkeit gewinnen und in Anmut sich kleiden in ihrer schöpferischen Hand. Die Sitten, den Charakter, die ganze Weisheit ihrer Zeit müßte sie, geläutert und veredelt, in ihrem Spiegel sammeln und mit idealisierender Kunst aus dem Jahrhundert selbst ein Muster für das Jahrhundert erschaffen. Dies aber setzte voraus, daß sie selbst in keine andre als *reife* und *gebildete* Hände fiele. Solange dies *nicht* ist, solange zwischen dem sittlich ausgebildeten, vorurteilfreien Kopf und dem Dichter ein andrer Unterschied stattfindet, als daß letzterer zu den Vorzügen des erstern das Talent der Dichtung noch als Zugabe besitzt; solange dürfte die Dichtkunst ihren veredelnden Einfluß auf das Jahrhundert verfehlen, und jeder Fortschritt wissenschaftlicher Kultur wird nur die Zahl ihrer Bewunderer vermindern. Unmöglich kann der gebildete Mann Erquickung für Geist und Herz bei einem unreifen Jüngling suchen, unmöglich in Gedichten die Vorurteile, die gemeinen Sitten, die Geistesleerheit wieder finden wollen, die ihn im wirklichen Leben verscheuchen. Mit Recht verlangt er von dem Dichter, der ihm, wie dem Römer sein Horaz, ein teurer Begleiter durch das Leben sein soll, daß er im Intellektuellen und Sittlichen auf *einer* Stufe mit ihm stehe, weil er auch in Stunden des Genusses nicht unter sich sinken will. Es ist also nicht genug, Empfindung mit erhöhten Farben zu schildern; man muß auch erhöht empfinden. Begeisterung *allein* ist nicht genug; man fodert die Begeisterung eines gebildeten Geistes. Alles, was der Dichter uns geben kann, ist seine *Individualität*. Diese muß es also wert sein, vor Welt und Nachwelt ausgestellt zu werden. Diese seine Individualität so sehr als möglich zu veredeln, zur reinsten herrlichsten Menschheit hinaufzuläutern, ist sein erstes und wichtigstes Geschäft, ehe er es unternehmen darf, die Vortrefflichen zu rühren. Der höchste Wert seines Gedichtes kann kein andrer sein, als daß es der reine vollendete Abdruck einer interessanten Gemütslage eines interessanten vollendeten Geistes ist. Nur ein solcher Geist soll sich uns in Kunstwerken ausprägen; er wird uns in seiner kleinsten Äußerung kenntlich sein, und umsonst wird, der es *nicht* ist, diesen wesentlichen Mangel durch Kunst zu verstecken suchen. Vom Ästhetischen gilt eben das, was vom Sittlichen; wie es hier der moralisch vortreffliche Charakter eines Menschen allein ist, der einer seiner einzelnen Handlungen den Stempel moralischer Güte aufdrücken kann; so ist es dort nur der reife, der vollkommene Geist, von dem das Reife, das Vollkommene ausfließt. Kein noch so großes Talent kann dem einzelnen Kunstwerk verleihen, was dem Schöpfer desselben gebricht, und Mängel, die aus dieser Quelle entspringen, kann selbst die Feile nicht wegnehmen. [...]

Eine der ersten Erfodernisse des Dichters ist Idealisierung, Veredlung, ohne welche er aufhört, seinen Namen zu verdienen. Ihm kommt es zu, das Vortreffliche seines Gegenstandes (mag dieser nun Gestalt, Empfindung oder Handlung sein, *in* ihm oder *außer* ihm wohnen) von gröbern, wenigstens fremdartigen Beimischungen zu befreien, die in mehrern Gegenständen zerstreuten Strahlen von Vollkommenheit in einem einzigen zu sammeln, einzelne, das Ebenmaß störende Züge der Harmonie des Ganzen zu unterwerfen, das Individuelle und Lokale zum Allgemeinen zu erheben. Alle Ideale, die er auf diese Art im einzelnen bildet, sind gleichsam nur Ausflüsse eines innern Ideals von Vollkommenheit, das in der Seele des Dichters wohnt. Zu je größerer Reinheit und Fülle er dieses innere allgemeine Ideal ausgebildet hat; desto mehr werden auch jene einzelnen sich der höchsten Vollkommenheit nähern. *Diese* Idealisierkunst vermissen wir bei Hn. Bürger. [...]

Am meisten vermißt man die Idealisierkunst bei Hn. B., wenn er Empfindung schildert; dieser Vorwurf trifft besonders die neuern Gedichte, großenteils an Molly gerichtet, womit er diese Ausgabe bereichert hat. So unnachahmlich schön in den meisten Diktion und Versbau ist, so poetisch sie *gesungen* sind, so *unpoetisch* scheinen sie uns *empfunden*. Was Lessing irgendwo[1] dem Tragödiendichter zum Gesetz macht, keine Seltenheiten, keine streng individuellen Charaktere und Situationen darzustellen, gilt noch weit mehr von dem lyrischen. Dieser darf eine gewisse Allgemeinheit in den Gemütsbewegungen, die er schildert, um so weniger verlassen, je weniger Raum ihm gegeben ist, sich über das Eigentümliche der Umstände, wodurch sie veranlaßt sind, zu verbreiten. Die neuen Bürgerschen Gedichte sind großenteils Produkte einer solchen ganz eigentümlichen Lage, die zwar weder so streng individuell, noch so sehr Ausnahme ist, als ein Heautontimorumenos[2] des Terenz, aber gerade individuell genug, um von dem Leser weder vollständig, noch rein genug aufgefaßt zu werden, daß das Unideale, welches davon unzertrennlich ist, den Genuß nicht störte. Indessen würde dieser Umstand den Gedichten, bei denen er angetroffen wird, bloß eine Vollkommenheit nehmen; aber ein anderer kommt hinzu, der ihnen wesentlich schadet. Sie sind nämlich nicht bloß *Gemälde* dieser eigentümlichen (und sehr undichterischen) Seelenlage, sondern sie sind offenbar auch *Geburten* derselben. Die Empfindlichkeit, der Unwille, die Schwermut des Dichters sind nicht bloß der *Gegenstand*, den er besingt; sie sind leider oft auch der *Apoll*, der ihn begeistert. Aber die Göttinnen des Reizes und der Schönheit sind sehr eigensinnige Gottheiten. Sie belohnen nur *die* Leidenschaft, die sie selbst einflößten; sie dulden auf ihrem Altar nicht gern ein ander Feuer als das Feuer einer reinen, uneigennützigen Begeisterung. Ein erzürnter Schauspieler wird uns schwerlich

1 *Hamburgische Dramaturgie*, 87. Stück.
2 *Heauton Timorumenos* (*Der Selbstquäler*), Komödie des römischen Dichters Terenz.

ein edler Repräsentant des Unwillens werden; ein Dichter
nehme sich ja in acht, mitten im Schmerz den Schmerz zu
besingen. So, wie der Dichter selbst bloß leidender Teil ist,
muß seine Empfindung unausbleiblich von ihrer idealischen
Allgemeinheit zu einer unvollkommenen Individualität her-
absinken. Aus der sanften und fernenden Erinnerung mag er
dichten, und dann desto besser für ihn, je mehr er an sich
erfahren hat, was er besingt; aber ja niemals unter der gegenwärtigen Herrschaft des Affekts, den er uns *schön* versinn-
lichen soll. Selbst in Gedichten, von denen man zu sagen
pflegt, daß die Liebe, die Freundschaft u. s. w. selbst dem
Dichter den Pinsel dabei geführt habe, hatte er damit anfangen müssen, sich selbst fremd zu werden, den Gegenstand
seiner Begeisterung von seiner Individualität loszuwickeln,
seine Leidenschaft aus einer mildernden Ferne anzuschauen.
Das Idealschöne wird schlechterdings nur durch eine Freiheit
des Geistes, durch eine Selbsttätigkeit möglich, welche die
Übermacht der Leidenschaft aufhebt.

18

JOHANN GOTTFRIED HERDER

*Auch der spätere, ›klassische‹ Herder behielt weiterhin ein
Interesse an lyriktheoretischen Fragen. Seinen Niederschlag
hat es in dem dreiteiligen Werk »Terpsichore« (1795–96)
gefunden, das neben einer Darstellung und Übersetzung der
neulateinischen Dichtung Jakob Baldes (1604–68) zwei Abhandlungen zur Lyriktheorie enthält, eine mehr systema-
tisch-gattungstheoretische: »Die Lyra. Von der Natur und
Wirkung der lyrischen Dichtkunst«, und eine mehr typolo-
gisch-historische: »Alcäus und Sappho. Von zwei Hauptgattungen der lyrischen Dichtkunst«. Nach wie vor von der Einheit von Tanz, Musik und lyrischer Sprache ausgehend (vgl.
Text Nr. 9) – was Herder durch sein erweitertes Verständnis*

der Titelfigur Terpsichore nicht allein als Göttin des Tanzes,
sondern als singend-tanzender »Muse, die mit ihrer Zither die
Affekten erregt und beherrscht« (Sämtliche Werke XXVII,3)
verdeutlicht –, erweitert Herder, sich vom Volkslied (vgl.
Text Nr. 14) und der ›Naturpoesie‹ mehr der ›Kunstpoesie‹
zuwendend, seine Auffassung von der lyrischen Gattung um
Momente, die eine Annäherung an Schillers idealistische Nor-
mierung verraten: Lyrik wird weiterhin als »Ausdruck einer
Empfindung« bestimmt, doch wird zugleich einerseits Vollen-
dung und Harmonie des sprachlichen Ausdrucks (»höchster
Wohlklang der Sprache«) verlangt, andrerseits der Inhalt des
lyrischen Gedichts auf die »große« und »bedeutende« Emp-
findung begrenzt, so daß die radikale Subjektivierung, die im
früheren Herder einen Anwalt finden konnte (vgl. das Bei-
spiel Bürger), in gewisser Weise rückgängig gemacht wird:
Das lyrische Ich erscheint nicht mehr als subjektives, in eige-
nem Namen sprechendes und individuelle Wahrheit zum
Ausdruck bringendes Ich, sondern als entpersönlichtes Me-
dium göttlicher Inspiration und als Verkünder einer mensch-
heitlich-allgemeinen Wahrheit (»der lyrische Dichter ist Apol-
los Priester, der nicht in eigenem Namen, sondern aus Kraft
des ihn begeisternden Gottes den Sterblichen Lehre und Trost
ans Herz legt und Wahrheit verkündigt«; Sämtliche Werke
XXVII,3).

Die Lyra. Von der Natur und Wirkung der lyrischen Dichtkunst

Wenn man eine Reihe von Kunstwerken gesehen hat, unterrichtet man sich gern über die Kunst derselben. Man sammlet
die gemachten Bemerkungen und ordnet sie zu Regeln; man
gibt sich Rechenschaft über seinen Genuß und fragt in verwickelten Fällen den Künstler. Sollte unser Verstand auch bei
lyrischen Kompositionen diesen Weg nicht gern nehmen wollen? In ihnen ist manchem so manches fremde; Gesänge ohne

wirklichen Gesang, wiederkehrende Strophen ohne eine wiederkehrende Melodie nach unserer Weise, eine lyrische Muse
ohne Lyra. Einige Leser, die, was eine Fabel, eine Erzählung,
ein Drama sei, sehr wohl begreifen, können nicht einsehen,
was man an einem *Pindar*, an einem *Horaz* liebe. Es ist ihnen
dunkel, worin das Wesen einer Kunst *unsangbarer Gesänge*
zu finden sei, und schreiben den Wert, den man ihnen beilegt,
auf die Rechnung alter Traditionen. Andre glauben, die lyrische Poesie sei nur für rohe Zeiten; Zeiten, in denen *Orpheus*
mit seinem Gesange das scheue Wild bezähmte; Zeiten, in
denen *Amphion*[1] mit seiner Lyra Theben erbaute und andre in
der Fabel berühmte Namen durch süße Gesänge dem tie-
rischen Menschengeschlecht Gesetze, Religion, Lehre und
Zucht einschmeichelten. Für gebildete Jahrhunderte sei dieser Zauber dahin; man dürste nach einem mehr abwechseln-
den, feineren, geistigern Vergnügen, als das uns die einför-
mige Ode gewähren könne. Andre, die zwar in *Arkadien*,
aber etwa in *Cinäthe*[2] geboren scheinen, finden in der ganzen
Gattung nichts als Leiergesang, ein phantastisches, ermüden-
des Geklimper.

Sollte es nicht der Mühe wert sein, diesen widersprechenden
Meinungen und Gefühlen dadurch zu entkommen, daß man
sich über die *Natur und den Zweck der lyrischen Dichtkunst*
unterrichtet? Denn am Ende sind wir doch alle Menschen,
mit einerlei Organen des Genusses und Verstandes begabt,
auf deren verschiedne Ausbildung auch hier alles ankommt.

I.

Auge und *Ohr*, die feinsten Sinne unsrer Natur, die Organe
alles Wohlgefälligen, Reizenden und Schönen, sind, wie mich
dünkt, *in ihrem glücklichsten Zusammentreffen* die Ureltern
der lyrischen Dichtkunst.

1 sagenhafter Sänger der griechischen Vorzeit.
2 Vorgebirge an der lakonischen Küste, von den Spartanern, die im Altertum
  wegen ihrer schmucklosen Redeweise bekannt waren, bewohnt (danach ›la-
  konisch‹).

Das *Auge* erfaßt *Bilder*; die Seele erschaffet sich durch dasselbe *Gestalten*; seine Welt ist das *Nebeneinander*, der *Raum*. Ja sollte man nicht sagen können, die Seele schaffe sich selbst den Begriff des Raumes, indem sie nämlich *Bewegungen der Gestalten* wahrnimmt und sich eben hieraus durch die Folge ihrer Empfindungen das *Nebeneinander* klarmacht?

Das *Ohr* höret den *Schall*, die mancherlei *Töne*, durch welche sich die Gestalten in ihrer Bewegung ankündigen; diese *Folge von Empfindungen* gibt der Seele das Maß der *Zeit*, die in unserm Innern eben das ist, was im Äußern der Raum vorstellet. Sie selbst hat sich diesen Begriff durch die Folge ihrer Gedanken, harmonisch mit der Folge ihrer Empfindungen gebildet.

Die zwei verschiedensten Sinne also (denn welche Ähnlichkeit gäbe es zwischen Auge und Ohr sowie zwischen ihren beiderlei Sensationen?) werden einander dadurch ähnlich, daß sie *nach einerlei Gesetzen, unter dem Maße des Raumes und der Zeit*, das fühlende Subjekt bestimmen helfen. Eine Folge von *Anschauungen* wird ihrer Natur nach *Modulation*: denn die Eindrücke wechseln, sie heben, stärken, schwächen einander. Eine *Modulation* von Tönen setzt in jedem wohlorganisierten Wesen eine Folge von *Bewegungen*, mithin von *Anschauungen* voraus, die eben durch jene ihren Gang ankündigte. So schöpft die Seele auf einmal aus zwei verschiedenen Quellen; eine doppelte Welt dringt auf sie, die Welt des Gesichtes und Gehörs. Beide führt sie in sich ein, bestimmt den Raum durch die Zeit, die Zeit durch den Raum, durchs Ohr das Auge, durchs Auge das Ohr, schmelzt die Empfindungen beider Sinne ineinander und wird, wenn mir der Ausdruck erlaubt ist, gleichsam das Ohr des Auges, das Auge des Ohrs, die *Form aller Formen*.

Man verzeihe diesen metaphysischen Anfang, der uns im Gebiet der *Terpsichore*[3] manches Rätsel lösen wird. Auch in

---

3 Muse der Tanzkunst und der chorischen Lyrik.

Anschauungen z. B. herrscht eine *Musik*; daher selbst die bildenden Künste sich den kühnen Namen des *Wohllauts*, der *Eurythmie* nicht unrecht zugeeignet haben. Wenn sie ihre Gegenstände nicht tot darstellen wollten, so mußten sie nicht allein *Leben, Bewegung* in dieselbe bringen, sondern selbst in der Zusammenordnung ihrer Teile für eine *Folge glücklicher Augenblicke* im Betrachtenden, mithin für eine Art *Musik seiner Seele* sorgen. Wiederum konnte sich die *Musik* mit einer Folge gefälliger *Anschauungen* vermählen, weil sie *Bewegungen* der Seele oder des Körpers, inneres und äußeres Leben ausdrückt. *Terpsichore* also begleitete den Tanz, sie belebte die Pantomime; ihr Rhythmus bezeichnete das Maß jeder Bewegung, ihre Töne drückten die Gebärde, die Leidenschaft, die Empfindung aus, die das Gemälde allein nicht ausdrücken konnte. So gesellten sich die Musen; eine ward die Bezeichnerin, die Sprecherin der andern.

Wie arm ist die Welt eines *Blindgebornen!* Er hört Töne von Bewegungen der *Gestalten*, die er nicht siehet; er lebt in einem dunkeln Grabe. Wie arm ist aber auch die Welt eines *Taubgebornen!* Er sieht Gestalten und Bewegungen, deren Inneres er durch ihre *Töne* nicht vernimmt; er lebt in einem stummen Grabe. Der Geist des Weltalls erfand eine glückliche Organisation, in der sich beide Sinne, beide Welten verbinden. Was sich beweget, tönt; was lebt, beweget sich und verkündigt sein Dasein; so ward die Schöpfung für den durch beide Sinne Empfindenden gleichsam ein *lyrischer Hymnus.*

Man gehe die ältesten Hymnen durch, die der menschliche Geist ersann und seine Brust ausströmte; sie sind *Lobpreisungen der Natur*, in welchen Laub und Baum, Bach und Strom, Wind und Hauch, alle Elemente tönen. Wer in wilden oder in sanften Szenen des Jahres und Tages je diese *Symphonie der Natur* empfand und den großen *Concent*[4] des Sicht- und *Hörbaren* rings um ihn her in stiller Einsamkeit belauschte,

---

4 Concentus, liturgischer Gesang.

unwillkürlich vielleicht geriet er selbst in diesen Strom des Wohllauts, des Zusammenklanges der Schöpfung, also daß *Davids*, *Miltons*, *Thomsons*[5], *Kleists*[6], *Klopstocks* Melodien in ihm erwachten und ihre *Naturpsalmen* die Seinigen wurden. Auch unser Dichter[7] hat an mehr als einem Ort das prächtige und leise Lied der Schöpfung fein belauscht, mächtig verkündigt. Auf dem Schiff seiner *Urania*[8] wetteifert er mit *Klopstocks* unsterblichem Gesang, die *Gestirne*; von allen Sonnen, von allen Welten höret er das Konzert der Schöpfung.[a]

II.

Wir betrachteten jetzt *Materialien* der lyrischen Dichtkunst, die uns die Sinne zuführen; lasset uns dem *innern Subjekt* nähertreten, das diese Gerätschaften annimmt und gebrauchet.

Allem, was lebt, gab die Natur mehr oder minder *Stimme*. Und wer hat hier nicht das angenehme Wunder der Schöpfung bemerkt, durch welches sich über Meer und Erde ein feineres Luftmeer erhob, das *unzählbare Stimmen* lautbar machte? War es eine Muse, die den stummen Fisch in den Wellen zum singenden Gefieder der Lüfte erhob, wie *Horaz* von seiner Muse rühmet? Floßfedern wurden zu Flügeln; ein heiseres Fischhaupt ward zur Kehle der Nachtigall und der Lerche. Unser Dichter hat diese Sängerinnen im Hain-Theater, jene Träumerinnen, die uns im Frühlinge ihre Winterträume erzählen und die gleichsam der *lebendige Laut*, das *Echo des unsichtbaren Genius der Schöpfung* sind, mehrmals

---

a S. Seite 49, 60 und an mehreren Orten. [Verweis auf die Gedichte *Auf einen Garten, die Sternenau genannt* und *Der Sternenhimmel*.]

5 James Thomson (1700–48), schottischer Dichter (*The Seasons / Die Jahreszeiten*, 1726–30).

6 Ewald Christian von Kleist (1715–59), Naturdichter der Aufklärung (*Der Frühling*, 1749).

7 Jakob Balde (1604–68).

8 *Urania victrix*, Gedichtsammlung Baldes (1663).

so schön bezeichnet,[b] daß ich alle seine *Philomelen-Gesänge*
ausdrücken zu können wünschte. Ob ich gleich nicht der
Meinung bin, daß die Menschen nur von den Vögeln ihren
Gesang gelernt haben und ohne sie dazu nicht gelangt wären,
so war es wenigstens nicht dies mannigfaltige, schöne Chor
im Konzert der Schöpfung, das den Menschen bei seinen
höheren Kräften und Empfindungen, bei seiner gesangrei-
chen Kehle stumm zu sein lehrte.
Denn ihm gab der Schöpfer nicht nur *Stimme*, sondern auch
Sprache. Da jede Sprache nun, schon ihrer Natur nach, Musik
ist: so war, auch ohne Lyra und Zither, dem Menschen mit
ihr das Werkzeug einer *lyrischen Poesie* gegeben.
Jede menschliche Sprache nämlich hat
1. *Naturlaute der Empfindungen*, die der Mensch teils aus
sich selbst schöpft, teils andern nachahmet. Hiemit bezeichnet er
2. Die *Gegenstände*, die ihm vortreten, die *Bilder*, die er von
ihnen abzieht, die *Gesinnungen*, mit denen er sie begleitet,
und gelangt damit endlich zu einer allgemeinen *Charakteristik der Schöpfung*. Da dies alles nun
3. Gemäß der Natur seiner *Seelenkräfte*, vorzüglich seiner
Phantasie und *Empfindbarkeit*, zugleich aber auch seinen
Sprachwerkzeugen gemäß geschehen muß, war uns hiemit
nicht die lyrische Poesie als eine *Blüte der menschlichen Sprache* gegeben?
Denn
1. Die Sprache, als *Laut der Empfindung*, nimmt von dieser
alle Gesetze an, die sie ihr gütig und hart auflegt. Sie seufzet
und ächzt; sie frohlocket und jauchzet. Wie einst Interjektio-
nen zu Worten wurden, so formen sich die Worte nach dem
Akzent, dem Rhythmus, dem Intervall der Empfindung.
Dieses Wort steigt, jenes sinket. Dies tritt in mehreren starken Silben einher, jenes verändert die Töne. Allem aber drük-
ket der Charakter der Nation, ihr Klima, die Gegend, aus

b S. 54, 130, 158. [Verweis auf die Gedichte *Die Nachtigall*, *Das Hirtenleben*
und *Der Sänger des Frühlings*.]

welcher sie kam, die Lebensart, zu der sie sich gewöhnte, die Stufe der Kultur, auf welcher sie steht, endlich das mächtige Gesetz des Gebrauchs und der Mode sein herrschendes Siegel auf. [...]

2. Da jede Sprache durch ihre Töne *äußere* und *innere Gegenstände*, Gestalten, Bilder, Vorstellungen, Gedanken bezeichnet, so ist es nicht gleichgültig, *in welcher Ordnung* diese zu bezeichnen sie sich zum Gesetz gemacht habe. Ob z. B. die Sprache in ihren Konstruktionen dem Eindruck der Sinne und der Phantasie oder der Abstraktion und kalten Vernunft folge, macht einen wesentlichen Unterschied im Gange und Rhythmus ihrer Bilder, in der ganzen Form des Verhältnisses ihrer Glieder. Wie anders konstruierten Griechen und Römer! wie anders die neueren Völker, und auch diese wie verschieden gegeneinander! Da ist eine Sprache, die der Phantasie folgen darf, gewiß biegsamer und lyrischer als eine andre, die sich in den Fesseln der Logik windet. Jene darf die Gegenstände auch im Bilde folgen lassen, wie der Sinn sie ihr darbeut; sie kann eine kleine Veränderung in der Folge des Bildes bloß durch Stellung der Worte mühelos bemerken. Und wenn sie, an wesentlichen Bezeichnungen reich, ihren Bildern tote Flickworte nicht zwischenschieben darf: wie fester wird dann ihr Gang! wie gehaltner der Flug der Muse! Ihre Gemälde werden ein Tanz der Worte, weil die Gegenstände dem Auge und Ohr der Nation ursprünglich also erschienen und ihrer Sprache die *schwebende Spur ihres Ganges* eindrückten, da andre Mundarten wie Fels und Blei am Boden haften.

3. Die *Sprachorgane* des Menschen endlich sind, wie die Zergliederung zeigt, ihrem Baue nach, selbst *Lyra* und *Flöte*. Sie fodern Abwechselung; der Atem der Stimme will Absätze, Ruhe, Erholung. Natürlicherweise sucht also die Rede einen *Umfang* (periodum)[9] und dieser will *Absätze* (cola)[10], *Stro-*

9 Kreislauf, regelmäßige Wiederkehr, gegliederte Satzeinheit oder Folge von Sätzen.
10 Glied, Teil einer Periode, Sprechtakt, metrische Einheit.

phen. Ebenso natürlich erwartet das Ohr *schöne Abfälle* und *Endungen*; es liebet eine sanfte *Auflösung* und zu gewissen Zeiten ein *Wiederkommen der Töne*, die es gleichsam als alte Freunde aufnimmt und als Lieblinge beherberget. Bei dieser Einheit aber begehrt es zugleich *Veränderung*, nicht nur in den Gegenständen selbst, sondern auch im *Verhältnis der Glieder*, in welchem ihm diese zugeführt werden; es liebt einen *Zug der Worte*, ein *immer wachsendes Vergnügen*, bei welchem es zuletzt eine stolze *Befriedigung* erwartet. Denn nichts ist zarter, ja ekler und gebieterischer, als das hörende Ohr; zu bald wird es verscheucht, zu bald ermüdet. Die Zunge also mit allen Werkzeugen, die ihr zu Gebote stehn, hat allen Fleiß nötig, ihre Zither und Tuba so anzustimmen, daß diese wählende Hörerin nicht nur nicht beleidigt, sondern auch in wachsend höherem, bis zum höchsten Grad befriedigt werde. Wer siehet nicht, daß auch ohne Gesang und Zither in diesem allem der Same der lyrischen Poesie als einer *höchsten Blüte der menschlichen Sprache* liege?

Denn was kann der Gesang zu diesem allem hinzutun. Nichts als daß er die Töne *erhebe* und *daurend* mache, daß er sie klar und schön in harmonischen Intervallen dem Ohr *zuzähle*. Hierin muß auch er dem Gange der Empfindungen sowie den Gesetzen der Sprache folgen; er deklamiert nur höher, bestimmter, pathetischer, rührender. Was ist Gesang? als Ausdruck der Empfindung, sowohl des Leides als der Freude; Sprache der Begeisterung, die belebende Gegenstände verkündigt; Erhebung unsrer Stimme zum angenehmsten, zum kräftigsten Tonausdruck der Worte. Kann also durch den Gesang auch ohne Instrumente die Sprache ein solcher *Ausdruck der Empfindungen*, eine solche *Bezeichnung lebendiger Bilder und Gesinnungen*, im *reinsten Umriß*, im *schönsten Wohllaut* werden, so sind Worte Gesang, wenn sie gleich nicht gesungen wurden; gnug, daß eine *Musik der Empfindungen, der Bilder, der Sprache* ihr Körper und Geist ist. Was komponiert die Musik nicht? Sie kann ein Zeitungsblatt komponieren. Und wie *sie* dies tun kann, so kann ohne ihre Beihülfe auch eine Rede Musik sein; ja sie muß dies *vorher* und *durch sich selbst* sein, damit sie ihrer Beihülfe wert werde.

Hieraus erklären sich die Bilder, mit denen man die lyrische Poesie oft bezeichnet. Man nennet sie einen *Strom*, der unvermutet aus einer lebendigen Quelle entsprang, jetzt als ein Bach daherschleicht, jetzt brauset, als Wasserfall stürzt, bald wieder still in Ufern fließet und endlich sich ins Meer ergießt oder verlieret – ein treffendes Bild für *die* Gattung der Oden, die als Ströme *der Empfindung* auf mancherlei Art ihren Lauf nehmen. Oder man verglich sie mit einem *Fluge*, da die Muse sich aufschwingt und niederläßt, sich zu verirren scheint und nie sich verirret, zuletzt entweder zum Ort ihres Aufschwunges zurückkehrt oder in den Wolken verschwindet – ein schönes Bild für *die* Gattung der Oden, die enthusiastische *Gemälde der Phantasie* sind. Wie man sie sonst benenne und erkläre: die *lyrische Poesie* ist

»*der vollendete Ausdruck einer Empfindung, oder Anschauung im höchsten Wohlklange der Sprache.*«

[...]

IV.

Soll die lyrische Poesie *Empfindungen* singen, welche Empfindungen sind des höchsten Reizes ihrer Kunst, des ganzen Wohllauts ihrer Sprache wert? Nur ein Unedler wird diese an gemeine, niedrige Begierden, die selbst der Prose unwert sind, verschwenden.

Soll die lyrische Poesie *Gesinnungen, Taten, Begebenheiten* verkündigen: so sein es merkwürdige Taten, große Begebenheiten oder seltne, liebliche, interessante Augenblicke; und die Gesinnungen des Dichters darüber sein des Gottes wert, der ihn begeistert.

Die lyrische Poesie darf sagen, was die Prose nicht sagen darf; sie kann es reiner, andringender, mächtiger sagen, als wenn es in eine Fabel verhüllt, oder in Szenen verkleidet, uns gleichsam nur von fern zuwinket. Wohlan, sie verwalte ihr edles

Amt; in ihr spricht nicht die Person des Dichters, sondern ein Gottbegeisterter, ein Priester der Muse, also aus ihm *die Muse, der Gott selbst*.

Warum verkleidet sich so oft und gern der lyrische Dichter? Ist's nicht dazu, daß er uns zeige, er spreche nicht in seiner Person; einer höheren Macht zufolge habe er jetzt über höhere Dinge, in einem weiteren Gesichtskreise, aus einer tieferen Brust zu reden, als ihm vielleicht sein Stand, seine irdische Lage erlaubte. Diese will er uns vergessen machen, indem er uns Wahrheiten enthüllet, mit denen ihn *der Gott* begeistert. Von jeher war die lyrische Poesie heiligen, öffentlichen Dingen; sie war den Göttern, den Regenten und Weisen, der guten Sache der Menschheit, dem Volk und dem Vaterlande geheiligt.

Oder spricht der Dichter in eigener Person, öffnet er uns als solcher sein Herz und seine Seele; auch dann fodert die Muse von ihm, daß er uns einen reichen Schatz edel öffne. Er lud Gäste zur Unterhaltung *mit sich, aus sich, über sich* ein; wie unangenehm täuscht er uns, wenn er uns in seinem Schnekkenhause einen dürftigen Haushalt, eine erkenntnislose Seele und ein gemeines, alltägliches, niedriges Gemüt zeiget. Unter allen Nationen waren daher der wirklich großen lyrischen Dichter immer nur wenige; manchen fehlte es daran ganz und gar. Sie sollten, wie der Seidenwurm, das Gespinst ihres Gesanges aus sich selbst weben; und hatten nichts in sich. Oder mit der Biene aus tausend Blumen Honig sammlen, und waren keine Bienen. Dergleichen heilige, leichte, geflügelte Geschöpfe, wie *Plato* die Dichter nennet, die gleich den Bienen umherfliegen und ihre Melodie aus den Gärten der Musen sammlen, gab es zu aller Zeit und allenthalben nicht viele. – Wir leben z. B. jetzt in großen Zeiten; die merkwürdigsten Begebenheiten haben wir erlebt; wie vieles ist darüber gesprochen und geurteilt worden; und wie weniges möchte sein, das, als lyrische Verkündigung der Stimme der Musen, des Ohrs der Nachwelt wert wäre! – [. . .]

VI.

Aber wozu dies alles? Welche Wirkung kann die lyrische Dichtkunst in unsern Zeiten tun? welchen Erfolg kann sie gewähren?

Uns ist ein Volk bekannt, dessen Hoffnung und Glaube auf Millionen menschlicher Gemüter in Gegenden und Zeiten, die man die kultiviertesten nennen kann, den größten Einfluß gehabt hat. Eine Religion entstand in Judäa, die die Retterin des menschlichen Geschlechts sein sollte; woraus entstand sie? Aus Sprüchen alter Weissagungen, die der Mund göttlicher Propheten ausgesprochen und eine *Psalmenstimme verewigt* hatte. Jahrtausende hin hielt sich an sie die Hoffnung, der Glaube; und hält sich an ihnen noch. Man kann also sagen: selbst das Christentum mit allen seinen ungeheuren Folgen ist durch die *Stimme lyrischer Propheten* entstanden und hält noch fest an diesem Wort.

Wir kennen ein andres Volk, das ohne Widerspruch das kultivierteste der alten Welt war; wodurch gelangte es zu diesem auf alle Jahrhunderte wirkenden Vorzuge? Die Griechen waren einst wie andre Völker, ihre Sprache so roh wie andre Sprachen; da stiegen Musen, da stiegen Götter hernieder und verfeinten sie durch Zither und Lyra. Mit Recht ist *Orpheus'* Leier unter die Sterne versetzt; sie hat mehr getan als Herkules' Keule; sie machte den Unmenschen menschlich. Alle Genossen der griechischen Kunst, *Linus, Musäus, Eumolpus, Homer* und wer das Saitenspiel je würdig berührte, nehmen an diesem höchsten, unsterblichen Ruhm, *die Menschen menschlich gemacht zu haben*, Anteil. An der Lyra entstand der *Hymnus*, die *Epopee*; an *Homer* bildeten sich *Dichter, Weise, Gesetzgeber, Philosophen, Künstler*. Aus lyrischen Gesängen entstand das *Drama*. Gesang kultivierte die Griechen an Festen, an Altären, bei öffentlichen Spielen, auf dem Schlachtfelde und an der Tafel der Freude. Gesang folgte ihnen bis ins Totenreich nach und milderte dort die Schrecken des Orkus. Was also je Gutes von der Kultur der Griechen andern Völkern zuteil geworden ist, hatten jene ursprünglich der Lyra zu danken.

Vom wohltätigen Einfluß des *Horaz* auf die Bildung der Nachwelt ist schon geredet worden. Er, *Boëthius* und wenige andre wurden auch in den dunkelsten Jahrhunderten gelesen und streueten einen Schimmer auf die Nacht hin. Mehrere, denen *Virgil* zu lang, zu trocken, zu ernsthaft war, lasen *Horaz* in seiner kürzeren, lieblichen Weise.

Selbst die *christliche Poesie*, so schlecht sie in den mittleren Zeiten war, sie hat ihre Wirkung auf menschliche Seelen nie verfehlet. Die Hymnen der Kirchenväter, die Kirchenlieder, die Passionsgesänge haben von alters her mehr gewirkt als Predigten und gelehrte Kommentare.

Ja was erhielt den Geist, die Sitten, den Charakter aller Völker der alten Welt, der Indier, Araber, Sinesen[11], Galen[12], Goten? Neben Gesetzen oder Gebräuchen war's die Stimme ihrer alten Gesänge. *Ossian* sei hier statt aller ein Zeuge. Ein Volk, das keinen *Nationalgesang* hat, hat schwerlich einen *Charakter*; und wie hoch es in seiner Bildung gestiegen sei, an welchen Empfindungen und Gegenständen es am liebsten und innigsten hafte, dies zeigt nichts so sehr als die Art und Gattung der *lyrischen Muse*, die unter ihm wohnet.

Und warum sollte unsre Zeit der lyrischen Poesie entwachsen sein? Bedürfen wir keiner *Empfindungen* mehr, keiner *Gesinnungen im edelsten Ausdruck*? Geschehen keine Merkwürdigkeiten um uns her, die in Haß und Liebe unsrer Teilnehmung wert sind? Oder sind wir so prosaisch worden, daß kein Pfeil aus dem goldnen Köcher Apolls an uns gedeihet? Kommen wir als Greise auf die Welt? und leben keine Jünglinge unter uns, deren neues, frisches Gefühl durchaus die Stimme der lyrischen Muse fodert? Lasset uns nicht zweifeln! Es leben Jünglinge, es schlagen jugendliche Herzen, denen *Pindar* und *Horaz*, denen die drei Altväter unsres lyrischen Gesanges, *Uz*, *Gleim*, *Klopstock*, denen *Kleist*, *Götz* und

11 Chinesen.
12 Keltische Bewohner Schottlands.

Ramler, Gerstenberg, Claudius, die *Stolberge, Voß, Hölty*
und unter fremden Nationen die schönsten lyrischen Dichter
wert sind. Oft sagt uns eine Strophe von ihnen mehr, als
große Szenen der Anschauung uns sagen könnten: denn sie
ergreifen das Herz. In verwickelten Situationen, in Dämme-
rungen unsrer Seele kommt ihre Stimme uns wie aus einer
andern Welt, weckend, aufmunternd, belehrend. Mehr als
ein Jüngling empfing aus der Lyra eines Dichters einen
Anklang auf sein ganzes Leben.

19

AUGUST WILHELM SCHLEGEL

*Führender Kopf der Frühromantik, hatte August Wilhelm
Schlegel (1767–1845) zunächst Bürgers Lyrik gegen Schillers
Kritik in Schutz genommen und sich den ›naturpoetischen‹
Standpunkt Herders zu eigen gemacht (vgl. sein Gedicht »An
einen Kunstrichter«). In der Folge entwickelte er (teilweise
in Auseinandersetzung mit Schiller) die Grundlagen einer
romantischen Ästhetik und Poetik, die großen Einfluß auf das
moderne Sprach-, Form- und Kunstdenken ausübte. In den
»Briefen über Poesie, Silbenmaß und Sprache«, 1795/96 in
Schillers »Horen« veröffentlicht, bringt Schlegel gegenüber
inhaltlichen Gesichtspunkten Fragen der formalen Gestaltung
(Prosodie, Rhythmus u. a.) zur Sprache.*

Briefe über Poesie, Silbenmaß und Sprache

Der Dichter, so rühmten von jeher die glühenden Bewunderer seiner Kunst, ist vor allen anderen Sterblichen ein begün-
stigter Liebling der Natur, ein Vertrauter und Bote der Götter, deren Offenbarungen er jenen überbringt. Die irdische

Sprache, die nur zu unverkennbar die Spuren des Bedürfnisses und der Eingeschränktheit, welche sie erzeugten, an sich trägt, kann ihm hierzu nicht genügen; die seinige atmet in reinem Äther, sie ist eine Tochter der unsterblichen Harmonie. Fast ohne daß er selbst es weiß, verwandelt sich auf seinen Lippen das Wort in Gesang. Das Entzücken, womit er das von oben Empfangene wieder ausströmt, wird die Belohnung seiner Wohltat. Leicht und frei wie auf Flügeln wird er über das Los der Sterblichkeit hinweggehoben, und der heilige Schimmer, der seine begeisterte Stirn verklärt, fordert Anbetung von seinen erstaunten, hingerissenen Zuhörern.

Aber ach! (verzeih mir die getäuschte Erwartung, liebste Freundin, wenn anders mein feierlicher Ton dich irreführen konnte) dieser Dichter ist selbst nur ein Geschöpf der dichtenden Phantasie. Wieviel anders erscheint er in der Wirklichkeit, wenn man ihn in seiner Werkstätte belauscht! Denn er hat eine Werkstätte wie jeder andere Künstler. Wohl nur scherzend hat man sie mit einer Schmiede verglichen. Hier scheinen nicht so wohl Donnerkeile, wie auf dem Amboß der Zyklopen, als Nadeln zugespitzt zu werden. Das schönste Gedicht besteht nur aus Versen; die Verse aus Wörtern; die Wörter aus Silben; die Silben aus einzelnen Lauten. Diese müssen nach ihrem Wohlklange oder Übelklange geprüft, die Silben gezählt, gemessen und gewogen, die Wörter gewählt, die Verse endlich zierlich geordnet und aneinandergefügt werden. Doch dies ist noch nicht alles. Man hat bemerkt, daß es das Ohr angenehm kitzelt, wenn nach bestimmten Zwischenräumen gleichlautende Endungen der Wörter wiederkehren. Diese muß der Dichter also aussuchen und oft einer einzigen wegen das ganze Gebiet der Sprache von Westen bis Osten durchstreifen. Bei großer Anstrengung körperlicher Kraft findet noch ein gewisses erhebendes Gefühl statt; aber was kann für den langweiligen Fleiß, für die kleinliche Sorgfalt entschädigen, womit ein vollendetes Gedicht allmählich zusammenbuchstabiert wird? Wie muß dies alles den erhabenen Geist demütigen, der des Umganges mit Göttern gewohnt ist! Gewiß, der Fluch der Mühseligkeit, der sich über alles menschliche Tun verbreitet, drückt ihn vorzüglich hart. Auch an ihn ergeht eine drohende Stimme: Im Schweiße deines Angesichtes sollst du Verse machen! Mit Schmerzen sollst du Gedichte zur Welt bringen. [...]

Meine Absicht ist, dir darzutun, daß das Silbenmaß keineswegs ein äußerlicher Zierat, sondern innig in das Wesen der Poesie verwebt ist, und daß sein verborgener Zauber an ihren Eindrücken auf uns weit größeren Anteil hat, als wir gewöhnlich glauben. [...]

Die Folge meiner Betrachtungen war etwa diese. Der Zwang des Silbenmaßes scheint bei der Äußerung lebhafter Vorstellungen und nachdrücklicher Regungen nicht natürlich und daher auch mit der Absicht des Dichters, sie anderen so vollkommen als möglich mitzuteilen, im Widerspruch zu sein. Dennoch tritt die Poesie überall und zu allen Zeiten in irgendeiner gemessenen Bewegung auf. Dies muß, wie jede durchaus allgemeine Sitte, seinen Grund in der menschlichen Natur haben, dem man am leichtesten im Ursprunge derselben nachspüren kann, weil Absicht und Überlegung sich da noch am wenigsten in die Spiele des sicher leitenden Instinktes mischen. Poesie entstand gemeinschaftlich mit Musik und Tanz, und das Silbenmaß war das sinnliche Band ihrer Vereinigung mit diesen verschwisterten Künsten. Auch nachdem sie von ihnen getrennt ist, muß sie immer noch Gesang und gleichsam Tanz in die Rede zu bringen suchen, wenn sie noch dem dichtenden Vermögen angehören, und nicht bloß Übung des Verstandes sein will. Dies hängt genau mit ihrem Bestreben zusammen, die Sprache durch eine höhere Vollendung zu ihrer ursprünglichen Kraft zurückzuführen und Zeichen der Verabredung durch die Art des Gebrauches beinah in natürliche und an sich bedeutende Zeichen umzuschaffen.

Hier bin ich nun auf den Punkt gelangt, wovon ich wieder auszugehen wünschte. [...]

Ein Schriftsteller, der glücklicher darin war, Geheimnisse in

die Gegenstände seiner Nachforschungen hineinzulegen als
die darin liegenden zu lösen, oder der dies wenigstens gern
auf eine geheimnisvolle Art tat, dem es eine allzu reizbare
Organisation schwer machen mußte, das wirklich Wahrgenommene vom Eingebildeten zu scheiden, findet den Ursprung des Zeitmaßes im Tanze und Gesange darin, daß den
körperlichen Bewegungen und den ausgesprochenen oder
gesungenen Worten, wozu bloß Leidenschaft den Menschen
drängt, ein äußerer Zweck mangelt. Der gewöhnliche Gang,
sagt er, hat zur Absicht, irgendwohin zu führen; die gewöhnliche Rede, uns anderen verständlich zu machen. Da
beim Tanze und Gesange solch ein äußeres Bedürfnis ganz
wegfällt und folglich diese Handlungen um ihrer selbst willen
vorgenommen werden, etwas an sich ganz Zweckloses aber
uns kein Vergnügen gewähren kann, so strebt die Seele unwillkürlich danach, sich einen Grund angeben zu können,
warum sie jedesmal die Bewegungen und Töne so oder so
aufeinander folgen lasse. Dies erlangt sie nun durch ein inneres Gesetz, ein Maß ihrer Folge. Indessen strebte sie vielleicht
lange vergeblich, bis etwa zufälligerweise diese Abwechslung
langsamerer und schnellerer Bewegungen mehrere Male aufeinander folgte. Dies immer in gleicher Ordnung Wiederkehrende fesselte die Aufmerksamkeit, prägte sich dem Gedächtnisse ein, ward bewundert, nachgeahmt und allmählich zum
künstlichen, regelmäßigen Tanze, oder in Ansehung der Poesie zum künstlichen, regelmäßigen Versbau gebildet.
Ich habe dir diese Erklärung umständlich angeführt, weil sie
in einem sonst schätzbaren Buche, nämlich der *Deutschen
Prosodie* von Moritz,[1] steht; denn freilich ist sie zu luftig, als
daß sie uns lange aufhalten dürfte. [...] Es fehlt so viel, daß
die Rede, sobald sie sich in die Form eines Gesanges fügt, dem
Dienste eines äußeren Zweckes entzogen würde, daß Poesie
vielmehr in den frühesten Zeiten nicht nur als Angelegenheit

---

1 Karl Philipp Moritz (1756–93), *Versuch einer deutschen Prosodie* (1786), in:
  K. Ph. M., *Werke*, hrsg. von Horst Günther, Bd. 3, Frankfurt a. M. 1981
  (hier: S. 484 f.).

betrieben wurde, sondern auch an allen Angelegenheiten des
Lebens den wichtigsten Anteil hatte; und daß sich bei einigen,
zum Beispiel beim Gottesdienste, die uralte Sitte sogar bis auf
uns fortgepflanzt hat. In Liedern wurden von jeher die Götter
angefleht und gepriesen; in Liedern die Toten betrauert; Lieder bereiteten die Krieger zum Kampfe vor. Bei Völkern, die
schon längst in vielen Hinsichten gesittet heißen konnten,
wurden die Gesetze noch als Lieder abgefaßt und gesungen.
Die Araber haben im Tempel zu Mekka zwei Liedern einen
unsterblichen Platz angewiesen, wodurch die Abgesandten
zweier Stämme im Namen derselben ein Bündnis feierlich
besiegelten. Der eine von ihnen, Hareth Ben Helsa[2], ließ, auf
seinen Bogen gelehnt, die Eingebungen des Augenblicks im
höchsten Feuer der Begeisterung hinströmen. Sowohl auf den
Inseln des Südmeers als in anderen Gegenden wurden die
europäischen Weltumsegler von den Eingeborenen mit abge-
messenem Gesange bewillkommt. Durch stolze Lieder bietet
der amerikanische Wilde mitten in der Todesqual seinen
Feinden Trotz. Es ist daher auch nichts Unglaubliches in der
Sage, daß die nordischen Helden oft mit Liedern, in denen sie
ihre eigenen Taten verherrlichten, vom Leben Abschied nahmen. Du kennst vielleicht den Gesang, womit Regner Lod-
brog, der dänische König, lächelnd im Kerker starb.[3] Ein
anderer Held, Hallmund genannt, dichtete, tödlich verwun-
det, ein Lied von ähnlichem Inhalt und hieß seine Tochter es
aufbewahren.[4] Solche Gedichte waren kein Gedicht: die Poesie, welche diese Männer im Leben und Tode begleitete, war
ihr heiliger Ernst, ihre lebendige Wahrheit.
Wüßte man nicht historisch das Gegenteil, so könnte man
leicht auf den Gedanken geraten, das Zeitmaß gehöre unter
die späteren Erfindungen; der Gesang habe, so lange nur
wirkliche Leidenschaft ihn eingab, in dithyrambischer Frei-

2 Altarabischer Dichter (5. Jh.).
3 In dem altnordischen Sterbelied *Krákumál* (12. Jh.).
4 Sechseinhalb Strophen umfassendes Lied im 62. Stück der altisländischen
 Grettis saga.

heit geschwärmt, und erst als er zum ergötzenden Spiele geworden, habe man den Mangel jenes ursprünglichen Nachdrucks durch einen kunstmäßigen Reiz zu ersetzen gesucht. Aber die Beobachter wilder Völker rühmen einstimmig die bewundernswürdige Genauigkeit im Takt, womit sie ihre Gesänge und Tänze aufführten. Selbst die kannibalischen Schlachtlieder der Neuseeländer, wobei die furchtbarste Wut ihre Augen verdreht und alle ihre Gesichtszüge verzerrt, werden vollkommen taktmäßig gesungen.

Wenn man also nicht annehmen kann, der ordnende Geist sei es, der sich durch Regelmäßigkeit in den Ausbrüchen der ungestümen Leidenschaften herrschend beweise; wenn ferner die, besonders in kindischen Seelen, so unsteten und rasch wechselnden Gefühle nichts Abgemessenes an sich haben; so müssen wir uns nach einem anderen Grunde dieser Erscheinung umsehen, und diejenige Art, sie zu erklären, wobei man der besonnenen Absicht am wenigsten einräumt, wird die wahrscheinlichste sein. Indessen scheint alles Messen, weil es auf einer Vergleichung beruht, ein Geschäft der denkenden Kraft in uns zu sein. Körperliche Gegenstände, die man nach ihrer Ausdehnung gegeneinander messen will, hat man oft zugleich vor Augen; aber in einer Zeitfolge ist kein Teil mit dem anderen zugleich vorhanden; die Vorstellung von dem Zeitraume, welcher den übrigen zum Maßstabe dienen soll, muß folglich im Gedächtnisse festgehalten werden. Überdies ist die Wahrnehmung von der Dauer der Zeit sehr abhängig von der Beschaffenheit und Menge der sie ausfüllenden Eindrücke. Man sollte also denken, es müsse für die Seele höchst schwierig sein, den Vergleich nur einigermaßen genau anzustellen, und dennoch fühlen wir die Leichtigkeit, womit wir Bewegungen nach einem Zeitmaße vornehmen. Dies führt natürlich auf den Schluß, daß wir dieselbe nicht sowohl der Seele als dem Körper verdanken, daß sie mit einem Worte bloß mechanisch ist. Unser Körper ist ein belebtes Uhrwerk; ohne unser Zutun gehen in ihm unaufhörlich mancherlei Bewegungen, zum Beispiele das Herzklopfen, das Atemholen, und zwar in gleichen Zeiträumen vor, so daß jede Abweichung von diesem regelmäßigen Gange irgendeine Unordnung in der Maschine anzuzeigen pflegt. Auch bei anderen Bewegungen, die von unserem Willen abhängen, geraten wir leicht, vorzüglich wenn wir sie anhaltend wiederholen, von selbst und ohne es zu wissen, in ein gewisses Zeitmaß. Nehmen wir mehrerlei solche Handlungen zugleich vor, zum Beispiel Gehen und Sprechen, so richtet sich die Geschwindigkeit der einen gewöhnlich nach der anderen, wenn wir nicht etwa vorsätzlich die Übereinstimmung zwischen ihnen aufheben wollen. Ebenso setzen sich mehrere Menschen bei gemeinschaftlichen Arbeiten ohne Absicht oder Verabredung in eine gleichmäßige Bewegung. Freilich kommt alsdann der Umstand hinzu, daß man einander sonst mit den Werkzeugen, zum Beispiel beim Rudern, Dreschen, Mähen hinderlich sein würde; aber auch wer ganz allein angreifende Arbeiten der Art verrichtet, wird, sobald er darin geübt ist, ohne besondere Aufmerksamkeit einen Takt beobachten. Gleichmäßig wiederholte Bewegungen erschöpfen am wenigsten: das Wohltätige davon für den Körper muß sich leicht fühlen.

Daß die Seele sich mehr leidend als durch Vergleichen und Urteilen tätig beweise, indem eine Folge von Zeiten sich, wenn ich so sagen darf, von selbst an der Organisation abmißt, wird dadurch noch wahrscheinlicher, daß auch mehrere Arten von Tieren an Beobachtung des Taktes in ihren Bewegungen, einige Vögel sogar in ihrem Gesange gewöhnt werden können. Auch das scheint diese Vermutung zu bestätigen, daß wir nur innerhalb eines gewissen Kreises Zeitmaße genau und sicher wahrnehmen und daß wir dabei eben auf solche Grade der Geschwindigkeit oder Langsamkeit eingeschränkt sind, die mit dem fühlbaren Zeitmaß der Bewegungen im Körper in einem nahen Verhältnisse stehen. Bei einer sehr schnellen Folge ist dies weniger zu verwundern. Die Eindrücke vermischen sich untereinander, so daß eine große Menge derselben in die Vorstellung von einem einzigen

zusammengedrängt wird, wie wir zum Beispiel nach der verschiedenen Anzahl der Bebungen einer Saite in einer gegebenen Zeit nur einzigen höheren oder tieferen Ton vernehmen. Wir brauchen nur an die Schnelligkeit zu denken,
womit sich Schall und Licht durch unermeßliche Räume fort-
pflanzen, um überzeugt zu sein, daß dasjenige, was uns wie
ein einziger unteilbarer Augenblick vorkommt, eine sehr zusammengesetzte Masse von Zeiten ist. Aber wie käme es, daß
bei einer sehr langsamen Folge, wo wir doch um so mehr
Muße haben, die einzelnen Zeiträume zu unterscheiden, die
Wahrnehmung von ihrer Gleichheit oder Ungleichheit sich
ebenfalls verliert, wenn sie nicht auf Verhältnissen zu unserer
Organisation beruhte? Man lasse eine Glocke alle Minuten
einmal schlagen: niemand wird auch mit dem geübtesten
Ohre entscheiden können, ob die Zwischenräume sich immer
gleich sind, er müßte sie denn etwa durch ein körperliches
Hilfsmittel einteilen und die Anzahl der Teile in jedem mit-
einander vergleichen.

[*Nach einem Verweis auf Hemsterhuis' Auffassung vom or-
ganisch-ursprünglichen Charakter des Zeitgefühls im Menschen:*]

Zwar ist auf diese Art noch nicht erklärt, wie die Menschen
darauf fallen konnten, die fremdartige Vorstellung vom Takt
auf den Ausdruck durch Gebärden und Töne anzuwenden;
doch ist die Auflösung, die ich jetzt deiner Prüfung über-
geben will, dadurch vorbereitet.
Je mehr der Mensch noch ganz in den Sinnen lebt, desto
mächtiger sind seine Leidenschaften. Zwar eröffnet ihnen die
Entwicklung des Verstandes und die Vervollkommnung der
geselligen Künste eine Welt von vorher unbekannten Gegenständen; aber eben dadurch, daß der Kreis ihrer Wirksamkeit
sich erweitert, muß ihr blindes Ungestüm gemäßigt werden.
Hierzu kommt die tausendfache Abhängigkeit von Verhältnissen, die dem verfeinerten Menschen bei ihrer Befriedigung
im Wege stehen. Ein Zögling des Anstandes, hat er schon

früh gelernt, ihre Ausbrüche zu ersticken und Gleichgewicht in seinem Betragen zu erhalten. Der rohen Einfalt hingegen scheint alles anständig, was die Natur fordert. Noch unbekannt mit den Anreizungen erkünstelter Verderbnis läßt sie sich nur von natürlichen Trieben, aber von diesen auch unumschränkt beherrschen. Wie eine Krankheit in einem gesunden Körper um so heftiger wütet, je größeren Überfluß an Lebenskräften sie vorfindet, so ist es auch mit den Leidenschaften: die gewaltsamsten Zustände, worein sie den künstlich erzogenen Menschen versetzen, scheinen neben ihrer ausschweifenden Unbändigkeit in der Seele des freien und kräftigen Wilden nur ein besonnener Rausch zu sein. Sei es nun Freude oder Betrübnis, was sich seiner bemächtigt, so würden die aufgeregten Lebensgeister ihre Gewalt nach innen zuwenden und seine ganze Zusammensetzung zerrütten, wenn er ihnen nicht durch den heftigsten Ausdruck in Worten, Ausrufungen und Gebärden Luft machte. Er folgt der Anforderung eines so dringenden Bedürfnisses; durch jede äußere Verkündigung der Leidenschaft fühlt er sich eines Teils ihrer Bürde entledigt und hält daher instinktmäßig stunden-, ja tagelang mit Jauchzen oder Wehklagen an, bis sich der Aufruhr in seinem Inneren allmählich gelegt hat. Bei schmerzlichen Gemütsbewegungen werden sogar körperliche Verletzungen für nichts geachtet, wenn sich die Seele dadurch nur die Linderung verschaffen kann, sie auszulassen. Hierin liegt unstreitig der Grund jener so vielen Völkern gemeinschaftlichen Sitte, beim Trauern über die Toten sich Wangen und Brust mit den Nägeln oder anderen scharfen Werkzeugen zu zerfetzen, wenn auch nachher ein bloß äußerlicher Gebrauch oder eine Pflicht daraus wurde.

Freude ist zwar der wohltätigste Affekt für den Körper; allein ihr sinnloser Taumel kann doch bis zu einer erschöpfenden Verschwendung der unaufhaltsam überströmenden Lebensfülle gehen. Selbst Jubeln und Springen, so ausgelassen und anhaltend, wie es der wilde Natursohn treibt, wird zu einer Art von Arbeit. Dennoch, wie ermüdet auch der Körper sich

fühlen möge, reißt ihn die Seele mit sich fort und gönnt ihm
keine Ruhe. So leitete den Menschen dann der Instinkt oder,
wenn man lieber will, eine dunkle Wahrnehmung auf das
Mittel, sich dem berauschendsten Genuß ohne abmattende
Anstrengung lange und ununterbrochen hingeben zu können. Unvermerkt gewöhnten sich die Füße nach einem Zeitmaße zu hüpfen, wie es ihnen etwa der rasche Umlauf des
Blutes, die Schläge des hüpfenden Herzens angaben; nach
einem natürlichen Gesetze der Organisation mußten sich die
übrigen Gebärden, auch die Bewegungen der Stimme in
ihrem Gange danach richten; und durch diese ungesuchte
Übereinstimmung kam der Takt in den wilden Jubelgesang,
der anfangs vielleicht nur aus wenigen oft wiederholten Ausrufungen bestand.
Hatte man erst einmal das Wohltätige dieses Zügels gefühlt,
woran die Natur selbst die ungestüme Seele lenkte, ohne daß
sie sich eines Zwanges bewußt geworden wäre, so ist es nicht
wunderbar, daß auch andere Leidenschaften sich willig ihn
anlegen ließen. Wenngleich die Betrübnis nicht zu so raschen
Bewegungen hinreißt wie die Freude, so führt sie dagegen
auch gar keinen Ersatz für ihre zerrüttenden Wirkungen mit
sich. Tagelang Jammern ist noch weit angreifender für den
Körper als tagelang Jauchzen; und doch konnte das ganz von
seinem Verluste überwältigte Gemüt diese einzige Linderung
nicht entbehren; es weidete sich, wie Homer es ausdrückt,[5]
an der verzehrenden Wehklage. Indem diese, vom Zeitmaße
gefesselt, in Melodie übergeht, ist sie schon nicht ganz trost-
los mehr: der erquickende mildernde Einfluß wird von den
Sinnen der Seele mitgeteilt. [...]
Was ich von der Freude und der Betrübnis gesagt, wirst du,
wenn meine Vermutung dir anders Genüge leistet, leicht auf
die übrigen Leidenschaften anwenden. Die Seele, von der
Natur allein erzogen und keine Fesseln gewohnt, forderte
Freiheit in ihrer äußeren Verkündigung; der Körper be-

5 Vgl. *Ilias*, 23. Gesang, V. 10.

durfte, um nicht der anhaltenden Heftigkeit derselben zu
unterliegen, ein Maß, worauf seine innere Einrichtung ihn
fühlbar leitete. Ein geordneter Rhythmus der Bewegungen
und Töne vereinigte beides, und darin lag ursprünglich seine
wohltätige Zaubermacht. So wäre es denn erklärt, was uns
sonst so äußerst fremd dünkt, wie etwas, das uns, die wir so
vieles bedürfen, entbehrlicher Überfluß oder höchstens ein
angenehmer geselliger Luxus scheint, Tanz und Gesang, für
den beschränkten, einfältigen Wilden unter die ersten Notwendigkeiten des Lebens gehören kann. [. . .]
Du wirst bemerkt haben, liebe Freundin, daß ich im Gange
aller obigen Betrachtungen zwei Sätze ohne Beweis angenommen und stillschweigend zum Grunde gelegt habe, weil
sie mir von selbst einzuleuchten schienen. Erstlich: Poesie sei
ursprünglich von der Art gewesen, die man in der Kunstspra-
che lyrisch nennt. Zweitens: man habe sie immer unvorberei-
tet nach der Eingebung des Augenblicks gesungen, mit einem
Ausdrucke, der uns Deutschen wie die Sache selbst fremd ist,
»improvisiert«. Was jenes betrifft, so erinnere ich hier nur mit
wenigen Worten, daß dem empfindenden Wesen sein eigener
Zustand das Nächste ist; daß der Geist die Dinge zuerst nur in
ihrer Beziehung auf diesen wahrnimmt und schon zu einer
sehr hellen Besonnenheit gediehen sein muß, um seine
Betrachtung derselben, wenn ich so sagen darf, ganz aus sich
herauszustellen. Durch welche Veranlassungen und auf welchen Wegen die anderen Gattungen, die in der lyrischen ein-
gewickelt lagen, sich in der Folge von ihr gesondert, erzähle
ich dir ein anderes Mal. Vorbereitung läßt sich ohne Absicht
nicht denken: und wie sollte diese bei den ältesten Gesängen,
Kindern der Leidenschaft und des Bedürfnisses stattgefunden
haben? Das Natürliche geht immer vor dem Künstlichen her.
Zu der Zeit, da noch alle Menschen dichteten, waren die
Dichter wohl nicht so ängstlich für die Ewigkeit ihrer Werke
besorgt als heutzutage: das Lied, das auf ihren Lippen geboren ward, starb auch in demselben Augenblicke. Es dem
Gedächtnisse einzuprägen, konnte ihnen schwerlich einfal-

len, ebenso wenig, als wir alle Worte, in der Hitze eines
leidenschaftlichen Gesprächs ausgeschüttet, aufzubewahren
gedenken. Das gemeinschaftliche Singen gab vielleicht auch
hierzu den ersten Anlaß. Sollte der Chor wiederholen, was
einer vorgesungen hatte, so mußte er sich Worte und Melodie
wenigstens für so lange merken; das Gedächtnis wurde mit
ins Spiel gezogen, wie gering auch der Dienst sein mochte,
den man ihm anfangs zumutete. Doch dies läßt sich auch aus
einer anderen Ursache ableiten. Die Sprache war so äußerst
arm an Worten und Wendungen, der Kreis der Vorstellungen
so enge gezogen, daß man nicht vermeiden konnte, häufig auf
eben dasselbe zurückzukommen. Wenige Ausrufungen hießen schon ein Lied: sie genügten dem einfältigen Herzen,
erschöpften aber auch den ganzen Reichtum des kindischen
Geistes. Oft gesungen, blieben sie natürlich samt ihren
Anordnungen im Gedächtnisse hängen und boten sich bei
einer ähnlichen Gelegenheit von selbst wieder dar.

Um deine Geduld zu belohnen, liebste Amalie, wenn du diesen Brief, ohne etwas zu überspringen, bis zu Ende gelesen
hast, füge ich etwas hinzu, worüber du wenigstens einen
Augenblick lächeln magst; ein paar Proben von Poesie, welche ein Weltumsegler[6] aus der Südsee zurückgebracht hat.
Folgendes Lied dichteten einige Neuseeländer aus dem Steg-
reif, als sie den Tod eines ihnen befreundeten Tahitiers er-
fuhren:

> *Aeghib, matte, ah wäh, Tupaia!*[7]
> Gegangen, tot! O weh! Tupaia!

Das zweite ist fröhlicher. Die Tahitierinnen begrüßen damit
ihre Göttin O-Hinna, die nach ihrem Glauben in den Flecken
des Mondes wohnt:

---

6 Georg Forster (1754–94); der Bericht über seine Weltreise mit Kapitän Cook
  erschien 1777 in englischer (*A voyage towards the South Pole and around the
  world*), 1778–80 in deutscher Sprache (*Reise um die Welt*).
7 Vgl. Georg Forster, *Werke in 4 Bänden*, hrsg. von Gerhard Steiner, Bd. 1,
  Frankfurt a. M. 1967, S. 903 f.

> *Te-Uwa no te malama,*
> *Te-Uwa te hinarro.*[8]

> Das Wölkchen in dem Monde,
> Das Wölkchen liebe ich.

Dem Monde ist doch von jeher in allen Landen viel Artiges
gesagt worden. Lebe wohl!

20

JOHANN WOLFGANG GOETHE / FRIEDRICH SCHILLER

*In Fortführung ihrer kulturkritischen und kunstrichterlichen
Bestrebungen in den »Xenien« (1796) faßten Goethe und
Schiller im Frühsommer 1799 den Plan zu einer großangeleg-
ten Auseinandersetzung mit dem Dilettantismus, der jedoch
nicht zur Ausführung kam. Erhalten sind ein Aufsatz sowie
eine Reihe tabellarischer Schemata, in denen ›Nutzen‹ und
›Schaden‹ dilettantischer Kunstübung, jeweils bezogen auf die
einzelnen Künste, aufgelistet werden. Die Lyrik findet dabei
ihren Platz in einer Reihe mit Tanz und Musik als den Künsten, die durch ihre hervorgehobene Bindung an das Subjektive dem Dilettantismus näher stehen und in denen daher die
Grenze zwischen Kunst und Dilettantismus weniger scharf zu
ziehen ist als in den ›objektiven‹ Künsten Architektur, Malerei, Schauspielkunst oder – im Bereich der Literatur – in
dramatischer und epischer Dichtung.*

Über den Dilettantismus

Es gibt in allen Künsten ein Objektives und ein Subjektives,
und je nachdem das eine oder das andere darin die hervorstechende Seite ist, hat der Dilettantism Wert oder Unwert.

8 Ebd., S. 635.

Wo das Subjektive für sich allein schon viel bedeutet, muß der Dilettant sich dem Künstler nähern, z. B. Tanz, Musik, schöne Sprache, lyrische Poesie.

Wo es umgekehrt ist, scheiden sich der Künstler und Dilettant strenger, und der Dilettantism kann schädlich wirken, wie bei der Architektur, Zeichenkunst, Schauspielkunst, epischen oder dramatischen Dichtkunst.

Schema über den Dilettantismus

[Aus dem Schema über die lyrische Poesie:]

Nutzen	Schaden
	Subjekt

Ausbildung der Gefühle und des Sprachausdrucks derselben; Kultur der Einbildungskraft, besonders als integrierender Teil bei der Verstandesbildung.

Ausbildung des Sinns für das Rhythmische.

Idealisierung der Vorstellungen bei Gegenständen des gemeinen Lebens.

Erweckung und Stimmung der produktiven Einbildungskraft zu den höchsten Funktionen des Geistes auch in Wissenschaften und im praktischen Leben.

Jeder gebildete Mensch muß seine Empfindungen poetisch schön ausdrücken und folglich ein gutes

Belletristische Flachheit und Leerheit, Abziehung von soliden Studien oder oberflächliche Behandlung derselben.

Es ist hier eine größere Gefahr als bei andern Künsten, eine bloße dilettantische Fähigkeit mit einem echten Kunstberufe zu verwechseln, und wenn dies der Fall ist, so ist das Subjekt übler dran als bei jeder andern Liebhaberei, weil seine Existenz völlige Nullität hat; denn ein Poet ist nichts, wenn er es nicht mit Ernst und Kunstmäßigkeit ist.

Dilettantism überhaupt schwächt die Teilnehmung

Gedicht (lyrisches) machen können.

Da es nun keine objektive Gesetze weder für das innere noch für das äußere eines Gedichts noch gibt, so müssen sich die Liebhaber strenger noch als die Meister an anerkannte gute Muster halten und eher das Gute, was schon da ist, nachahmen, als nach Originalität streben, im Äußern und Metrischen aber die vorhandenen allgemeinsten Gesetze rigoristisch befolgen.

Und da er sich nur nach Mustern bilden kann, so muß er, um der Einseitigkeit zu entgehen, sich die allgemeinst mögliche Bekanntschaft mit allen Mustern erwerben und das Feld der poetischen Literatur noch vollkommener ausmessen, als es der Künstler selbst nötig hat.

und Empfänglichkeit für das Gute außer ihm, und indem er einem unruhigen Produktionstriebe nachgibt, der ihn zu nichts Vollkommenem führt, beraubt er sich aller Bildung, die ihm durch Aufnahme des fremden Guten zuwachsen könnte.

Dilettantism kann doppelter Art sein. Entweder vernachlässigt er das (unerläßliche) Mechanische und glaubt genug getan zu haben, wenn er Geist und Gefühl zeigt.

Oder er sucht die Poesie bloß im Mechanischen, worin er sich eine handwerksmäßige Fertigkeit erwerben kann, und ist ohne Geist und Gehalt. Beide sind schädlich, doch schadet jener mehr der Kunst, dieser mehr dem Subjekt selbst.

Nutzen	*Schaden*

Ganzes

Ausbildung der Sprache im ganzen. Vervielfältigteres Interesse	Alle Dilettanten sind Plagiarii.[1] Sie entnerven und vernichten jedes original

---

1 Plagiatoren, Nachahmer, Diebe geistigen Eigentums.

an Humanioribus,[2] im Gegensatz der Roheit des Unwissenden oder der pedantischen Borniertheit des bloßen Geschäftsmanns und Schulgelehrten.

Schöne in der Sprache und im Gedanken, indem sie es nachsprechen, nachäffen und ihre Leerheit damit ausflicken. So wird die Sprache nach und nach mit zusammengeplünderten Phrasen und Formeln angefüllt, die nichts mehr sagen, und man kann ganze Bücher lesen, die schön stilisiert sind und gar nichts enthalten. Kurz, alles wahrhaft Schöne und Gute der echten Poesie wird durch den überhandnehmenden Dilettantism profaniert, herumgeschleppt und entwürdigt.

21

FRIEDRICH VON HARDENBERG (NOVALIS)

Zusammen mit den Brüdern August Wilhelm und Friedrich Schlegel ist Novalis (1772–1801) wichtigster Vertreter der für die Frühromantik kennzeichnenden philosophischen Ästhetik, in der Gattungstheorie, Poetologie, Geschichtsphilosophie und Metaphysik eine spekulative Einheit bilden. In unmittelbarer Anwendung frühromantischer Kunst- und Sprachanschauung faßt er die theoretische Reflexion in die Form des Aphorismus und des ›Fragments‹ und sucht das Wesen lyrischer Dichtung in wiederholten Anläufen im umfassenden spekulativen Entwurf zu bestimmen.

2 Studien des klassischen Altertums, im weiteren Sinne literarisch-geisteswissenschaftliche Bildung.

Fragmente

Jedes Gedicht hat seine Verhältnisse zu den mancherlei Lesern und den vielfachen Umständen – es hat seine eigne Umgebung, seine eigne Welt, seinen eignen Gott.

Das lyrische Gedicht ist das Chor im Drama des Lebens – der Welt. Die lyrischen Dichter ein aus Jugend und Alter, Freude, Anteil und Weisheit lieblich gemischtes Chor.

Der Romandichter sucht mit Begebenheiten und Dialogen, mit Reflexionen und Schilderungen Poesie hervorzubringen, wie der lyrische Dichter durch Empfindungen, Gedanken und Bilder.

Je persönlicher, lokaler, temporeller, eigentümlicher ein Gedicht ist, desto näher steht es dem Centro der Poesie. Ein Gedicht muß ganz *unerschöpflich* sein, wie ein Mensch und ein guter Spruch.

Es wäre eine artige Frage, ob denn das lyrische Gedicht eigentlich Gedicht, Pluspoesie[1], oder Prosa, Minuspoesie[2] wäre? Wie man den Roman für Prosa gehalten hat, so hat man das lyrische Gedicht für Poesie gehalten – beides mit Unrecht. Die höchste, eigentliche Prosa ist das lyrische Gedicht.

Das lyrische Gedicht ist für Heroen, es macht Heroen. Das epische Gedicht für Menschen. Der Heros ist lyrisch, der Mensch episch, der Genius dramatisch – der Mann lyrisch, die Frau episch, die Ehe dramatisch.

1 Sprache, die zum reinen Medium der Darstellung des Unendlichen geworden ist.
2 Sprache, die an die Zweckfunktionen der Alltagssprache (»Prosa«) gebunden ist.

FRIEDRICH HÖLDERLIN

*In den poetologischen Entwürfen Hölderlins (1770–1843) aus
der Homburger Zeit (1798–1800) spielen u. a. gattungspoetische Fragen eine Rolle, allerdings weniger im Hinblick auf
den Versuch einer objektiv verbindlichen Gattungssystematik
als vielmehr in dem Bestreben, der eigenen poetischen Praxis
ein theoretisches Fundament zu geben. Charakteristisch für
Hölderlins Auffassung vom Verhältnis der Gattungen zueinander ist deren prozeßhafte Verschränkung im einzelnen
Kunstwerk (durch den ›Wechsel der Töne‹) und die Fundie-
rung der Gattungstrias ›lyrisch–episch–dramatisch‹ in einem
den Gattungen vorausliegenden Modell dichterischer An-
schauungs- und Verfahrensweisen: ›naiv‹ (als Darstellung
von ›Begebenheiten, Anschauungen, Wirklichkeiten‹), ›idealisch‹ (als Darstellung von ›Phantasien‹ und ›Möglichkeiten‹),
›heroisch‹ (als Darstellung von ›Bestrebungen, Vorstellungen,
Gedanken, Leidenschaften, Notwendigkeiten‹). Hölderlins
Vorstellungen, die nicht nur wegen ihrer entwurfhaften Formulierung große Deutungsprobleme aufwerfen, verraten hinsichtlich der Lyrik eine differenziertere Einschätzung des
Gefühlsmoments als Gattungskriterium. Mit der Betonung
der »Apriorität des Individuellen über das Ganze« (vgl.
Söring) nimmt Hölderlin eine mittlere Position zwischen
Herder und Schiller ein.*

Über den Unterschied der Dichtarten

Das lyrische, dem Schein nach idealische Gedicht ist in seiner
Bedeutung naiv. Es ist eine fortgehende Metapher Eines Ge-
fühls.
Das epische, dem Schein nach naive Gedicht ist in seiner
Bedeutung heroisch. Es ist die Metapher großer Bestre-
bungen.

Das tragische, dem Schein nach heroische Gedicht ist in seiner Bedeutung idealisch. Es ist die Metapher Einer intellektuellen Anschauung.

Das lyrische Gedicht ist in seiner *Grundstimmung* das *sinn-
lichere*, indem diese eine Einigkeit enthält, die am leichtesten
sich gibt, eben darum strebt es im äußern Schein nicht sowohl
nach Wirklichkeit und Heiterkeit und Anmut, es gehet der
sinnlichen Verknüpfung und Darstellung so sehr aus dem
Wege (weil der reine Grundton eben dahin sich neigen
möchte), daß es in seinen Bildungen und der Zusammenstel-
lung derselben gerne wunderbar und übersinnlich ist, und
die heroischen energischen Dissonanzen, wo es weder seine
Wirklichkeit, sein Lebendiges, wie im idealischen Bilde, noch
seine Tendenz zur Erhebung, wie im unmittelbaren Ausdruck verliert, diese energischen heroischen Dissonanzen,
die Erhebung und Leben vereinigen, sind die Auflösung des
Widerspruchs, in den es gerät, indem es von einer Seite nicht
ins Sinnliche fallen, von der andern seinen Grundton, das
innige Leben nicht verleugnen kann und will. Ist sein Grundton jedoch heroischer, gehaltreicher, wie z. B. der einer Pindarischen Hymne, an den Fechter Diagoras, hat er also an
Innigkeit weniger zu verlieren, so fängt es naiv an, ist er
idealischer, dem Kunstcharakter, dem uneigentlichen Tone
verwandter, hat er also an Leben weniger zu verlieren, so
fängt es heroisch an, ist er am innigsten, hat er an Gehalt,
noch mehr aber an Erhebung, Reinheit des Gehalts zu verlieren, so fängt es idealisch an.

In lyrischen Gedichten fällt der Nachdruck auf die unmittel-
barere Empfindungssprache, auf das Innigste, das Verweilen,
die Haltung auf das Heroische, die Richtung auf das Idealische hin.

FRIEDRICH SCHLEGEL

Wie Novalis (vgl. Text Nr. 21) hat Friedrich Schlegel (1772 bis 1829) sich mit Vorliebe der aphoristischen Form bedient, und wie bei diesem sind seine Vorstellungen zur Gattungspoetik und zur Lyrik geprägt von der Tendenz nach spekulativer Einbettung der gattungstheoretischen Reflexion in den Gesamtzusammenhang frühromantischer Lebens- und Kunstphilosophie.

Fragmente

Lyrische Gedichte dürfen nicht *gemacht* werden; sie müssen *wachsen* und gefunden werden.

Alle lyrische Poesie hat eine Neigung, epigrammatisch zu werden.

Nur wer *sonst schon* Dichter ist, kann lyrische Gedichte machen.

Lyrische Gedichte sind romantische Fragmente[1].

Lyrische Gedichte sollten gar keine *eigne* Gattung sein, sondern nur mit gebraucht werden und eingeflochten bei mystischen Werken[2], dramatischen, Roman etc.

Es gibt eine epische, lyrische, dramatische *Form* ohne den Geist der alten Dichtarten dieses Namens, aber von bestimmtem und ewigem Unterschied. – Als *Form* hat die epische offenbar den Vorzug. Sie ist subjektiv-objektiv. – Die lyrische ist bloß *subjektiv*, die *dramatische* bloß *objektiv*.

---

1 Abgekürzte Darstellungen des Unendlichen.
2 Werke, die auf die Darstellung des Übersinnlichen, Geistigen, Unendlichen abzielen.

AUGUST WILHELM SCHLEGEL

A. W. Schlegel (vgl. Text Nr. 19) zeigt in seinen Berliner und Wiener Vorlesungen »Über schöne Literatur und Kunst« (1801–04) und »Über dramatische Kunst und Literatur« (1809–11) die für das spekulative Gattungsdenken charakteristische Beschränkung auf die gattungspoetische Trias und die dialektische Kombination der Gattungen nach dem Konzept der frühromantischen Lehre von der Mischung der Dichtarten im Kunstwerk und dem Konzept der »progressiven Universalpoesie«. In der Synthese von historisch-genetischem und systematischem Ansatz wird die lyrische Gattung zugleich als die ursprüngliche, erste und als einfache, unvermittelte, »rein subjektive« Dichtart definiert und bildet die unterste Stufe eines triadisch-dialektischen Gattungsmodells, an dessen Spitze das Drama als Durchdringung von Lyrisch-Subjektivem und Episch-Objektivem steht.

Von den Dichtarten

Ihre Scheidung Anfangspunkt der eigentlichen Dichtkunst. Weit reiner in der antiken Poesie, weswegen diese vorzugsweise als Kunst und klassisch erscheint. In der romantischen Poesie eine unauflösliche Mischung aller poetischen Elemente. Daher, daß man sie verkennt. Die eigentlichen Originalwerke der Neueren ganz übersehen, die schlechten Nachahmungen der Alten als das Wichtigste gepriesen. Keinen Sinn für das Chaos. Auch das Universum bleibt der höheren Ansicht immer noch Chaos. Das Streben nach dem Unendlichen ist in der romantischen Poesie nicht bloß im einzelnen Kunstwerke ausgedrückt, sondern im ganzen Gange der Kunst. Grenzenlose Progressivität.
Die Betrachtung der Dichtarten kann nach der historischen Ordnung fortgehen. In der modernen Poesie muß sie es

ohnehin, wegen Mangel strenger Sonderung. – In der antiken folgen die Gattungen ebenso in der Zeit wie im System. Erst die Hauptgattungen, von der einfachsten.

Übergang zu dieser Lehre. Idee einer Naturgeschichte der Poesie im Vorhergehenden. Ende derselben. Übergang zur Kunst und dem Bewußtsein derselben. Alle ursprünglichen Gesänge momentane Eingebung. Stürmische Affekte. Bedürfnis, sie zu äußern. Gegenwart früher als Erinnerung. Urpoesie unmittelbares Leben und Handlung. Naturkeim des lyrischen Gedichts. Improvisieren. Doppelte Art. Künstliche Virtuosität im Improvisieren. Dergleichen Beispiele bei den Alten. Bei den Italienern. Was davon zu halten. Siehe Friedrichs *Geschichte der griechischen Poesie* S. 151.[1] – Natürliches Improvisieren: Siehe die Note.

Wiederholungen in der Urpoesie. Einprägung. Aufbewahrung. Vorbereitung wegen des gemeinschaftlichen Fortschritts vom Bedürfnis zum Geschäft und dann zum Spiel. Alle ursprünglichen Dichter – nur einzeln. Ein Stand. Homerische Periode. Wolfische Entdeckung.[2] Ganz neue Richtung der Untersuchungen über den Homer.

Einteilung der Gattungen beim Plato. Beibehalten worden. Neue versuchte Einteilung in lyrisch und pragmatisch,[3] dieser in erzählende und dialogische. Ungültig. Kein poetischer Einteilungsgrund. – Episch, lyrisch, dramatisch; These, Antithese, Synthese. Leichte Fülle, energische Einzelheit, harmonische Vollständigkeit und Ganzheit. Kategorien der Quantität. Beziehung auf die der Modalität. Vielleicht auch auf die beiden anderen. – Das Epische, das rein Objektive im menschlichen Geiste. Das Lyrische, das rein Subjektive. Das Dramatische, die Durchdringung von beiden. Eine Außen-

---

1 Friedrich Schlegel, *Geschichte der Poesie der Griechen und Römer*, Berlin 1798.
2 Friedrich August Wolf (1759–1824), klassischer Philologe, gab mit seiner These, daß die homerischen Epen spätere Zusammenfassungen von Episodenliedern verschiedener Verfasser seien (*Prolegomena ad Homerum*, 1795), den entscheidenden Anstoß zur neueren Homer- und Heldenepen-Forschung.
3 Vgl. die Texte Nr. 15 und 16.

welt, in deren Darstellung der innere Sinn, der sie aufnimmt, mit übergeht. Universalität, Individualität, Idealität. Gewissermaßen kommen diese Prädikate allen drei Gattungen zu, hier aufs nächste und unmittelbarste. – Im Dramatischen Gegensatz komisch und tragisch. Das Epische und Lyrische, einfach.

Die drei Hauptgattungen der Poesie

Die drei Hauptgattungen der Poesie überhaupt sind die epische, die lyrische und die dramatische. Alle übrigen Nebenarten lassen sich entweder nach ihrer Verwandtschaft einer von diesen unterordnen und daraus ableiten, oder sie sind als Mischungen aus ihnen zu erklären. Wenn wir aber jene drei Gattungen in ihrer Reinheit auffassen wollen, so gehen wir auf die Gestalt zurück, worin sie sich bei den Griechen zeigen. Die Theorie läßt sich auf die Geschichte der griechischen Poesie am bequemsten anwenden: denn diese ist, sozusagen, systematisch; sie bietet für jeden unabhängig von der Erfahrung abgeleiteten Begriff die entsprechenden Beispiele am urkundlichsten dar.

Es ist merkwürdig, daß bei der epischen und lyrischen Poesie keine solche Spaltung in zwei entgegengesetzte Arten stattfindet, wie bei der dramatischen. Man hat zwar die sogenannte scherzhafte Epopöe als eine eigne Gattung aufgestellt; es ist aber eine zufällige Nebenart, eine bloße Parodie des Epos, welche darin besteht, daß man die in jenem herrschende feierlich abgemessene Entfaltung, die nur großen Gegenständen zu geziemen scheint, auf das Kleine und Unbedeutende anwendet. In der lyrischen Poesie finden nur Grade und Abstufungen statt, zwischen dem Liede, der Ode und der Elegie aber keine eigentliche Entgegensetzung.

Der Geist des epischen Gedichtes, wie wir ihn in dessen Vater Homer erkennen, ist klare Besonnenheit. Das Epos ist eine ruhige Darstellung des Fortschreitenden. Der Dichter erzählt

sowohl traurige als fröhliche Begebenheiten, aber er erzählt
sie mit Gleichmut und hält sie als schon vergangen in einer
gewissen Ferne von unserm Gemüt.

Das lyrische Gedicht ist der musikalische Ausdruck von
Gemütsbewegungen durch die Sprache. Das Wesen der mu-
sikalischen Stimmung besteht darin, daß wir irgendeine
Regung, sei sie nun an sich erfreulich oder schmerzlich, mit
Wohlgefallen festzuhalten, ja innerlich zu verewigen suchen.
Die Empfindung muß also schon in dem Grade gemildert
sein, daß sie uns nicht durch Streben nach der Lust oder
Flucht vor dem Schmerz über sich selbst hinausreiße, son-
dern daß wir, unbekümmert um den Wechsel, welchen die
Zeit herbeiführt, in einem einzelnen Augenblick unsers Da-
seins einheimisch werden wollen.

25

FRIEDRICH WILHELM JOSEPH SCHELLING

*Schellings (1775–1854) »Philosophie der Kunst« ist das erste
Beispiel einer systematischen Kunsttheorie aus dem Geist des
deutschen Idealismus, die das Postulat, daß die Kunst »das
einzig wahre und ewige Organon zugleich und Dokument
der Philosophie« sei, in die Praxis ästhetischer Reflexion um-
setzt. In systematischem Aufriß der Kunstformen und -gat-
tungen führt Schelling zwei Reihen von Künsten parallel:
Musik, Malerei, Plastik als Erscheinungsformen der ›reellen
Kunstwelt‹ und Poesie (Lyrik, Epik, Dramatik) als Erscheinungsform der ›ideellen Kunstwelt‹, wobei die Sonderstellung
der Dichtkunst gegenüber den anderen Künsten darauf beruht, daß in ihrem Material, der Sprache, im Rahmen der
Schellingschen Geist-Natur-Philosophie bereits eine erste
Stufe der Integration des Idealen und Unendlichen in das
Reale und Endliche verwirklicht ist (»Die Sprache ist daher
gleichsam der potenzierteste, aus der Einbildung des Unendli-*

chen ins Endliche entsprungene Stoff. Die Materie ist das ins Endliche eingegangene Wort Gottes«). In beiden Reihen findet eine Steigerung statt, deren Ziel die Darstellung einer absoluten Verwandlung des Idealen in das Reale ist. In der Abfolge dieser Steigerung nehmen Lyrik und Musik jeweils die unterste, Dramatik und Plastik die höchste Stufe ein. – Schellings Ansichten gewannen, obwohl die »Philosophie der Kunst« erst 1859 aus dem Nachlaß publiziert wurde, über die Vorlesungen, die er zur Ästhetik seit 1802/03 in Jena und 1804/ 1805 in Würzburg hielt, schon früh öffentliche Verbreitung.

Konstruktion der einzelnen Dichtarten

Das Wesen aller Kunst als Darstellung des Absoluten im Besonderen ist reine Begrenzung von der einen und ungeteilte Absolutheit von der andern Seite. Schon in der Naturpoesie müssen die Elemente sich scheiden, und die vollendet eintretende *Kunst* ist erst mit der strengen Scheidung gesetzt. Am strengsten begrenzt in allen Formen ist auch hier wieder die antike Poesie, ineinanderfließender, mischender die moderne: daher durch diese eine Menge Mittelgattungen entstanden sind.

Wenn wir in der Abhandlung der verschiedenen Dichtungen der natürlichen oder historischen Ordnung folgen wollten, so würden wir von dem Epos als der Identität ausgehen und von da zur lyrischen und dramatischen Poesie fortgehen müssen. Allein da wir uns hier ganz nach der wissenschaftlichen Ordnung zu richten haben und da nach der bereits vorgezeichneten Stufenfolge der Potenzen[1] die der Besonderheit oder Differenz die erste, die der Identität die zweite und das, worin Einheit und Differenz, Allgemeines und Besonderes selbst eins sind, die dritte ist, so werden wir auch hier dieser Stufenfolge getreu bleiben und machen demnach den Anfang mit der lyrischen Kunst.

1 Seinsstufen.

Daß die *lyrische* Poesie unter den drei Dichtarten der *realen* Form entspricht, erhellt schon daraus, daß ihre Bezeichnung auf die Analogie mit der Musik hinweist. Allein noch bestimmter ist dies auf folgende Weise darzutun.

In derjenigen Form, welche der Einbildung des Unendlichen in das Endliche entspricht, muß eben deswegen das Endliche, die Differenz, die Besonderheit das Herrschende sein. Aber eben dies ist der Fall in der lyrischen Poesie. Sie geht unmittelbarer als irgendeine andere Dichtart von dem Subjekt und demnach von der Besonderheit aus, es sei nun, daß sie den Zustand eines Subjekts, z. B. des Dichters, ausdrücke oder von einer Subjektivität die Veranlassung einer objektiven Darstellung nehme. Sie kann eben deswegen und *in* dieser Beziehung wieder die subjektive Dichtart heißen, Subjektivität nämlich im Sinn der Besonderheit genommen.

In jeder andern Art des Gedichts ist seiner inneren Identität unerachtet doch ein Wechsel der Zustände möglich, in der lyrischen herrscht, wie in jedem Musikstück, nur *ein* Ton, *eine* Grundempfindung, und wie in der Musik eben wegen der Herrschaft der Besonderheit alle Töne, welche sich mit dem herrschenden verbinden, auch wieder nur *Differenzen* sein können, so spricht sich auch in der Lyrik jede Regung wieder als Differenz aus. Die lyrische Poesie ist am meisten dem Rhythmus untergeordnet, ganz abhängig, ja fortgerissen von ihm. Sie meidet die gleichförmigen Rhythmen, während das Epos sich auch in dieser Rücksicht in der höchsten Identität bewegt.

Das lyrische Gedicht ist überhaupt Darstellung des Unendlichen oder Allgemeinen im Besondern. So geht jede pindarische Ode von einem besondern Gegenstand und einer besondern Begebenheit aus, schweift aber von dieser ins Allgemeine ab, z. B. in den späteren mythologischen Kreis, und indem sie aus diesem wieder zum Besondern zurückkehrt, bringt sie eine Art der Identität beider, eine wirkliche Darstellung des Allgemeinen im Besondern hervor.

Da die lyrische Poesie die subjektivste Dichtart, so ist notwendig auch die Freiheit in ihr das Herrschende. Keine Dichtart ist weniger einem Zwang unterworfen. Die kühnsten Absprünge von der gewohnten Gedankenfolge sind ihr erlaubt, indem alles nur darauf ankommt, daß ein Zusammenhang im Gemüt des Dichters oder Hörers sei, nicht objektiv oder außer ihm. In dem Epos waltet vollkommenste Stetigkeit, im lyrischen Gedicht ist diese aufgehoben, wie in der Musik, wo lauter Differenzen und zwischen dem einen Ton und dem folgenden eine wahre Stetigkeit unmöglich ist, dagegen in Farben alle Differenzen wieder in *eine* Masse, wie aus *einem* Guß, zusammenfließen.

Das *An-sich* aller lyrischen Poesie ist Darstellung des Unendlichen im Endlichen, aber da sie nur in der Sukzession sich bewegt, so entsteht dadurch gleichsam als inneres Lebens- und Bewegungsprinzip der *Gegensatz* des Unendlichen und Endlichen. In dem Epos ist Unendliches und Endliches absolut eins, deswegen in diesem keine Anregung des Unendlichen, nicht als ob es nicht da wäre, sondern weil es in einer gemeinschaftlichen Einheit mit dem Endlichen ruht. Im lyrischen Gedicht ist der Gegensatz erklärt. Daher die vorzüglichsten Gegenstände des lyrischen Gedichts *moralisch*, kriegerisch, leidenschaftlich überhaupt.

26

FRIEDRICH BOUTERWEK

Der Göttinger Literarhistoriker und Kunsttheoretiker Friedrich Bouterwek (1766–1828), in seiner Zeit angesehener und einflußreicher Vertreter eines eher konservativ-rationalistischen Denkens, unterscheidet in der ersten Fassung seiner »Ästhetik« von 1806 vier Klassen von Dichtungsarten: 1. lyrische, 2. didaktische, 3. epische, 4. dramatische, zu denen als fünfte eine »Ergänzungsklasse« mit »Ekloge, Epigramm, Idylle, Roman« kommt; in den stark überarbeiteten Auflagen

*von 1815 und 1825 erweitert'er die Gattungssystematik um
die Zweiteilung in Vers- und Prosadichtung und stellt den
genannten Klassen als »erster Abteilung« (mit dem Roman als
Übergangsstufe) eine zweite Abteilung »Schöne Prosa« (u. a.
Geschichtsschreibung, Dialog, Brief) gegenüber. Seine Definition der lyrischen Gattung ist einerseits noch dem älteren
Ansatz verpflichtet, das Wesen der Lyrik über das der ›Ode‹
zugeschriebene Moment der »schönen Unordnung« zu erschließen, andrerseits zollt Bouterwek dem veränderten
Zeitgeist Tribut, indem er romantische Vorstellungen zum
›Fragment‹ und die philosophische Begrifflichkeit ›objektiv-
subjektiv‹ einbezieht, letztere allerdings ohne dialektisch-spe-
kulativen Hintergrund. In der Auflage von 1825 dominiert in
Bouterweks Lyrik-Auffassung denn auch eher der Begriff des
›Individuellen‹ (»bei keiner Klasse von Gedichten [ist] die
Individualität des Dichters von so entscheidender Bedeutung
als bei der lyrischen Klasse«).*

Lyrische Formen

Das Wesen der lyrischen Poesie ist die Darstellung der poetischen Natur des Dichters selbst, seiner freien Weltansicht
und seines Gefühls. Von dieser Poesie kann man mit Recht
sagen, daß sie im Keime so weit verbreitet ist als die menschliche Natur. Denn wo wäre der Mensch, der nie in seinem
Leben einen lyrischen Augenblick gehabt hätte? Eben deswegen erscheint auch die lyrische Poesie als die natürlichste; jede
andre poetische Form spielt mehr oder weniger in den Ton
der Lyra hinüber; und weil der Ausdruck des Subjektiven der
lyrischen Poesie wesentlich ist, so fordert sie vorzüglich zum
Gesange auf; denn der musikalische Ausdruck übertrifft
jeden andern an subjektiver Kraft. Das Bedürfnis des Gesanges veranlaßt dann wieder die lyrischen Strophen.
Aber eben die allgemeine Natürlichkeit der lyrischen Poesie
veranlaßt, daß man so leicht jede schöne Sprache des Gefühls

für lyrische Poesie hält. Besonders glaubt gewöhnlich der Jüngling, der in Versen die Sprache des Herzens zu reden versucht, daß es doch wohl Poesie sein müsse, was er aus vollem Herzen singt. Kein Vorurteil kann der lyrischen Poesie mehr schaden. Wenn die bestimmte Welt-Ansicht, die dem Ausdrucke des Gefühls zum Grunde liegt, nicht schon an sich poetisch ist, so bleibt jener Ausdruck, sei er auch noch so wahr und stark und noch so gut versifiziert, immer prosaisch. Das Geheimnis der lyrischen Poesie ist die mittelbare Objektivität eben der Darstellung, in welcher unmittelbar nur der Dichter selbst erscheint. Ein lyrisches Gedicht, das mit Recht so heißt, öffnet uns eine neue Aussicht in die Natur und in das poetische Verhältnis des menschlichen Geistes zur Welt. Die lyrische Poesie geht daher, sobald sie sich über die engsten Beschränkungen des Augenblicks erweitert, von selbst in die didaktische über; und je höher sie sich zur Region der Ode erhebt, desto didaktischer wird ihr Flug. In jeder vollkommen lyrischen Komposition muß ein *universeller Gedanke* herrschen, der aber als individuell erscheint. Den Mangel eines solchen Gedankens können die schönsten Bilder und Beschreibungen nicht vergüten. Aber sobald der lyrische Gedankenschwung in strenge Betrachtung übergeht, hebt er sich selbst auf. Die lyrische Ordnung der Gedanken und Bilder ist eben deswegen eine logische Unordnung. Frei muß der lyrische Strom der Gedanken und Gefühle bald brausen, bald spiegelnd sich ergießen. Auch der Schatten eines Systems muß im lyrischen Gedichte verschwinden, weil sonst das poetische Interesse sogleich zum theoretischen wird. Aber Fragmente einer wahren Lebensphilosophie dringen durch keine Art von Darstellung so tief in das Innere der Seele als durch die lyrische.

27

JEAN PAUL

»Jean Paul in seiner Ästhetik hat über die lyrische Poesie nur einen leeren Raum, und seine eigene Versicherung, daß es kein leerer Raum sei.« Friedrich Hebbels abfälliges Urteil bezieht sich auf die erste Auflage der »Vorschule der Ästhetik« (1804), in der Jean Paul (1763–1825) eigene poetologische Grundanschauungen in enger Anlehnung an die romantische Ästhetik entwickelte, in der gattungspoetischen Gliederung sich jedoch an Eschenburgs Vorbild (vgl. Text Nr. 16) einer Zweiteilung der literarischen Gattungen in ›darstellende‹ (Drama) und ›berichtende‹ (Epos) Formen orientierte und daher die Lyrik nicht als eigene Gattung behandelt hatte. Erst in der zweiten Auflage von 1813 widmete Jean Paul der »Lyra«, wie er die Lyrik, älterem Sprachgebrauch folgend, nannte, ein eigenes »Programm« und entwickelte darin ein Lyrik-Verständnis, das in bewußter Distanz zu spekulativer Gattungssystematik wieder an die traditionelle Ableitung der Lyrik vom Ausdruck der Empfindung anknüpft und dabei weniger auf formale äußere Abgrenzung als auf die künstlerische Gestaltung im einzelnen Werk abzielt. In der nachgeschobenen »Kleinen Nachschule zur ästhetischen Vorschule« (1825) ergänzt Jean Paul seine Darstellung der Lyrik um Erörterungen zum Problem der Fiktivität eines spontanen, unvermittelten Ausdrucks der Empfindung (»Dichten mit Empfindungen und ohne sie«, § 20).

Über die Lyra

Dieses Programm muß zwar nicht zu kurz ausfallen – wie in der ersten Auflage, wo es gar fehlte –, aber doch kurz; es ist wenig darin mit wenigen Worten zu sagen, was nicht schon früher mit vielen wäre gesagt worden. Im frühern Auslassen der ganzen lyrischen Abteilung hatt' ich einen alten, wenn

auch nicht guten Vorgänger an Eschenburg[a], welcher gleichfalls nur alles in *Drama* und in *Epos* einteilt, und in das letzte
die ganze lyrische Herde, die Ode, die Elegie und noch Satiren, Allegorien und Sinngedichte einlagert. Er gewann sich
nämlich an der Person des Dichters selber einen Markstein
und eine Hermessäule einer leichten Abgrenzung aller Dichtarten, jenseits und diesseits: spricht der Dichter selber, dann
wirds, sagt er, Epos et compagnie, z. B. Elegie; läßt er andere
sprechen, so ist das Drama da. Man könnte so den Dichter in
Rücksicht seiner geschaffnen Welt, wie sonst streitende Welt-
weise Gott in Rücksicht der seinigen, bald extramundan
(außerweltlich), bald intramundan (innerweltlich) betrachten. – – Gibt es dann aber eine flüssigere Abteilung und
Abscheidung mitten auf dem poetischen Meere? Denn weder
die Einmengung, noch die Versteckung des Dichters entscheidet zwischen zwei Formen des Gedichts; der sich spre-
chend einführende Dichter ist so gut und nicht schlechter ein
Glied des ganzen Gedichts als jeder andere Sprecher; er selber
muß sich darin verwandeln und verklären wie jeder andere
Mensch und aus der Asche seiner Individualität den poetischen Phönix wecken. Der Maler wird zum Gemälde, der
Schöpfer zu seinem Geschöpfe. – – Wie leicht wären, falls nur
die Kleinigkeiten des Sprechens und des Sprechenlassens
abteilten, Formen in Formen einzuschmelzen, und derselbe
Dithyrambus würde z. B. bald episch, wenn der Dichter vorher sagte und sänge, er wolle einen fremden singen, bald
lyrisch durch die Worte, er wolle seinen eignen singen, bald
dramatisch, wenn er ihn ohne ein Wort von sich in ein tragi-
sches Selbstgespräch einschöbe. Aber bloße Förmlichkeiten
sind – in der Poesie wenigstens – keine Formen.
Das Epos stellt die *Begebenheit*, die sich aus der *Vergangenheit* entwickelt, das Drama die *Handlung*, welche sich für
und gegen die *Zukunft* ausdehnt, die Lyra die *Empfindung*
dar, welche sich in die *Gegenwart* einschließt. Die Lyra geht,

a Dessen Entwurf einer Theorie und Literatur der schönen Wissenschaft. Neue,
  umgearbeitete Ausgabe 1789.

da Empfindung überhaupt die Mutter und der Zunderfunke
aller Dichtung ist, eigentlich allen Dichtformen voraus, als
das gestaltlose Prometheus-Feuer, welches Gestalten gliedert
und belebt. Wirkt dieses lyrische Feuer allein, außerhalb den
beiden Formen oder Körpern, Epos und Drama, so nimmt
die freifliegende Flamme, wie jede körperliche, keine um-
schriebene feste Gestalt an, sondern lodert und flattert als
Ode, Dithyrambus, Elegie. Sie dringt ins Drama als Chor,
zuweilen als Selbstgespräch, als Dithyrambus in Weh und
Lust, obwohl immer nur als abhängiges Mittelglied, nicht
sich allein aussprechend, sondern dem Ganzen nachspre-
chend. Es wäre möglich, durch ein Drama eine Bergkette von
hohen Oden gehen zu lassen. Die Vergangenheit im Epos
mildert jeden lyrischen Sturm und leidet schwer die erzählende Einwebung eines Chors, Dithyrambus u. s. w.
In der eigentlichen lyrischen Dichtkunst waltet die Begebenheit nur als Gegenwart, und die Zukunft nur als Empfindung.
Die Empfindung wird sich allein und unabhängig darstellen,
ohne etwan wie im Epos alle ihre Eltern, oder wie im Drama
ihre Kinder zu malen. Der verschlungene Plan der *Ode* ist
daher keine verlarvte Larve einer kleinen epischen Begebenheit; die geschichtlichen Einwebungen sind nur Ausbrüche
des lyrischen Feuergusses, welcher überrinnend nach allen
Seiten des Berges abläuft. Die Empfindung fliegt ohne alle
historische Weg-Linie zwischen Ende, Anfang und Mitte
umher, nur von ihrer Überspannung und Ermattung wech-
selnd getrieben; daher sie z. B. vielleicht am Ende einer Ode
von ihrem geschichtlichen Anfange an noch stärker ergriffen
sein kann als anfangs derselben. Ja die Empfindung darf sich
kühn hinstellen, im Verlaß auf die Gemeinschaftlichkeit aller
Herzen, ohne ein eingewebtes Wort Begebenheit; z. B. eine
Ode über Gott, Tod etc.; der Dichter besingt nur eine alte
feste Geschichte in der Menschenbrust. Übrigens wird,
könnte man noch sagen, das Geschichtliche im Epos erzählt,
im Drama vorausgesehen und gewirkt, in der Lyrik empfunden oder erlebt.

Wird die Empfindung, wie eigentlich sein soll, für das Gemeinschaftliche, für den Blutumlauf aller Dichtkunst angesehen: so sind die lyrischen Arten nur aufgerissene, für sich fortlebende Glieder der beiden poetischen Riesenleiber, insofern die Dichtkunst ein Doppeladler oder eine Apollons-Sonne im Zwilling ist. Mithin wäre die Ode, der Dithyrambus, die Elegie, das Sonett nur als ein Unisono aus der harmonischen Tonleiter des *Drama* ausgehoben und für sich belebt. Ebenso sind die Romanze, das Märchen, die Ballade, die Legende etc. nur ein Tongang aus der Fuge des *Epos*. Freilich der Kunst selber wird mit solchen immer enger einlaufenden Abteilungen, welche sich bloß nach der poetischen, so unwesentlichen Verschiedenheit der *Gegenstände* und der *Zeilen-Räume* regeln, nicht hoch aufgeholfen; indes wollen wir aus den beiden großen Flügeln, dem Epos und dem Drama, noch einige Federn ziehen und nachsehen, ob sie dem linken oder dem rechten gehören, nicht sowohl des Nutzens oder der Lehre und Wahrheit wegen, als weil es zu sehr um Vollständigkeit eines ästhetischen Lehrbuchs zu tun ist.

28

JOHANN WOLFGANG GOETHE

Die Form des Gattungsdenkens, wonach in den literarischen Gattungen naturgegebene archetypische Gesetzmäßigkeiten zum Ausdruck kommen, findet in Goethes (1749–1832) Abschnitt über die »Naturformen der Dichtung« in den »Noten und Abhandlungen zu besserem Verständnis des West-östlichen Divans« (1816–18 entstanden, 1819 veröffentlicht) eine vielberufene Autorität. In der als Lesehilfe gedachten kulturgeschichtlichen Einführung in die Welt der orientalischen Dichtung hat Goethe in lockerer Folge das Besondere mit dem Allgemeinen verknüpft und Stellung zu grundsätzlichen literaturtheoretischen Fragen bezogen. Sein Versuch, ein Modell für die Systematik der literarischen Gattungen zu finden, lehnt sich in den methodischen Voraussetzungen an Goethes naturwissenschaftliche Untersuchungen an und zielt darauf ab, durch den Bezug zu den drei Grund- und Naturformen Epos, Lyrik, Drama die Vielfalt der literarischen Erscheinungsformen zu ordnen. Die in diesem Zusammenhang unter Systemzwang vorgenommene Kennzeichnung der Lyrik als »enthusiastisch aufgeregter« Naturform kann keineswegs als verbindlich für Goethes sonstige Einschätzung der Lyrik angesehen werden. Die Anregung Goethes hat ein Jahrhundert später Julius Petersen aufgegriffen und ungeachtet der mit ihr verknüpften Warnung vor den Schwierigkeiten einer Umsetzung in die Praxis zu einer vollständigen Systematik der literarischen Gattungs- und Formenwelt ausgebaut (Petersen, 1925 und 1939).

Dichtarten

Allegorie[1], Ballade, Cantate, Drama, Elegie, Epigramm, Epistel[2], Epopöe[3], Erzählung, Fabel, Heroide[4], Idylle, Lehrgedicht, Ode, Parodie, Roman, Romanze[5], Satire.

Wenn man vorgemeldete Dichtarten, die wir alphabetisch zusammengestellt, und noch mehrere dergleichen methodisch zu ordnen versuchen wollte, so würde man auf große, nicht leicht zu beseitigende Schwierigkeiten stoßen. Betrachtet man obige Rubriken genauer, so findet man, daß sie bald nach äußeren Kennzeichen, bald nach dem Inhalt, wenige aber einer wesentlichen Form nach benamst sind. Man be-

---

1 Sinnbildliche Darstellung (in lyrischer, epischer oder dramatischer Ausführung).
2 Briefgedicht.
3 Epos, Heldengedicht.
4 Fingierter poetischer Liebesbrief einer berühmten Figur aus Sage oder Geschichte.
5 Balladenhafte, episch-lyrische Dichtung spanischen Ursprungs.

merkt schnell, daß einige sich nebeneinander stellen, andere sich andern unterordnen lassen. Zu Vergnügen und Genuß möchte jede wohl für sich bestehen und wirken, wenn man aber zu didaktischen oder historischen Zwecken einer rationelleren Anordnung bedürfte, so ist es wohl der Mühe wert, sich nach einer solchen umzusehen. Wir bringen daher folgendes der Prüfung dar.

Naturformen der Dichtung

Es gibt nur drei echte Naturformen der Poesie: die klar erzählende, die enthusiastisch aufgeregte und die persönlich handelnde: *Epos, Lyrik* und *Drama*. Diese drei Dichtweisen können zusammen oder abgesondert wirken. In dem kleinsten Gedicht findet man sie oft beisammen, und sie bringen eben durch diese Vereinigung im engsten Raume das herrlichste Gebild hervor, wie wir an den schätzenswertesten Balladen aller Völker deutlich gewahr werden. Im älteren griechischen Trauerspiel sehen wir sie gleichfalls alle drei verbunden, und erst in einer gewissen Zeitfolge sondern sie sich. Solange der Chor die Hauptperson spielt, zeigt sich Lyrik obenan; wie der Chor mehr Zuschauer wird, treten die andern hervor, und zuletzt, wo die Handlung sich persönlich und häuslich zusammenzieht, findet man den Chor unbequem und lästig. Im französischen Trauerspiel ist die Exposition episch, die Mitte dramatisch, und den fünften Akt, der leidenschaftlich und enthusiastisch ausläuft, kann man lyrisch nennen.
Das Homerische Heldengedicht[6] ist rein episch; der Rhapsode[7] waltet immer vor, was sich ereignet, erzählt er; niemand darf den Mund auftun, dem er nicht vorher das Wort verliehen, dessen Rede und Antwort er nicht angekündigt. Abgebrochene Wechselreden[8], die schönste Zierde des Dramas, sind nicht zulässig.

6 Homers Hexameterepen *Ilias* und *Odyssee*.
7 Sänger, Rezitator.
8 Schnelle, direkte Folge von Rede und Gegenrede (Stichomythie).

Höre man aber nun den modernen Improvisator[9] auf öffentlichem Markte, der einen geschichtlichen Gegenstand behandelt; er wird, um deutlich zu sein, erst erzählen, dann, um Interesse zu erregen, als handelnde Person sprechen, zuletzt enthusiastisch auflodern und die Gemüter hinreißen. So wunderlich sind diese Elemente zu verschlingen, die Dichtarten bis ins Unendliche mannigfaltig; und deshalb auch so schwer eine Ordnung zu finden, wonach man sie neben- oder nacheinander aufstellen könnte. Man wird sich aber einigermaßen dadurch helfen, daß man die drei Hauptelemente in einem Kreis gegen einander über stellt und sich Musterstücke sucht, wo jedes Element einzeln obwaltet. Alsdann sammle man Beispiele, die sich nach der einen oder nach der andern Seite hinneigen, bis endlich die Vereinigung von allen dreien erscheint und somit der ganze Kreis in sich geschlossen ist.

Auf diesem Wege gelangt man zu schönen Ansichten sowohl der Dichtarten als des Charakters der Nationen und ihres Geschmacks in einer Zeitfolge. Und obgleich diese Verfahrungsart mehr zu eigener Belehrung, Unterhaltung und Maßregel als zum Unterricht anderer geeignet sein mag, so wäre doch vielleicht ein Schema aufzustellen, welches zugleich die äußeren zufälligen Formen und diese inneren notwendigen Uranfänge in faßlicher Ordnung darbrächte. Der Versuch jedoch wird immer so schwierig sein als in der Naturkunde das Bestreben, den Bezug auszufinden der äußeren Kennzeichen von Mineralien und Pflanzen zu ihren inneren Bestandteilen, um eine naturgemäße Ordnung dem Geiste darzustellen.

9 Bänkelsänger.

*Das »Konversations-Lexikon oder enzyklopädische Hand-
wörterbuch für gebildete Stände«, ab 1796 in verschiedenen
Auflagen erscheinend und Vorgänger der Brockhaus-Enzy-
klopädie, gibt der Darstellung der literarischen Gattungsbegriffe breiten Raum und bietet einen guten Einblick in die sich
wandelnden Voraussetzungen gattungspoetischer Reflexion.
Am »Lyrik«-Artikel der vierten Auflage von 1817 ist der für
die Entwicklung des Lyrik-Denkens symptomatische Übergang vom Ausdruck ›Gefühls‹ zum Ausdruck ›subjektiver‹
Erfahrung gut zu beobachten. Zugleich wird in der Warnung
vor ungezügelter Individualität und der Verpflichtung auf
das »Genie« und den »vollendeten Menschen« die Nachwirkung von Schillers Bürger-Kritik (vgl. Text Nr. 17) sichtbar.*

Lyrik, lyrische Poesie

Lyrik, lyrische Poesie ist diejenige Gattung der Poesie (oder
Dichtungsart), durch welche der Dichter sein inneres Leben
im Zustande des bewegten Gefühls *unmittelbar* darstellt.
Dadurch, daß in derselben das *Gefühl* das Herrschende ist, ist
sie von der *dramatischen* Poesie, in welcher die Anschauung
zu einem von dem Innern des Dichters verschiedenen Leben
selbstständig ausgebildet ist, und von der *epischen* verschieden, welche in ihren vollendetsten Werken einen umfassenden Kreis von Handlungen in einer anschaulichen Begebenheit *als von dem Dichter angeschaut* darstellt und beides,
Gefühl und Anschauung, im vollen Gleichgewichte enthält.
Verglichen mit Epos und Drama ist das lyrische Gedicht das
beschränkteste, denn das Gefühl ist beschränkt auf den
Moment der Gegenwart, aber um desto tiefer, voller und
mächtiger spricht es das Gemüt an. Was der lyrische Dichter

gibt, gibt er als sein eigenes *Inneres*, weshalb man auch die
lyrische Poesie die *subjektive,* im Gegensatze der übrigen
Dichtungsarten, genannt hat. Auch heißt daher im weitern
Sinne jede Darstellung lyrisch, welche nicht sowohl die
Gegenstände des Gefühls, wie sie an sich erscheinen, als vielmehr den subjektiven Zustand oder wenigstens die Gegenstände durch den Eindruck schildert, welchen sie auf das
Gemüt hervorbringen. Indem aber die lyrische Dichtkunst
das Gefühl am unmittelbarsten durch die *Sprache* ausdrückt,
nähert sie sich der *Tonkunst,* welche das Gefühl durch *Töne*
und deren Verbindung am reinsten darstellt; daher auch die
griechische *Lyrik* von λυρα ihren Namen hat und Gedichte
bezeichnet, die zur Lyra gesungen werden konnten. Obgleich nun in der lyrischen Dichtkunst sich alles in Gefühle
auflöset und zum Gefühle wird, so ist doch selbst ein *lebhaftes* Gefühl zum lyrischen Dichter nicht hinreichend und nicht
jeder Ausdruck des lebhaften Gefühls in Versen ein *lyrisches
Gedicht* zu nennen, wie so viele meinen, welche sich deshalb
für die lyrische Poesie am meisten geeignet glauben. Überhaupt hat man den auf das Wesen der lyrischen Poesie
gegründeten Satz: Die lyrische Poesie soll das innere Leben
und *Gefühl des Dichters* (d. i. das harmonische, poetische
Gefühl) darstellen, von jeher in die falsche Behauptung
umgekehrt, der lyrische Dichter (wofür sich jeder hält, der
mit einiger Leichtigkeit im Gebrauche der poetischen Sprache
ein lebhaftes Gefühl verbindet oder irgend einmal ein lebhaftes Gefühl in sich wahrnimmt) solle sein subjektives Leben
oder *sein Gefühl* darstellen. Es fragt sich also, in wiefern ist
das Gefühl *poetisch* zu nennen? Ein solches muß, zufolge der
Natur des Kunstwerks, in sich selbst harmonisch und nicht
nur würdig sein, in der Sprache aufbewahrt zu werden, sondern sich auch durch eigentümlichen und schönen Lauf
der Rede und in einer reichen Mannigfaltigkeit von Gedanken und Bildern selbstständig aussprechen. Durch ersteres
wird gefodert, daß ein bestimmtes Gefühl das herrschende
sei, gleichsam der Grundton, aus welchem sich die Empfin-

dungsreihe entwickelt, und daß es nichts Widerstreitendes in sich enthalte, was mit der zum Grunde liegenden Stimmung unvereinbar wäre, daß es mithin des Gegenstandes, welcher es veranlaßte, würdig, demselben sowohl der Art als dem Grade nach entsprechend (nicht matt oder überspannt) sei, eine Reihe von Anschauungen hervorrufe, welche dazu dienen, die innere Stimmung zu schildern, und daß es den durch die Sprache dargestellten Gedanken ganz durchdringe. Dieses Gefühl aber in allen anschaulichen Beziehungen des Gedankens auszudrücken, dasselbe in der Bewegung der Worte (Rhythmus) und ihrem entsprechenden Klange gleichsam äußerlich zu machen und entsprechend darzustellen, so daß es nicht bloß als das Gefühl des *Einzelnen*, sondern als das Gefühl des vollendeten Menschen erscheine, ist nur dem *Genius* möglich, und man kann in dieser Beziehung das lyrische Gedicht *die in der Sprache festgehaltene Stimmung des geniellen Dichters*, als solchen, nennen; daher auch nichts sosehr als eine *Reihe* oder *Sammlung* lyrischer Gedichte das innere Leben eines Dichters schildert. Aus der Natur des Gefühls ergibt sich der beschränktere Umfang des lyrischen Gedichts sowie der Wechsel und die größte Mannigfaltigkeit des Stils und Rhythmus, welche sich in den tausendfältigen lyrischen Versarten, in der kühnern Gedankenverbindung und in der Eigentümlichkeit lyrischer Bilder an den Tag legt. So mannigfaltig sich nun das Gefühl poetisch äußern kann, so mannigfaltig ist das lyrische Gedicht: zunächst aber offenbart sich das Gefühl und am reinsten in der *Gegenwart*; mittelbarer, wenn es als Vergangenes durch die Reflexion modifiziert erscheint. Hiernach könnte man die Lyrik in die reinlyrische Poesie, wozu der Hymnus (bei uns größtenteils eine *religiöse Ode*), die Ode und das Lied gehören, an welche sich mehrere poetische Formen der Italiener und Spanier anschließen, und in die *elegische* einteilen, an welche sich das *Epigramm* im Sinne der Griechen und mehrere sogenannte *didaktische* Gedichte anschließen.

GEORG WILHELM FRIEDRICH HEGEL

Die Bestimmung der Lyrik als der ›subjektiven Gattung‹ wird allgemein dem letzten großen Systemphilosophen des deutschen Idealismus, Georg Wilhelm Friedrich Hegel (1770 bis 1831) zugeschrieben. Dabei wird leicht übersehen, daß zu dem Zeitpunkt, als Hegel seine Vorlesungen über Ästhetik hielt (zuerst 1817 und 1818 in Heidelberg, danach 1820/21, 1823, 1826 und 1828/29 in Berlin), bereits fortgeschrittene Ansätze einer entsprechenden Bestimmung der Lyrik vorlagen (vgl. die Texte Nr. 13, 15, 22, 23, 24, 25). Allerdings wurde nirgendwo sonst die Anwendung des dialektischen Dreischritts auf die Künste und literarischen Gattungen so systematisch und konsequent durchgeführt wie bei Hegel. Welcher Gewinn sich daraus für das lyriktheoretische Denken ergibt, wird im theoriegeschichtlichen Vergleich deutlich: Bestimmte Batteux die Lyrik als Ausdruck v o n Empfindungen (vgl. Text Nr. 5), und stellte Gerstenberg dem die weitaus treffendere Definition der Lyrik als eines Ausdrucks i n und a u s der Empfindung gegenüber (vgl. Text Nr. 10), so führt Hegels dialektische Analyse des lyrischen Sprechens zu der Erkenntnis, »daß der Geist sich dadurch nicht nur von der Empfindung, sondern in der Empfindung befreit«, womit ›lyrische Subjektivität‹ in dem für Hegel grundlegenden Sinne bestimmt ist, daß mit der Bewegung des Aus-sich-heraus-Gehens und Wieder-in-sich-Zurückkehrens die Forderung nach bewußter, objektivierter Subjektivität erfüllt wird. Im Hinblick auf die Einschätzung des Subjektiven und Individuellen folgt Hegel damit eher der durch Schiller vorgegebenen idealistischen Linie, und es ist kein Zufall, daß in seiner Darstellung nicht nur wiederholt auf Gedichte Schillers als Musterbeispiele lyrischer Gestaltung verwiesen wird, sondern die Form der Gedankenlyrik als höchste Vollendung lyrischer Dichtung ausgegeben wird. – Die »Vorlesungen über die

*Ästhetik« wurden nach erhaltenen Vorlesungsmitschriften
von Schülern nach Hegels Tod 1835–38 veröffentlicht.*

Die lyrische Poesie

Die *poetische* Phantasie als dichterische Tätigkeit stellt uns
nicht wie die Plastik die *Sache* selbst in ihrer, wenn auch
durch die Kunst hervorgebrachten, äußeren Realität vor
Augen, sondern gibt nur eine *innerliche* Anschauung und
Empfindung derselben. Schon nach seiten dieser allgemeinen
Produktionsweise ist es die *Subjektivität* des geistigen Schaffens und Bildens, welche sich selbst in der veranschaulichend-
sten Darstellung den bildenden Künsten gegenüber als das
hervorstechende Element erweist. Wenn nun die epische
Poesie ihren Gegenstand entweder in seiner substantiellen
Allgemeinheit oder in skulpturmäßiger und malerischer Art
als lebendige Erscheinung an unser anschauendes Vorstellen
bringt, so verschwindet, auf der Höhe dieser Kunst wenigstens, das vorstellende und empfindende Subjekt in seiner
dichtenden Tätigkeit gegen die Objektivität dessen, was es
aus sich heraussetzt. Dieser Entäußerung seiner kann sich
jenes Element der Subjektivität vollständig nur dadurch ent-
heben, daß es nun einerseits die gesamte Welt der Gegenstände und Verhältnisse in *sich* hineinnimmt und vom Innern
des einzelnen Bewußtseins durchdringen läßt, andererseits
das in sich konzentrierte Gemüt aufschließt, Ohr und Auge
öffnet, die bloße dumpfe Empfindung zur Anschauung und
Vorstellung erhebt und diesem erfüllten Innern, um sich als
Innerlichkeit auszudrücken, Worte und Sprache leiht. Je
mehr nun diese Weise der Mitteilung aus der Sachlichkeit der
epischen Kunst ausgeschlossen bleibt, um desto mehr, und
gerade dieses Ausschließens wegen, hat sich die subjektive
Form der Poesie unabhängig vom Epos in einem eigenen
Kreise für sich auszugestalten. Aus der Objektivität des
Gegenstandes steigt der Geist in sich selber nieder, schaut in

das eigene Bewußtsein und gibt dem Bedürfnisse Befriedigung, statt der äußeren Realität der Sache die Gegenwart und Wirklichkeit derselben im *subjektiven* Gemüt, in der Erfahrung des Herzens und Reflexion der Vorstellung und damit den Gehalt und die Tätigkeit des innerlichen Lebens selber darstellig zu machen. Indem nun aber dies Aussprechen, um nicht der zufällige Ausdruck des Subjektes als solchen seinem unmittelbaren Empfinden und Vorstellen nach zu bleiben, zur Sprache des *poetischen* Inneren wird, so müssen die Anschauungen und Empfindungen, wie sehr sie auch dem Dichter als einzelnem Individuum eigentümlich angehören und er sie als die seinigen schildert, dennoch eine allgemeine Gültigkeit enthalten, d. h. sie müssen in sich selbst wahrhafte Empfindungen und Betrachtungen sein, für welche die Poesie nun auch den gemäßen Ausdruck lebendig erfindet und trifft. Wenn daher sonst schon Schmerz und Lust, in Worte gefaßt, beschrieben, ausgesprochen, das Herz erleichtern können, so vermag zwar der poetische Erguß den gleichen Dienst zu leisten, doch er beschränkt sich nicht auf den Gebrauch dieses Hausmittels; ja, er hat im Gegenteil einen höheren Beruf: die Aufgabe nämlich, den Geist nicht *von* der Empfindung, sondern *in* derselben zu befreien. Das blinde Walten der Leidenschaft liegt in der bewußtseinslosen dumpfen Einheit derselben mit dem ganzen Gemüt, das nicht aus sich heraus zur Vorstellung und zum Aussprechen seiner gelangen kann. Die Poesie erlöst nun das Herz zwar von dieser Befangenheit, insofern sie dasselbe sich gegenständlich werden läßt, aber sie bleibt nicht bei dem bloßen Hinauswerfen des Inhalts aus seiner unmittelbaren Einigung mit dem Subjekte stehen, sondern macht daraus ein von jeder Zufälligkeit der Stimmungen gereinigtes Objekt, in welchem das befreite Innere zugleich in befriedigtem Selbstbewußtsein frei zu sich zurückkehrt und bei sich selber ist. Umgekehrt jedoch darf dies erste Objektivieren nicht so weit fortschreiten, daß es die Subjektivität des Gemüts und der Leidenschaft als in praktischer Tätigkeit und *Handlung*, d. h. in der Rückkehr des Subjekts zu sich in seiner wirklichen Tat darstellt. Denn die nächste Realität des Inneren ist noch die Innerlichkeit selber, so daß jenes Herausgehen aus sich nur den Sinn der Befreiung von der unmittelbaren, ebenso stummen als vorstellungslosen Konzentration des Herzens hat, das sich zum Aussprechen seiner selber aufschließt und deshalb das vorher nur Empfundene in Form selbstbewußter Anschauungen und Vorstellungen faßt und äußert. – Hiermit ist im wesentlichen die Sphäre und Aufgabe der lyrischen Poesie in ihrem Unterschiede von der epischen und dramatischen festgestellt. [...]

I. Allgemeiner Charakter der Lyrik

Zur epischen Poesie führt das Bedürfnis, die Sache zu hören, die sich für sich als eine objektiv in sich abgeschlossene Totalität dem Subjekt gegenüber entfaltet; in der Lyrik dagegen befriedigt sich das umgekehrte Bedürfnis, *sich* auszusprechen und das Gemüt in der Äußerung seiner selbst zu vernehmen. In Ansehung dieses Ergusses nun sind die wichtigsten Punkte, auf die es ankommt:
erstens der *Inhalt*, in welchem das Innere *sich* empfindet und zur Vorstellung bringt;
zweitens die Form, durch welche der Ausdruck dieses Inhalts zur lyrischen Poesie wird;
drittens die Stufe des Bewußtseins und der Bildung, von welcher aus das lyrische Subjekt seine Empfindungen und Vorstellungen kundgibt.

a. Der Inhalt des lyrischen Kunstwerks

Der *Inhalt* des lyrischen Kunstwerks kann nicht die Entwicklung einer objektiven Handlung in ihrem zu einem Weltreichtum sich ausbreitenden Zusammenhange sein, sondern das einzelne Subjekt und eben damit das Vereinzelte der Situation und der Gegenstände sowie der Art und Weise, wie das Gemüt mit seinem subjektiven Urteil, seiner Freude, Bewunderung, seinem Schmerz und Empfinden überhaupt sich in solchem Gehalte zum Bewußtsein bringt. Durch dies Prinzip der Besonderung, Partikularität und Einzelheit, welches im Lyrischen liegt, kann der Inhalt von der höchsten Mannigfaltigkeit sein und alle Richtungen des nationalen Lebens betreffen, doch mit dem wesentlichen Unterschiede, daß, wenn das Epos in ein und demselben Werke die Totalität des Volksgeistes in seiner wirklichen Tat und Zuständlichkeit auseinanderlegt, der bestimmtere Gehalt des lyrischen Gedichts sich auf irgendeine besondere Seite beschränkt oder doch wenigstens nicht zu der explizierten Vollständigkeit und Entfaltung gelangen kann, welche das Epos, um seine Aufgabe zu erfüllen, haben muß. Die gesamte Lyrik eines Volkes darf deshalb wohl die Gesamtheit der nationalen Interessen, Vorstellungen und Zwecke durchlaufen, nicht aber das einzelne lyrische Gedicht. Poetische Bibeln, wie wir sie in der epischen Poesie fanden, hat die Lyrik nicht aufzuzeigen. Dagegen genießt sie den Vorzug, fast zu allen Zeiten der nationalen Entwicklung entstehen zu können, während das eigentliche Epos an bestimmte ursprüngliche Epochen gebunden bleibt und in späteren Tagen prosaischer Ausbildung nur dürftiger gelingt.

α) Innerhalb dieser Vereinzelung nun steht auf der einen Seite das *Allgemeine* als solches, das Höchste und Tiefste des menschlichen Glaubens, Vorstellens und Erkennens: der wesentliche Gehalt der Religion, Kunst, ja selbst der wissenschaftlichen Gedanken, insofern dieselben sich noch der Form der Vorstellung und der Anschauung fügen und in die Empfindung eingehen. Allgemeine Ansichten, das Substantielle einer Weltanschauung, die tieferen Auffassungen durchgreifender Lebensverhältnisse sind deshalb aus der Lyrik nicht ausgeschlossen, und ein großer Teil des Inhalts, den ich bei Gelegenheit der unvollkommneren Arten des Epos berührt habe, fällt somit auch dieser neuen Gattung gleichmäßig anheim.

β) Zu der Sphäre des in sich Allgemeinen tritt sodann *zweitens* die Seite der *Besonderheit*, welche sich nun mit dem

Substantiellen einesteils so verweben kann, daß irgendeine einzelne Situation, Empfindung, Vorstellung usf. in ihrer tieferen Wesentlichkeit erfaßt und somit selber in substantieller Weise ausgesprochen wird. Dies ist z. B. durchweg beinahe bei Schiller der Fall sowohl in den eigentlich lyrischen Gedichten als auch in den Balladen, in betreff auf welche ich nur an die grandiose Beschreibung des Eumenidenchors in den »Kranichen des Ibykus« erinnern will, die weder dramatisch noch episch, sondern lyrisch ist. Anderenteils kann die Verbindung so zustande kommen, daß eine Mannigfaltigkeit besonderer Züge, Zustände, Stimmungen, Vorfälle usf. sich als wirklicher Beleg für weitumfassende Ansichten und Aussprüche einreiht und durch das Allgemeine lebendig hindurchwindet. In der Elegie und Epistel z. B., überhaupt bei reflektierender Weltbetrachtung wird diese Art der Verknüpfung häufig benutzt.

γ) Indem es endlich im Lyrischen das *Subjekt* ist, das sich ausdrückt, so kann demselben hierfür zunächst der an sich geringfügigste Inhalt genügen. Dann nämlich wird das Gemüt selbst, die Subjektivität als solche der eigentliche Gehalt, so daß es nur auf die Seele der Empfindung und nicht auf den näheren Gegenstand ankommt. Die flüchtigste Stimmung des Augenblicks, das Aufjauchzen des Herzens, die schnell vorüberfahrenden Blitze sorgloser Heiterkeiten und Scherze, Trübsinn und Schwermut, Klage, genug, die ganze Stufenleiter der Empfindung wird hier in ihren momentanen Bewegungen oder einzelnen Einfällen über die verschiedenartigsten Gegenstände festgehalten und durch das Aussprechen dauernd gemacht. Hier tritt im Felde der Poesie das Ähnliche ein, was ich früher bereits in bezug auf die Genremalerei berührt habe. Der Inhalt, die Gegenstände sind das ganz Zufällige, und es handelt sich nur noch um die subjektive Auffassung und Darstellung, deren Reiz in der lyrischen Poesie teils in dem zarten Hauche des Gemüts, teils in der Neuheit frappanter Anschauungsweisen und in dem Witz überraschender Wendungen und Pointen liegen kann.

b. Die Form des lyrischen Kunstwerks

Was nun *zweitens* im allgemeinen die *Form* betrifft, durch welche solch ein Inhalt zum lyrischen Kunstwerk wird, so bildet hier das Individuum in seinem inneren Vorstellen und Empfinden den Mittelpunkt. Das Ganze nimmt deshalb vom Herzen und Gemüt und näher von der besonderen Stimmung und Situation des Dichters seinen Anfang, so daß der Gehalt und Zusammenhang der besonderen Seiten, zu welchen der Inhalt sich entwickelt, nicht objektiv von sich selbst als substantieller Inhalt oder von seiner äußeren Erscheinung als in sich beschlossene individuelle Begebenheit, sondern vom Subjekte getragen bleibt. Deshalb muß nun aber das Individuum in sich selber poetisch, phantasiereich, empfindungsvoll oder großartig und tief in Betrachtungen und Gedanken und vor allem selbständig in sich, als eine für sich abgeschlossene innere Welt erscheinen, von welcher die Abhängigkeit und bloße Willkür der Prosa abgestreift ist. – Das lyrische Gedicht erhält dadurch eine vom Epos ganz unterschiedene Einheit, die Innerlichkeit nämlich der Stimmung oder Reflexion, die sich in sich selber ergeht, sich in der Außenwelt widerspiegelt, sich schildert, beschreibt oder sich sonst mit irgendeinem Gegenstande beschäftigt und in diesem subjektiven Interesse das Recht behält, beinahe wo es will anzufangen und abzubrechen. Horaz z. B. ist häufig da schon zu Ende, wo man der gewöhnlichen Vorstellungsweise und Art der Äußerung gemäß meinen sollte, die Sache müßte nun erst recht ihren Anfang nehmen, d. h. er beschreibt z. B. nur seine Empfindungen, Befehle, Anstalten zu einem Feste, ohne daß wir von dem weiteren Hergang und Gelingen desselben irgend etwas erfahren. Ebenso gibt auch die Art der Stimmung, der individuelle Zustand des Gemüts, der Grad der Leidenschaft, die Heftigkeit, das Sprudeln und springende Herüber und Hinüber oder die Ruhe der Seele und Stille der sich langsam fortbewegenden Betrachtung die allerverschiedenartigsten Normen für den inneren Fortgang und Zusam-

menhang ab. Im allgemeinen läßt sich deshalb in Rücksicht
auf alle diese Punkte, der vielfach bestimmbaren Wandelbar-
keit des Inneren wegen, nur wenig Festes und Durchgreifen-
des aufstellen.

[*Es folgen Bemerkungen zur Berührung des Lyrischen mit
dem Epischen in Formen wie Epigramm, Romanze, Ballade,
Gelegenheitsgedicht, in denen ein ›epischer‹ Inhalt ›lyrische‹
Behandlung erfährt.*]

αα) Soll nun aber das lyrische Kunstwerk nicht in *Abhängigkeit* von der äußeren Gelegenheit und den Zwecken geraten,
welche in derselben liegen, sondern als ein selbständiges Ganzes für sich dastehen, so gehört dazu wesentlich, daß der
Dichter die Veranlassung auch nur als Gelegenheit benutze,
um sich selbst, seine Stimmung, Freudigkeit, Wehmut oder
Denkweise und Lebensansicht überhaupt auszusprechen.
Die vornehmlichste Bedingung für die lyrische Subjektivität
besteht deshalb darin, den realen Inhalt ganz in *sich* hineinzunehmen und zu dem ihrigen zu machen. Denn der eigentliche
lyrische Dichter lebt in sich, faßt die Verhältnisse nach seiner
poetischen Individualität auf und gibt nun, wie mannigfaltig
er auch sein Inneres mit der vorhandenen Welt und ihren
Zuständen, Verwicklungen und Schicksalen verschmilzt,
dennoch in der Darstellung dieses Stoffs nur die eigene selbständige Lebendigkeit seiner Empfindungen und Betrachtungen kund. Wenn z. B. Pindar eingeladen wurde, einen Sieger
in den Wettspielen zu besingen, oder es aus eigenem Antriebe
tat, so bemächtigte er sich doch dermaßen seines Gegenstandes, daß sein Werk nicht etwa ein Gedicht *auf* den Sieger
wurde, sondern ein Erguß, den er aus sich selbst heraussang.
[. . .]
γγ) Die eigentlich lyrische *Einheit* aber gibt nicht der Anlaß
und dessen Realität, sondern die subjektive innere Bewegung
und Auffassungsweise. Denn die einzelne Stimmung oder
allgemeine Betrachtung, zu welcher die Gelegenheit poetisch
erregt, bildet den Mittelpunkt, von dem aus nicht nur die

Färbung des Ganzen, sondern auch der Umkreis der besonderen Seiten, die sich entfalten können, die Art der Ausführung und Verknüpfung und somit der Halt und Zusammenhang des Gedichts als Kunstwerkes bestimmt wird. So hat
Pindar z. B. an den genannten objektiven Lebensverhältnis-
sen seiner Sieger, die er besingt, einen realen Kern für die
Gliederung und Entfaltung; bei den einzelnen Gedichten
aber sind es immer andere Gesichtspunkte, eine andere Stimmung – der Warnung, des Trostes, der Erhebung z. B. –, die
er hindurchwalten läßt und welche, obschon sie allein dem
Dichter als poetischem Subjekt angehören, ihm dennoch
gerade den Umfang dessen, was er von jenen Verhältnissen
berühren, ausführen oder übergehen will, sowie die Art der
Beleuchtung und Verbindung eingeben, deren er sich zu der
beabsichtigten lyrischen Wirkung bedienen muß.

γ) *Drittens* jedoch braucht der echt lyrische Dichter nicht von
äußeren Begebenheiten auszugehen, die er empfindungsreich
erzählt, oder von sonstigen realen Umständen und Veranlassungen, die ihm zum Anstoß seines Ergusses werden, sondern er ist für sich eine subjektiv abgeschlossene Welt, so daß
er die Anregung wie den Inhalt *in sich selber* suchen und
deshalb bei den inneren Situationen, Zuständen, Begegnissen
und Leidenschaften seines eigenen Herzens und Geistes ste-
henbleiben kann. Hier wird sich der Mensch in seiner subjektiven Innerlichkeit selber zum Kunstwerk, während dem epischen Dichter der fremde Heros und dessen Taten und Ereignisse zum Inhalt dienen. [. . .] Führt sich jedoch der Dichter
so in seinen subjektiven Zuständen aus, so sind wir nicht
geneigt, etwa die partikulären Einbildungen, Liebschaften,
häuslichen Angelegenheiten, Vetter- und Basengeschichten
kennenzulernen, wie dies selbst bei Klopstocks Cidli und
Fanny[1] der Fall ist; sondern wir wollen etwas Allgemein-
menschliches, um es poetisch mitempfinden zu können, vor
Augen haben. Von dieser Seite her kann deshalb die Lyrik

---

1 Klopstocks Oden *An Cidli* und *An Fanny*.

leicht zu der falschen Prätention fortgehen, daß an und für
sich schon das Subjektive und Partikuläre von Interesse sein
müsse. [. . .]

γγ) Ist nun aber die innere Subjektivität der eigentliche Quell
der Lyrik, so muß ihr auch das Recht bleiben, sich auf den
Ausdruck rein innerlicher Stimmungen, Reflexionen usf. zu
beschränken, ohne sich zu einer konkreten, auch in ihrer
Äußerlichkeit dargestellten Situation auseinanderzulegen. In
dieser Rücksicht erweist sich selbst das ganz leere Lirum-
larum, das Singen und Trällern rein um des Singens willen als
echt lyrische Befriedigung des Gemüts, dem die Worte mehr
oder weniger bloße gleichgültige Vehikel für die Äußerung
der Heiterkeiten und Schmerzen werden, doch als Ersatz nun
auch sogleich die Hilfe der Musik herbeirufen. Besonders
Volkslieder gehen häufig über diese Ausdrucksweise nicht
hinaus. Auch in Goetheschen Liedern, bei denen es dann aber
schon zu einem bestimmteren, reichhaltigeren Ausdruck
kommt, ist es oft nur irgendein einzelner momentaner
Scherz, der Ton einer flüchtigen Stimmung, aus dem der
Dichter nicht herausgeht und daraus ein Liedchen macht,
einen Augenblick zu pfeifen. In anderen behandelt er dagegen
ähnliche Stimmungen weitläufiger, selbst methodisch, wie
z. B. in dem Liede »Ich hab mein Sach auf nichts gestellt«,[2]
wo erst Geld und Gut, dann die Weiber, Reisen, Ruhm und
Ehre und endlich Kampf und Krieg als vergänglich erscheinen
und die freie sorglose Heiterkeit allein der immer wiederkehrende Refrain bleibt. – Umgekehrt aber kann sich auf diesem
Standpunkte das subjektive Innere gleichsam zu Gemütssi-
tuationen der großartigsten Anschauung und der über alles
hinblickenden Ideen erweitern und vertiefen. Von dieser Art
ist z. B. ein großer Teil der Schillerschen Gedichte. Das Ver-
nünftige, Große ist Angelegenheit seines Herzens; doch
besingt er weder hymnenartig einen religiösen oder substantiellen Gegenstand, noch tritt er bei äußeren Gelegenheiten

2 In Goethes Gedicht *Vanitas! Vanitatum vanitas!*

auf fremden Anstoß als Sänger auf, sondern fängt im Gemüte an, dessen höchste Interessen bei ihm die Ideale des Lebens, der Schönheit, die unvergänglichen Rechte und Gedanken der Menschheit sind. [...]

[*Aus den Bemerkungen des 2. Abschnitts »Besondere Seiten der lyrischen Poesie«:*]

ββ) Als den eigentlichen Einheitpunkt des lyrischen Gedichts müssen wir deshalb das subjektive Innere ansehen. Die Innerlichkeit als solche jedoch ist teils die ganz formelle Einheit des Subjekts mit sich, teils zersplittert und zerstreut sie sich zur buntesten Besonderung und verschiedenartigsten Mannigfaltigkeit der Vorstellungen, Gefühle, Eindrücke, Anschauungen usf., deren Verknüpfung nur darin besteht, daß ein und dasselbe Ich sie als bloßes Gefäß gleichsam in sich trägt. Um den zusammenhaltenden Mittelpunkt des lyrischen Kunstwerks abgeben zu können, muß deshalb das Subjekt einerseits zur konkreten *Bestimmtheit* der Stimmung oder Situation fortgeschritten sein, andererseits sich mit dieser Besonderung seiner als mit sich selber *zusammenschließen*, so daß es *sich* in derselben empfindet und vorstellt. Dadurch allein wird es dann zu einer in sich begrenzten subjektiven Totalität und spricht nur das aus, was aus dieser Bestimmtheit hervorgeht und mit ihr in Zusammenhang steht.

31

KARL WILHELM FERDINAND SOLGER

Erst den Romantikern nahestehend, dann Hegel sich nähernd, hatte der Philosoph und Ästhetiker Karl Wilhelm Ferdinand Solger (1780–1819) seine ästhetischen Anschauungen zunächst in Dialog-Form entwickelt (»Erwin«, 1815; »Philosophische Gespräche«, 1817) und war erst in seinen »Vorlesungen über Ästhetik« (1819) dazu übergegangen, sie

in die Form der Hegelschen Systematik zu fassen. Seine gat-
tungstheoretischen Vorstellungen stellen eine eigene Variante
spekulativ-idealistischer Poetik dar und legen der Gattungs-
gliederung den Gegensatz zwischen ›allegorischer‹ und ›sym-
bolischer‹ Kunstform zugrunde: ›symbolisch‹, d. h. durch das
Aufgehen des Begrifflichen im Gegenstand der Darstellung
geprägt, ist die epische Dichtung; ihr folgt an zweiter Stelle die
lyrische Gattung als ›allegorische‹, d. h. die durch das Ausein-
anderklaffen von Erscheinung und Begriff und dessen be-
wußte Gestaltung bestimmte Kunstform; in der dramatischen
Dichtung als der höchsten Gattung durchdringen sich ›sym-
bolische‹ und ›allegorische‹ Kunstform und verbinden sich
zur Offenbarung der ›Idee‹ als ›reiner Tätigkeit‹, während
epische und lyrische Dichtung stofflich gebunden bleiben an
die Darstellung von ›Taten und Charakteren‹ (Epos) bzw.
›Gedanken, Stimmungen, Gefühlen‹ (Lyrik). – Der Text der
»Vorlesungen« wurde 1829 von K. W. L. Heyse nach eigenen
Vorlesungsskripten veröffentlicht.

Von der lyrischen Poesie

Weil die lyrische Poesie ganz allegorisch ist und in der Beziehung entgegengesetzter Elemente besteht, so fließen die Gattungen hier mehr ineinander und können sich nicht so scharf
sondern wie im Epos, wo das Symbol überwiegt.
Die lyrische Poesie geht von dem Gegensatze des Allgemeinen und Besonderen aus, welcher sich darin zeigt, daß
die Entgegengesetzten durch wirkliche Tätigkeit aufeinander
bezogen werden müssen und dadurch die Idee bilden. Nicht
die vollendete, sondern die sich erzeugende Idee ist Gegenstand der lyrischen Kunst, in welcher daher immer ein Streben von dem Besonderen zum Allgemeinen, oder umgekehrt,
stattfindet.
Die lyrische Poesie beruht entweder auf der Entfaltung eines
höheren Begriffes in der Wirklichkeit (religiöse Lyrik), oder
darauf, daß sich das Endliche zum Begriff hinaufläutert, sich

nach ihm sehnend auf ihn bezieht. Dieses gegenseitige Streben, wodurch alles Beziehung und Übergang wird, macht
den lyrischen Charakter aus, nicht die Subjektivität allein. Es
kann auch reine Darstellung der Beziehungen den Inhalt des
Lyrischen bilden, wobei die Persönlichkeit des Künstlers
nicht bedeutend hervortritt; also bloße mit Reflexion verbundene Darstellung, wie bei *Pindar*; nur daß die Stoffe immer in
bestimmter Beziehung, nicht in selbständig abgerundeter
Form, wie im Epos, erscheinen.

Die Beziehung selbst geschieht durch die Phantasie des Dichters; aber das Zusammentreffen des Allgemeinen und Besonderen, die Einheit dieser beiden Seiten im Momente der
Wirklichkeit kann nur vollständig ausgedrückt werden durch
eine Erscheinung, in welcher der Begriff ganz Wirklichkeit
wird. Diese Form, dies verknüpfende Schema gibt der lyrischen Poesie die *Musik*, in welcher der reine Begriff als Wirklichkeit auftritt.

Die Beziehung kann in der lyrischen Poesie durch Reflexion
(Betrachtung oder Witz), aber auch durch Darstellung oder
Empfindung bewirkt werden, indem das Besondere auf den
Begriff zurückgeführt wird. Vollständig aber können diese
beiden Enden nur dadurch verbunden werden, daß die Idee
als innere Einheit immer gegenwärtig erhalten wird, weil
sonst ein abstraktes Verhältnis entstehen würde. Dies nun
geschieht durch Unterlegung der allgemeinen Form der Idee,
und darin eben besteht die Funktion der Musik, welche die
Idee als innere Einheit in aller Mannigfaltigkeit der Äußerungen gegenwärtig erhält.

Die Musik ist jedoch nur für *die* Arten lyrischer Poesie notwendig, in welchen sich die Gegensätze völlig trennen. Wo
die Reflexion eintritt, kann die Musik nicht gleiche Bedeutung haben, weil da schon eine Vermittelung durch den Verstand gegeben ist. Jedoch ist auch in diesem Falle die Musik
nicht ausgeschlossen, zumal in der überwiegend symbolischen Kunst der Alten. Das Symbol erscheint hier als Verbindung der Gegensätze und muß daher einen allegorischen

Zwiespalt in sich enthalten, den die Musik auflöst. Wo hingegen, wie in der neueren Kunst, die Allegorie überwiegt, ist mit jedem Extrem sein Entgegengesetztes schon verbunden und mithin die Musik nicht unentbehrlich. Scheiden sich aber die Entgegengesetzten schärfer, so wird sie auch in der neueren Lyrik eintreten müssen.

Die Verbindung der Musik mit dem Drama hat ihren Grund in demselben Gegensatze. Im Drama nämlich trennt sich die Idee in zwei Richtungen und sondert sich in sich selbst allegorisch ab. Im alten Drama aber ist die Verbindung mit der Musik notwendiger, weil in diesem die Idee immer einseitig aufgefaßt ist. Aus dem Bedürfnis, die Komödie zur Idee zu erheben, entsteht auch der hohe lyrische Schwung, den die alte Komödie oft nimmt. – Bei dem neueren Drama ist die Musik nur da notwendig, wo die entgegengesetzten Elemente der Allegorie als abgesondert erscheinen.

Die Verskunst der lyrischen Poesie ist die künstlichste, weil diese Gattung am meisten musikalisch ist und daher in der Sprache schon mehr Musik haben muß als die andern poetischen Gattungen.

Bei der *Einteilung* der lyrischen Kunst muß der Unterschied zwischen *antiker* und *moderner* Poesie an die Spitze gestellt werden. Es ist übrigens schon bemerkt worden, daß die Gattungen sich hier nicht so bestimmt sondern lassen wie in der epischen Poesie, wo sich das Symbol immer abschließt, während hier alles im Übergange begriffen ist. Es können nur gewisse Standpunkte unterschieden werden, die in dem Flusse der Lyrik feste Momente bilden.

Dieser *Standpunkte* müssen *drei* sein, indem 1) die Wirklichkeit aufgefaßt und in dem Einzelnen der Begriff wahrgenommen wird, so daß das Gefühl sich zum Begriffe erhebt; oder 2) der Dichter auf dem Mittelpunkte zwischen beiden Seiten steht und die Entgegengesetzten verbindet; oder endlich 3) von dem Begriffe als dem Göttlichen aus- und in die Wirklichkeit übergegangen wird. Diese drei Stufen müssen sich in der alten, wie in der neuen Kunst finden.

32

ARTHUR SCHOPENHAUER

Überlegungen zur Ästhetik spielen in der Philosophie Arthur Schopenhauers (1788–1860) eine zentrale Rolle, da der Kunst die Bedeutung zukommt, das Ich in das »reine, willenlose Subjekt der Erkenntnis« zu verwandeln, das die Welt als reine »Vorstellung« wahrnimmt. Die Orientierung am ›Lied‹ als Prototyp lyrischer Dichtung, welche die dichtungs- und gattungstheoretischen Bemerkungen im dritten Buch des ersten Bandes von »Die Welt als Wille und Vorstellung« bestimmt, spiegelt den in der Lyrik-Praxis der Zeit mit der Hinwendung zum Volksliedton eingetretenen Wandel. Schopenhauers psychologisch-metaphysische Analyse des ›lyrischen Zustandes‹ wird bei Nietzsche zum wichtigen Ausgangspunkt seiner eigenen Lyrik-Theorie (vgl. Text Nr. 48). – »Die Welt als Wille und Vorstellung«, Schopenhauers philosophisches Hauptwerk, erschien zuerst 1819 ohne große Resonanz; wichtige Zusätze, insbesondere auch zur Lyrik, finden sich in der dritten Auflage von 1858.

Die Darstellung der Idee der Menschheit in den poetischen Gattungen

Die Darstellung der Idee der Menschheit, welche dem Dichter obliegt, kann er nun entweder so ausführen, daß der Dargestellte zugleich auch der Darstellende ist: dieses geschieht in der lyrischen Poesie, im eigentlichen Liede, wo der Dichtende nur seinen eigenen Zustand lebhaft anschaut und beschreibt, wobei daher durch den Gegenstand dieser Gattung eine gewisse Subjektivität wesentlich ist – oder aber der Darzustellende ist vom Darstellenden ganz verschieden wie in allen andern Gattungen, wo mehr oder weniger der Darstellende hinter dem Dargestellten sich verbirgt und zuletzt ganz verschwindet. In der Romanze drückt der Darstellende seinen eigenen Zustand noch durch Ton und Haltung des Ganzen in etwas aus: viel objektiver als das Lied hat sie daher noch etwas Subjektives, dieses verschwindet schon mehr im Idyll, noch viel mehr im Roman, fast ganz im eigentlichen Epos, und bis auf die letzte Spur endlich im Drama, welches die objektivste und in mehr als einer Hinsicht vollkommenste, auch schwierigste Gattung der Poesie ist. Die lyrische Gattung ist ebendeshalb die leichteste, und wenn die Kunst sonst nur dem so seltenen echten Genius angehört, so kann selbst der im ganzen nicht sehr eminente Mensch, wenn in der Tat durch starke Anregung von außen irgendeine Begeisterung seine Geisteskräfte erhöht, ein schönes Lied zustande bringen: denn es bedarf dazu nur einer lebhaften Anschauung seines eigenen Zustandes im aufgeregten Moment. Dies beweisen viele einzelne Lieder übrigens unbekannt gebliebener Individuen, besonders die deutschen Volkslieder, von denen wir im ›Wunderhorn‹ eine treffliche Sammlung haben, und ebenso unzählige Liebes- und andere Lieder des Volkes in allen Sprachen. Denn die Stimmung des Augenblickes zu ergreifen und im Liede zu verkörpern ist die ganze Leistung dieser poetischen Gattung. Dennoch bildet in der lyrischen Poesie echter Dichter sich das Innere der ganzen Menschheit ab, und alles, was Millionen gewesener, seiender, künftiger Menschen in denselben, weil stets wiederkehrenden Lagen empfunden haben und empfinden werden, findet darin seinen entsprechenden Ausdruck. Weil jene Lagen durch die beständige Wiederkehr, eben wie die Menschheit selbst, als bleibende dastehn und stets dieselben Empfindungen hervorrufen, bleiben die lyrischen Produkte echter Dichter Jahrtausende hindurch richtig, wirksam und frisch. Ist doch überhaupt der Dichter der allgemeine Mensch: alles, was irgendeines Menschen Herz bewegt hat und was die menschliche Natur in irgendeiner Lage aus sich hervortreibt, was irgendwo in einer Menschenbrust wohnt und brütet – ist sein Thema und sein Stoff; wie daneben auch die ganze übrige Natur. Daher kann der Dichter so gut die Wollust wie die

Mystik besingen, Anakreon und Angelus Silesius sein, Tragödien oder Komödien schreiben, die erhabene oder die gemeine Gesinnung darstellen – nach Laune und Beruf. Demnach darf niemand dem Dichter vorschreiben, daß er edel und erhaben, moralisch, fromm, christlich oder dies oder das sein soll, noch weniger ihm vorwerfen, daß er dies und nicht jenes sei. Er ist der Spiegel der Menschheit und bringt ihr, was sie fühlt und treibt, zum Bewußtsein.

Betrachten wir nun das Wesen des eigentlichen Liedes näher und nehmen dabei treffliche und zugleich reine Muster zu Beispielen, nicht solche, die sich schon einer andern Gattung, etwan der Romanze, der Elegie, der Hymne, dem Epigramm usw. irgendwie nähern; so werden wir finden, daß das eigentümliche Wesen des Liedes im engsten Sinne folgendes ist. – Es ist das Subjekt des Willens, d. h. das eigene Wollen, was das Bewußtsein des Singenden füllt, oft als ein entbundenes, befriedigtes Wollen (Freude), wohl noch öfter aber als ein gehemmtes (Trauer), immer als Affekt, Leidenschaft, bewegter Gemützustand. Neben diesem jedoch und zugleich damit wird durch den Anblick der umgebenden Natur der Singende sich seiner bewußt als Subjekts des reinen willenlosen Erkennens, dessen unerschütterliche, selige Ruhe nunmehr in Kontrast tritt mit dem Drange des immer beschränkten, immer noch dürftigen Wollens: die Empfindung dieses Kontrastes, dieses Wechselspieles ist eigentlich, was sich im Ganzen des Liedes ausspricht und was überhaupt den lyrischen Zustand ausmacht. In diesem tritt gleichsam das reine Erkennen zu uns heran, um uns vom Wollen und seinem Drange zu erlösen: wir folgen; doch nur auf Augenblicke: immer von neuem entreißt das Wollen, die Erinnerung an unsere persönlichen Zwecke uns der ruhigen Beschauung; aber auch immer wieder entlockt uns dem Wollen die nächste schöne Umgebung, in welcher sich die reine willenslose Erkenntnis uns darbietet. Darum geht im Liede und der lyrischen Stimmung das Wollen (das persönliche Interesse der Zwecke) und das reine Anschauen der sich darbietenden

Umgebung wundersam gemischt durcheinander: es werden Beziehungen zwischen beiden gesucht und imaginiert; die subjektive Stimmung, die Affektion des Willens, teilt der angeschauten Umgebung und diese wiederum jener ihre Farbe im Reflex mit: von diesem ganzen so gemischten und geteilten Gemütszustande ist das echte Lied der Abdruck. – Um sich diese abstrakte Zergliederung eines von aller Abstraktion sehr fernen Zustandes an Beispielen faßlich zu machen, kann man jedes der unsterblichen Lieder Goethes zur Hand nehmen: als besonders deutlich zu diesem Zweck will ich nur einige empfehlen: ›Schäfers Klagelied‹, ›Willkommen und Abschied‹, ›An den Mond‹, ›Auf dem See‹, ›Herbstgefühl‹, auch sind ferner die eigentlichen Lieder im ›Wunderhorn‹ vortreffliche Beispiele: ganz besonders jenes, welches anhebt: ›O Bremen, ich muß dich nun lassen‹. – Als eine komische, richtig treffende Parodie des lyrischen Charakters ist mir ein Lied von Voß[1] merkwürdig, in welchem er die Empfindung eines betrunkenen vom Turm herabfallenden Bleideckers schildert, der im Vorbeifallen die seinem Zustande sehr fremde, also der willensfreien Erkenntnis angehörige Bemerkung macht, daß die Turmuhr eben halb zwölf weist. – Wer die dargelegte Ansicht des lyrischen Zustandes mit mir teilt, wird auch zugeben, daß derselbe eigentlich die anschauliche und poetische Erkenntnis jenes in meiner Abhandlung ›Über den Satz vom Grunde‹ aufgestellten, auch in dieser Schrift schon erwähnten Satzes sei, daß die Identität des Subjekts des Erkennens mit dem des Wollens das Wunder κατ’ ἐξοχήν[2] genannt werden kann; so daß die poetische Wirkung des Liedes zuletzt eigentlich auf der Wahrheit jenes Satzes beruht. – Im Verlaufe des Lebens treten jene beiden Subjekte oder, popular zu reden, Kopf und Herz immer mehr auseinander: immer mehr sondert man seine subjektive Empfindung von seiner objektiven Erkenntnis. Im Kinde sind beide noch ganz verschmolzen: es weiß sich von

---

1 Johann Heinrich Voß (1751–1826), *Der Bleidecker*.
2 Im höchsten Sinne.

seiner Umgebung kaum zu unterscheiden, es verschwimmt
mit ihr. Im Jüngling wirkt alle Wahrnehmung zunächst Empfindung und Stimmung, ja vermischt sich mit dieser; wie dies
Byron sehr schön ausdrückt:

> I live not in myself, but I become
> Portion of that around me; and to me
> High mountains are a feeling.[a]

Ebendaher haftet der Jüngling so sehr an der anschaulichen
Außenseite der Dinge; ebendaher taugt er nur zur lyrischen
Poesie und erst der Mann zur dramatischen. Den Greis kann
man sich höchstens noch als Epiker denken wie Ossian,
Homer: denn Erzählen gehört zum Charakter des Greises.

33

HEINRICH HEINE

Heinrich Heine (1797–1856), dessen eigene Lyrik, dem Lied-
Typus als Leitform verpflichtet, in der Geschichte der neueren
deutschen Lyrik eine Mittelstellung zwischen der Romantik
und der Moderne einnimmt (»mit mir ist die alte lyrische
Schule der Deutschen geschlossen, während zugleich die neue
Schule, die moderne deutsche Lyrik, von mir eröffnet ward«),
schickt seiner ausführlichen Besprechung der Tragödie »Tas-
sos Tod« von Wilhelm Smets (1796–1848) eine Darlegung
seiner »ästhetischen Grundsätze« voraus. Zu ihnen gehören in
erster Linie bestimmte gattungstheoretische Vorstellungen,
die Heine im Anschluß an Herder und die Brüder August
Wilhelm und Friedrich Schlegel entwickelt. Hauptpunkt sei-
ner hiervon abgeleiteten Kritik ist, daß Smets in seiner Tragö-
die den Übergang von der Lyrik zur Dramatik nicht geschafft

---

a Nicht in mir selbst leb' ich allein; ich werde Ein Theil von dem, was mich
  umgiebt, und mir Sind hohe Berge ein Gefühl. [*Childe Harold's Pilgrimage*
  III,72]

habe, »daß es ihm nicht gelungen ist, aus seiner Subjektivität
gänzlich herauszutreten«. – Heines Rezension erschien 1821
in der Zeitschrift »Der Zuschauer«.

»Tassos Tod« von Wilhelm Smets

Lyrik ist die erste und älteste Poesie. Sowohl bei ganzen Völkern, als bei einzelnen Menschen, sind die ersten poetischen
Ausbrüche lyrischer Art. Die gebräuchlichen Konvenienz-
metaphern scheinen hier dem Dichter zu abgedroschen und
kalt, und er greift nach ungewöhnlichen, imposanteren Bildern und Vergleichen, um sowohl seine subjektiven Gefühle
als auch die Eindrücke, welche äußere Gegenstände auf seine
Subjektivität ausüben, lebendig darzustellen. Es leben Individuen und ganze Völker, die es in der Poesie nie weiter als bis
zu dieser Dichtart gebracht haben. Bei beiden deutet solches
auf einen Zustand der Geisteskindheit, oder der flachen Einseitigkeit. Sobald aber beim Dichter eine gewisse Verstandes-
reife eingetreten ist, sobald sein geistiges Auge das innere
Getreibe der äußern Gegenstände und Begebenheiten besser
durchschaut, und sein Geist die Gesamtanschauung dieser
Außenwelt in sich aufnimmt, so wird es auch ein neues
Bestreben des Dichters sein, diese äußern Gegenstände in
ihrer objektiven Klarheit, ohne Beimischung von subjektiven
Gefühlen und Ansichten, poetisch schön darzustellen. So
entsteht die epische und die dramatische Dichtung.
Gewisse Talente, wie man sieht, werden von der einen dieser
Dichtungsarten eben so gut wie von der andern erfordert;
nämlich: allgemeine Naturanschauung, Heraustreten aus der
Subjektivität, treue lebendige Schilderung von Begebenheiten, Situationen, Leidenschaften, Charakteren usw. Doch
machen wir die vielbestätigte Bemerkung: daß Dichter, die in
der einen dieser Dichtungsarten Meister sind, oft in der
andern nichts Erträgliches zu Stande bringen können. Diese
Beobachtung führt uns zur Untersuchung, ob jenes Mißlin-

gen nicht dadurch entsteht, weil etwa bei der einen Dichtungsart die oben angedeuteten Talente in minderm Grade
erforderlich sind, als bei der andern, und weil vielleicht das
Wesen beider Dichtungsarten so erstaunlich voneinander
verschieden ist?

Wenn wir den epischen und den dramatischen Dichter, jeden
in seiner Werkstätte belauschen, und hier sein Verfahren
beobachten, so ist uns nichts leichter, als die Lösung dieser
Frage. Der Epiker trägt freilich im Geiste die lebendigste
Anschauung seines Stoffes, aber er erzählt einfach, natürlich,
sein Erzählen ist zwar meistens ein Nacheinander, aber auch
oft ein Nebeneinander, und nicht selten ein Voreinander,
(Voraussagen der Katastrophe). Er schildert ruhig die Gegend, die Zeit, das Kostüm seiner Helden, er läßt sie zwar
sprechen, aber er erzählt ihre Mienen und Bewegungen, und
zuweilen gar schießt ein Blitzstrahl aus seinem eigenen
Gemüte, aus seiner Subjektivität, und beleuchtet mit schnel-
lem Lichte das Lokal und die Helden seines Gedichtes. Dieses
subjektive Aufblitzen, wovon unsere zwei besten epischen
Gedichte, die Odyssee und die Nibelungen nicht frei sind,
und welches vielleicht zum Charakter des Epos gehört, zeigt
schon, daß das Talent des gänzlichen Heraustretens aus der
Subjektivität beim Epos nicht in so hohem Grade erforderlich
ist, als beim Drama. In dieser Dichtart muß jenes Talent vollkommen sein. Aber das ist noch lange nicht das Hauptsäch-
lichste. Das Drama setzt eine Bühne voraus, wo sich nicht
jemand hinstellt, und das Gedicht vordeklamiert, sondern wo
die Helden des Gedichts selbst lebendig auftreten, in ihrem
Charakter mitsammen sprechen und handeln. Hierbei hat der
Dichter nur notwendig aufzuzeichnen, was sie sprechen und
wie sie handeln. Wehe dem Dichter aber, der es da vergißt,
daß diese lebendigen Heldenvorsteller das Recht haben, nach
eigener Willkür sich zu gruppieren und Grimassen zu schnei-
den, daß der Theaterschneider für hübsche Kleider, der
Dekorationsmaler für hübsche Umgebungen, der Kapellmei-
ster für dämmernde Gefühle, und der Lampenputzer für

klare Beleuchtung Sorge trägt. Das will dem epischen Dichter gar nicht in den Kopf, und wenn er sich im Drama versucht, verwickelt er sich in schöne Gegendbeschreibungen, Charakterschilderungen und zu feine Nüancierungen. Endlich leidet das Drama keinen Stillstand, kein Nebeneinander, noch vielweniger ein Voreinander, wie das Epos. Der Hauptcharakter des Dramas ist also lebendiges und immer lebendigeres Fortschreiten und Ineinandergreifen des Dialogs und der Handlung.

Wir haben hier das Charakteristische im Wesen des Epos und des Dramas leicht hingezeichnet, und jedem ist es durchaus erklärbar, warum so viele Dichter mit Erfolg aus dem Gebiete der Lyrik in das Gebiet des Epischen übergehen, weil sie hier ihre Subjektivität nicht ganz und gar zu verleugnen brauchen, und durch etwanige Versuche in der Romanze, in der Elegie, im Roman, und in dergleichen Dichtungsarten, welche aus einer Vermischung des Epischen und des Lyrischen bestehn, sich an jener Verleugnung der Subjektivität allmählig gewöhnen können, oder einen leichten Übergang zum Reinepischen finden, statt daß bei der dramatischen Dichtung keine solche Übergangsform vorhanden ist, und gleich die allerstrengste Unterdrückung der hervorquellenden Subjektivität verlangt wird. Zugleich ist es sichtbar, daß es die Gewohnheit, welche den erprobtesten epischen Dichter, der immer an Lokal- und Kostümschilderungen u. dgl. denkt, zum schlechten Dramatiker macht, und daß es daher gut ist, wenn der Dichter, der im Dramatischen sich hervortun will, aus dem Gebiet der Lyrik gleich in das Gebiet des Dramas übergeht.

Die Hinwendung zum Liedhaften, durch Herders Aufwertung des Volkslieds vorbereitet und im 19. Jahrhundert zunehmend zum dominierenden Formtypus der Lyrik werdend, hat in Wilhelm Müller (1794–1827) einen ihrer volkstümlichsten Vertreter. Müllers am Volksliedton sich orientierende, dem breiteren Publikum vor allem durch Schuberts Vertonungen bekannt gewordene Lyrik (»Die schöne Müllerin«, »Die Winterreise«) wurde von den Zeitgenossen als ein Muster reiner lyrischer Gestaltung geschätzt: »Ich glaube erst in Ihren Liedern den reinen Klang und die wahre Einfachheit, wonach ich immer strebte, gefunden zu haben«, schrieb Heine in einem Brief am 7. Juni 1826. Müller hat eine Reihe literarhistorischer und literaturkritischer Schriften verfaßt, darunter eine ausführliche Charakterisierung der Lyrik Ludwig Uhlands (1787–1862) und Justinus Kerners (1786–1862), zu der der folgende lyrikgeschichtliche Überblick die Einleitung bildet. – Der Aufsatz erschien 1827 in der Zeitschrift »Hermes«.

Über die neueste lyrische Poesie der Deutschen

Die lyrische Poesie der Deutschen hat von Klopstock bis auf unsre Zeit mancherlei Veränderungen durchlaufen, deren verschiedene und zum Teil ganz gegeneinanderstrebende Züge das verworrene Bild zusammensetzen, welches wir hier betrachten wollen. Wenn die deutsche Poesie überhaupt die freieste Vielseitigkeit der Form im weitesten Sinne des Wortes als ein nationales Vorrecht geltend macht, so wird die lyrische, als die freieste Dichtungsart, die der Empfindung, welche gleichsam nur eine geregelte und veredelte Natursprache der Freude und des Schmerzes ist und zu ihren Formen und Stoffen gar keiner äußern Welt bedarf, sondern ihr Alles in der einen Brust haben kann, aus welcher sie heraustönt, die lyrische Poesie, sage ich, wird von jenem Vorrechte der Freiheit den freiesten Gebrauch machen. Keiner Dichtungsart ist daher auch die formelle Beschränkung einer nationalen Geschmackslehre so nachteilig wie der lyrischen. Die Empfindung windet sich in solchen Fesseln entweder zu einer kümmerlichen Reflexion zusammen oder bläst sich in rhetorischem Schwulst auf. Wie wenig reine und volle Akkorde der Empfindung hat z. B. der Italiener in der Musik seiner Sprache angeschlagen, weil er sie nur zu Kanzonen und Sonetten gestimmt hat! Als Chiabrera[1] sie zu Oden und Liedern zu beflügeln versuchte, war sie schon zu alt und eigensinnig dazu. Man betrachte dagegen die lyrischen Gedichte *eines* deutschen Dichters, eines *Goethe*. Sie überflügeln in ihrer freien Ausdehnung seiner subjektiven Einheit zu unendlich vielseitigen Formen die gesamte Lyrik mancher ganzen Nation. Unter den Deutschen hat sich auch die lyrische Poesie zuerst in ihrem ganzen Umfange entwickelt. Als die Urmutter aller Poesie, denn die Empfindung ist älter als Beschreibung, Erzählung und mimisches Nachsprechen, klingt sie in alle Dichtungsarten hinein, als belebender Geist. Die antike Poesie, welche überhaupt das feste System der formellen Einteilung der Dichtungsarten mit Strenge aufrechterhält, duldet dies weniger als die romantische, die, ihrer Natur nach, jeder Mischung gewogen ist. Wieviel Lyrisches z. B. in Tassos Epos[2], in einem Calderonschen Schauspiel oder auch in Shakespeares »Sommernachtstraum« und in fast allen malerischen Lehrgedichten der neuen Welt! Dagegen tragen die andern Dichtungsarten der Lyra[3] gleichsam mit

---

1 Gabriello Chiabrera (1552–1638), Nachahmer klassischer Strophenformen sowie von Liedformen der französischen Pléiade-Dichter.

2 *La Gerusalemme liberata / Das befreite Jerusalem*, Versepos von Torquato Tasso (1544–95).

3 Sammelbegriff für lyrisch-liedhafte Dichtung.

gegenseitiger Gefälligkeit Stoffe und Formen zu. Die lyrische
Ballade und Romanze, wie die englische, schottische und
deutsche Volkspoesie sie erfunden und die ersten Dichter
dieser Nationen sie kunstreich ausgebildet haben, ist nicht
bloß durch ihre sangbare Form ein Lied, sondern mehr durch
die Empfindung, welche die epische Vergangenheit durch
rührende Teilnahme in die unmittelbare Gegenwart hinein-
rückt. Sehr treffend sagt Jean Paul: »Das Epos stellt die Begebenheit, die sich aus der Vergangenheit entwickelt, das
Drama die Handlung, welche sich für und gegen die Zukunft
ausdehnt, die Lyra die Empfindung dar, welche sich in die
Gegenwart einschließt.«[4] Auf diese Weise versetzt die Lyra
durch die Empfindung jeglichen Stoff, der sie umfaßt, aus der
epischen oder dramatischen Form oder aus der Vergangenheit und Zukunft, insofern die letztere durch die Erwartung
vorausgenommen wird, in die Gegenwart. Weil wir einmal
die Ballade und Romanze angeführt haben, so erwähnen wir
noch als hierhergehörige Mischlinge, deren Grundnatur die
lyrische ist, der dramatisch-lyrischen und dramatisch-episch-
lyrischen Gattung, wie z. B. Goethes »Gefangener Graf«,
»Junggesell und Mühlbach«, »Erlkönig« u. a. m. Man stellt
ferner Balladen und Lieder in den mannigfachsten Formen so
zusammen, daß sie lyrische Romane bilden oder, wenn man
will, lyrische Schauspiele und Monodramen. Auch die
beschreibende und lehrende Poesie, welche ja ohnedies nicht
recht weiß, zu welcher der drei Grundformen sie sich halten
soll, erwärmt ihre kalte Natur im lyrischen Feuer. Die Land-
schaftspoesie belebt sich durch die Empfindung wie die
Landschaft durch lebendige Staffage; Herders Parabeln und
Paramythien[5] haben der Allegorie und dem Symbol Herzen

---

4 Vgl. Text Nr. 27.
5 Unter dem Titel *Paramythien* hatte Herder eine Sammlung »Dichtungen
  aus der griechischen Fabel« (1781–84) veröffentlicht (*Sämtliche Werke*
  XXVIII,127 ff.) und unter dem Titel *Parabeln* (1793) eine Übersetzung latei-
  nischer Parabeldichtungen des Johann Valentin Andreae (1586–1654) herausgegeben (ebd., XVI,137 ff.).

gegeben, und selbst der Stachel des Epigramms kann mitfühlen, indem er sticht, wie schon Logau[6] bewiesen hat.

Est modus in rebus.[7] Wenn wir auf diese Weise das Gebiet der lyrischen Poesie weiter ausgedehnt haben, als die gewöhnlichen Systeme der Kunstlehrer es gestatten wollen, so darf es doch nicht unbemerkt bleiben, daß auch sie in ihrer fast grenzenlosen Freiheit der Form doch auch einen Stoff, der ihr an und für sich nicht widersteht, verbilden kann. Wenn Schiller in seinem »Handschuh« einer Erzählung die lyrische Form eines Dithyrambus gibt oder in andern Balladen das epische Element mit deklamierender Malerei so überdeckt, daß drei Dichtungsarten sich in *einem* Gedicht gleichsam um die Oberhand streiten, so ist eine solche Lyrik, trotz dem blendenden poetischen Apparat, ebenso zwitterhaft, wie die dramatischen Mischlinge unsrer neuesten Literatur, die uns statt Menschen und Körpern von Fleisch und Knochen und deren Handlungen nur Herzen und Empfindungen auf die Bühne bringen. Diese Herzen sind aber meist nur *ein* Herz in verschiedener Verkleidung, und wessen Herz, das ist leicht zu erraten.

Die antike Vornehmheit, in welche Klopstock seine innigen und schwärmerischen Gefühle einschmiedete, muß noch immer Bewunderung erregen, aber zur Nachahmung kann sie nicht auffordern, wenn wir uns an das erinnern, was als klopstockisch auf dem deutschen Parnaß, namentlich von den neuen Barden, nachgesungen worden ist. Während Klopstock die höhere Lyrik nach der Norm der Alten in die Ode, die Hymne und den Dithyrambus einschloß, wollten die Liedersänger auch klassisch werden und tändelten sich in die anakreontische Form hinein. So wurde der natürliche Brustton des deutschen Liedes in ein widerliches Fistulieren

---

6 Friedrich von Logau (1604–55), Epigrammatiker des Frühbarock (*Erstes Hundert Teutscher Reimen-Sprüche*, 1638; *Deutscher Sinn-Getichte Drey Tausend*, 1654).

7 »Est modus in rebus sunt certi denique fines (es gibt ein rechtes Maß in allen Dingen; kurz, feste Schranken sind gezogen)« (Horaz, *Satiren* I,1,1,106).

verwandelt. Was sind alle Anakreontika des Klopstockschen
Zeitalters gegen *ein* Lied von Hagedorn oder gar gegen eines
von Günther? Klopstock selbst hatte durchaus kein Ohr und
also auch keine Brust und keinen Mund für das deutsche
sangbare Lied. Seine von früher Jugend an gepflegte Antipathie gegen den Reim, der musikalischen Seele des deutschen
Liedes, machte, daß der Reim auch ihm abhold wurde, und so
wurde der Reimfeind für das, was er gegen den Reim verschuldet hatte, durch den Reim selbst bestraft, als er geistliche
Lieder zu reimen anfing. Dem reimlosen Klopstock zu Ehren
wurden die Anakreontiker ungereimt.

Ächter, voller und reiner deutscher Liederklang überscholl
gar bald den reimlosen Rhythmus der Barden und Anakreontiker. Der Göttinger Dichterbund und vor allen Bürger, der
Goldmund, beflügelte die lyrische Poesie, welche dort nur
taktmäßig treten mußte, mit den alten Schwingen des Reimes
und Gesanges zum neuen Volksliede. Während er den tiefen,
starken und lautern Ton seiner Brust, als ein Echo, durch den
Ruf des alten Volksgesanges, so des deutschen wie des englischen und schottischen, weckte, lehrte Schiller, dessen Kritik
der Bürgerschen Gedichte allein genügt, um zu beweisen, daß
er kein Lyriker ist, die deutsche Lyra deklamieren; zwar mit
Pathos, Glanz und Fülle, aber der Lyriker, welcher deklamiert, ist doch nicht anders zu entschuldigen als der Redner,
welcher singt. Wie das Volkslied und dessen Widerhall in
Bürgers Gedichten, so verhörte Schiller auch den zarteren
Klang des ältern deutschen Minneliedes gänzlich, und mit
ihm wie viele, die der Glanz der Brillanten in den Ringen, mit
denen seine Hand die Lyra spielte, so blendete, daß sie wenig
auf den Klang derselben achteten. Die Nachahmer sind doch
zu etwas gut, nämlich, um das Verfehlte in imponierenden
Formen zu zeigen, die ein großes Talent lange durch den
blendenden Reichtum der Behandlung aufrechterhalten
kann. Fallen sie aber den Nachahmern in die Hände, so ist es
um sie geschehn. So erging es Schillers lyrischer Form.

Wir wollen nicht behaupten, daß alle lyrischen Gedichte von

Schiller die natürlichen Formen und Klänge der lyrischen Poesie durch jene rhetorisch deklamatorische Überfüllung zerstören. Welcher Dichter hat nicht, bei durchaus verkehrten und fruchtlosen Bestrebungen, doch wohl einmal *ein* gutes Lied, gleichsam wider seinen Willen, gemacht? Wie jeder Mensch in seinem Leben durch *einen* Moment, aber auch oft nur für diesen *einen*, zum Dichter werden kann, so ist es ja noch erklärlicher, daß bänderreiche Dichter zuweilen nur durch ein einziges Lied ihre echte Dichternatur bekunden. Sie zersprengt in solchen Momenten die schief gezogenen Bande eitler Theorien und Manieren und fühlt sich selbst; aber leider hat sie nicht immer Mut und Geschick, sich in dieser Freiheit zu erhalten. Wenn Opitz uns nichts weiter hinterlassen hätte, als das Lied:

»Ich empfinde fast ein Grauen« etc.[8],

wer würde ihn nicht für einen größern Dichter halten, als er wirklich mit allen seinen übrigen Gedichten geworden ist? Schiller, der Lyriker, hat mehr als ein oder zwei solcher Lieder und Balladen aufzuweisen, die, wenn sie nicht als Ausnahmen in seinen Bestrebungen erschienen, unsre obige Charakteristik Lügen strafen würden.

Das deutsche Volkslied fand in Goethe seine höchste und feinste Veredelung. Es ist bekannt, daß viele unter seinen schönsten Gesängen, und namentlich romanzenartige Lieder, Nachklänge oder Anklänge von deutschen und fremden Volkspoesien sind, ja, er hat ganze Verse und Strophen aus solchen Themen in seine »Variationen« aufgenommen. So trat durch ihn, den echten deutschen Natursänger, das alte Volkslied, geläutert und verklärt durch die Kunst, wieder in das Leben ein, und wie der Dichter, so schöpfte auch sein Komponist, Reichardt[9], Akkorde und Klänge aus dem reichen und tiefen Quell des Volksgesanges. Herders Volkslie-

---

8 Nach Ronsard.
9 Johann Friedrich Reichardt, Komponist und Musikschriftsteller (1752 bis 1814).

der[10] und des »Knaben Wunderhorn« belebten in der schönsten Wechselwirkung diese Regeneration der deutschen
Lyrik und wurden durch dieselbe hervorgerufen und verbreitet.

Was die spätere Zeit unsrer lyrischen Poesie Neues gebracht
hat, teils aus Italien und Spanien, teils auch aus dem alten
Norden und dem neuen Orient, hat mancherlei zierliche und
geistreiche neben vielen monströsen Versuchen erzeugt, aber
zu einem nationalen Leben ist weniges davon auf unserm
Boden erwachsen. Selbst das Sonett, die vielgeübteste Form
unter diesen neuen Kolonisten in der deutschen Poesie, wie
wenig einheimisch ist es geworden, wie viel weniger, als es im
siebzehnten Jahrhundert durch Fleming und Gryphius schon
zu werden gelernt hatte! Goethes westöstliche Divanslieder
verdanken ihr Leben dem innern Naturtriebe, welcher des
jugendlichen Greises Geist nach dem Orient versetzte, während im Westen die Stürme des Krieges tobten und zersplit-
terten. Aber die, welche, um doch auch einmal zu reisen,
hinter ihm herzogen, sind zwar mit orientalischen Turbanen
und dergleichen Maskenapparat mehr zurückgekommen,
aber sie wissen sich nicht darin zu halten und zu bewegen. Sie
rufen den Hafis als ihren Gott an, aber der versteht ihre Sprache nicht. Unterdessen spielen sie mit der Reliquie seines
Pantoffels.

Wir haben in diesen Andeutungen die vorzüglichsten Bestrebungen und Leistungen der neuen lyrischen Poesie unsres
Vaterlandes berührt. Je individueller und subjektiver die Lyra
ist, desto mannigfaltiger und veränderlicher muß sie in ihren
Stimmungen und Tönen sein, und wir haben uns deswegen
darauf beschränkt, nur die formellen Neigungen, Manieren
und Moden derselben nachzuweisen. Was der Tag uns Neue-
stes bringt, wird sich, wenn es nicht eine originale Mißgeburt
ist, in irgendeine der angegebenen Richtungen einordnen lassen, welche, obgleich älter und neuer, doch zusammen den

10 Vgl. Text Nr. 14.

Gang unsrer gegenwärtigen Lyrik bestimmen. Ohne Zweifel ist der belebende Strom des ältern deutschen Volksliedes als ein überaus befruchtender Segen zu betrachten, der den trocknen Boden der Reflexion befeuchtet und das Wucherkraut der deklamatorischen Phraseologie auf dem Gebiete der deutschen Lyrik ausgeschwemmt hat. Aber jeder Segen ist zu mißbrauchen, der reichste am meisten. Die eigentümliche Natur des Volksliedes ist die Unmittelbarkeit seiner Wirkung auf das Leben. Das Leben kann aber nur durch das Leben lebendig angesprochen werden. Daher ist ein heilloser Irrtum einiger Modedichter der nächsten Vergangenheit, daß sie Volkslieder zu geben meinten, wenn sie altertümliche Phrasen, unbeholfene Wendungen, auch wohl gemeine Derbheiten aus den alten Vorbildern nachäffend zu neuen Verbindungen zusammenfügten. Keiner Dichtungsart liegt es mehr ob als der lyrischen, zeitgemäß zu sein; denn ihr Genuß und ihre Wirkung, am weitesten von jedem Studium getrennt, gehen lebendig von Mund zu Mund und haben keine Zeit zu Erklärungen. Das gemeine Volk nun vollends, wenn jene Volkslieder etwa für dieses gesungen sein sollen, wird durch dergleichen altväterischen Schmuck keineswegs angezogen. Wie gemein es auch sei, dafür dünkt es sich doch zu klug und zu fein, und nimmt es übel, daß man ihm keinen neuern Geschmack zutraue. Die sogenannte altdeutsche Schule hat in solchen Verirrungen besonders ihr Mögliches getan. Es hätte nicht viel gefehlt, so wären neue Volkslieder in der Sprache des alten Ludwigsliedes[11] gesungen worden. Und warum nicht? Jene Sprache hat doch einmal gelebt, aber die Sprache der neumodigen Volkslieder hat nie gelebt. Und welcher Mensch kann dem Totgeborenen Leben einhauchen? Bürger und Goethe, obgleich in ihrem Geiste weit verschieden, stehen in der Behandlung des Volksliedes als erste Muster da. In beiden ist zwar der Einfluß des alten Volksgesanges nicht zu

---

11 Preislied auf den westfränkischen König Ludwig III. (881/882 entst.), althochdeutsche gereimte Langzeilendichtung mit Resten altgermanischer Stabreimdichtung.

verkennen, aber er wiederholt sich in ihren Gesängen nicht
anders, als etwa die Züge eines Großvaters in dem Gesicht
eines blühenden Enkels. Jene altertümelnden Lyriker geben
uns dagegen eine abgedrückte Totenlarve.

35

DAMEN-KONVERSATIONS-LEXIKON

*Das zehnbändige, 1834–38 »im Vereine mit Gelehrten und
Schriftstellerinnen« von Karl Herloßsohn (1802–49) herausgegebene »Damen-Konversations-Lexikon«, das sich zur
Aufgabe gesetzt hat, »das Nützliche, Schöne, Wissenswerte im
Geiste der Frauen zu prüfen und anschaulich zu machen«,
spiegelt in seinem Lyrik-Artikel die popularisierte Vorstellung
von lyrischer Dichtung als Ausdruck des »Inneren« und des –
auch biographisch fixier- und auswertbaren – »persönlichen
Gefühls«.*

Lyrik, lyrische Poesie

Lyrik, lyrische Poesie. Der Dichter gibt im lyrischen Gedichte sein eigenes *Inneres*, und man hat sonach in einer
Reihe lyrischer Gedichte den Charakter eines Dichters wie in
einem großen Bilde vor sich. Die lyrische Poesie unterscheidet sich also von der dramatischen und epischen vor allem
dadurch, daß in ihr das persönliche *Gefühl* vorherrscht, während sich im Drama der Dichter selbst verleugnet und die
Personen nicht nach seiner, sondern nach der aus ihrem Charakter entwickelten Überzeugung sprechen läßt und im Epos
die Begebenheiten nur erzählt. Das lyrische Gedicht ist deshalb, weil es auf das persönliche Gefühl und auf einen
Moment beschränkt ist, das gebundenste. Indessen, obschon
sich im lyrischen Gedichte alles in Gefühl auflöst, so erzeugt
doch erst das *poetische* Gefühl ein lyrisches Gedicht. Es muß

dieses Gefühl zunächst ein des Sanges *würdiges* sein, in sich abgeschlossen, und muß sich anschaulich machen in einer schönen Reihe *bildlicher* Ideen. Die durch die bildliche Sprache festgehaltene *Stimmung* des Dichters muß auch die des Lesers oder Hörers erwecken; darum darf durch das lyrische Gedicht jedes Mal nur *ein* eigentümliches Gefühl herrschen, das aber, wie in einer Variation das *Thema*, das *Motiv*, durch manche Wendungen den Weg zum Herzen suchen kann. Aus der Natur des Gefühls ergibt sich, daß der Umfang eines lyrischen Gedichtes ein beschränkter sei. So mannigfaltig das Gefühl sich in uns äußert, so reichhaltig an Ideen ist das Gedicht, und es offenbart dasselbe in tausend Weisen und Arten. Jetzt, im *Kummer*, geht der wahre Dichter geradezu auf das Herz selbst und fordert es in einfachem Tone zum Mitleiden auf; jetzt reißt ihn sein *Schmerz* über das Gebiet gewöhnlicher Eindrücke hinaus und er gibt ihn kund durch Bilder der zürnenden, zerstörenden Natur; jetzt führt ihn *Wehmut* in ein Tal, und das Schweigen der Gegend deutet er mit der sanften Klage der Nachtigall; oder er fliegt in seiner *Lust* in den Äther, auf den Gipfel eines wolkentragenden Felsen, von dem herab er der Welt seine Wonne zujauchzt, oder er leiht sich vom Frühlinge Blüten und Blumen und windet sie zum zarten, duftigen Kranze. – So wird das lyrische Gedicht. Es muß *aufregen*, *entzücken* und *beruhigen*; denn dies ist der Zweck aller Kunst. Alle jene poetischen Darstellungen also eines bestimmten Seelenzustandes sind lyrische Gedichte. Man nennt ferner auch jeden leidenschaftlichen Erguß der Rede im Drama und Epos eine lyrische Rolle, nur daß der Dichter selbst dann noch Rücksicht nimmt auf den Charakter der sprechenden Person. Des lyrischen Gedichtes Quelle ist das *Herz*, und dieses borgt von der *Phantasie* den Zauber der Einkleidung. So vieler besondern Regungen das Gefühl fähig ist, so viele lyrische Arten sind möglich, also zahllose; indessen hat man doch verschiedene bestimmte Formen dafür. Siehe *Hymne*, *Ode*, *Lied*, *Sonett* etc.

KARL GUTZKOW

Die Überlegungen zur Lyrik, die Karl Gutzkow (1811–78), vielseitiger Schriftsteller und Publizist der Jungdeutschen, unter der Überschrift »Dichter im Reime« 1836 (in dem Sammelband mit Rezensionen und Kritiken »Beiträge zur Geschichte der neuesten Literatur«) veröffentlichte, sind ausgelöst durch die Lektüre von Gedichten sogenannter »Naturdichter«, Handwerker und einfacher, ungebildeter Leute, denen Gutzkow vor dem Hintergrund einer Sonderstellung der Lyrik zur Sphäre der »fertigen Gedanken« einen eigenen Reiz abgewinnt.

Dichter im Reime

Der Reiz dieser Dichtungen ist der frische Quell des Schaffens, die göttliche Unmittelbarkeit und das Sich-Herauswinden und Läutern aus den Schlacken der Materie. – Was unsere gelehrte Lyrik als Nachhall ihrer Gedichte verlangt, jene Naturempfindungen, die uns süß und heimatlich anwehen und die aus dem Wuste unserer anerzogenen Bildung oft recht gewaltsam hervorbrechen, das ist jenen braven Sängern aus dem Handwerksstande das Nächste, davon gehen sie aus, darin leben sie. Dieses Ringen nach Klarheit, diese Wissenssehnsucht äußert sich immer poetisch. Man hört das Hämmern der Seele, man kann die ganze Mystik der Gedankenerzeugung belauschen, wie alles ringt und hinaufstrebt und sich zu Gestalten formen will; die tiefste Poesie ist immer das Resultat einer solchen natürlichen Philosophie.

Woran leiden wir? An fertigen Gedanken, an strikter Logik, an einer objektiven Wissenschaftlichkeit, welche nur unser Gedächtnis und unsere Auffassungsgabe beschäftigt. Die fertigen Gedanken! die Reminiszenzen! Die Namen, die bei den Gebildeten gleich für alles gefunden sind! Sie sind ihres Stof-

fes alle so gewiß, die Dichter von heute, sie stehen so erhaben
über ihm, sie lassen sich zur Poesie nur herab. Was ist ein
Gedicht? Ein Gedanke, der sich klar werden will. Aber eure
Gedanken sind alle so hell, so durchsichtig, in der Geburt
schon so fertig; man hört und sieht es nicht, wie die Erzblu-
men der Poesie in euch aufschießen. Wenn man selbst gestehen muß, daß *Uhlands* Gedichte lyrischen Inhalts doch alle
mehr oder weniger nur epigrammatische Einfälle sind, so
scheint es, als solle die Lyrik nur auf *das* reduziert sein, was
man einen guten Gedanken haben nennt, als solle der Zufall
der Genius sein, da doch die wahre Lyrik, wie bei *Rückert*,
Dichterleben ist, und sie alles in Gedichte umzaubert, was sie
nur anhaucht.[1] Will man ein guter Lyriker werden, so soll
man sich nur recht klein und unzulänglich vorkommen, und
soll sich stellen, als wüßte man von Gott und der Welt nichts,
weder von der Geschichte noch von der Wissenschaft, trage
aber nach allem ein recht sehnsüchtiges, dringendes Verlangen. Dann wird man zu neuen Bildern kommen, und weder
an der Gedankenleere ihrer- und der Gedankenvorwegnahme
andererseits schmerzhaft leiden, wie wir jetzt Lyriker haben,
welche bei einer neuen Idee auf die Knie fallen und aus Despe-
ration, daß sie ihrem Rufe nicht immer gerecht werden können, in die mittelmäßigen Saiten greifen.

37

WILHELM WACKERNAGEL

Die folgenden gattungspoetischen Bestimmungen zur Lyrik
stammen aus einer Poetik-Vorlesung, die Wilhelm Wackerna-
gel (1806–69), einer der ersten Berufsgermanisten, ab 1836/37
in Basel hielt und die 1873 nach den Vorlesungsunterlagen
Wackernagels veröffentlicht wurde. Abweichend von den

1 Anspielung auf die unerschöpfliche Produktivität des Lyrikers Friedrich Rük-
  kert (1788–1866).

gängigen Theorien zur Genese der literarischen Gattungen vertritt Wackernagel die Auffassung des »jüngeren Alters« der Lyrik gegenüber der Epik, weil sie die Ausdrucksform einer bereits entfalteten Subjektivität und Individualität sei, die nur »bei vorgerückter Zivilisation« möglich sei.

Die lyrische Poesie

Indem wir von der epischen Poesie zur lyrischen übergehn, kommen wir von einem polaren Gegensatz zum anderen. In den meisten Stücken liegen beide innerhalb ganz verschiedener Regionen und schlagen durchaus verschiedene Wege ein. Aber doch ist die eine aus der andern hervorgegangen, und so wird auch irgendwo ein Punkt sein müssen, in welchem sich beide berühren. Jene Trennung und diese Vereinigung, beides ist nun zu besprechen. Die Eigentümlichkeiten der lyrischen Poesie werden uns klarer vor Augen treten, wenn wir sie mit den uns bereits bekannten Eigentümlichkeiten der epischen Poesie zusammenstellen.

Die Epik entnimmt ihre Anschauungen aus der Wirklichkeit der Geschichte, also der sinnlichen Außenwelt: die Anschauungen des lyrischen Dichters gehören der geistigen Innerlichkeit, seine Wirklichkeit ist die des Seelenlebens; während uns also der epische Dichter äußere Tatsachen vorführt, zeigt uns der Lyriker innere Zustände. In der Epik ist das Objekt der Anschauung verschieden von dem anschauenden Subjekt, und je weniger dieses sich bemerkbar macht, je reiner und ungetrübter bloß das Objekt vor Augen tritt, desto vollkommener wird auch die Dichtung sein: der Charakter der Epik ist also die Objektivität. In der Lyrik sind Subjekt und Objekt eins, das Subjekt hat sich selbst zum Objekt, sie ist gleichsam reflexive Poesie: hier ist also die höchste Subjektivität zugleich die höchste Objektivität, und je subjektiver ein lyrisches Gedicht ist, desto lyrischer ist es auch: man kann deshalb im Gegensatz zur Epik als das Wesen der Lyrik die

Subjektivität bezeichnen. Der Epiker erlangt jene Objektivität nur dadurch, daß er sich seiner Anschauungen vorzüglich durch die Einbildungskraft bemächtigt, daß er die Geschichte festhält durch die Erinnerung, daß er der Geschichte nachschafft durch die Phantasie; die epische Poesie ist die Poesie der Einbildungskraft. Die Subjektivität der Lyrik dagegen beruht in dem erregten Gefühl des dichterischen Subjektes, in diesem sind die Anschauungen zu Hause, welche der Dichter ausspricht, und wenn in der Epik das Gefühl nur insoweit tätig ist, als es der Einbildung dient, so wirkt in der Lyrik die Einbildung nur, indem sie dem Gefühle dient: die lyrische Poesie ist also die Poesie des Gefühls. [...]

Bisher haben wir Epik und Lyrik nur betrachtet, inwiefern sie auseinandergehn; nun haben wir auch den Punkt zu suchen, in welchem sich die verschiedenen Richtungen berühren und vereinigen, gleichsam den Indifferenzpunkt der beiden Polaritäten. Also beide zeigen den Dichter in Beziehung auf die Welt außer ihm, beide schließen sich an die äußere Wirklichkeit, an geschehene Tatsachen an; nur jede in eigentümlicher Weise. Der Epiker macht die äußere Wirklichkeit zur Form der angeschauten Idee, er gibt sich ganz den Tatsachen hin und erzählt sie, sein Tun gleicht dem transitiven Zeitworte mit einem Objektsakkusativ; den Lyriker geht die Welt außer ihm nur insofern etwas an, als sie auf ihn einwirkt, als irgendein Faktum oder sonst irgend etwas, das er außer sich gewahrt, sein Gefühl erregt, sein Tun gleicht einem in sich abgeschlossenen intransitiven oder reflexiven, etwa mit einem Genitivus causalis bekleideten Zeitwort: insofern ist aber auch er durchaus von der geschichtlichen oder sinnlichen Wirklichkeit abhängig: denn es gibt keine inneren Zustände, die nicht ihren wirkenden Grund außerhalb des Menschen in der Geschichte, in der Natur oder in Gott hätten, sollte auch er selber sich dessen nicht bewußt sein und keine Rechenschaft darüber geben können. Jede lyrische Anschauung hat ihren Anlaß außer dem Dichter: ebenso wird sie auch noch durch das Mittel der Darstellung, durch die Sprache, unablässig in eine immer wiederholte Beziehung zur äußeren Wirklichkeit gebracht. Der Grund aller Sprache ist eine durchaus konkret sinnliche Auffassung; die innerlichsten Dinge benennt sie auf die alleräußerlichste Art, und so kann der Lyriker kein Gedicht zustande bringen, ohne daß von Anfang bis zu Ende seine innern Zustände mit Anschauungen der Außenwelt umkleidet und versinnlicht werden.

Jene kausale Beziehung auf die Außenwelt ist der Punkt, in welchem die Lyrik nicht bloß ihrem innern Wesen nach mit der Epik zusammenhängt: es ist dies auch der Punkt, an welchem sie im Entwickelungsgange der Poesie aus der Epik entsprungen und herangewachsen ist. Eh wir jedoch diese Betrachtung weiterverfolgen, ist zuvor noch eine andre Übereinstimmung zu besprechen, die zwischen Epik und Lyrik besteht und deshalb besteht, weil eben beides Poesie ist, d. h. weil beide progressiv anschauen und darstellen. Ein episches Gedicht schreitet vorwärts, weil die Wirklichkeit, aus der es seine Anschauungen entnimmt, eine geschichtliche, d. h. eine von Tatsache zu Tatsache vorwärtsschreitende ist. Ein lyrisches Gedicht geht auch vorwärts, aber nicht aus dem gleichen Grunde: denn seine Anschauungen gehören nicht der äußeren Geschichte an; sondern es geht vorwärts, weil die inneren Zustände notwendig auch einen historischen Verlauf, eine kausale Verkettung haben gleich den Tatsachen der Epik, und weil die Empfindungen des Dichters auch nicht nebeneinander liegen, sondern eine der andern nachfolgen, eine aus der andern hervorgehen; es geht vorwärts auch wieder jenes Mittels der Darstellung wegen, weil auch die Sprache vorwärts geht. Es hat also ein lyrisches Gedicht in Anschauung und Darstellung ebensowohl zusammenhangenden Fortschritt und Reihenfolge als ein episches, nur daß es hier innere Zustände sind, die in einer Reihenfolge von Ursache und Wirkung vor uns treten.

Daraus ergibt sich eine Regel über die Größe und den Umfang, überhaupt die ganze Komposition lyrischer Dichtungen. Die Einheit einer leitenden Idee, welche Anfang,

Mitte und Ende beherrscht, welche alles zusammenhält und jede Empfindung zurückweist, die außer ihrem Bereiche liegt, diese Einheit versteht sich von selbst: denn das ist eine allgemeine Anforderung, der sich jedes Kunstwerk unterwerfen muß. Aber für die Lyrik wird insbesondere noch eine überschauliche, gedrungene, konzentrierende Einfachheit verlangt. Ein episches Gedicht kann sich eher ausdehnen und überall ausführlich sein: denn da der kausale Zusammenhang äußerer Tatsachen leichter zu fassen ist, so kann der Leser dem Dichter auch auf einem längeren Wege reproduzierend folgen. Nicht so ist es bei lyrischen Dichtungen. Hier gilt es die Reproduktion innerer Zustände; und diese ist offenbar um vieles schwieriger: es sind leisere Fäden, an welchen die Empfindungen zusammenhangen als jene, welche Tatsache mit Tatsache verbinden. Deshalb ist es hier gut, den Kreis so eng zu ziehen als möglich, und gut, auch innerhalb des engen Kreises nicht gar zu weitläufig und ausführlich zu sein; wenn man gar zu sehr bemüht ist, dem Leser die einzelnen Empfindungen eigentlich vorzuentwickeln und ihm auch den kleinsten Schritt aus einer in die andre vorzutun, so kann man gewiß sein, daß er bald keinen mehr nachtut; denn er erwartet hier nachempfindbare Bewegung des Gemütes, aber keine nachdenklich psychologische Entwickelung. Diese Regel der konzentrierten Einfachheit gilt jedoch in ihrer ganzen Ausdehnung nur für rein lyrische Dichtungen, nicht aber für episch-lyrische oder für didaktisch-lyrische: bei solchen läßt man sich den längeren und langsameren Verlauf schon gefallen, aber doch nur um des beigemischten unlyrischen Elementes willen, um der Epik willen, die eine Reihe von Tatsachen, um der Didaktik willen, die eine logisch geordnete und ausgesponnene Deduktion mit sich führt. Die Elegien des Kallimachus können deshalb so viel länger und breiter sein als die Oden der Sappho, weil jene episch-lyrisch, diese rein lyrisch sind; und eben deshalb ist die eine Urania von Tiedge[1]

1 Christoph August Tiedge (1752–1841), *Urania über Gott, Unsterblichkeit und Freiheit* (Gedichtsammlung, 1801).

so lang, ja noch länger als alle Lieder von Uhland zusammen-
genommen, denn sie ist didaktisch-lyrisch, diese meist rein
lyrisch.

38

FRIEDRICH HEBBEL

*Im Werk Friedrich Hebbels (1813–63) hat die theoretische
Selbstreflexion und der Versuch einer philosophisch-ästhe-
tischen Grundlegung der eigenen dichterischen Praxis zeit-
lebens eine wichtige Rolle gespielt. In der eigenen Lyrik um
einen Ausgleich zwischen ›Goethe-Uhlandscher‹ Liedhaftig-
keit und ›Schillerscher‹ Gedanklichkeit bemüht, hat Hebbel
sich in seinen lyriktheoretischen Überlegungen, die er vorwiegend in aphorismenhaften Notaten, selten in zusammenhängender Form (vgl. Text Nr. 43) entwickelt hat, insbesondere
mit dem Problem der lyrischen »Form«, ihrem Verhältnis zum
»Gefühl« einerseits, zum »Gedanken« andrerseits, auseinandergesetzt. – Bei den folgenden Überlegungen handelt es sich
um Aufzeichnungen in Hebbels Tagebüchern aus den Jahren
1835 bis 1843.*

Tagebuch-Notate

Die lyrische Poesie soll das Menschenherz seiner schönsten,
edelsten und erhebendsten Gefühle teilhaftig machen. Dies
ist die beste Definition.

Die lyrische Poesie hat etwas Kindliches, die dramatische
etwas Männliches, die epische etwas Greisenhaftes.

Die Lyrik ist das Elementarische der Poesie, die unmittelbarste Vermittlung zwischen Subjekt und Objekt.

Gefühl ist das unmittelbar von innen heraus wirkende Leben. Die Kraft, es zu begrenzen und darzustellen, macht den lyr. Dichter.

Ein lyrisches Gedicht ist da, sowie das Gefühl sich durch den Gedanken im Bewußtsein scharf abgrenzt.

Aus meinem Begriff der Form folgt sehr viel, und das Verschiedenste. In Bezug auf die Lyrik: das ganze Gefühlsleben ist ein Regen, das eben herausgehobene Gefühl ist ein von der Sonne beleuchteter Tropfen.

39

IGNAZ JEITTELES

Ignaz Jeitteles (1783–1843), aus Prag stammender gebildeter Wiener Geschäftsmann jüdischer Herkunft und Verfasser einiger schöngeistiger Schriften, darunter des »Ästhetischen Lexikons« (1835–37, Neuausgabe 1839), läßt als wichtige Bezugspunkte seiner Lyrik-Definition Herders Naturformen-Lehre, Schillers idealistische Forderung nach Veredelung des Individuellen sowie die älteren Vorstellungen des »beau désordre« und der Verwandtschaft der Lyrik mit der Musik, daneben aber auch die Notwendigkeit einer Warnung vor dilettantischer Kunstübung erkennen, der die Lyrik in besonderem Maße ausgesetzt sei.

Lyrische Poesie

Lyrische Poesie, diejenige Form der Dichtkunst, deren Hauptcharakter darauf beruht, das poetische Ausströmen eines bewegten, seine Empfindung rhythmisch schildernden Gemütes zu sein, d. h. wo die poetische Empfindung von der Außenwelt sich nach dem Innern, von dem Ganzen nach dem

Besondern wendet, idealisierte Darstellung (Objektivisie-
rung) in der Schilderung bestimmter persönlicher oder individueller (subjektiver) Zustände sich ergießt. Diese Darstellung
heißt lyrisch, denn in der Fülle des Gefühls strömt das
menschliche Gemüt in Gesang über; mit der Lyra begleiteten
die feinfühlenden Griechen gewöhnlich ihren Gesang. Im
Gegensatze der plastischen, wo Gegenstände des äußern Sinnes zur Anschauung gebracht werden, könnte daher die lyrische Poesie, wo die ganze Unermeßlichkeit des Gefühlver-
mögens geschildert wird, die musikalische heißen; wie auch
melisch (musikalisch) soviel wie lyrisch heißt. Im lyrischen
Gedichte herrscht nicht die Ruhe wie bei der epischen, waltet
nicht die Vernunft wie bei der didaktischen, nicht die Besonnenheit wie bei der dramatischen Form, sondern Empfindung, gehoben durch Phantasie, Phantasie, verschmolzen in
Empfindung; daher die Lebendigkeit der Bilder, die in ihrer
höchsten Steigerung *lyrischer Schwung*, so wie die durch die
Stärke der Leidenschaft scheinbar hervorgebrachte Regello-
sigkeit im Ausdrucke *lyrische Unordnung* genannt wird.
Mehr Darstellung als Erregung des Gefühles ist allerdings der
Zweck des lyrischen Dichters, doch ist es, sagt ein Kunstlehrer, sein Beruf, die der Menschheit würdigsten Gefühle jedes
Zeitalters und jedes Volkes bei sich aufzubewahren und dann
von Land zu Land, von Zone zu Zone, von Pol zu Pol, von
Jahrtausend zu Jahrtausend in harmonischen Strophen zu
verkünden und so als Genius über der Menschheit zu walten,
als Lehrer, Freund, Führer, Rater, Tröster. Es ist nicht
genug, wie Deutschlands nationellster Dichter[1] behauptet,
Empfindung mit erhöhten Farben zu schildern, man muß
auch erhöht empfinden; Begeisterung allein ist nicht genug,
man fordert die Begeisterung eines gebildeten, den reinen
vollendeten Abdruck einer interessanten Gemütslage, eines
vollendeten Geistes. Es ist gewiß, bemerkt *Weber*[2], daß die

1 Schiller, vgl. Text Nr. 17.
2 Vgl. Wilhelm Ernst Weber, *Die Aesthetik aus dem Gesichtspunkte gebildeter
   Freunde des Schönen. Zwanzig Vorlesungen, gehalten zu Bremen*, 2 Tle.,
   Darmstadt 1834–35, Tl. 2, S. 148 ff.

Durchführung einer poetischen Empfindung nach ihren intensiven Momenten (denn auch die Lyrik verlangt Einheit als Bedingung des Kunstwerkes), die Übereinstimmung des Einzelnen zum Ganzen, die Gleichartigkeit der Entwicklung nach dem Ideengebiete, endlich das Entsprechende der Einkleidung in Bezug auf Form und Sprache Rücksichten sind, deren sorgfältige Erwägung die Sache eines höchst geübten Gefühles, eines feinen Urteiles, einer zarten Denk- und Empfindungsweise ist, wie sie sich am wenigsten im Gewühle der Alltäglichkeit und in dem handwerksmäßigen Einerlei des Geschäftslebens gestaltet; dennoch hat gerade die scheinbare Leichtigkeit sich in den mannigfachen und beliebige Kürze zulassenden lyrischen Einkleidungsweisen zu bewegen, keine poetische Gattung mit so unübersehbarem Wuste dilettantischer Stümpereien überschwemmt. Ehe sich jemand entschließt, ein Epos oder ein Drama zu schreiben, pflegt er doch einen entschiedenen Ruf der Muse in sich verspürt zu haben, wenn schon auch in jenen Gattungen diese Tochter des Himmels nur gar zu häufig von schadenfrohen Waldweibchen und Wassernixen nachgeäfft wird, die manchen sonst gescheiten und verständigen Mann zu dem tollen Streiche bereden, sich auf ihr Risiko mit poetischen Mißgeburten zu prostituieren. Allein in der Lyrik vollends pflegt niemand auf einen Ruf der Muse zu warten; und es versteht sich von selbst, daß, wer einmal Lesen und Schreiben gelernt hat, damit auch mehr als genug der vortrefflichen Gabe besitzt, von den Reizen seiner Schönen ein Protokoll in Versen aufzunehmen oder einem großen Herrn zu seinem Geburtstage poetisch Glück zu wünschen oder einige gereimte Sentiments über die schöne Natur auszuhauchen oder aber in Sonetten, Madrigalen, Stanzen, Knittelversen und Leberreimen sich und andern Verzweiflung, Tod und Hölle an den Hals zu schreiben. Dem Lyriker steht der Gebrauch jeder Versart frei, doch müssen die Strophen in einerlei Silbenmaß gehalten und dieses dem Gegenstande angepaßt werden; so eignen sich z. B. die trochäischen Rhythmen mehr zum sanften Gesange

des Liedes, die daktylischen oder choriambischen mehr dem
feierlichen Aufschwung der Ode etc. Jedes Silbenmaß, sagt
Herder, jede *Hora* desselben trägt ihr eigenes Saitenspiel in
den Händen. Der Gott in ihnen ist's, sagen die Dichter, der
ihnen die *Wege des Gesanges* zeigt und sie durch die ver-
schlungenen Labyrinthe der Harmonien hindurchgeleitet;
d. i. Einheit des Gefühls, anhaltende, stille Aufmerksamkeit,
Durchdrungenheit von dem Gegenstande selbst und einige
Kenntnis dessen, was zum Vortrage, zur Sprache gehört; sie
sind's, die den Gesinnungen des Dichters den Adel, die
Würde, die süße Anmut, seinem Ausdrucke den Ton, den
gehaltenen Takt, die reiche Modulation geben, bei deren fort-
wachsenden Wirkung die Seele sich zuletzt angenehm befriedigt fühlet. Da wird, wie durch eine Schöpfung von Innen
heraus, der Gesang mit jedem Akzente und Bilde lyrisches
Ganzes, das den, der dafür einen Sinn hat, ebensowohl als ein
schönes Gemälde oder irgendein anderes vollendetes Kunstwerk mit der süßen Empfindung beseligt: »es ist ganz, es ist
vollendet.« Tragen nun alle lyrischen Produkte den gemeinschaftlichen Gefühlscharakter, so ist doch der Ton verschieden nach den verschiedenen Graden des Gefühles, und diese
Schattierungen bestimmen den Charakter der einzelnen
Untergattungen der lyrischen Form. Diese sind: Lied, Ode,
Hymne, Dithyrambe, Kantate (lyrische Gedichte im engern
Sinne); Elegie, Heroide (lyrisch-elegische Gedichte); das
lyrische Lehrgedicht (lyrisch-didaktische Gedichte; s. Lehrgedicht). Nur prosodische Formen, die bald einen rein lyrischen, bald einen lyrisch-elegischen, bald einen lyrisch-
didaktischen, oft sogar einen epischen Charakter haben und
daher mit Unrecht als selbständige lyrische Unterarten aufgeführt wurden, sind: Sonett, Bouts-rimes, Madrigal, Ron-
deau, Triolett, Sestine, Stanze, Terzine etc.

GEORG HERWEGH

Georg Herwegh (1817–75), nach dem Studium der Theologie freier Schriftsteller und politisch-revolutionärer Lyriker, wurde mit seinen »Gedichten eines Lebendigen« (1841–43) über Nacht berühmt. Unter den zuvor entstandenen literaturkritischen Beiträgen findet sich eine »Rettung Platens«, die im September und Oktober 1839 in zwei Teilen in der »Deutschen Volkshalle« veröffentlicht wurde und in der Herwegh die Gedichte des von den ›Demokraten‹ mit spöttischer Kritik verfolgten August von Platen (1796–1835) gegen die Angriffe aus dem eigenen Lager in Schutz nimmt. Grundlage ist dabei eine differenziertere Auffassung des Verhältnisses zwischen Lyrik und Politik. Sie weist auf Adornos Verteidigung des ›unpolitischen‹ Gedichts voraus (vgl. Text Nr. 69).

Rettung Platens

Man hat es vielleicht kaum begriffen, manche allzu leidenschaftliche Freunde haben es mir wohl gar bitter verdacht, daß ich einen Mann, der nie in die nächste Berührung mit dem Volke gekommen, so hastig und begeistert in die Reihe der Demokraten eingeführt habe. Das ist eben der beklagenswerte, unverzeihliche Fehler unserer Partei, daß sie überall sogleich abspricht, wo sie nicht den unmittelbarsten Ausdruck ihrer Sinn- und Denkweise findet, daß sie so blind ist, den Genius der Freiheit zu verkennen, wenn er einmal statt der Jakobinermütze den Lorbeer trägt. Das Auditorium eines Dichters ist immer zahlreicher als das eines Publizisten; der Demokrat sollte daher mit viel weniger Mißtrauen und weit mehr Liebe an einen Sänger herangehen, der, wenn er auch keine Adressen verfertigt und keine Broschüren über Preßfreiheit verfaßt, doch in seiner Art das gleiche mit den Edel-

sten seiner Zeit angestrebt. Auch der beste Staat hat für den
Einzelmenschen erdrückende Institutionen, und solange es
Dichter gibt, haben sich dieselben in Opposition gestellt mit
den Satzungen der Politik. Das harmloseste Lied ist, wenn
man Konsequenzen daraus ziehen wollte, hochverräterisch.
Eine Seite der Freiheit wird der Welt nie verlorengehen, und
das ist die Seite, welche sich in den Sängern der Völker her-
ausbildet; die Subjektivität wird ewig Protest einlegen gegen
jegliche Beengung durch die Objektivität. Mit dem ersten
Dichter wurde der erste Protestant geboren; schon Homer
war ein Protestant. Der Protestantismus war dem Begriffe
nach längst in der Poesie vorhanden, ehe die Religion noch
den glücklichen, zutreffenden Ausdruck für denselben gefunden hatte. Glücklicher Ausdruck? Ach! unsere schönsten Gedanken klingen in fremden Lauten an unser Ohr,
und vielleicht nicht ohne Bedeutung ist es, daß das herrliche
Wort »Demokrat« das Wort eines untergegangenen Volkes
ist!
Sonderbar, um wieder auf die Dichter zurückzukommen, ist
es, daß sie gerade von Dichtern am schmerzlichsten mißverstanden werden. Hinter jeder trüben Wolke soll allerdings
das Morgenrot der Versöhnung lauschen – die trübe Wolke
selbst aber darf nicht wegdisputiert werden, man muß ringen
mit ihr, um durchzubrechen zum Frieden. Herr Prutz[1], der
doch selbst Dichter ist, will in den Halleschen Jahrbüchern[2]
alle Poeten zum Glücke kommandieren und kann nicht
begreifen, wie es in einer so hübschen Zeit, als die unsrige ist,
so viele Mißgestimmte gebe, warum nicht von jeder Leier ein
Halleluja erklinge auf die göttliche Notwendigkeit und Hymnen des Dankes erschallen an den Weltgeist für unsere artigen
Zustände. Prutz will die Poesie auf das Postament der Phi-

1 Robert Prutz (1816–72), politisch-sozialkritischer Schriftsteller der Restaura-
   tionszeit.
2 *Hallesche Jahrbücher für deutsche Wissenschaft und Kunst* (1838–41), Organ
   der Junghegelianer, begründet und herausgegeben von Arnold Ruge und
   Theodor Echtermeyer.

losophie hinaufschrauben und verlangt Dinge von den Dichtern, wodurch die Dichter eben aufhören würden, Dichter zu sein. Die Herren wollen doch sonst allem Möglichen in der Welt seine Berechtigung vindizieren, warum nicht auch diesem Laut des Schmerzens, der durch alle Dichtungen der Gegenwart hindurchklingt?

Diese Unzufriedenheit, dieses Mißbehagen schützt uns vor der Verknöcherung unserer jetzigen Lage und trägt sein gutes Teil dazu bei, die Weltgeschichte im Fluß zu erhalten. Ich beklage einen Dichter, ich beklage ein Volk, das zufrieden ist!

Die Nation urteilt immer gerechter als die Kritik, und keine hochtrabende Phrase ist imstande, sie Männern abspenstig zu machen, die sie einmal für ihre Lieblinge erklärt hat; sie läßt eher zehn Philosophen als einen Dichter untergehen und wird sich die Liebe zu ihrem Nikolaus Lenau, zu ihrem Anastasius Grün, zu ihrem Adelbert Chamisso, selbst zu Heine, wo er seine Unarten nicht zur Schau trägt, nie rauben lassen. Sie wird es mit Gleichgültigkeit anhören, wenn man ihr vorsagt: dieser Reim ist unecht, dieses Bild ist zu weit getrieben, diese Farbe zu stark aufgetragen; sie wird ewig glühend den Sänger ans Herz drücken, der ihren liebsten Regungen Sprache verliehen, ihrem Kummer Worte gegeben, ihr Elend in Harmonien gebracht, der ein Spiegel ist, in dem sie sich selbst anschaut.

Zuweilen begegnet es, daß mutwillige Kritiker ein Vorurteil erwecken gegen einen Schriftsteller, das erst viele Jahre nachher mit Mühe und Not ausgerottet werden kann. Es ist dies der Fall mit August Platen, dessen Zukunft man seit seiner Verhängnisvollen Gabel und dem Romantischen Ödipus[3] schon zum voraus beiseite gelegt hatte. Die Masse des Volks hat man ihm abwendig gemacht, und meine Aufgabe soll sein, von Zeit zu Zeit nachzuweisen, welche mit unserm ganzen Wesen und Treiben verwandte Töne in seinen Liedern zu

---

3 *Die verhängnisvolle Gabel* (1826), *Der romantische Ödipus* (1829), Literaturkomödien Platens.

vernehmen sind, wenn man das richtige Gehör besitzt, wie wir, trotz seiner oft schroffen Eigentümlichkeit, uns selbst ganz wiederhaben in seinen Dichtungen.

41

THEODOR MUNDT

Als Redakteur und Kritiker zunächst Anhänger der Jungdeutschen, verfaßte Theodor Mundt (1808–61) später neben historischen Romanen eine Reihe literaturgeschichtlicher Werke, darunter eine »Ästhetik« mit dem Untertitel »Die Idee der Schönheit und des Kunstwerks im Lichte unserer Zeit«, in der die Lyrik als Ausdrucksform des »Herzens« und des »individuellen Daseins« in Abgrenzung gegen die »Vernichtung des Gefühls«, die durch die »Hegelsche Begriffsphilosophie« eingetreten sei, herausgestellt wird. Mit der gattungstheoretischen Orientierung der Lyrik am Volkslied als der »ersten einfachen Form des singenden Volksgemüts« verbindet Mundt die literaturpolitische Forderung nach Einfachheit und Volksnähe der »Oppositionspoesie«.

Die Lyrik

Die *Lyrik* ist die eigentliche Freiheit der menschlichen Brust, in welcher die innerste Kraft des individuellen Daseins sich in sich selbst zusammengefaßt hat und in dieser innigsten Zusammendrängung und Konzentration das wahre Bild der ihr gehörigen Wirklichkeit zu erzeugen strebt.

Derjenige blütenreiche Lebenspunkt, auf welchem der Mensch aus der ganzen ihn umgebenden Wirklichkeit und Natur zu sich selbst zurückkehrt, auf dem er in der ganzen weiten Schöpfung *sich*, diese Unendlichkeit in engster individueller Begrenzung, findet, dieser Lebenspunkt ist der *lyri-*

sche, der von dem Dichter in reichen und mannigfachen Weisen ausgeprägt wird, in jedem echt menschlichen Gemüt aber seine notwendige Stelle und allgemeine Bedeutung hat.

Dies ist das lyrische Pathos der menschlichen Brust, daß dem Menschen darin sein eignes Herz als dieser wahre Frühling aufgeht, als der eigentliche Frühling der Wirklichkeit, der ihr Blütenauge aufgegangen in dieser Lyrik, welches Blütenauge das aus sich selbst hervorjauchzende Selbstbewußtsein ist. Das menschliche Herz weiß sich in der Lyrik als diesen Quell des wahrhaft substantiellen Menschengefühls, worin sich der Mensch in dieser Stärke seiner Einheit wesentlich als ein Ganzes empfindet. Das Herz ist hier nicht bloß dieser natürliche Abgrund, von dem es in der Schrift heißt, daß daraus hervorgehen allerlei arge Gedanken, Mord, Ehebruch, falsch Zeugnis, Lästerung usw., auf welche Stelle des Evangelisten sich die absolute Begriffsphilosophie, die keine höhere substantielle Bedeutung des Herzens anzuerkennen vermochte, mit besonderer Vorliebe berufen hat.

Aber das Herz wird durch die Lyrik gerade als der ganze wesentliche Mensch offenbar, als dieser echt menschliche Organismus zwar, durch den alles, was menschlich ist, seinen Durchgang nimmt, in dem alle innersten Bewegungen des Lebens ihre Fäden verknüpfen, der aber auch seinen eignen Inhalt wieder in sich selbst läutert und befreit, und diese Läuterung und Befreiung des menschlichen Herzensinhalts ist gerade die lyrische Poesie. In der Heiligen Schrift wird jedoch das Herz bloß in jener seiner natürlichen Unreinheit verdammt, von dem reinen Herzen aber heißt es, daß die, welche es besitzen, Gott schauen werden. Dies reine Herz ist aber wahrhaft das in sich frei gewordene Herz, und die lyrische Dichtung, von der man es vorzugsweise sagen muß, daß sich in ihr das Herz ausschütte, sie ist diese Produktion, in welcher das Herz zu diesem seinem wahrhaften Schauen Gottes gelangt.

Diese höhere echt menschheitliche Bedeutung des Herzens, welche in der Lyrik aufgeht, hat schon der deutsche Sprach-

gebrauch selbst geheiligt, wie er von dem, der kein rechter
Mann und ohne Ehre ist, gleichbedeutend sagt, daß er kein
Herz habe. Die substantielle Wesenheit des Gefühls ist es hier
überhaupt, um die es sich handelt. Das Gefühl, das auf der
Stufe der absoluten Begriffsphilosophie als die bloß natürliche, nicht im Geiste vermittelte und darum untergeordnete
Affektion des Seelenlebens erscheint, es darf nicht bloß in
dieser Beschränkung und Einseitigkeit genommen werden,
sondern, um ein vollständiges und wahrhaft lebendiges Bild
menschlichen Daseins anzuschauen, muß auch ein *Gefühl*
erkannt werden, das nicht bloß negativ den Gegensatz gegen
die geistige Erkenntnis darstellt, sondern in dem die wahre
lebendige Verbindung von Geist und Gemüt als das eigentlich
organische Band des individuellen Daseins erscheint.
Es muß in diesem höheren Leben des Gefühls die eigentliche
Blüte des menschlichen Selbstbewußtseins, das zum lebendigen Dasein gewordene Erkennen selbst, die in sich selbst
ruhende Sicherheit der unmittelbaren Existenz, die Universalität und Unendlichkeit des persönlichen Lebens, mit einem
Wort, es muß in dem Gefühl jene wahre Vollendung des
menschlichen Organismus erkannt werden, durch welche er
erst daseinskräftig, einheitlich und wirklichkeitsvoll werden
kann.
Die Vernichtung des Gefühls, welche die Hegelsche Begriffsphilosophie aufgebracht hat, muß sich beschämt sehen durch
die Lyrik der Völker, worin sich von den ersten und einfachsten Zeiten her bis in die verwickeltsten Kulturperioden hinein *das Gefühl* als diese wahrhaft substantielle Volkskraft
offenbart hat. In den Volksliedern belauschen wir die ersten
Selbstgespräche der Völker, und das Kleinste und das Größte
des Daseins wird hier in diesen wesenhaften Kreis des Volksgemüts hineingezogen, in dem es in Ernst und Scherz eine
eigentümliche Weihe und Durchdringung erhält. [. . .]
So trägt alle Volkspoesie an sich schon häufig einen Keim von
Opposition in sich, denn des Volkes Stimme ist eben darum
Gottes Stimme, weil vor der gesunden und durchdringenden

Anschauung des Volkes, in der das Recht und die Freiheit
schon wie ein Naturinstinkt leben, keine Schlechtigkeit
bestehen kann. Das deutsche Volkslied des Mittelalters hat in
Scherz und Schimpf so manchen nationalen Widerstand aus-
gefochten, und ein echter Kern unserer Nationalität ist darin
herrlich zutage gekommen. Wenn aber die Volkspoesie, in
ihrer natürlichen Freiheit und in des Volkes nie zu berücken-
dem Wahrheitsinstinkt, leicht zur Oppositionspoesie geworden, so sollte umgekehrt auch alle Oppositionspoesie, durch
welche Unnatur der Zeiten sie auch erweckt und zu künstlichen Formen getrieben werden mag, zur Volkspoesie zurückkehren und zu Volkspoesie werden.

42

THEODOR STORM

*Theodor Storm (1817–88), als Lyriker an die nachgoethesche
Stimmungs- und Erlebnislyrik anknüpfend und diese auf
einen eigenen Gipfel führend, ist in seinem Theorie-Verständ-
nis in extremer Weise von Herders Naturlaut- und Naturpoe-
sie-Konzeptionen abhängig. Eine zentrale Rolle in seinen
lyriktheoretischen Überlegungen, die er an verschiedenen
Stellen und zu unterschiedlichen Anlässen dargelegt hat (vgl.
Text Nr. 44 und 47), spielt die Frage der »Form« und die
Notwendigkeit einer Unterscheidung zwischen einer ›äußeren‹ und einer ›inneren‹, dem Wesen lyrischer Gestaltung entsprechenden Form-Auffassung (vgl. auch das gegen Emanuel
Geibel gerichtete Gedicht »Lyrische Form«). Die folgenden
Ausführungen sind Teil einer intensiven ästhetischen Korrespondenz, die Storm mit dem Jugendfreund Hartmuth Brink-
mann (1819–1910) führte; ihr Ausgangspunkt ist die (auf
Herder zurückgehende) These, daß »der Inhalt in den Worten
[liege], die Seele dazwischen«.*

Brief an Hartmuth Brinkmann

28. März 1852

Von der lyrischen (auch von der dramatischen) Poesie kann man sagen, sie soll Naturlaut in künstlerischer Form sein. Ich will hier nur von der Lyrik sprechen und von der Form im Einzelnen der Ausführung; daher nicht von der Anlage des Ganzen etc., obgleich dies allerdings auch zur Form gehört. Diese Form im Einzelnen der Ausführung (ich weiß sie für den Augenblick nicht besser zu bezeichnen) ist das, was bei Kritiken gewöhnlich den ersten Gegenstand der Besprechung bildet, und die Schönheit und Korrektheit dieser Form ist an Platen vorzüglich hervorgehoben und hat vor allen die Philologen entzückt. Allein, und ich möchte dies nachdrücklich in die Kritik einführen, auch diese Form ist eine doppelte, eine gröbere prosodische und eine feinere geistige, die ganz ungreifbar ist. Die erstere besteht in der eigentlichen Korrektheit des Versbaues und allenfalls in der Harmonie desselben mit der dem *Inhalt* nach angemessenen Satzbildung, die zweite läßt sich am besten nach ihrer Wirkung beschreiben und besteht darin, daß der Dichter durch sie die Bewegung seines Herzens in frischer Unmittelbarkeit dem Leser mitteilt. Dies geschieht nämlich nicht allein, obgleich auch, durch den Sinn der Worte, sondern zum großen Teil durch ihren Klang und durch das angemessene Verhältnis und Auf- und Nacheinanderfolgen von ein- oder mehrsilbigen Worten, von mehr oder weniger flüchtigen Längen, durch den richtigen Gebrauch der Assonanz und Alliteration im Verse, ja es kann auch ohne dieselbe die Schönheit des Verses erst ans Licht kommen, wenn in eine einzelne Silbe die gehörigen Konsonanten oder der grade hier klingende Vokal hineinkommt. Ich wollte mir unternehmen, dies alles mit Beispielen zu belegen. Diese zweite Form ist Sache des Gefühls, vielleicht darf ich sagen des Genies, die erste des Verstandes. In der letztern ist Platen Meister, obgleich ihm die andre keineswegs abgeht, in der ersten Heine und, was mehr anerkannt werden sollte, auch Schiller. An einem seiner Verse kannst Du schon alles beweisen, was ich hier gesagt:

> Aus den Wolken muß es fallen,
> Aus der Götter Schoß, das Glück![1]

Diese letztere Form hat man richtig *Seele* genannt; Herder zu seinen Volksliedern nennt es *die Weise*[2] und geht so weit, sie beim Liede über den Sinn und Inhalt zu setzen; er meint, wenn sich beim Volksliede erst die richtige Weise gefunden, so werden sich nach und nach auch die richtigen Worte anfinden. Du nennst sie ja gewöhnlich das Herzbezwingende; aber es gehört mit zur Form, da es durch rein äußerliche Mittel erreicht wird, wie denn überhaupt das Wesen der Kunst vorzugsweise, vielleicht allein in der Form liegt, nur soll man diesen Begriff nicht zu grob nehmen. – Diese feinere Form ist die, welche es mich bei meinem poetischen Schaffen vorzüglich zu erfüllen drängt, und ich bring ihr die prosodische wohl allerdings mitunter zum Opfer, was freilich nicht zu billigen ist, da beides sein Recht verlangt. Dennoch setz ich die prosodische Form weit unter die andre, und es ist reine Dummheit, auch in betreff der Form Platen über Heine zu setzen; Heine ist ohne Zweifel der größte Meister in der Form von diesen beiden. Doch gestehst du Platen vielleicht zuwenig ein.

43

FRIEDRICH HEBBEL

Zu einer grundsätzlichen Stellungnahme durch das Erscheinen zweier Gedichtbände Adolf Pichlers (1819–1900) und Carl Reinholds (1806–63) angeregt, versuchte Hebbel 1853 in Ergänzung seiner systematisch-theoretischen Reflexionen (vgl. Text Nr. 38), eine Standortbestimmung ›moderner‹

1 Aus Schillers Gedicht *Die Gunst des Augenblicks*.
2 Vgl. Text Nr. 14.

Lyrik unter systematischem und lyrikgeschichtlichem Aspekt
zu geben. Indem Hebbel, mit Blick auf Schiller und Goethe,
zwei »Hauptrichtungen« jeder Lyrik, eine geistig-reflektie-
rende und eine gemüthafte, unterscheidet, um auf dieser
Grundlage den Entwicklungsgang der neuesten Lyrik (an den
Beispielen Uhland, Freiligrath, Lenau) zu skizzieren, setzt
er sich einmal mehr mit dem Problem seiner eigenen Lyrik,
dem Versuch einer Vermittlung zwischen »Gefühl« und
»Reflexion« auseinander. – Hebbels Rezension erschien am
3. Dezember 1853 in der Leipziger »Illustrierten Zeitung«.

Moderne Lyrik

Es ist kaum schwerer über Musik zu schreiben, wie über
lyrische Poesie, wenn man wirklich etwas feststellen und
nicht in etymologischem Becherspiel ein Unbestimmbares
mit dem andern müßig und resultatlos vergleichen will. Man
sehe unsere Ästhetiker an, die besten nicht ausgenommen,
und frage sich, ob selbst Jean Paul, der doch hell und klar, wie
kein zweiter, in den Darstellungsprozeß hineinschaute, hier
über die Trivialität hinauskommt. Der Grund ist einfach:
man hat in der Lyrik das reine Element vor sich, um das alle
Formen sich streiten, ohne daß eine den Sieg davonträgt,
weshalb sie in der singbaren Ballade, die zugleich episch,
dramatisch und musikalisch ist, gipfelt. Im allgemeinen hat
man von jeher zwei Hauptrichtungen unterschieden: die geistige, die bei uns durch Schiller repräsentiert wird und die
man nicht so kurzweg die reflektive nennen sollte, und die
gemütliche[1], die Goethe vertritt. Darin hatte man auch ganz
recht, man behielt nur nicht genug im Auge, daß beide Richtungen in der Phantasie ihre gemeinschaftliche Wurzel haben,
welche die geistige allein vor der Abstraktion und die gemütliche vor dem Sturz in die nüchternste Prosa bewahren kann.

---

1 Gemüthafte.

Denn freilich, wenn jeder Gedanke ein Gedicht oder auch nur der Keim zu einem Gedicht wäre, so hätte Johann Jacob Wagner[2], der Würzburger Philosoph, recht gehabt, als er seine Dichterschule schrieb und in ihr den Beweis lieferte, daß man jederzeit aus einem scharfen Kopf ein klassischer Dichter werden könne. Und wenn jedes Juchhe und jedes Oweh, das im Wechsel der Gefühle aus dem so oder so bewegten Herzen aufsteigt, nur seine Wahrheit darzutun und etwa noch seine Entstehungsgeschichte hinzuzufügen brauchte, um für poetisch zu gelten, so wäre Vater Gleim[3] mit großem Unrecht ausgestrichen worden, so dürften die Vogl[4] und Genossen nie ausgestrichen werden, so müßten die Nürnberger Meistersänger alle wieder auferstehen, so gäbe es aber auch keinen Unterschied zwischen Poesie und Prosa, als den Reim. Es muß aber ein schöpferischer Akt der Phantasie hinzukommen, der den allgemeinen Gedanken individualisiert und umgekehrt das subjektive Gefühl generalisiert, und die Individuen, in denen dieser Akt sich vollzieht, treten so selten hervor, daß man noch in tausend Jahren keine Überbevölkerung des Parnasses zu besorgen haben wird. Den Stadtpfeifern und Turmbläsern gegenüber, die alljährlich unsere Musenalmanache füllen, wird natürlich mit einer Definition nichts ausgerichtet, denn sie verachten sie entweder, oder fühlen sich, wundersamerweise, mit ihr in Übereinstimmung. Aber wem um Einsicht zu tun ist, der gehe dem hier gegebenen Fingerzeige nach und mache auf Goethe und Schiller die Anwendung. Bei Goethe leuchtet es auf den ersten Blick ein, daß alle seine Gedichte Perspektiven mit unendlichen Spiegelungen eröffnen und sich nur darum so eng an die von ihm nicht ohne Grund hochgepriesene Gelegenheit anschließen, weil er den Standpunkt möglichst scharf

---

2 Johann Jakob Wagner (1775–1841), Verfasser einer *Dichterschule* (1840).
3 Johann Wilhelm Ludwig Gleim (1719–1803), Lyriker der Aufklärung und Förderer junger Dichtertalente des späteren 18. Jahrhunderts.
4 Johann Nepomuk Vogl (1802–66), österreichischer Lyriker der Spätromantik.

fixieren muß; aber auch bei Schiller ist nicht zu verkennen, daß er den philosophischen Gehalt, der ihm allerdings immer vorschwebt, keineswegs, wie etwa Lukrez, als einen schon errungenen, bloß ausbreitet und in einen Goldrahmen faßt, sondern daß er uns sein Kämpfen um ihn und also seine Abhängigkeit von ihm in allen Stadien darstellt. So generalisiert der eine sein Besonderes und individualisiert der andere sein Allgemeines, bis sie, von ganz entgegengesetzten Enden ausgehend, in der Mitte des Wegs zusammentreffen und die beiden Hälften der Menschheit innig miteinander verschmelzen. Es versteht sich von selbst, daß nur von den besten Stükken dieser Männer die Rede sein kann.

44

THEODOR STORM

Die »Emanzipation von der Phrase und dem konventionellen poetischen Apparat« und die »Erkenntnis des organischen Zusammenhangs zwischen Form und Inhalt« weiterhin zum Maßstab seines lyriktheoretischen Urteils machend (vgl. Text Nr. 42), nimmt Storm die Besprechung einer Sammlung von Liebesgedichten, »Lieder der Liebe« (1854) von M. A. Niendorf (1826–78), zum Anlaß, um am Beispiel des Liebesgedichts – dem auch in der eigenen Lyrik herausragenden Lyrik-Typus – die Forderung nach Unmittelbarkeit des Erlebens als Wesensmerkmal echter Lyrik schlechthin zu demonstrieren. Lyrik erschöpfe sich nicht im bloßen »Fabrizieren« von Gedichten (»Man fühlt, daß es dem Verfasser mehr um das Versemachen als um die Liebe zu tun gewesen ist«); auch ein Gedicht, das, wie Geibels »Minnelied«, sich darauf beschränke, »geistreiche Gedanken über die Liebe in Versen vorzutragen«, und sei es auf noch so kunstvolle Weise, sei nicht als echt lyrisches Gedicht anzusehen, da ihm die offenbarungshafte Intensität der Empfindung fehle.

Besprechung von M. A. Niendorfs
»Liedern der Liebe«

Die eigentliche Aufgabe des lyrischen Dichters besteht aber unsrer Ansicht nach darin, eine Seelenstimmung derart im Gedichte festzuhalten, daß sie durch dasselbe bei dem empfänglichen Leser reproduziert wird, wobei freilich der Wert und die Wirkung des Gedichtes davon abhängen wird, daß sich die individuellste Darstellung mit dem allgemeingültigsten Inhalt zusammenfinde. Die besten lyrischen Gedichte sind daher auch immer unmittelbar aus der vom Leben gegebenen Situation heraus geschrieben worden; die höchste Gefühlserregung wird, wie das jeder schon im täglichen Leben an sich erfahren mag, auch immer den schlagendsten Ausdruck finden; und wenn Goethe einmal den Ausspruch getan, es müsse der Dichter sich den Stoff durch die Zeit erst in eine gewisse Ferne rücken lassen, ehe er an die Behandlung desselben gehe,[1] so sind doch gerade seine Lieder von unsterblichster Wirkung nachweislich unter der Herrschaft des Momentes entstanden, worüber der vor einigen Jahren herausgegebene Briefwechsel mit der Frau von Stein[2] die mannigfachsten und interessantesten Aufklärungen enthält. Daß übrigens dem Dichter, namentlich dem Novellisten, auch eine selbsterfundene Situation mit solcher Lebendigkeit aufgehen könne, daß er dadurch zu einer vollkommen lyrischen Produktion im Charakter und der Stimmung seiner eignen Gestalten veranlaßt wird, ist durch das hier Gesagte selbstverständlich nicht ausgeschlossen und von Mörike in seinem »Maler Nolten« durch das unergründlich schöne »Früh, wenn die Hähne krähn«[3] aufs vollkommenste darge-

1 Vgl. Goethes Äußerung gegenüber Schiller, »daß Eindrücke bei mir sehr lange im stillen wirken müssen, bis sie zum poetischen Gebrauche sich willig finden lassen« (Brief vom 6. Januar 1798).
2 Goethes Briefe an Charlotte von Stein (1742–1827) waren 1848–51 veröffentlicht worden.
3 *Das verlassene Mägdlein*, zuerst in Mörikes Roman *Maler Nolten* (1832) veröffentlicht.

tan, während die Eichendorffschen Lieder, so tief sie immer sein mögen, doch nur aus einer und derselben Grundstimmung mit den Novellen, in denen sie vorkommen, nicht aber aus diesen selbst entsprungen sind.

Es beruht daher auch das willkürliche und massenhafte Produzieren lyrischer Gedichte, das eigentliche Machen und Ausgehen auf derartige Produktionen auf einem gänzlichen Verkennen des Wesens der lyrischen Dichtkunst; denn bei einem lyrischen Gedichte muß nicht allein, wie im übrigen in der Poesie, das Leben, nein, es muß geradezu das Erlebnis das Fundament desselben bilden. Den echten Lyriker wird sein Gefühl, wenn es das höchste Maß von Fülle und Tiefe erreicht hat, von selbst zur Produktion nötigen, dann aber auch wie mit Herzblut alle einzelnen Teile des Gedichtes durchströmen. Eine Folge hiervon und zugleich ein Beweis für unsre Ansicht ist es, daß selbst unsre besten Lyriker, wie Günther, Hölty, Goethe, Claudius, Uhland nur wenige Lieder geschaffen haben, welche die seit ihrem Erscheinen verflossene Zeit überdauerten.

45

FRIEDRICH THEODOR VISCHER

Unter formaler Beibehaltung des begrifflichen Systemrahmens hat der Philosoph und Ästhetiker Friedrich Theodor Vischer (1807–87) der Hegelschen Ästhetik, an die er in seiner eigenen »Ästhetik« (1846–57) anknüpft, eine Wendung ins Realistische und Konkret-Empirische gegeben. Im Hinblick auf die Auffassung der Lyrik und die Rolle des lyrischen Subjekts hat dies eine weitgehende Auflösung der Hegelschen Totalitätsidee zur Folge sowie eine bestimmtere Ausrichtung auf das Moment der Punktualität und der Vereinzelung als Wesensmerkmal subjektiver Erfahrung und ihrer Darstellung im lyrischen Gedicht.

Die lyrische Dichtung

1. Ihr Wesen

§ 884

Die einfache Synthese des Subjekts mit dem Objekte, worin jenes diesem sich unterordnet (vgl. § 865), kann dem Geiste der Kunst nicht genügen; er fordert eine weitere Stufe, auf welcher dem Wesen nach die Welt in das Subjekt eingeht und von ihm durchdrungen wird, so daß alles Objektive als dessen inneres Leben erscheint und dem Verfahren nach die Umständlichkeit schwindet, durch welche das Epos der bildenden Kunst verwandt ist. Der Akt der Freiheit, der diesem Verhalten zu Grunde liegt, wird jedoch in der verhüllten Form des Bestimmtseins, des Zustands, der Geist als Seele auftreten: die dichtende Phantasie stellt sich auf den Standpunkt der *empfindenden*. Dieser Fortgang entspricht also demjenigen, der von der bildenden Kunst zu der Musik führt (vgl. § 746). Die lyrische Dichtung, die er begründet, kann sich der Geschichte wie dem Begriffe nach zu der epischen nur als die nachfolgende verhalten.

Die allgemeine Begründung des Übergangs von der epischen zur lyrischen Poesie ist auf anderer Stufe dieselbe wie die des Übergangs von der bildenden Kunst zu der Musik. In der epischen Poesie ist zwar die Welt der Gegenstände geistig durcharbeitet, bewegt, wie sie es in der Malerei noch nicht sein kann, aber die dichtende Phantasie hat sich doch wieder auf den Boden der bildenden gestellt, sich das Objekt geben, sich durch es bestimmen lassen; sie hat den Geist wie ein Natursein angeschaut. Dagegen tritt nun in der Kunst dieselbe Forderung des Geistes auf wie jene in der Philosophie, die vom Realismus zum subjektiven Idealismus fortdrängt und aus dem Satz Ernst macht, daß der Mensch das Maß aller Dinge ist, indem er begreift, daß für ihn Alles nur so viel ist, als es für sein Bewußtsein ist. Es kann bei der Naivität nicht

bleiben, welcher die Gegenständlichkeit imponiert; die Welt
soll vom Geiste ganz durchdrungen, durchkocht erscheinen
und dies kann – auf dem Standpunkte, dem hier der objektive
zunächst Platz macht – nur dadurch geschehen, daß sie überhaupt nicht für sich erscheint, sondern nur so, wie sie im
Geiste gesetzt, zu seinem innern Bild und Leben geworden,
ganz in ihn ein- und aufgegangen ist. [. . .] Die Phantasie muß
sich ihres von innen heraus bewegten und bewegenden
Wesens bewußt werden, die Geduld für diese Form verlieren
und eine andere suchen, welche, ob zwar mit Opfer, doch
dasselbe auf einem unendlich kürzeren Weg erreicht, eine
Form, worin der dargestellte Mensch im eigenen Namen
redet und so, daß er seine Erscheinung ungesagt, doch merkbar mitbringt und das Bild der Außendinge, wie sie in ihm
sich spiegeln, durch das Aussprechen der Spiegelung ausspricht. [. . .] Das lyrische Subjekt ist faktisch Welt-Einheit,
Brennpunkt der Welt, aber die Welt ist in ihm nur Herz,
Gemüt geworden; es vollstreckt tatsächlich an den Dingen
die Wahrheit, daß sie nichts an sich sind, aber nur in einem
tiefen, helldunkeln Träumen, worin sich ihm die wahre
Bedeutung seines Tuns so verbirgt, daß es unter die zufälligen
Eindrücke von außen wie unfrei gestellt ist, daß es meint, sein
Zustand sei ihm angetan, komme wie eine Naturnotwendig-
keit über es, während es doch in Wahrheit ganz bei sich ist
und Alles, was an es kommt, in dies Ich auflöst. Es ist dies
also eine Wiederkehr des Standpunkts der Musik auf neuem
Boden, die dichtende Phantasie wird zur dichtend-*empfindenden*. Sie ist als solche ganz naiv, aber freilich nicht mehr so
wie die dichtend-bildende, die epische. Zwar ist diese, von
der einen Seite betrachtet, klarer und freier: sie schwebt ruhig
über den Dingen und schaut sie deutlich und hell, sie scheint
geistiger, bewußter. Sie ist es auch, aber sie ist es nur, weil sie
noch nicht zu dem tiefen Prozesse fortgeht, dem Subjekte die
Welt im Innersten anzueignen, und dieser Prozeß muß auf
dem Durchgangspunkte, der sich als lyrische Poesie darstellt,
notwendig mit Verlust an jener Art von Klarheit und Freiheit

verbunden sein; die neue, höhere, zu welcher er führt, liegt noch unentwickelt und dunkel in ihm. Aber die Naivität dieses Dunkels ist dennoch weit über die Naivität des Epos hinaus: sie ist das Unbewußte des tiefen Verarbeitens, nicht mehr das Unbewußte des Anstaunens. Sie setzt daher auch geschichtlich eine größere Reife voraus. [...]

§ 885

Da es aber die dichtende Phantasie ist, welche sich auf den Standpunkt der empfindenden stellt, so liegt darin zugleich der Unterschied von der Musik: das Gefühl kann in der Dichtkunst nur durch Anknüpfung an das Bewußtsein als Organ und Inhalt einer Kunstform auftreten; das Subjekt spricht zwar nur sich, seine Stimmung aus, vermag dies aber bloß dadurch, daß es teils Elemente der epischen Anschauung, direkte und indirekte Bilder, teils eigentliche Gedanken (gnomische Elemente) und Willensbewegungen in die Stimmungsatmosphäre überträgt. Durch diese sämtlichen Mittel bewegt sich die lyrische Poesie in den verschiedenen Richtungen der Zeit, wesentlich aber ist sie im Gegensatze gegen die epische Vergangenheit auf die *Gegenwart* gestellt.

Wir haben die Musik als die schlechthin subjektive Kunst des Gefühls kennen gelernt, die als solche kein Objekt geben kann. Darum ist ihre Form das reine, verglichen mit aller andern Kunst gestaltlose Bewegungsleben des Tons. Die Poesie hat sich über diese Sphäre erhoben und spricht mit dem Vehikel des artikulierten Tons, des Worts, die innere Welt im Lichte des Bewußtseins aus. Wenn daher in ihr der Standpunkt wiederkehrt, auf dem das ganze System der Künste in der Musik steht, so muß, da dies eine Versetzung auf denselben von einem andern Standpunkt ist, zugleich mit der Analogie auch der tiefe Unterschied sich geltend machen; daher schon in § 846 Anm. 2 gesagt ist, daß gegen das Stilgesetz, welches Verirrung der Dichtkunst in das Gebiet der Tonkunst abwehrt, auch die lyrische Form keine Einwendung begründe. Man kann nun das Verhältnis so bestimmen: das Gefühl ist die reine Mitte des Geisteslebens, woraus die bewußten Tätigkeiten stets auftauchen und worein sie stets zurücksinken; diese stehen daher beständig an seiner Schwelle (vgl. §§ 748, 749); die Musik, als Kunst des reinen Gefühls, öffnet ihnen diesen Eintritt nicht; die lyrische Poesie öffnet ihn, umhüllt aber alle bestimmte Gestaltung, die hiemit eingelassen ist, mit dem Schleier des Empfindungselements: ein stets sich vollziehender, stets sich zurücknehmender Übertritt auf andern Boden, ein Schweben zwischen dem reinen, unbewußten Sichselbstvernehmen und dem bewußten Vernehmen der Dinge, ein Nebel mit lichten Durchblicken. Das Gemüt geht nur aus sich heraus, um in sich zu bleiben; es kann seinen Zustand nur aussprechen an Anderem, durch Hereinziehen von Solchem, was nicht mehr bloße Empfindung ist, aber es wird diesen Stoff auch bloß hereinziehen, um ihm seine Farbe zu geben. Der lyrische Dichter sagt, was sich dem Worte, indem es darein gefaßt wird, entzieht, er sagt es daher so, daß er im Sagen verstummt und durch sein Verstummen auf einen unerschöpften unendlichen Grund hineinzeigt. Es zittert ein Unaussprechliches zwischen seinen Zeilen: das reine, wortlose Schwingungsleben des Gefühls. Er nennt und zeichnet uns Dinge, Gedanken, aber in ihnen immer nur sich, sein Herz, wie sie auf es wirken, aus ihm hervorsteigen und wie kein Ausdruck ihm genügt. [...] Es unterscheiden sich aus diesen Beispielen bereits zweierlei Formen der objektiven Anschauung: das lyrische Subjekt führt uns erzählend, schildernd äußere Objekte vor, aber auch sein eigenes Bild, indem es sich vor seine und unsere Phantasie in einem bestimmten Zustand hinstellt. Die letztere Form ist zwar subjektiv, aber im Subjektiven noch zu den objektiven Elementen zu zählen. Nun muß aber das in Empfindung versenkte Selbst auch unmittelbar von sich ausgehend ohne diese Gegenüberstellung seinen Stimmungszustand auszusprechen suchen. Da derselbe jedoch schließlich unsagbar ist, so wird es auch für diese rein subjektive Einkehr in sich abermals nach objektiven Elementen greifen; es wird nämlich der leibliche Reflex des Seelenzustands dienen müssen, um ein andeutendes Bild von diesem zu geben. Man betrachte Mignons Lied: »Nur wer die Sehnsucht kennt«[1]: das kranke Herz sucht zu sagen, was es leidet; da beruft es sich zuerst auf Andere, die dasselbe leiden, die werden es wissen, sagen läßt es sich nicht; jetzt folgt ein Anschauungsbild der zweiten Gattung der erst von uns aufgeführten Formen: »allein und abgetrennt von aller Freude seh' ich ans Firmament nach jener Seite«; mit wenigen Worten wird hierauf sächlich die Ursache des Leidens angegeben: »ach, der mich liebt und kennt, ist in der Weite«; nun aber soll endlich der innere Zustand direkt ausgesprochen werden, da hat das unsagbare Gefühl nur Ein Mittel, es holt ein Bild aus der tiefen Durchwühlung, welche die Sehnsucht im physischen Leben hervorbringt: »es schwindelt mir, es brennt mein Eingeweide« und hier, wo derjenige, der das Lyrische nicht versteht, meinen wird, das Eigentliche, die wirkliche Entwicklung des Seelenzustands werde nun folgen, – verhaucht das Lied, es kann nur zum ersten Satze der Berufung auf Andere zurückkehren und schließen. So findet auch jenes erste Lied Gretchens[2] kein direktes Wort für ihren Zustand als: »mein Herz ist schwer, mein armer Kopf ist mir verrückt, mein armer Sinn ist mir zerstückt«; und das zweite[3] greift ebenfalls in die verstörten Tiefen des leiblichen Lebens, doch nur, um sogleich hinzuzusetzen, daß auch dies eigentlich unaussprechlich sei: »wer fühlet, wie wühlet der Schmerz mir im Gebein? Was mein armes Herz hier banget, was es zittert, was verlanget, weißt nur Du, nur Du allein«, dann findet die innere Qual nur das einfache Wort: Wehe, fühlt aber, daß es nicht genügt, und wiederholt es daher dreimal, auf den Busen deutend: »wie weh, wie weh, wie wehe wird mir im Busen

1 Goethe, *Wilhelm Meisters Lehrjahre*, 4. Buch, 11. Kapitel.
2 »Meine Ruh' ist hin . . .« (*Faust I*, V. 3374 ff.).
3 »Ach neige, du Schmerzenreiche . . .« (*Faust I*, V. 3587 ff.).

hier«; sie greift wieder zum Objektiven: »ich wein', ich wein', ich weine«, und noch einmal zum physiologischen Bilde: »das Herz zerbricht in mir«, dann aber, da dies Alles unzureichend bleibt, zu jenen epischen Elementen der Vergegenwärtigung ihrer Leidensgestalt. Klärchens Sehnsucht[4] langet und banget in schwebender Pein, jauchzt himmelhoch zum Tode betrübt und kann nicht weiter. Das Objektive in jenem engeren und diesem allgemeineren Sinne genügt also nicht und eben das ist die rechte Lyrik, die dies nicht Genügen, dies Wortlose im Worte ausspricht, aber es ist doch der einzige Körper, an welchem der elektrische Funke des Gefühls hinläuft und aufsprüht. [...]

§ 886

Wie die lyrische Dichtung der Zeit nach wesentlich auf den Moment gewiesen ist, so dem Umfange nach, in welchem sie das Objektive ergreift, auf die *Vereinzelung*: es ist wesentlich *dieses* Subjekt, das in *dieser* Situation von einem Punkt aus der Totalität der Welt berührt wird; daher ist empirisches Erleben in der Form der Zufälligkeit vorausgesetzt, daher liegt auch das Pathologische (vgl. § 393,2) besonders nahe und muß an dieser Stelle ausdrücklich wieder abgewiesen werden. Das freie und universale Gemüt, das in Kampf und Schmerz sich mit der Welt versöhnt hat, legt nun zwar in jedes Einzelne sein ganzes Inneres und das Gefühl des Universums, aber unentwickelt, und nur die Gesamtheit der lyrischen Äußerungen gibt das Bild einer Persönlichkeit, eines Volks, der Völker, der Welt. Die bestimmte Art des Zusammenfühlens der Individualität und der Welt verleiht dem Gedichte seinen *Duft*.

Die lyrische Poesie hat über der Innigkeit, die ihr gewonnen ist, das Objekt zwar nicht so ganz verloren wie die Musik; wir haben ihre epischen, bildlichen, gnomischen, überhaupt

---

4 »Freudvoll und leidvoll« (*Egmont*, 3. Aufzug, 2. Szene).

einen Gegenstand nennenden Elemente kennen gelernt; aber sie kann das Objekt nicht entwickeln, nicht ausbreiten. Ist ihr zeitliches Element die Gegenwart, also der Augenblick, so ist in Beziehung auf ihren Verkehr mit den Gegenständen ihr Charakter die Punktualität; sie ist ein punktuelles Zünden der Welt im Subjekte: in *diesem* Moment erfaßt die Erfahrung *dieses* Subjekt auf *diese* Weise. [...] So akzentuiert der Lyriker die Situation und eben weil er sie als solche akzentuiert, mit einem raschen Lichte beleuchtet, geht er nicht zu der Ausführung fort, worin sie ihre Bedeutung verlöre. Daher gilt von der lyrischen Dichtart wie von keiner andern das Goethesche Wort[5], daß ein wahres Gedicht *Gelegenheitsgedicht* im höheren Sinne des Wortes sei, daher konnte aber auch in keinem Kunstgebiet das Wahre dieses Wortes sich so sehr dahin verkehren, daß man unter Gelegenheit einen Anlaß verstand, von dem nicht freie Gunst der Muse, sondern die Absicht des Machens, etwa gar auf Bestellung, ausgeht. Die Gelegenheit ist der Zufall des Anlasses, der die Phantasie absichtslos in Bewegung setzt. Alles ästhetische Erfinden ist zufällig, aber in keinem Gebiete betont sich der Begriff der Zufälligkeit so wie im lyrischen, eben weil der außer aller Berechnung liegende Ausgangspunkt als solcher in der Situation premiert und erhalten wird. Die Situation ist der Moment, wo Subjekt und Objekt sich erfassen, dies in jenem zündet, jenes dies ergreift und sein Weltgefühl in einem Einzelgefühl ausspricht. [...]

Das einzelne Werk der lyrischen Muse wird durch diese Unendlichkeit, den Ausdruck eines freien, in der Klarheit des Universalen lebenden Gemüts zum Mikrokosmus. Allein die Kunst im Ganzen und Großen strebt dahin, den Mikrokosmus in einem entfalteten, größeren Ausschnitte des Makrokosmus niederzulegen; die Lyrik faßt nur einen kleinen Punkt der Welt an und läßt ihm keine Selbständigkeit, entwickelt ihn nicht, sondern eilt, ihm den Klang des Gemüts zu

5 Gespräche mit Eckermann, 18. September 1823.

entlocken; der kleine Punkt wird dadurch wohl zu einer
Welt, aber doch nicht so unbedingt, wie es Angesichts des
größeren Kunstwerks keine Welt mehr gibt, sondern die
ganze Welt jetzt hier in *diesem* Bild enthalten ist, wir fühlen
vielmehr den Vorbehalt durch, daß es unzählige andere
Punkte der Berührung und Klänge geben kann, die erst das
Weltbild vollenden. Man muß daher die Erzeugnisse der lyrischen Dichtung *summieren*, das Bild der ganzen einzelnen
Persönlichkeit und ihrer Weltauffassung entspringt nur aus
der *Reihe* ihrer Lieder; diese Reihe neigt an sich zu Gruppen,
die einen Lebenszustand erst entfalten. Die Gruppen führen
wieder aufeinander und schließen sich zum Gesamtbilde ab.
Solche Gruppen sind aber im Großen die lyrischen Poesien
ganzer Völker, wie sie sich unterscheidend ergänzen, und nur
die lyrischen Dichtungen aller kunstsinnigen Nationen zeigen die Welt auf ihren verschiedensten Punkten von der Subjektivität nach ihren verschiedensten Seiten erfaßt, durcharbeitet, poetisch durchwühlt und so die Welt im Subjekt oder
umgekehrt. – Wir können dies Alles so zusammenfassen: die
lyrische Poesie hat nicht sowohl bestimmten Körper als
bestimmten Duft. Man vernimmt in ihr die Persönlichkeit
und ihre Art, die Gefühlsweise ganzer Nationen, vereinigt
mit der bestimmten Natur der Gegenstände, an die das
Gefühl im einzelnen Fall und in herrschender Richtung
anschießt wie eine spezifische Atmosphäre, die man gern mit
einem feinen, aber entschiedenen Eindruck auf den Geruchs-
sinn vergleicht. Es ist, wie wenn man vom Weine sagt, er habe
Blume, eine bestimmte Blume, womit man ausdrücken will,
daß man das Erdreich, worin er gewachsen, die Zone, die ihn
gereift, in den feinsten Nerven durchfühle. Es ist vielleicht
das höchste, absolute Lob, wenn man von einem lyrischen
Gedichte sagen kann, es habe Duft. Herder hat, wie Wenige,
das Organ gehabt, diesen Duft zu finden und zu unterscheiden.

§ 887

Der lyrische *Stil* ist im Unterschiede vom epischen (vgl. § 869) darauf gewiesen, mehr erraten zu lassen als auszusprechen, vom Äußeren auf das Innere zu deuten und daher nicht in gemessener Ruhe zu entwickeln, sondern rasch, abgebrochen fortzuschreiten. Die *Komposition* verknüpft die Vorstellungen nicht nach ihrer objektiven Ordnung, sondern liebt Absprünge, die ihren Zusammenhang in der subjektiven Einheit des Gefühls haben und nur entfernt der relativen Selbständigkeit der Episode sich nähern können. Die wirkliche Einheit liegt darin, daß sie ein organisches Bild des Verlaufs einer Stimmung gibt, worin eine Bewegung durch drei Hauptmomente (vgl. § 500,2) sich vernehmlich durchziehen wird. Diesem Gange sagt die unterbrechende und abschließende Rückkehr zum Grundtone durch den *Refrain* zu. Die Natur des Gefühls fordert *Kürze* des Ganzen.

[...] Je mehr ich mein Gefühl zur klaren Gestalt beredt und in flüssigem Zusammenhang herausbilden kann, desto mehr hört es schon auf, Gefühl zu sein. Wir haben gesehen, daß epische Anschauungs-Elemente, Gedanken und Willensbewegungen herbeigezogen werden, um einen Anhalt zu geben, an dem das Unergründliche zur Äußerung gelange; es muß aber eben zugleich die Unzulänglichkeit dieses Anhalts zu Tage treten, es sind Lichter, die das Dunkel nicht ganz erleuchten, sondern wieder zerrinnen und so ein Helldunkel erzeugen. Namentlich muß sich dies an dem indirekt bildlichen Elemente, den Tropen, bewähren: die lyrische Poesie wird die kühn verwechselnde Metapher dem begründenden, entwickelnden Gleichnisse vorziehen, das gerne dem Bilde die Ausführlichkeit einer über den Vergleichungszweck hinausgehenden selbständigen Schönheit zuwendet. Es bleibt also dabei, daß das ahnungsvoll nach innen Deutende, Springende, Unentwickelte recht im vollen Gegensatze gegen das Epische den allgemeinen lyrischen Stilcharakter bildet. [...] Der allgemeine Satz führt sogleich zu der Frage nach der

Komposition und hier bewährt sich, was von der Schwäche
des Unterschieds der Stile gesagt ist, daran, daß gerade der
direkt ideale, klassische Stil auf seiner Höhe am vollständig-
sten ausgebildet hat, was man die lyrische Unordnung nennt.
Sie hat sich vorzüglich in der Ode festgesetzt; Pindar komponiert wahrhaft labyrinthisch, knüpft Fäden an, läßt sie wieder
fallen und flicht sie erst am Ende so zusammen, daß die
Bedeutung klar wird (vgl. u. A. Otfr. Müller, Geschichte der
griechischen Literatur B. 1, S. 409 ff.).[6] Diese vielbespro-
chene Art der Anlage, das Abspringen zu weit voneinander
entlegenen Gegenständen, das scheinbar gesetzlose, der bloßen Einbildungskraft angehörige Spiel der Verknüpfung der
Vorstellungen erklärt sich leicht daraus, daß die wirkliche
Ordnung eine subjektive ist und die objektiven Elemente aus
dem Einem Gesichtspunkte der Stimmung verbindet. Diese
schwebt über der Welt, wie ein Magnet, an den auf Kosten
des sächlichen Zusammenhangs Jedwedes anschießt, was eine
wesentliche Seite der Beziehung zu ihm hat, oder sie kann mit
dem schwebenden Vogel im Anfange von Goethes Harzreise
im Winter verglichen werden: »Dem Geier gleich, der auf
schweren Morgenwolken mit sanftem Fittich ruhend nach
Beute schaut, schwebe mein Lied!« Man wird sich hierüber
klare Rechenschaft geben, wenn man an sich selbst beobachtet, wie im Zustande entschiedener Gefühlsstimmung die
Phantasie umherschweift, als handle sie, vom Denken nicht
überwacht, ganz willkürlich für sich; man wird sich zuerst
wundern, wenn man sich darauf besinnt, bei wie fremdartigen Gegenständen sie herumgeirrt ist, hernach aber sich überzeugen, daß sie im Dienste des Einen Grundgefühls gehandelt
hat. [...] Die Phantasie kann auf dieser scheinbaren Irrfahrt
bei diesem oder jenem Bild auch länger verweilen, als der
sprungweis bewegte Charakter der Dichtung es zuzugeben
scheint, und man kann dies *Episode* nennen. Dahin gehören z. B. die mythischen Erzählungen Pindars, wie die des

---

6　Karl Otfried Müller, *Geschichte der griechischen Literatur bis auf das Zeitalter
　　Alexanders*, Breslau 1857.

Argonautenzugs im Pythischen Gedicht auf den Kyrenäischen König Arkesilas[7], allein das herrschende Gefühl ruft
die Phantasie von diesem Verweilen doch ungleich rascher
zurück als die epische Anschauung; so im gegebenen Beispiele, wo jenes Bild nur dient, die Größe des Kyrenäischen
Königsgeschlechts durch den Ruhm der Argonauten, von
denen es abstammt, zu verherrlichen. In der modernen Lyrik
werden solche episodenähnliche Stücke weit kürzer sein, weil
der subjektive Charakter hier überhaupt das Anschauungs-
Element weit mehr in die Enge zusammenzieht, man kann
sagen, weil sie echter lyrisch ist. Die Einheit des lyrischen
Gedichts ist denn wesentlich Ton-Einheit und es gleicht jener
Richtung in der Malerei, welche nicht nur die Schönheit der
Zeichnung, sondern überhaupt den Wert der Gegenstände
gegen den Stimmungston zurückstellt. Wir sind aber jetzt im
Elemente des zeitlich Bewegten: die Ton-Einheit muß also
in Ton-Unterschiede sukzessiv auseinandergehen und kann
als Einheit von diesen ebensosehr Bewegungs-Einheit heißen. Ein bestimmtes Gefühl soll im Liede den Weg gehen,
den ihm seine Natur vorschreibt, und nicht ruhen, bis es erschöpft ist. [...] Der Refrain trägt durch seine Einschnitte zu
der sogenannten lyrischen Unordnung bei, denn unvermittelt
durchbricht er die Versuche des Gefühls, zur objektiven
Anschauung überzugehen; aber in Wahrheit stellt er wie eine
wiederkehrende Melodie die Einheit des Grundtones aus den
Wechseln und Unterschieden her; zugleich ist er ein Ruhe-
punkt: das Gemüt hält sich an ihm fest in dem bodenlosen
Wogen der Empfindung. [...]

§ 888

Die lyrische Poesie ist durch ihre Bedeutung als Wiederkehr
des Standpunkts der empfindenden Phantasie in der dichtenden besonders eng auf die *rhythmische Form* gewiesen; sie
führt ihrer Natur nach zum Strophenbau, bildet ihn kunst-

---

7 Vierte Pythische Ode.

reich zu einer Vielfältigkeit verschlungener Gliederungen fort, verbindet Strophen zur Strophengruppe, deren Komposition naturgemäß zu einer Gliederung von drei Sätzen neigt, endlich Strophengruppen zu größeren Ganzen. Die Grundforderung aber ist, daß Ton und Gang der Stimmung sich in der äußern Form treu ausspreche, und dieses Verhältnis soll nicht unter allzuviel Kunst leiden. Wesentlich entspricht dem Charakter der lyrischen Dichtung der Reim. Die Verwandtschaft mit der Tonkunst wird in ihr zur wirklichen Verbindung durch musikalischen Vortrag.

[...] Nachdem nun die moderne Bildung das Band gelöst hat, ist die Lyrik der Kunstpoesie zunächst zum Lesen bestimmt, doch ist hier die Trennung vom Sinnlichen ungleich härter als im Epischen, wie es vom öffentlichen Platze, wo einst der Rhapsode horchenden Volksmassen mit heller Stimme vortrug, in die Stube zurückgetreten ist. Mindestens gut deklamiert wollen wir das lyrische Gedicht hören; allein je stimmungsvoller, je echter lyrisch, desto weniger freilich kann dies genügen, ja desto weniger paßt es. Es gibt eine lyrische Poesie und wir werden ihr ihre Stelle anweisen, die deklamatorischen Charakter hat, aber wer keine Erzeugnisse aufzuweisen hat, die wie Gesang klingen, zum Gesang auffordern, dem Komponisten entgegenkommen, der hat sich nicht wahrhaft als lyrischer Dichter bewährt; seine Werke wurzeln nicht im reinen Elemente der Stimmung.

[*Abschließend die Darstellung der einzelnen ›Arten der lyrischen Dichtung‹ mit der dreifachen Unterteilung in eine Lyrik 1. des ›Aufschwungs‹ des Subjekts zum Gegenstand, 2. des ›reinen Aufgehens‹ des Gegenstands im Subjekt, 3. der ›Betrachtung‹ und der ›beginnenden und wachsenden Ablösung‹ des Subjekts vom Gegenstand.*]

OTTO LUDWIG

Als Nachklang idealistisch-triadischen Gattungsdenkens findet sich in den »Shakespeare-Studien« Otto Ludwigs (1813 bis 1865), des Erzählers, Dramatikers und Theoretikers des ›poetischen Realismus‹, der folgende Versuch einer systematischbegrifflichen Ableitung der literarischen Gattungen:

Episches, lyrisches und dramatisches Talent

Die Bedingung alles poetischen Schaffens ist eine erhöhte Stimmung. Wenn der Gegenstand sich nicht völlig von der Stimmung loslösen, sie zum bloßen Hintergrunde und Beleuchtung machen kann, dann wird die Konzeption lyrisch. Der geringere Grad von Lebendigkeit der Phantasie, der ihre Gebilde unter den Bedingungen der Erinnerung darstellt, bezeichnet das epische, derjenige Grad, dem sich das eigene Gebilde in völliger Gegenwart aufdrängt, das dramatische Talent. Bei beiden letzteren tritt das Gebilde als ein selbständiges Wesen aus dem Mutterschoße der Innerlichkeit heraus, wird objektiv, ein Ding, das dem Schaffenden gegenübersteht als auf sich selbst; bei der ersteren bleibt es innerhalb der Subjektivität; das gedichtete Leiden und Tun fühlt der lyrische Poet als sein eigenes, wenn er sich auch selbst in eine andere Persönlichkeit hineinversetzte; der epische und dramatische aber als das eines besonderen, von ihm selbst unabhängigen Wesens; der letztere fühlt diese Zustände seines Geschöpfes, wenn auch als eines fremden, doch mit derselben Intensität, mit der der Lyriker das eigene fühlt. Der Lyriker schaut Zustände, der Epiker Gestalten, der Dramatiker die Zustände von Gestalten. Die extensive Seite repräsentiert der Epiker, die intensive der Lyriker; der Dramatiker beide, die eine durch die andere modifiziert.

THEODOR STORM

In praktischer Anwendung seiner lyriktheoretischen Maß-
stäbe (vgl. Text Nr. 42 und 44) hat Storm bei der Zusam-
menstellung einer deutschen Lyrik-Anthologie in dem 1870
erschienenen »Hausbuch aus deutschen Dichtern seit Clau-
dius« einen »rein kritischen Standpunkt« eingenommen und
die Sammlung dezidiert als »kritische Anthologie« (so der
Untertitel), als konsequente Ausgrenzung aller »Phrase« und
»Mittelmäßigkeit« verstanden wissen wollen: »der Wert des
Buches wird ebenso sehr in dem bestehen, was nicht da ist, als
in dem was da ist«. Die folgenden Äußerungen fassen Storms
polemisch-kritische Auswahlkriterien zusammen:

Hausbuch aus deutschen Dichtern.
Vorrede

Zur näheren Verdeutlichung des Gesichtspunktes, von welchem aus die vorliegende Sammlung entstanden ist, sei es mir
verstattet, noch einige Bemerkungen vorauszuschicken.
Wie ich in der Musik hören und empfinden, in den bildenden
Künsten schauen und empfinden will, so will ich in der Poesie
womöglich alles drei zugleich.
Von einem Kunstwerk will ich, wie vom Leben, unmittelbar
und nicht erst durch die Vermittlung des Denkens berührt
werden; am vollendetsten erscheint mir daher das Gedicht,
dessen Wirkung zunächst eine sinnliche ist, aus der sich dann
die geistige von selbst ergibt, wie aus der Blüte die Frucht. –
Der bedeutendste Gedankengehalt aber, und sei er in den
wohlgebautesten Versen eingeschlossen, hat in der Poesie
keine Berechtigung und wird als toter Schatz am Wege liegen
bleiben, wenn er nicht zuvor durch das Gemüt und die Phantasie des Dichters seinen Weg genommen und dort Wärme

und Farbe und womöglich körperliche Gestalt gewonnen hat. – An solchen toten Schätzen sind wir überreich.

Die Lyrik insbesondere anlangend, ist nach meiner Kenntnis unserer Literatur die Kunst, »zu sagen, wie ich leide«[1], nur wenigen, und selbst den Meistern nur in seltenen Augenblicken gegeben. Der Grund ist leicht erkennbar.

Nicht allein, daß die Forderung, den Gehalt in knappe und zutreffende Worte auszuprägen, hier besonders scharf hervortritt, da bei dem geringen Umfange schon *ein* falscher oder pulsloser Ausdruck die Wirkung des Ganzen zerstören kann; diese Worte müssen auch durch die rhythmische Bewegung und die Klangfarbe des Verses gleichsam in Musik gesetzt und solcherweise wieder in die Empfindung aufgelöst sein, aus der sie entsprungen sind; in seiner Wirkung soll das lyrische Gedicht dem Leser – man gestatte den Ausdruck – zugleich eine Offenbarung und Erlösung, oder mindestens eine Genugtuung gewähren, die er sich selbst nicht hätte geben können, sei es nun, daß es unsre Anschauung und Empfindung in ungeahnter Weise erweitert und in die Tiefe führt, oder, was halb bewußt in Duft und Dämmer in uns lag, in überraschender Klarheit erscheinen läßt.

Am ärmsten scheint mir unsre patriotische und sogenannte politische Lyrik. So unzweifelhaft es ist, daß das Leben in Staat und Gemeinde ein ebenso berechtigter Gegenstand für die menschliche Empfindung und daher für die Lyrik ist, als das Einzel- oder Familienleben, so ist es hier, wie in der Natur dieser poesis militans[2] liegt, doch weit seltener gelungen, den Stoff von dem Boden der bloßen Wirklichkeit abzulösen und andrerseits sich nicht an rhetorischer Phrase und Bildermacherei genügen zu lassen. So kommt, um Beispiele anzuführen, Uhlands »Wenn heut ein Geist herniederstiege«[3] – abgesehen von dem selten schönen Anfang und Ende –

---

1 »Und wenn der Mensch in seiner Qual verstummt, / Gab mir ein Gott zu sagen, wie ich leide« (Goethe, *Torquato Tasso*, V. 3432 f.).

2 streitbare Poesie.

3 In dem patriotischen Gedicht *Am 18. Oktober 1816*.

kaum über eine poetisch gefärbte Kammerrede hinaus; so
ist neuerdings von den vielen Gedichten für meine Heimat
Schleswig-Holstein[4] auch nicht eins zu einer irgend in Be-
tracht kommenden Innerlichkeit gelangt.
Wenn wir auch, was Dingelstedt in Bezug auf die Zeit nach
Uhland, Rückert und Heine in seiner Gedichtsammlung von
1858 ausgesprochen,

> Die Lyrik, unser alter Stolz und Halt,
> Wird nicht mehr jung, die jüngste niemals alt.[5]

nicht mögen gelten lassen, sondern sogar durch diese Sammlung zu widerlegen hoffen, so ist doch nichts unrichtiger als
die von A. Meißner aufgestellte Parallele:

> Im Gartenteich wird nie ein Schiffer scheitern,
> Im kleinen Liede kein Poet erliegen.[6]

Denn gilt es dabei auch nicht einen Berg zu versetzen, so gilt
es doch eine Perle zu finden, und nur wenige Muscheln haben
Perlen.
Heine sagt sehr richtig: »Ein Lied ist das Kriterium der
Ursprünglichkeit.«[7] Die meisten unserer sogenannten Dich-
ter aber sind ihrem eigentlichen Wesen nach Rhetoriker mit
mehr oder minder poetischem Anstrich und der lyrischen
Kunst so gut wie ganz unmächtig. –

4 Anspielung auf die zurückliegenden politischen und kriegerischen Auseinan-
   dersetzungen um Schleswig-Holstein zwischen Dänemark und Preußen.
5 Franz von Dingelstedt (1814–81) im *Epilog* zu den *Drei Stücklein aus dem
   Todtentanz zu München* (F. D., *Gedichte*, 2. Ausg., Stuttgart 1858, S. 417).
6 Aus dem Gedicht *Ein Ziel* von Alfred Meißner (1822–85).
7 In einer Aufzeichnung zu Freiligrath, zuerst aus dem Nachlaß veröffentlicht
   in dem 1869 erschienenen ersten Supplementband der von Adolf Strodtmann
   herausgegebenen *Sämtlichen Werke* (*Letzte Gedichte und Gedanken*).

48

FRIEDRICH NIETZSCHE

In seinem Versuch, die Form der Tragödie in sowohl philologi-
scher wie »ästhetisch-metaphysischer« Ableitung als »aus dem
Geiste der Musik geboren« zu bestimmen, wird Friedrich
Nietzsche (1844–1900) mit dem Phänomen des Lyrischen in
Gestalt des Dithyrambus, der als Kunstform der Tragödie
vorausgeht, konfrontiert. Seine Bestimmung des Lyrischen,
die sich polemisch-kritisch von derjenigen Schopenhauers
absetzt (vgl. Text Nr. 32), geht von der Lyrik als einer Kunst-
gattung aus, in der sich »Dionysisches« und »Apollinisches«
vereinigen: das Dionysische (mit Schopenhauers Begriff des
»Willens« zu vergleichen) als rauschhaft erfahrene Aufhe-
bung der Individualität und Rückkehr in die Einheit des
Seins; das Apollinische (vgl. Schopenhauers Begriff der »Vor-
stellung«) als traumhaft-bewußte Selbstreflexion und Objek-
tivation dieser Erfahrung. Darin, daß sie nicht, wie die Musik,
bei der Darstellung des Aufgehens im Seinsgrund stehen-
bleibt, sondern diesen Vorgang in sprachlicher Form begriff-
lich und bildlich gestaltet, geht sie über die ihr sonst eng ver-
wandte Musik hinaus. Nietzsche bezeichnet die Lyrik daher
auch als »nachahmende Effulguration [Entladung] der Musik
in Bildern und Begriffen«. – »Die Geburt der Tragödie«
wurde 1871 veröffentlicht.

Die Geburt der Tragödie aus dem Geiste der Musik

Wir nahen uns jetzt dem eigentlichen Ziele unsrer Untersuchung, die auf die Erkenntnis des dionysisch-apollinischen
Genius und seines Kunstwerkes, wenigstens auf das ahnungs-
volle Verständnis jenes Einheitsmysteriums gerichtet ist.
Hier fragen wir nun zunächst, wo jener neue Keim sich zuerst
in der hellenischen Welt bemerkbar macht, der sich nachher

bis zur Tragödie und zum dramatischen Dithyrambus entwickelt. Hierüber gibt uns das Altertum selbst bildlich Aufschluß, wenn es als die Urväter und Fackelträger der griechischen Dichtung *Homer* und *Archilochus*[1] auf Bildwerken,
Gemmen usw. nebeneinander stellt, in der sicheren Empfindung, daß nur diese beiden gleich völlig originalen Naturen,
von denen aus ein Feuerstrom auf die gesamte griechische
Nachwelt fortfließe, zu erachten seien. Homer, der in sich
versunkene greise Träumer, der Typus des apollinischen, nai-
ven Künstlers, sieht nun staunend den leidenschaftlichen
Kopf des wild durchs Dasein getriebenen kriegerischen
Musendieners Archilochus: und die neuere Ästhetik wußte
nur deutend hinzuzufügen, daß hier dem »objektiven«
Künstler der erste »subjektive« entgegengestellt sei. Uns ist
mit dieser Deutung wenig gedient, weil wir den subjektiven
Künstler nur als schlechten Künstler kennen und in jeder Art
und Höhe der Kunst vor allem und zuerst Besiegung des
Subjektiven, Erlösung vom »Ich« und Stillschweigen jedes
individuellen Willens und Gelüstens fordern, ja ohne Objektivität, ohne reines interesseloses Anschauen nie an die geringste wahrhaft künstlerische Erzeugung glauben können.
Darum muß unsre Ästhetik erst jenes Problem lösen, wie der
»Lyriker« als Künstler möglich ist: er, der, nach der Erfahrung aller Zeiten, immer »ich« sagt und die ganze chromati-
sche Tonleiter seiner Leidenschaften und Begehrungen vor
uns absingt. Gerade dieser Archilochus erschreckt uns, neben
Homer, durch den Schrei seines Hasses und Hohnes, durch
die trunknen Ausbrüche seiner Begierde; ist er, der erste subjektiv genannte Künstler, nicht damit der eigentliche Nicht-
künstler? Woher aber dann die Verehrung, die ihm, dem
Dichter, gerade auch das delphische Orakel, der Herd der
»objektiven« Kunst, in sehr merkwürdigen Aussprüchen
erwiesen hat?
Über den Prozeß seines Dichtens hat uns *Schiller* durch eine

---

1 Archilochos von Paros (um 650 v. Chr.), gilt als Erfinder des Jambus.

ihm selbst unerklärliche, doch nicht bedenklich scheinende psychologische Beobachtung Licht gebracht; er gesteht nämlich als den vorbereitenden Zustand vor dem Actus des Dichtens nicht etwa eine Reihe von Bildern, mit geordneter Kausalität der Gedanken, vor sich und in sich gehabt zu haben, sondern vielmehr eine *musikalische Stimmung* (»Die Empfindung ist bei mir anfangs ohne bestimmten und klaren Gegenstand; dieser bildet sich erst später. Eine gewisse musikalische Gemütsstimmung geht vorher, und auf diese folgt bei mir erst die poetische Idee«[2]). Nehmen wir jetzt das wichtigste Phänomen der ganzen antiken Lyrik hinzu, die überall als natürlich geltende Vereinigung, ja Identität *des Lyrikers* mit *dem Musiker* – dergegenüber unsre neuere Lyrik wie ein Götterbild ohne Kopf erscheint –, so können wir jetzt, auf Grund unsrer früher dargestellten ästhetischen Metaphysik, uns in folgender Weise den Lyriker erklären. Er ist zuerst, als dionysischer Künstler, gänzlich mit dem Ur-Einen, seinem Schmerz und Widerspruch, eins geworden und produziert das Abbild dieses Ur-Einen als Musik, wenn anders diese mit Recht eine Wiederholung der Welt und ein zweiter Abguß derselben genannt worden ist; jetzt aber wird diese Musik ihm wieder wie in einem *gleichnisartigen Traumbilde* unter der apollinischen Traumeinwirkung sichtbar. Jener bild- und begifflose Widerschein des Urschmerzes in der Musik, mit seiner Erlösung im Scheine, erzeugt jetzt eine zweite Spiegelung, als einzelnes Gleichnis oder Exempel. Seine Subjektivität hat der Künstler bereits in dem dionysischen Prozeß aufgegeben: das Bild, das ihm jetzt seine Einheit mit dem Herzen der Welt zeigt, ist eine Traumszene, die jenen Urwiderspruch und Urschmerz, samt der Urlust des Scheines, versinnlicht. Das »Ich« des Lyrikers tönt also aus dem Abgrunde des Seins: seine »Subjektivität« im Sinne der neueren Ästhetiker ist eine Einbildung. Wenn Archilochus, der erste Lyriker der Griechen, seine rasende Liebe und zugleich seine Verachtung den

---

2 Brief an Goethe vom 18. März 1796.

Töchtern des Lykambes kundgibt, so ist es nicht seine Leidenschaft, die vor uns in orgiastischem Taumel tanzt: wir
sehen Dionysus und die Mänaden, wir sehen den berauschten
Schwärmer Archilochus zum Schlafe niedergesunken – wie
ihn uns Euripides in den Bacchen[3] beschreibt, den Schlaf auf
hoher Alpentrift, in der Mittagssonne –: und jetzt tritt Apollo
an ihn heran und berührt ihn mit dem Lorbeer. Die diony-
sisch-musikalische Verzauberung des Schläfers sprüht jetzt
gleichsam Bilderfunken um sich, lyrische Gedichte, die in
ihrer höchsten Entfaltung Tragödien und dramatische Dithyramben heißen.

Der Plastiker und zugleich der ihm verwandte Epiker ist in
das reine Anschauen der Bilder versunken. Der dionysische
Musiker ist ohne jedes Bild völlig nur selbst Urschmerz und
Urwiderklang desselben. Der lyrische Genius fühlt aus dem
mystischen Selbstentäußerungs- und Einheitszustande eine
Bilder- und Gleichniswelt hervorwachsen, die eine ganz
andere Färbung, Kausalität und Schnelligkeit hat als jene
Welt des Plastikers und Epikers. Während der Letztgenannte
in diesen Bildern und nur in ihnen mit freudigem Behagen
lebt und nicht müde wird, sie bis auf die kleinsten Züge hin
liebevoll anzuschauen, während selbst das Bild des zürnenden Achilles für ihn nur ein Bild ist, dessen zürnenden Ausdruck er mit jener Traumlust am Scheine genießt – so daß er,
durch diesen Spiegel des Scheines, gegen das Einswerden und
Zusammenschmelzen mit seinen Gestalten geschützt ist –, so
sind dagegen die Bilder des Lyrikers nichts als *er* selbst und
gleichsam nur verschiedene Objektivationen von ihm, weshalb er als bewegender Mittelpunkt jener Welt »ich« sagen
darf: nur ist diese Ichheit nicht dieselbe, wie die des wachen,
empirisch-realen Menschen, sondern die einzige überhaupt
wahrhaft seiende und ewige, im Grunde der Dinge ruhende
Ichheit, durch deren Abbilder der lyrische Genius bis auf
jenen Grund der Dinge hindurchsieht. Nun denken wir uns

---

3 *Bakchai* (*Die Bakchen*), Tragödie des Euripides (480–406 v. Chr.).

einmal, wie er unter diesen Abbildern auch *sich selbst* als Nichtgenius erblickt, d. h. sein »Subjekt«, das ganze Gewühl subjektiver, auf ein bestimmtes, ihm real dünkendes Ding gerichteter Leidenschaften und Willensregungen; wenn es jetzt scheint, als ob der lyrische Genius und der mit ihm verbundene Nichtgenius eins wäre und als ob der erstere von sich selbst jenes Wörtchen »ich« spräche, so wird uns jetzt dieser Schein nicht mehr verführen können, wie er allerdings diejenigen verführt hat, die den Lyriker als den subjektiven Dichter bezeichnet haben. In Wahrheit ist Archilochus, der leidenschaftlich entbrannte liebende und hassende Mensch, nur eine Vision des Genius, der bereits nicht mehr Archilochus, sondern Weltgenius ist und der seinen Urschmerz in jenem Gleichnisse vom Menschen Archilochus symbolisch ausspricht: während jener subjektiv wollende und begehrende Mensch Archilochus überhaupt nie und nimmer Dichter sein kann. Es ist aber gar nicht nötig, daß der Lyriker gerade nur das Phänomen des Menschen Archilochus vor sich sieht als Widerschein des ewigen Seins; und die Tragödie beweist, wie weit sich die Visionswelt des Lyrikers von jenem allerdings zunächststehenden Phänomen entfernen kann.

Schopenhauer, der sich die Schwierigkeit, die der Lyriker für die philosophische Kunstbetrachtung macht, nicht verhehlt hat, glaubt einen Ausweg gefunden zu haben, den ich nicht mit ihm gehen kann, während ihm allein, in seiner tiefsinnigen Metaphysik der Musik, das Mittel in die Hand gegeben war, mit dem jene Schwierigkeit entscheidend beseitigt werden konnte: wie ich dies, in seinem Geiste und zu seiner Ehre, hier getan zu haben glaube. Dagegen bezeichnet er als das eigentümliche Wesen des Liedes folgendes (Welt als Wille und Vorstellung I, S. 295): »Es ist das Subjekt des Willens, d. h. das eigene Wollen, was das Bewußtsein des Singenden füllt, oft als ein entbundenes, befriedigtes Wollen (Freude), wohl noch öfter aber als ein gehemmtes (Trauer), immer als Affekt, Leidenschaft, bewegter Gemützustand. Neben diesem jedoch und zugleich damit wird durch den Anblick der umgebenden Natur der Singende sich seiner bewußt als Subjekts des reinen, willenlosen Erkennens, dessen unerschütterliche, selige Ruhe nunmehr in Kontrast tritt mit dem Drange des immer beschränkten, immer noch dürftigen Wollens: die Empfindung dieses Kontrastes, dieses Wechselspieles ist eigentlich, was sich im Ganzen des Liedes ausspricht und was überhaupt den lyrischen Zustand ausmacht. In diesem tritt gleichsam das reine Erkennen zu uns heran, um uns vom Wollen und seinem Drange zu erlösen: wir folgen; doch nur auf Augenblicke: immer von neuem entreißt das Wollen, die Erinnerung an unsere persönlichen Zwecke, uns der ruhigen Beschauung; aber auch immer wieder entlockt uns dem Wollen die nächste schöne Umgebung, in welcher sich die reine willenlose Erkenntnis uns darbietet. Darum geht im Liede und der lyrischen Stimmung das Wollen (das persönliche Interesse des Zwecks) und das reine Anschauen der sich darbietenden Umgebung wundersam gemischt durcheinander: es werden Beziehungen zwischen beiden gesucht und imaginiert; die subjektive Stimmung, die Affektion des Willens, teilt der angeschauten Umgebung und diese wiederum jener ihre Farbe im Reflex mit: von diesem ganzen so gemischten und geteilten Gemütszustande ist das echte Lied der Abdruck«.[4]

Wer vermöchte in dieser Schilderung zu verkennen, daß hier die Lyrik als eine unvollkommen erreichte, gleichsam im Sprunge und selten zum Ziele kommende Kunst charakterisiert wird, ja als eine Halbkunst, deren *Wesen* darin bestehen solle, daß das Wollen und das reine Anschauen, d. h. der unästhetische und der ästhetische Zustand wundersam durcheinander gemischt seien? Wir behaupten vielmehr, daß der ganze Gegensatz, nach dem wie nach einem Wertmesser auch noch Schopenhauer die Künste einteilt, der des Subjektiven und des Objektiven, überhaupt in der Ästhetik ungehörig ist, da das Subjekt, das wollende und seine egoistischen

4 Vgl. Text Nr. 32.

Zwecke fördernde Individuum nur als Gegner, nicht als Ursprung der Kunst gedacht werden kann. Insofern aber das Subjekt Künstler ist, ist es bereits von seinem individuellen Willen erlöst und gleichsam Medium geworden, durch das hindurch das eine wahrhaft seiende Subjekt seine Erlösung im Scheine feiert. Denn dies muß uns vor allem, zu unserer Erniedrigung *und* Erhöhung, deutlich sein, daß die ganze Kunstkomödie durchaus nicht für uns, etwa unsrer Besserung und Bildung wegen, aufgeführt wird, ja daß wir ebensowenig die eigentlichen Schöpfer jener Kunstwelt sind: wohl aber dürfen wir von uns selbst annehmen, daß wir für den wahren Schöpfer derselben schon Bilder und künstlerische Projektionen sind und in der Bedeutung von Kunstwerken unsre höchste Würde haben – denn nur als *ästhetisches Phänomen* ist das Dasein und die Welt ewig *gerechtfertigt*: – während freilich unser Bewußtsein über diese unsre Bedeutung kaum ein andres ist, als es die auf Leinwand gemalten Krieger von der auf ihr dargestellten Schlacht haben. Somit ist unser ganzes Kunstwissen im Grunde ein völlig illusorisches, weil wir als Wissende mit jenem Wesen nicht eins und identisch sind, das sich, als einziger Schöpfer und Zuschauer jener Kunstkomödie, einen ewigen Genuß bereitet. Nur soweit der Genius im Actus der künstlerischen Zeugung mit jenem Urkünstler der Welt verschmilzt, weiß er etwas über das ewige Wesen der Kunst; denn in jenem Zustande ist er, wunderbarerweise, dem unheimlichen Bild des Märchens gleich, das die Augen drehn und sich selber anschaun kann; jetzt ist er zugleich Subjekt und Objekt, zugleich Dichter, Schauspieler und Zuschauer.

49

MORIZ CARRIERE

*Moriz Carriere (1817–95), angesehener Popularphilosoph und
Ästhetiker der zweiten Hälfte des 19. Jahrhunderts, seit 1857
Professor der Kunstgeschichte in München, verband in seinem
Denken Hegelsche Begriffssystematik mit beginnender neu-
philologisch-historischer Betrachtungsweise und, punktuell,
ersten naturwissenschaftlichen Ansätzen. Das 1884 veröffentlichte Werk »Die Poesie. Ihr Wesen und ihre Formen« geht in
seinem kunstphilosophischen Ansatz auf die frühere Abhandlung »Das Wesen und die Formen der Poesie« (1854) sowie
eine »Ästhetik« (1859; Untertitel: »Die Idee des Schönen und
ihre Verwirklichung durch Natur, Geist und Kunst«) zurück
und versteht sich als zugleich »philosophische und geschichtliche« Darstellung, die »Winke und Grundzüge zu einer ver-
gleichenden Literaturgeschichte« geben will. In der Bestimmung des Schönen von einem vagen Harmonie-Begriff ausgehend (»Das Schöne als das Gefühl der Harmonie von Geist
und Natur«) und die literarischen Gattungen wie Hegel nach
dem Subjektiv-Objektiv-Schema gliedernd und im System
der Künste insgesamt verankernd (epische Dichtung / bildende
Kunst: objektiv; lyrische Dichtung / Musik: subjektiv; dramatische Dichtung: subjektiv – objektiv), entwickelt Carriere
ein Lyrik-Verständnis, in dem traditionelle lyriktheoretische
Momente (wie ›Subjektivität‹, ›Individualität‹, ›Innerlichkeit‹, ›Gefühl‹, ›Wahrheit‹, ›Allgemeingültigkeit‹, ›Harmonie‹, ›das Schöne‹, ›Form‹, ›Gestaltung‹ usw.) und neuere
Momente (wie das aus der Psychophysik Gustav Theodor
Fechners stammende Moment der ›Ideenassoziation‹) eine
nicht weiter reflektierte Verbindung eingehen. Obwohl Carriere den Spielraum der Gattung durch die (wiederum an
Hegel orientierte) Gliederung der lyrischen Dichtarten in: 1.
Lyrik des ›Gefühls‹ (Lied), 2. Lyrik der ›Anschauung‹ (Ode,
Elegie, Ballade usw.), 3. Lyrik des ›Gedankens‹ zu erweitern*

sucht, dominiert in seinem Lyrik-Verständnis die Vorstellung
des natürlich-spontanen Gefühlsausdrucks – dem Goethe-
Motto entsprechend, das dem Abschnitt über die lyrische
Dichtung vorangestellt ist.

Die Lyrik

1. Die lyrische Darstellungsweise

> Ich singe, wie der Vogel singt,
> Der in den Zweigen wohnet,
> Das Lied, das aus der Kehle dringt,
> Ist Lohn, der reichlich lohnet.[1]

In diesen Worten Goethes ist es schon gesagt, daß der Lyriker die eigene Innerlichkeit ausspricht, daß er in der Selbstbefreiung und dem Selbstgenuß des Gefühls seine Befriedigung findet. Wir bezeichnen die lyrische Poesie als die subjektive; subjektiv aber nennen wir einmal das persönliche Seelenleben im Unterschied von der Außenwelt und den Dingen, dann aber auch dasjenige, was nur einer bestimmten Individualität angehört, wie wenn wir im Unterschied von dem Allgemeingültigen, durch sich selbst Einleuchtenden, von einer subjektiven Wahrheit reden, die gerade nur für einen einzelnen Überzeugungskraft hat und von dessen Gemütsstimmung getragen wird. Allein indem dies ganz Persönliche, indem das Seelenleben in individueller Unmittelbarkeit ausgesprochen wird, erlangt es die Weihe der Kunst dadurch, daß die hier angeschlagene Saite in allen Herzen mittönt, weil das allgemeine Wesen der Menschheit in seiner Tiefe berührt worden. So ist Mignons Lied von Italien[2] der Sehnsuchtslaut dieses Kindes nach dem fernen schönen Vaterland; aber es erklingt darin zugleich der geheimnisvolle Zug in die Ferne, das

---

1 Aus: Goethe, *Der Sänger.*
2 »Nur wer die Sehnsucht kennt . . .« (*Wilhelm Meisters Lehrjahre*, 4. Buch, 11. Kapitel).

Heimweh der Seele nach einem verlorenen Paradies, das in jedem Herzen schlummert. So rief der Dichter der Marseillaise[3] Tausende zum Streit, weil sein persönlicher freiheitsdurstiger Tatendrang dem Patriotismus des ganzen Volks eine Stimme lieh. So ist der Sündenschmerz und die Erlösungshoffnung oder die Naturfreude und das Gottvertrauen in den Psalmen eine Stimme für Millionen geworden.

Der rechte Epiker verschwand hinter seinem Werk, mit eigener Kraft schienen die Bilder des Lebens sich vor unserer Anschauung zu bewegen, nach eigenem Sinne sich zu Gruppen zu verbinden; eine innere Einheit, eine eigene Folgerichtigkeit verkettete die Gedanken. Aber der Lyriker tritt selbst in den Mittelpunkt, die Persönlichkeit als solche macht sich geltend, sein Gefühl ist es, das die Welt in sich aufnimmt, er zeigt sie uns nur im Spiegel seines Gemüts. Und wie das All klanglos, dunkel, in schweigender Nacht dastünde, wenn nicht die Wellen der Luft an ein Ohr und die Schwingungen des Äthers an ein Auge schlügen, wo dann die Seele sie empfindend zu Tönen und Farben werden läßt, so sollen wir in der Subjektivität des Dichters die Macht erkennen, welche in aller Fülle der Natur und der Geschichte nur den Widerschein des eigenen Wesens erblickt; aus seinem Auge entspringt der Morgensonnenstrahl der die Memnonsäule[4] tönen macht, und der Hauch seines Mundes wird der belebende Odem der Gebilde seiner Hand. Sein Gefühl singt er, um das Echo im Herzen der andern wach zu rufen, nicht Anschauungen will er vor uns hinführen, sondern Stimmungen in uns erwecken. Die Melodie der Seele und ihre Selbstinnigkeit tönt in seinem Lied, und von den Dingen spricht er nur, wie sie das Gemüt bewegen, wie sie durch die Empfindungen, die sie in uns erregen, in ihrer Untrennbarkeit vom Ich als Bedingungen der eigenen wechselnden Zustände gefühlt werden; er schil-

---

3 »Allons, enfants de la patrie«, 1792 von dem Pionieroffizier Rouget de Lisle in Straßburg gedichtet.
4 Säulenhohe Sitzfigur des Königs Amenophis III. bei Theben, die nach der griechischen Sage bei Sonnenaufgang zu tönen beginnt.

dert sie nur, um durch ihr Bild den gleichen Eindruck auf die Hörer zu machen und so in ihnen die Bebungen des eigenen Innern fortzittern zu lassen. Franz spricht zu Weislingen von der reizenden Adelheid, durchwärmt von ihrem Blick wie von der Frühlingssonne, durch die Berührung von ihres Kleides Saum hineingezogen in den magnetischen Strom ihres Lebens und ihrer Liebe; Weislingen sagt, daß er darüber zum Dichter geworden sei, und Franz erwidert: So fühl' ich denn in dem Augenblick, was den Dichter macht, ein volles, ganz von einer Empfindung volles Herz![5] Dies gilt von der Lyrik, der Poesie der Subjektivität. Sie geht aus dem Bedürfnis des Gemüts hervor, sich selbst auszusprechen und zur Schönheit zu läutern, in künstlerischer Verklärung sich anzuschauen. [. . .]
Doch ist es der Reichtum und die Gewalt der Empfindung nicht allein, was den Lyriker zum Dichter macht, vielmehr wird er es erst dadurch, daß er in der Freiheit seines Geistes zugleich über ihren Wogen schwebt und daß er sich von der Macht der Gefühle befreit, indem er sie aus seinem Herzen hinaussingt, daß er sie harmonisiert, indem er sie ordnend beherrscht und in reinen Formen, in melodischer Folge darstellt. Indem nun die eigene Lust der erlösten harmonischen Seele aus dem Bild ihrer Gefühle widerstrahlt, gewinnt dieses erst den herzbezwingenden Zauber der Anmut; indem die Freiheit und Klarheit des Gedankens in ihm waltet, wird es zur Bestimmtheit wie zur allgemeinen Wahrheit desselben erhoben; indem aber zugleich die ganze Stärke des Gemüts und seiner Leidenschaften in ihm webt und pulsiert, behält es die Macht, den elektrischen Funken auch in des Hörers Seele hinüberzuleiten und magisch ihn zum Genossen der eigenen Lebensstimmung zu machen. – Ein Blick auf drei deutsche Lyriker wird dies dartun.

[Es folgen Ausführungen zum Verhältnis von Affekt und Reflexion bei Bürger, Schiller und Goethe.]

5 In Goethes *Götz von Berlichingen*, 1. Akt, 5. Szene.

Der Lyriker steht in der Gegenwart und verewigt den Augenblick, indem er ausspricht, welch wertvoller Empfindungsgehalt in demselben liegt, und wenn er in die Vergangenheit zurück- oder in die Zukunft vorausschaut, so gelten beide nicht um ihrer selbst willen, sondern nur durch die Bedeutung, welche sie für den gegenwärtigen Moment haben. Carus[6] will von jedem echten Kunstwerk die Mahnung der Goetheschen Suleika vernehmen: »Vor Gott muß alles ewig stehn, in mir liebt ihn für diesen Augenblick.«[7] Und Gottschall schreibt vom Lyriker: Er sagt nicht nur zum Augenblick: »Verweile doch, du bist so schön!« sondern er verleiht ihm die Schönheit der eigenen Seele und hebt ihn so aus der verschwindenden Zeit heraus; das Jetzt wird ein empfundenes, ein beseeltes.[8] [...]

Fechner[9] hat den Satz durchgeführt, daß im ästhetischen Genuß die Ideenassoziation eine große Rolle spielt; alle Vorstellungen vom Genuß der saftigen Frucht wie vom Himmel Italiens knüpfen sich an den Anblick der Orange und machen sie uns wohlgefälliger als die ihr gleiche gelbe Kugel, bei welcher wir an das dürre Holz und die Drechslerwerkstatt denken. Er verwertet dies Assoziationsprinzip auch für die Lyrik und sagt:[10] Unter Goethes Liedern wohnt denen von Gretchen, Mignon, dem Harfner die meiste lyrische Kraft bei, ebenso den Gedichten Schillers, die seinen Dramen eingestreut sind. Das Lied als solches kann nicht alles zusammenfassen, was die in ihm waltende Empfindung motiviert und unterstützt; es begnügt sich, das auszusprechen, worin sie

6 Karl Gustav Carus (1789–1869), Arzt und Gelehrter, seit 1821 in freundschaftlicher Beziehung zu Goethe stehend und Verfasser mehrerer Schriften über Goethes Werk.

7 In dem Gedicht *Suleika spricht* aus dem *West-östlichen Divan* (Buch der Betrachtungen).

8 Rudolf Gottschall (1823–1909), *Poetik. Die Dichtkunst und ihre Technik. Vom Standpunkte der Neuzeit*, Breslau 1858, S. 250.

9 Gustav Theodor Fechner (1801–87), Philosoph, Naturforscher, Psychologe und Verfechter einer »experimentellen Ästhetik«.

10 Vgl. Gustav Theodor Fechner, *Vorschule der Ästhetik*, Nachdr. der 3. Aufl. 1925, Hildesheim 1978, S. 142.

sich am meisten verdichtet. Aber nun spielt der ganze Roman Wilhelm Meister, der ganze Faust in den Liedern Mignons und Gretchens unbewußt in diese Empfindung mit hinein, die Gestalt und das Geschick einer Thekla, Johanna von Orleans, Maria Stuart steht vor uns, und von dem ganzen Reichtum bedeutungsvoller Beziehungen, die sich so hineinverweben, bietet uns das Lied in einer kleinen Schale die goldene Frucht. Indem man Mignons Lied liest, sieht man sie stehen, hört man sie singen, und ihr vergangenes und künftiges Geschick schwebt traumhaft vorbei. – Sollte man nicht auch sagen, daß die ganze Persönlichkeit des Dichters in jedes einzelne Lied mit hineinklingt und die Erinnerung an sie den Eindruck des Besondern verstärkt?

Der Dichter steht im Mittelpunkt, aber das Gebiet der Lyrik erstreckt sich darum doch überallhin, ja bis in die Unendlichkeit und Ewigkeit hinaus, deren Schauer, deren überwältigende Erhabenheit ja in der Innerlichkeit der Seele gefühlt und ahnungsvoll im kühnen Gedankenflug erfaßt werden. Die Natur wie die sittlichen Probleme, die Geschicke der Völker, ihr Siegesjubel und ihr leidvoller Untergang finden ja ebenso ihren Widerhall in den Tiefen des Gemüts wie die kleinen individuellen Erlebnisse im Erbangen und Sehnen, im Entsagen oder Gewinnen der Liebe, im Genuß des Frühlings oder beim Becher im Freundeskreis. Große geschichtliche Begebenheiten haben gar oft ihre Vorboten in mahnenden Seherworten und ihren Nachklang in Klage- und Festgesängen. Der Einzelne wie das Volk drückt seine Erhebung über das Irdische und Vergängliche zu Gott, den Trennungsschmerz durch die Sünde und das Glück der Versöhnung mit dem Urquell alles Lebens am liebsten lyrisch aus. [...]

Statt der äußern Realität gibt der Lyriker deren Gegenwart im Gemüt, im Selbstbewußtsein; er nimmt die Welt in sein Inneres auf, um das Innere der Welt zu erschließen und die musikalische Seele der Dinge im Spiegel seiner eigenen Seele zu offenbaren. Nicht Betrachtung, nicht Handlung erstrebt er, sondern sein Teil ist der Selbstgenuß der Empfindung, aber

von der Befangenheit und Gebundenheit der Leidenschaft
erlöst er sich gerade durch das Aussprechen derselben; er
läutert die Gefühle, die er der Beschränkung des Augenblicks
entzieht, und macht sie zum Stoffe, den sein freischaltender
Genius in reine ewige Formen hineingestaltet. Weil er
wesentlich sich selbst darstellt, muß sein Selbst ein großes, ein
sangeswürdiges sein, er muß ein Universum im Busen tragen
und seine Individualität zu der Höhe des edelsten Menschen-
tums erheben. Deshalb interessiert uns aber auch bei den
großen Lyrikern ihr Leben fast so sehr als ihre Werke, und
diese gewinnen durch die Kunde von jenem oft ihr rechtes
Verständnis. Die Persönlichkeit eines Pindar, eines David,
eines Hafis, eines Walther von der Vogelweide, eines Klopstock oder Byron steht so lebendig vor uns wie das Bild des
Achilleus und Odysseus, des Siegfried und Volker, während
die Epiker, die von diesen sangen, unbekannt sind und nur
der Name Homers den Schöpfer für jene bezeichnet. Der
Lyriker, der allerdings nicht ein einzelnes Lied gegen ein großes Epos oder eine Tragödie in die Waagschale legen wird,
offenbart die Totalität seiner Persönlichkeit in einer Reihe
von Gedichten, und daraus wird uns dann ein so volles und
reiches Gemälde des Lebens tiefsinnig und klar hervortreten,
daß er es kühn den Werken seiner Genossen an die Seite
stellen darf. Oder hat jener Kritiker unrecht, welcher Goethes Gedichte retten wollte, wenn alle deutsche Bücher dem
Untergang geweiht wären bis auf eines und er dieses bestimmen dürfte? Verkehrt ist es um des Gehaltlosen, Tändelnden
willen, das sich so oft für Lyrik gibt, um der Leichtigkeit
willen, mit welcher hier der Dilettantismus arbeitet, die Sache
selbst gering zu schätzen. Eher könnte man sagen, daß das
Lyrische der Herzschlag der Poesie, das spezifisch Poetische
sei und daß, wo sein Duft und Schmelz fehlt, namentlich auch
im Drama, die hinreißende Gewalt der Empfindung, der
Zauber der Stimmung mangeln wird. [...]
Die lyrische Dichtung ist die subjektive: sie folgt dem Wirbel
der Empfindungen, sie verknüpft nicht Dinge nach deren

Gesetz, sondern Vorstellungen, wie sie sich im Innern assoziieren, wie die Einbildungskraft in freiem Spiel mit ihnen schaltet. Darum bleibt in der Lyrik manches der Ahnung überlassen, weil es dem Gefühl des Dichters selbst noch im Dämmerschein liegt, darum bleibt vieles ungesagt, weil es sich von selbst versteht, darum werden die Gegensätze dicht aneinandergestellt, weil die Kontraste sich im Gemüt gern hervorrufen, darum bewegt sich das Gedicht oft in Sprüngen, weil die mit ihrem Bilderreichtum spielende Vorstellung vom Hundertsten auf das Tausendste zu kommen pflegt. Aber die Einheit der Grundstimmung muß das Ganze beherrschen und das Einzelne beseelend durchdringen, sonst verlöre das Lied den Charakter des Kunstwerks. Von jener, von dem Gefühlszustand des Dichters wird das Ganze gefärbt, von ihr wird bestimmt, was mitgeteilt werden soll, und der Wellenschlag der einzelnen Empfindungen in einem bestimmten Gefühlskreise oder die Wechselanziehung der mit ihnen verbundenen Vorstellungen bestimmt die Verknüpfung der einzelnen Teile. Der Künstler liebt es, die Schnur zu verbergen, an der er die einzelnen Perlen anreiht, die sie innerlich verbindet; er vernachlässigt den äußern Zusammenhang, aber gerade indem beim schnellen Wechsel der Gegenstände doch ein Grundton alle beherrscht, wird dessen Macht erst recht offenbar. Abschweifungen, überraschende Wendungen sind daher hier nicht selten, nicht tadelnswert; begeisterungstrunken scheint der Dichter Eindrücken und Bildern wie willenlos zu folgen; und indem dennoch eine harmonische Totalität, ein planvolles Ganzes, ein befriedigender Eindruck das Resultat ist, sind wir auf überraschende Weise um so tiefer befriedigt. [...]

Die Lyrik ist allerdings die musikalische Poesie wie das Epos die plastische; aber wie wir bei diesem auf den Unterschied der bildenden Kunst von der dichtenden hinwiesen, so müssen wir auch jetzt festhalten, daß die Poesie nicht das reine Empfindungsleben als solches geben kann, sondern daß sie von dem allgemeinen Empfindungsausdruck des Tons zur

Bestimmtheit des Wortes fortgeht, daß sie durch klare Bilder auf die Phantasie wirkt und dann durch diese die eigene Stimmung des Dichters auch im Hörer hervorruft, daß das Wort als solches immer schon die Allgemeinheit des Gedankens ausprägt. Gibt der Musiker im Auf- und Abwogen der Töne ein Bild der Gemütsbewegung als solcher, so spricht der Lyriker ihren Inhalt aus, aber wie er von ihr getragen wird. Die Musik gibt den melodischen Wellenschlag des Gefühls und deutet dadurch Ideen an, die Poesie spricht Ideen aus und erweckt dadurch unser Gefühl. Das Geheimnis der Lyrik beruht darauf, daß die Stimmung des Dichters sich durch das ganze Gedicht ergießt, daß sie die Wahl der Bilder und der metrischen Form bedingt, so daß auch im Tonfall der Worte, im Rhythmus oder in der Reimweise die innere Melodie dem Ohr vernehmlich wird; aber zur Vollendung gehört, daß auch unser Auge eine plastisch klare Klangfigur erblickt. Wie die wohllautendsten Reime ohne geistigen Gehalt ein bloßer Klingklang, so sind gestaltlose Gefühlslieder einem Gemälde gleich, das durch Pracht und Harmonie der ineinander schillernden Farben reizt, aber bei dem Mangel von Zeichnung kein bleibendes Wohlgefallen erwecken kann, es sei denn, daß der Dichter eben die Stimmung aussprechen und erregen wollte, die uns ergreift, wenn wir in einem stillen blauen Bergsee den Abendhimmel sich spiegeln und in seinen sanft gekräuselten Wellen stets Formen entstehen und wieder zerrinnen, Licht und Farbe aufleuchten und wieder verlöschen sehen. So schließt Clemens Brentano ein Schwanenlied[11]:

> Stille wird's, es glänzt der Schnee am Hügel,
> Und ich kühl' im Silberreif den schwülen Flügel,
> Möcht' ihn hin nach neuem Frühling zücken,
> Da erstarret mich ein kalt Entzücken. –
> Es erfriert mein Herz, ein See voll Wonne,
> Auf ihm gleitet still der Mond und sanft die Sonne;

11 »Wenn die Augen brechen ...« (bekannt unter dem Titel *Schwanenlied*).

Unter den sinnenden, denkenden, klugen Sternen
Schau' ich mein Sternbild an in Himmelsfernen;
Alle Leiden sind Freuden, alle Schmerzen scherzen,
Und das ganze Leben siecht aus meinem Herzen:
Süßer Tod, süßer Tod
Zwischen dem Morgen- und Abendrot!

Brentano und Arnim sind gleich den Sängern mancher Lieder im Wunderhorn[12] Herr der Stimmung, aber es mangelt oft das deutliche und entsprechende Bild; Platen ist anschaulich und gestaltenreich, aber es fehlt oft ein alles umspielender und durchdringender Hauch und Duft, ich möchte sagen die sich selbst singende Melodie der Empfindung und der Worte; wo sie aber mitklingt, da leistet er Vollendetes, wie in der Ode »Neujahrsnacht«, im Ghasel: »Wie, du fragst warum vor allen mich erwählt dein Wohlgefallen«, in dem Liede: »Wie rafft' ich mich auf in der Nacht, in der Nacht.« Daß Goethe bei aller Glut der Leidenschaft, bei aller Tiefe des Gefühls und bei allem melodischen Stimmungsausdruck doch so lebendige Bilder schafft, seine Gestalten doch mit so sichern Linien umschreibt, dies macht ihn eben auch zum herrlichsten Lyriker. [...]

2. Die lyrischen Dichtarten

Die Lyrik als die Poesie der Subjektivität kann einmal das innere Empfindungsleben unmittelbar aussprechen; sie kann dann eine objektivere Form annehmen und die Stimmungen der Seele in Bildern der Natur und der Geschichte symbolisieren und deren eigenen musikalischen Gehalt offenbaren oder die Stimmung des Dichters dadurch in dem Hörer hervorrufen, daß die Gegenstände geschildert werden, die ihn in dieselbe versetzt haben; endlich kann sie die Ideenwelt des Geistes darstellen, wie dieselbe zugleich das Eigentum und die bewegende Macht des Gemütes ist. Wir dürfen demge-

---

12 *Des Knaben Wunderhorn*, Sammlung von Volksliedern, hrsg. von Achim von Arnim und Clemens Brentano (1806–08).

mäß wohl von einer Lyrik des Gefühls, der Anschauung und des Gedankens reden. [...]

Die erste und ich möchte sagen die Grundweise der Lyrik ist das eigentliche Lied. Es spricht die Melodie der Seele als solche aus, es ist reiner Gemütsklang, es will darum gesungen sein. Es ist der eigene Zustand, den der Dichter anschaut, und während er in der Empfindung steht, macht er durch den Gesang selbst sie sich gegenständlich, befreit er sich aus der Beschränkung derselben. [...]

Das Wesen des Liedes ist Gesang, nicht Gemälde – das war eins der lichtbringenden Worte Herders[13]; die Vollkommenheit des Lieds liegt im melodischen Gang der Gemütsbewegung, der Leidenschaft, die im Auf- und Abwogen der Empfindungen endlich den harmonischen Abschluß und in ihm Ruhe findet. Die Wonne der Schönheit und Liebe macht die Seele sich ganz zu eigen, indem sie solche ausspricht, und das tiefgeheime Weh tröstet sich selbst, indem es sich in Wohllaut auflöst. Im unmittelbaren Aushauch der eigenen Empfindung aber muß das allgemein Menschliche kund werden, in der Darstellung der endlichen Erscheinung das Unendliche widerscheinen. Der naive Naturlaut, der Singvogelton, ist noch nicht Poesie, er bedarf der Kunst zur Gestaltung, er bedarf des idealen Gehalts, und nur, weil Goethe der Genius war, welcher sich selbst zur Schönheit der Seele geläutert und der Wahrheit zugeschworen, gelang ihm jene glückliche Vermählung des Gelegenheitlichen und des Ewigen, die das Tiefste mit anmutiger Leichtigkeit sagt, als ob alles von selbst so werde und sich verstehe. Im Volkslied erklingt naiver Herzenslaut; hier finden wir das unbewußt Aufquellende, Naturwüchsige, das in allem echten Phantasieleben waltet, frisch und klar. Sein Gegensatz ist darum nicht die Kunst, denn sie führt es zur harmonischen Durchbildung und Vollendung; sein Gegensatz ist das Reflektierte, mit bewußter Absicht Gemachte, Berechnete, das Gekünstelte. Da will die Schule

13 Vgl. Text Nr. 14.

und der Verstand die Eingebung ersetzen, da ergeben sich die Belustigungen des Witzes und der Einbildungskraft, das Spiel mit ersonnenen Empfindungen.

Die mehr objektive Lyrik der Anschauung zeichnet sich zunächst dadurch aus, daß der Dichter die Empfindung, den Gedanken, der sein Gemüt bewegt, auch als das in andern Regionen Mächtige darstellt und dadurch klar macht oder daß er die Gegenstände, welche ein Gefühl in ihm wecken, in dieser ihrer Beziehung zum Gemüt schildert. Dort ist die Subjektivität mehr tätig, hier ist sie mehr leidend; dort wird der dichterische Ausdruck zur Ode, hier zur Elegie. [...]

Zu noch größerer Objektivität schreitet der Lyriker fort, wenn er sich zur Natur und zur Geschichte wendet, um entweder einzelne Gegenstände oder Begebenheiten in ihrer Bedeutung fürs Gefühl darzustellen und dabei gerade den lyrischen Gehalt der Sache auszulegen oder durch jene eine subjektive Empfindung symbolisch auszusprechen. So wird in Heines Nordseebildern das Meer mit seinen Stürmen und seinen ruhig heitern Wellenspielen, seinen Sonnenuntergängen und klaren Sternennächten zu einem Symbol des Dichtergemüts, und die herrlichen Gesänge alle sind die Entfaltung der reizenden Strophe:[14]

> Mein Herz gleicht ganz dem Meere,
> Hat Sturm und Ebb' und Flut,
> Und manche schöne Perle
> In seiner Tiefe ruht.

[...]

Endlich noch ein Wort über die Gedankenlyrik. Das Gefühl spricht sich nicht bloß als solches oder durch die Dinge aus, die es geweckt haben, es symbolisiert sich nicht bloß in entsprechenden Anschauungen, sondern es erhebt sich zur Allgemeinheit des Gedankens, es ist zugleich Träger der Ideen, die es zum Eigentum der Seele macht, die dann die Lyrik offenbart, nicht lehrhaft, nicht nach ihrem logischen Zu-

---

14 Aus dem 8. Gedicht des Zyklus *Die Heimkehr* im *Buch der Lieder*.

sammenhang unter Hervorhebung desselben, sondern nach
ihrem Leben im Gemüt, so daß sie aus Empfindungen her-
vorblühen und wieder Empfindungen wecken. Der Gedanke
ist hier nicht wissenschaftlich verbunden, sondern künstlerisch frei, nicht dialektisch vermittelt, sondern unmittelbar in
der Seele geboren und wird ausgesprochen je nach und mit
dem Echo, das er im Herzen findet. Reflexionen oder Kenntnisse werden nicht zur Belehrung als ein für sich Bestehendes
mitgeteilt, sondern für das Gemüt werden die Gedanken zur
Einheit der Empfindung gebracht, und die Idee erleuchtet
und erwärmt zugleich, indem sie in ihrer Wirkung auf das
Innere dargestellt wird. In prächtig volltönenden Worten
breitet der selbstbewußte, seines Gegenstandes mächtige
Dichter den Reichtum seines Geistes aus, aber so, daß derselbe als die Entfaltung seines Gemüts erscheint, nicht als ein
äußerliches Besitztum, sondern als eigenstes innerstes Sein.
Wie wir früher im echten Lied bei aller Individualität eine
universelle Bedeutung gewahrten, so wird jetzt eine allgemein gültige, alldurchwaltende Idee zum Pathos eines Individuums oder sie wird als dessen Lebenserfahrung und Mission
ausgesprochen und dann wieder in einzelne Bilder einge-
kleidet.

50

RICHARD MARIA WERNER

Richard Maria Werner (1854–1913), der Lemberger Literar-
historiker und Hebbel-Herausgeber, versuchte mit seinem
1890 veröffentlichten Buch »Lyrik und Lyriker« (ursprüng-
lich vorgesehener Titel: »Physiologie der Lyrik«) der Lyrik-
theorie »als Stiefkind der Forschung« durch Anlehnung an
naturwissenschaftliche Empirie aufzuhelfen. Dabei wird die
Entstehung eines Gedichts in Analogie zum Organischen als
Wachstumsprozeß nach »Befruchtung« durch ein »Erlebnis«

gedeutet, sodann an einem »klassischen Beispiel« (einem Gedicht Hebbels) exemplarisch dargestellt und in vergleichender Textanalyse vertieft und schließlich zu einem, wie Werner meint, verbindlichen Gesetz lyrischer Gattungstheorie systematisiert. In der Annahme einer Sonderstellung der Lyrik (als »darstellender« Gestaltung gegenüber den »vorstellenden« Gestaltungsweisen in Epik und Dramatik) einerseits auf J. J. Engel (vgl. Text Nr. 15) zurück-, andrerseits auf K. Hamburger (vgl. Text Nr. 76) vorausweisend, verfehlt Werners anspruchsvoller Ansatz sein Ziel vor allem deshalb, weil er von einem ganz äußerlich aufgefaßten Erlebnis-Begriff ausgeht und die wesentlichen Merkmale literarischer Gestaltung anhand von Motiven und Situationen bestimmen zu können meint.

Stellung der Lyrik

Wir begehen deshalb einen Fehler, wenn wir Epik, Dramatik und Lyrik als drei gleichgestellte Gebiete betrachten. Epos und Drama wirken auf die Phantasie, sind vorstellend, Lyrik auf das Gefühl, sie ist darstellend. Durch Epos und Drama bezeichnen wir bestimmte Formen, durch Lyrik den Inhalt. Das Epos erzählt eine Situation oder eine Reihe von ineinandergreifenden Situationen, welche wir unter bestimmten Voraussetzungen eine Handlung nennen, das Drama läßt eine Situation oder eine Handlung vor unseren Augen entstehen, die Lyrik spricht die Stimmung, das Gefühl oder die Gedanken in einer bestimmten Situation aus. Die Situation ist bei jenen das Wesentliche, bei dieser nur das Zufällige; bei jenen müssen wir mit der Situation bekannt werden, in dieser können wir die Situation meist erraten.

> Über allen Gipfeln
> Ist Ruh,
> In allen Wipfeln
> Spürest du

> Kaum einen Hauch;
> Die Vögelein schweigen im Walde.
> Warte nur, balde
> Ruhest du auch.

So spricht der lyrische Dichter. Wir erfahren nichts über die Situation, und doch steht sie klar vor uns: es ist Nacht, denn die Vögelein schweigen und der Abendwind weht nicht mehr, der Dichter befindet sich im Walde und sehnt sich nach Ruhe, er ist also unruhig; nachts im Walde fällt ihm die Ruhe der Waldnacht auf, deshalb kann er hier nicht daheim, er muß von fern gekommen sein, ein Wanderer. Der Titel läßt uns nicht im Zweifel, er sagt uns »Wanderers Nachtlied«.

Wie müßte sich der Epiker zu diesem Stoffe verhalten? Zufällig haben wir ein ähnliches Motiv in einem unvollendeten romantisch-satirischen Roman Geibels und Niebuhrs, »Heringssalat« (Litzmann, S. 28)[1], episch ausgeführt: »Um einer Begegnung auszuweichen ... lief Panthes spornstreichs in den Wald hinein. Dort setzte er sich auf einer kleinen Anhöhe vor einer freigehauenen Stelle nieder und fing bitterlich an zu weinen – – – die ganze Natur wehte den einsamen Musikanten, wie mit einem beruhigenden Hauche an, und er fühlte es wohl, wie der stille Friede des schönen Frühlingsabends in seine Brust niedertaute. Sein Herz schlug allmählich ruhiger, seine Gedanken wurden klarer und zusammenhängender, ja endlich vermochte er sie, zu Worten gestaltet, leise vor sich hinzusummen: ›Könnt’ ich nur endlich einmal‹, sprach er, ›des Zwiespalts Herr werden, der in meinem ganzen Wesen herrscht‹« usw.

Man sieht, welcher Aufwand nötig ist, um nicht viel mehr als das Goethische Gedicht zu sagen, und dies kann man nicht etwa Geibel zum Vorwurf machen, es ist kein Fehler, sondern ein wesentlicher Faktor der Erzählung, ein nicht zu vermeidendes Bindeglied der epischen Darstellung.

---

1 Carl C. T. Litzmann, *Emanuel Geibel. Aus Erinnerungen, Briefen und Tagebüchern*, Berlin 1887.

Auch in einem Drama kennen wir eine ziemlich ähnliche Szene, die wir zum Vergleiche herbeiziehen müssen. Es sei nur das Wesentliche herausgehoben:

Nahegelegener Wald. (Nacht.)

Ein altes verfallenes Schloß in der Mitte ...

Räuber: Gute Nacht, Hauptmann. (*Sie lagern sich auf der Erde und schlafen ein.*)

Tiefe Stille.

Moor (Nimmt die Laute und spielt ... Er legt die Laute hin, geht tiefdenkend auf und nieder): Wer mir Bürge wäre? – – Es ist alles so finster – verworrene Labyrinthe – kein Ausgang – kein leitendes Gestirn – wenn's *aus* wäre mit diesem letzten Odemzug – *usw. usw.*[2]

Wie muß der Dramatiker sich mühen, die Situation herbeizuführen, welche Menge von Detail aufbieten, um die Erregung der besonderen Stimmung vorzubereiten, und dann in einem Monologe das Ruhebedürfnis und die Gefühle Moors darzulegen; er muß die Entwickelung darzustellen suchen, uns allmählich bis zu dem wichtigen Punkte führen, ganz wie der Epiker, nur in einer anderen Darstellungsart. Die Lyrik springt mitten hinein in die Situation und spricht sich aus. Geibel will uns mit dem Zustande Panthes', Schiller mit dem Moors bekannt machen, sonst brauchte weder ein Roman noch ein Drama geschrieben zu werden, Goethe drückt in wenigen Versen sein Gefühl aus, damit es ihm das Herz nicht sprenge, wie einen erleichternden Seufzer; daß es andere Menschen neben ihm auf der Welt gibt, daran denkt er in diesem Augenblicke gar nicht; wenn sein Lied verhallt, ungehört von den Menschen, es ist ihm Lohn, der reichlich lohnet, er singt es nur für sich.

2 Schiller, *Die Räuber*, 4. Aufzug, 5. Szene.

51

ARNO HOLZ

Arno Holz (1863–1929), der einzige Vertreter des deutschen Naturalismus, bei dem der theoretische Anspruch auf Umgestaltung der Literatur nicht bloße Phrase bleibt, sondern von der Reflexion spezifischer Bedingungen und Probleme literarischer Neuerung (»Man revolutioniert eine Kunst nur, indem man ihre Mittel revolutioniert«) und entsprechenden praktischen Entwürfen (»Papa Hamlet«, »Familie Selicke«) begleitet wird, entwickelt seine Vorstellungen zur ›Revolutionierung der Lyrik‹ auf der Basis einer Einsicht in die Bedeutung des Rhythmus als, wie er meint, »letzten Grundprinzips« aller Lyrik. Holz' These, daß die moderne Lyrik dem bereits vollzogenen Schritt vom unnatürlichen und gekünstelten Rhythmus zum ›freien Rhythmus‹ den zweiten Schritt vom »freien« zum »notwendigen« Rhythmus, »der nur noch durch das lebt, was durch ihn zum Ausdruck ringt«, folgen lassen müsse, wurde 1898 mit kritischem Blick auf den Naturalismus und den eigenen Entwicklungsgang als Lyriker zuerst in der »Selbstanzeige« des neuen Gedichtbands »Phantasus« vorgestellt und in dem Sammelband »Revolution der Lyrik« (1899) wiederholt.

Selbstanzeige

Als die jungen Dichter der achtziger Jahre mitten im tiefsten deutschen Literaturfrieden plötzlich über die aufgeschreckte Bourgeoisie herfielen und die Gelbveiglein aus ihren Versen reuteten, um dafür Kartoffeln zu pflanzen, glaubten sie damit die Lyrik, wie der Kunstausdruck lautete, »revolutioniert« zu haben. Ich schlug auch die Trommel, schwenkte abwechselnd auch die Fahne, rasselte mit meinem eingebildeten Zahnstocher ebenfalls und bin also über die Stimmung, die damals rumorte, einigermaßen informiert. Wir hatten Glück und stehen heute in den Konversationslexicis als Begründer der sogenannten »Großstadtlyrik«. Dann kam das Jahr 1890, in dem das neue Drama geboren wurde – ich weiß, Spaßvögel behaupten, es sei schon längst wieder gestorben – und die Lyrik, die bis dahin das Interesse, wenigstens der Produzenten, fast ausschließlich behauptet hatte, geriet im Handumdrehen wieder in Geringschätzung. Die eben noch auf der Barrikade gestanden, die eben noch, eine neue Welt in ihrer Leier, von einem nahen Morgenrot geträumt, das den Speckigen, die nicht durch das Nadelöhr gingen, das Jüngste Gericht bedeuten sollte, den Mühsäligen und Beladenen aber die Auferstehung – die Göttin von gestern irrte wieder umher, geächtet wie Genoveva. Nur wenige Getreue, die ein vorsorgliches Geschick mit begüterten Vätern gesegnet, folgten ihr in die Einöde, wo der Mond sich in ihren Brillantringen spiegelte; und unter seltsamen Pappeln, die unter seltsamen Himmeln ein seltsames Rauschen vollführten, trieb nun ein seltsamer Kultus sein seltsames Wesen. Ich kondensiere nur; ich übertreibe nicht. Das Kleid dieser wohlhabenden Jünglinge war schwarz vom schweren Violett der Trauer, sehnend grün schillerten ihre Hände, und ihre Zeilen – Explosionen sublimer Kämpfe – waren Schlangen, die sich wie Orchideen wanden. Der graue Regenfall der Alltagsasche erstickte sie. Sie wollten das schreckliche Leben der Felsen begreifen und erfahren, welchen erhabenen Traum die Bäume verschweigen. Aus ihren Büchern der Preis- und Hirtengedichte, der Sagen und Sänge, der hängenden Gärten[1] und der heroischen Zierate, der donnernden Geiser und der unausgeschöpften Quellen dufteten Harmonieen in Weiß, vibrierten Variationen in Grau und Grün, schluchzten Symphonieen in Blau und Rosa. Noch nie waren so abenteuerlich gestopfte Wortwürste in so kunstvolle Ornamentik gebunden. Half nichts. Ihr Dasein blieb ein submarines, und das deutsche Volk interessierte sich für Lyrik nur noch, insofern sie aus

1 Anspielung auf Stefan Georges Gedichtband *Die Bücher der Hirten- und Preisgedichte, der Sagen und Sänge und der hängenden Gärten* (1895).

den Damen Friederike Kempner[2] und Johanna Ambrosius[3] träufelte.

Allein, wie dreitausend Jahre nach den Propheten schon Börne entdeckte: nichts ist flüchtiger als die Zeit, nichts ist dauernd als der Wechsel! Und so soll denn, wie man sich heute zuflüstert – nicht wie früher in den Dachstuben von Berlin N, wo die Begeisterung fieberte, o nein, die Kunst ist inzwischen glücklich exklusiver geworden, sondern in den literarischen Zirkeln von Berlin W, wo der Geschmack domiziliert – die Verstoßene wieder zurückgekehrt sein und beladen mit Schätzen, mit tausend Kleinodien, um die sie die Einsamkeit bereicherte, wieder unter uns weilen als: heimliche Kaiserin.

Heil ihr! Was könnte schöner sein? Ihr galten meine ersten Seufzer, und ich war eigentlich schon in einem Alter, wo man gewöhnlich bereits verständiger ist, als ich mir allen Ernstes noch einbildete, ich würde nie in meinem Leben eine Zeile schreiben, die nicht zugleich ein Vers wäre. Alle Kunst war mir Poesie und alle Poesie Lyrik. Ich liebte sie, wie ein Page seine Königin liebt, fühlte mit Wollust auf meinen Armen ihre seidene Schleppe und war selig, wenn ich nachts auf ihrer Schwelle lag. Wenn ich daher im Moment von ihrer heimlichen Kaiserinnenschaft noch nicht ganz überzeugt bin – und ich bin's nicht – so bilde ich mir wirklich ein, daß die Gründe dieser Skepsis einigermaßen schmerzliche sind und nicht bloß von einem Individuum herrühren, das das Allerheiligste nie mit Füßen betreten. Ich war noch nicht Zwanzig, als ich die ersten Verse meines ersten »Phantasus«[4] schrieb, und glaube also mit einigem Recht an die Brust schlagen zu dürfen: »anch' io!«[5]

---

2 Friederike Kempner (1836–1904), schrieb kindlich-einfältige Gedichte mit unfreiwilliger Komik.
3 Johanna Voigt, geb. Ambrosius (1854–1939), Verfasserin konventionell-sentimentaler Gedichte.
4 Gedichtzyklus und lyrisches Hauptwerk von Arno Holz.
5 »Anch' io sono pittore (auch ich bin ein Maler)«, geflügeltes Wort, auf einen Ausruf Correggios (1494–1534) vor einem Gemälde Raffaels zurückgehend.

Ich weiß nicht, ob man mir sofort zustimmen wird. Aber der
große Weg zur Natur zurück, den seit der Renaissance die
Kunst nicht mehr gegangen, und den nach den allerdings
noch nicht überall und völlig überwundenen Eklektizismen
einer Jahrhunderte langen Epigonenzeit endlich breit wieder-
gefunden zu haben, einer der denkwürdigsten Glückszufälle
unseres Zeitalters bleiben wird, den in der Literatur, eine
Generation vor uns, zuerst der Roman betrat und dann, erst
in unseren Tagen, endlich auch das Drama – dieser Weg ist
von der Lyrik noch nicht beschritten worden. Weder in
Deutschland, noch anderswo. Wo bisher auch nur der Versuch dazu gemacht wurde, führte das technisch zu Monstro-
sitäten wie bei Walt Whitman[6]. Das Alte zerbrach, aber ein
Neues wurde nicht an seine Stelle gesetzt. Ich halte hier nicht
für überflüssig, denn ich möchte gerade in diesem Punkt nicht
gern mißverstanden werden, hinzuzufügen: ich verehre in
Walt Whitman einen der größten Menschen, die je gelebt
haben. Nur war – keine Bewunderung kann mir darüber hin-
weghelfen – in ihm als Künstler eine zu große Dosis Victor
Hugo[7]. Nicht unter die großen Bildner seiner Kunst gehört
er, sondern unter ihre großen Redner. Ja, er war sogar
unzweifelhaft ihr weitaus größter!
Daß wir Kuriosen der »Modernen Dichtercharaktere«[8]
damals die Lyrik »revolutioniert« zu haben glaubten, war ein
Irrtum; und vielleicht nur deshalb verzeihlich, weil er so
ungeheuer naiv war. Da das Ziel einer Kunst stets das gleiche
bleibt, nämlich die möglichst intensive Erfassung desjenigen
Komplexes, der ihr durch die ihr eigentümlichen Mittel überhaupt offen steht, messen ihre einzelnen Etappen sich naturgemäß lediglich nach ihren verschiedenen Methoden, um die-

6 Walt Whitman (1819–92), amerikanischer Lyriker, Hauptwerk: *Leaves of Grass* (*Grashalme*; 1855/1891).
7 Victor Hugo (1802–85), französischer Dichter der Hochromantik, in seiner Lyrik von rhetorisch-suggestiver Sprachgewalt.
8 Lyrik-Anthologie des Naturalismus (1885), herausgegeben von Wilhelm Arent.

ses Ziel zu erreichen. Man revolutioniert eine Kunst also nur, indem man ihre Mittel revolutioniert. Oder vielmehr, da ja auch diese Mittel stets die gleichen bleiben, indem man ganz bescheiden nur deren Handhabung revolutioniert. Dieser Ideengang mag heute vielleicht manchem bereits selbstverständlich scheinen. In meiner »Kunst«[9], 1890, lieferte ich zu ihm die Basis. Jedenfalls Zweierlei steht fest: ihn besaß damals noch niemand von uns, und auch heute noch handhabt die Lyrik ihre Mittel in der selben Weise, in der sie schon unsere Großväter gehandhabt haben. Die Verse selbst der Allerjüngsten bei uns unterscheiden sich in ihrer Struktur in nichts von den Versen, wie sie vor hundert Jahren schon Goethe gekonnt, und wie diese sich ja auch wieder nicht von den Versen unterschieden hatten, wie sie bereits das Mittelalter skandierte, oder wenn man noch weiter will, die Antike. Man kann in die Lyrik – wenigstens in die niedergeschriebene der Kulturvölker, die andere, über die genügende Dokumente noch nicht vorhanden sind, entzieht sich leider unserer Beurteilung – zurücktauchen, so tief man will: man wird, rein formal, so unzählige Abänderungen es durch alle Völker und Zeiten auch erfahren, stets auf das selbe letzte Grundprinzip stoßen. Daß man auf dieses nicht früher kommen konnte, als bis es sich perspektivisch von einem neuen bot, erklärt sich hinlänglich durch sich selbst. Trotzdem wird es stets etwas Heikeles bleiben, ein solches letztes Prinzip präzisieren zu wollen. Namentlich, wenn man es als erster tut. Der zweite hat es dann schon leichter. Aber ich möchte es nennen, das alte, das überlieferte: ein Streben nach einer gewissen Musik durch Worte als Selbstzweck. Oder noch besser: nach einem Rhythmus, der nicht nur durch das lebt, was durch ihn zum Ausdruck ringt, sondern den daneben auch noch seine Existenz rein als solche freut.

In diesem Streben, das ein durchaus äußerliches ist, weil es aus einem Quell für sich fließt und nicht unmittelbar aus dem

---

9 *Die Kunst. Ihr Wesen und ihre Gesetze* (1891).

Wesen dieser Kunst, mit dem es nichts zu tun hat, trifft sich, ich wiederhole, rein formal alle bisherige Lyrik. Aus ihm gebaren sich nach und nach alle ihre Formen. Keine dieser Formen ließ den Worten – den Mitteln dieser Kunst! – ihren natürlichen Wert, und eine nach der anderen wirtschaftete ab, sobald es sich ergab, daß die Welt, über die sie sich hatte stülpen wollen, für ihren umzirkelten Mechanismus denn doch ein wenig zu weit war. Dann war mit ihr gefaßt, was sich mit ihr hatte fassen lassen; und die zu anderem nichts mehr taugte, wanderte, ein Präparat mehr, in das gelehrte Naturalienkabinett der sogenannten »Poetik«, wo sie nun, zu ihren Schicksalsgenossinnen in Spiritus gesetzt, die Sehnsucht alles nachgeborenen Dilettantismus weckt.

Es würde natürlich stutzig machen, wenn es sich ergäbe, daß dieses Streben als ursprünglich letztes formales Grundprinzip sich nur in der Lyrik allein nachweisen ließe. Man würde dann daraus folgern müssen, so sehr sich die Einsicht, die dafür keinen genügenden Grund finden kann, dagegen auch sträubt, daß der Lyrik dieses Streben am Ende doch eigentümlich sein könnte; und als Schlußfolgerung würde sich dann natürlich ganz von selbst ergeben, daß es also aus ihr auch nicht mehr eliminierbar sein würde. Dem ist aber nicht im geringsten so. Dieses Streben hat seine Riesenrolle im Gegenteil nicht nur in der Lyrik, sondern auch in ihren beiden Schwesterkünsten gespielt, im Epos und im Drama. Und in diesen beiden – kein vorwärts Schreitender kann darüber mehr im Zweifel sein – liegt seine Kraft bereits gebrochen. Ein Epiker, der einem vorgefaßten Klangschema zu Liebe sich noch an der Niederschrift, und sei es auch nur einer einzigen Silbe, hindern ließe, ist heute einfach nicht mehr denkbar. Von den üblichen Nachäffern sämtlicher Epochen sehe ich natürlich ab. Diese Plebs wird es immer geben. Und wenn sich auf der anderen Seite allerdings auch nicht leugnen läßt, daß neuerdings einige, wie es scheint, wieder zurückbleibende Dramatiker unter dem erleichterten Beifall eines darüber natürlich nicht entrüsteten Publikums sich in die

alten Eierschalen ihrer Kunst wieder zurückgerettet haben,
so darf das abschließende Urteil über diese Couragierten
getrost der Zukunft überlassen werden. Die Entwicklung
schreitet über jeden Archaismus unaufhaltsam hinweg, und
wer die Unvorsichtigkeit begeht, sich unter ihre Fußspitzen
zu verirren, wird, falls er unter diesen Fußspitzen verharrt,
sich unter diesen Fußspitzen eines schönen Tages zerquetscht
finden. Das ist das Gesetz. Es ist in unser Belieben gestellt, an
ihm zu zweifeln, nicht aber, uns durch unseren Zweifel seiner
Wirkung zu entziehn.

Die Revolution der Lyrik, von der so viele schon fabeln, daß
sie längst eingetreten sei, wird nicht eher eintreten, als bis
auch diese Kunst, gleich ihren voraufgegangenen Schwestern,
sich von jenem Prinzip, das sie noch immer einengt und das
ihre Schaffenden noch immer in Zungen reden läßt, die schon
ihre Urururgroßväter gesprochen, endlich emanzipiert und
ein neues, das sie von allen Fesseln, die sie noch trägt, erlöst,
das sie von allen Krücken, auf denen sie noch humpelt,
befreit, endlich an dessen Stelle setzt. Erst dann wird in die
große neueuropäische Literaturbewegung, in der ihre beiden
Schwesterkünste sich bereits befinden, endlich auch die Lyrik
gemündet sein, und dann erst, nicht früher, werden ihre
Anhänger davon träumen dürfen, ihrer heimlichen Kaiserin
über ihre Rivalinnen hinweg, falls ihre Kraft sie so weit trägt,
die Zukunft zu erobern! –

Welches dieses Prinzip sein wird?

Ich hatte das alte, das heute noch herrschende, zu definieren
gesucht als »ein Streben nach einer gewissen Musik durch
Worte als Selbstzweck«. Oder noch besser: »nach einem
gewissen Rhythmus, der nicht nur durch das lebt, was durch
ihn zum Ausdruck ringt, sondern den daneben auch noch
seine Existenz rein als solche freut«. Aus dieser Definition,
deren Fassung ich preisgebe, ergibt sich zwingend die neue:
eine Lyrik, die auf jede Musik durch Worte als Selbstzweck
verzichtet und die, rein formal, lediglich durch einen Rhythmus getragen wird, der nur noch durch das lebt, was durch

ihn zum Ausdruck ringt. [...] Eine solche Lyrik, die von jedem überlieferten Kunstmittel absieht, nicht, weil es überliefert ist, sondern, weil sämtliche Werte dieser Gruppe längst aufgehört haben, Entwicklungswerte zu sein, habe ich in meinem Buche versucht.

Wozu noch der Reim? Der erste, der – vor Jahrhunderten! – auf Sonne Wonne reimte, auf Herz Schmerz und auf Brust Lust, war ein Genie; der tausendste, vorausgesetzt, daß ihn diese Folge nicht bereits genierte, ein Kretin. Brauche ich den selben Reim, den vor mir schon ein anderer gebraucht hat, so streife ich in neun Fällen von zehn den selben Gedanken. Oder, um dies bescheidener auszudrücken, doch wenigstens einen ähnlichen. Und man soll mir die Reime nennen, die in unserer Sprache noch nicht gebraucht sind! Gerade die unentbehrlichsten sind es in einer Weise, daß die Bezeichnung »abgegriffen« auf sie wie auf die kostbarsten Seltenheiten klänge. Es gehört wirklich kaum »Übung« dazu: hört man heute ein erstes Reimwort, so weiß man in den weitaus meisten Fällen mit tödlicher Sicherheit auch bereits das zweite. Wir vom Publikum haben dann schon immer antizipiert, womit, um mit Liliencron zu reden, der »Tichter« nun erst hinterdreinhinkt. Wir hören Witzen zu, wissen leider aber immer schon die Pointen! Das wäre drollig und schade, daß es ausstürbe, wenn es auf die Dauer nicht so langweilig wäre. So arm ist unsere Sprache an gleichlautenden Worten, so wenig liegt dies »Mittel« in ihr ursprünglich, daß man sicher nicht allzu sehr übertreibt, wenn man blind behauptet, fünfundsiebzig Prozent ihrer sämtlichen Vokabeln waren für diese Technik von vornherein unverwendbar, existierten für sie gar nicht. Ist mir aber ein Ausdruck verwehrt, so ist es mir in der Kunst gleichzeitig mit ihm auch sein reales Äquivalent. Kann es uns also wundern, daß uns heute der gesamte Horizont unserer Lyrik um folgegerecht fünfundsiebzig Prozent enger erscheint als der unserer Wirklichkeit? Die alte Form nagelte die Welt an einer bestimmten Stelle mit Brettern zu, die neue reißt den Zaun nieder und zeigt, daß die Welt auch noch hinter diese Bretter reicht. Gewiß, es mag Individualitäten geben, die sich wohl fühlen werden in dem alten Mauseloch bis in alle Ewigkeit. Niemand wird sie daran hindern. Nur wird ihre Tätigkeit für den Fortschritt in ihrer Kunst ungefähr den selben Wert haben, den heute das Soldatenspielen unserer kleinen Kinder für den künftigen Weltkrieg hat. Der Tag, wo der Reim in unsere Literatur eingeführt wurde, war ein bedeutsamer; als einen noch bedeutsameren wird ihre Geschichte den Tag verzeichnen, wo dieser Reim, nachdem er seine Schuldigkeit getan, mit Dank wieder aus ihr hinauskomplimentiert wurde. Für Struwwelpeterbücher und Hochzeitkarmina kann er ja dann immer noch, je nach Bedarf, durch die Hintertür wieder eingelassen werden.

Ähnlich die Strophe. Wie viele prachtvollste Wirkungen haben nicht ungezählte Poeten jahrhundertelang mit ihr erzielt! Wir alle, wenn wir Besseres nicht zu tun wissen und alte Erinnerungen locken, wiegen uns noch in ihr. Aber ebensowenig wie die Bedingungen stets die selben bleiben, unter denen Kunstwerke geschaffen werden, genau so ändern sich auch fortwährend die Bedingungen, unter denen Kunstwerke genossen werden. Unser Ohr hört heute feiner. Durch jede Strophe, auch durch die schönste, klingt, sobald sie wiederholt wird, ein geheimer Leierkasten. Und gerade dieser Leierkasten ist es, der endlich raus muß aus unserer Lyrik. Was im Anfang Hohes Lied war, ist dadurch, daß es immer wiederholt wurde, heute Bänkelsängerei geworden!

Es kann natürlich nicht meine Absicht sein, alles, was die bisherige Form von der zukünftigen trennen wird, hier schon heute positiv und negativ in Paragraphen zu zwängen. Es genügt, daß vorläufig das Prinzip gegeben ist. Man kann unmöglich an einem Baum bereits die Blätter zählen, dessen Keim kaum erst aus der Erde ragt. Ihre ungefähren Umrisse lassen sich bestimmen; ihre Zahl und Pracht ist Sache der Entwicklung.

Wie wenig mir in meinem Buche das, was mir vorschwebte, schon geglückt ist, fühlte ich selbst am Tiefsten. Nur hier und

da, in einzelnen Gedichten, in kleinen Absätzen, oft nur in
wenigen Zeilen, glaube ich es bereits gelungen. Mein Leben,
dessen äußere Umstände leider nie danach geartet waren, daß
ich Ideen, die ich für die einzig fruchtbringenden hielt, unge-
stört nachgehen durfte, hat mich die Zeit, die Konzentration
und die Kraft, die dazu gehört hätten, diese Arbeit, die sich
nun als die natürliche Aufgabe einer ganzen Generation darstellt, sofort selbst, allein und bis ins Einzelnste zu bewälti-
gen, nicht aufbringen lassen. Aber ich gebe die Hoffnung
nicht auf, daß es mir gelingen wird, unterstützt von gleich
Überzeugten, die mir folgen werden und die, je nach ihrer
Individualität, das Angefangene vertiefen und weiterbilden
werden, mit jedem neuen Buche meinem Ziel um einen
Schritt näher zu kommen.
Es ist mir keinen Augenblick zweifelhaft, daß man mich
sofort auf Goethe und namentlich auch auf Heine verweisen
wird: da, sieh dir an, ihre »Freien Rhythmen«; ist in ihnen
nicht alles, was du willst, längst erfüllt? Diese Besserwissen-
den, ich kann mir nicht helfen, sind ein bißchen schwerhörig.
Der geheime Leierkasten, von dem ich behauptete, daß er für
feiner Hörende durch unsere ganze bisherige Lyrik klänge,
klingt deutlich auch aus jenen sogenannten »Freien Rhythmen«. Sie mögen meinetwegen von allem frei sein, von dem
man wünscht, daß sie's sein sollen; nur nicht von jenem falschen Pathos, das die Worte um ihre ursprünglichen Werte
bringt. Diese ursprünglichen Werte den Worten aber gerade
zu lassen und die Worte weder aufzupusten noch zu bronzie-
ren oder mit Watte zu umwickeln, ist das ganze Geheimnis.
In diese Formel, so unscheinbar sie auch aussieht, konzentriert sich alles. Wenn ich einfach und schlicht – nota bene
vorausgesetzt, daß mir dieses gelingt, nur mißlingt es mir
leider noch meistens! – »Meer« sage, so klingt's wie »Meer«;
sagt es Heine in seinen Nordseebildern, so klingt's wie
»Amphitrite«. Das ist der ganze Unterschied. Er ist allerdings
so wesenstief, daß das Gros, ich gebe mich da absolut keinen
Illusionen hin, höchst wahrscheinlich erst hinter ihn kommen

wird durch seine Enkel. Die zeitgenössische französische
vers-libre-Bewegung[10] – ich habe sie leider zu wenig kontrol-
lieren können, aber ich vermute, daß ihre letzte Tendenz sich
mit meiner deckt – scheint mir in Theorie und Praxis erst bis
zu Goethe und Heine gelangt. Das heißt also, nur erst bis zu
den sogenannten »freien«, noch nicht aber schon zu den
natürlichen Rhythmen! Jedenfalls von allen, die in Deutschland bisher Verse geschrieben, weiß ich nur einen: Liliencron! Man lese sein Lyrikon »Betrunken«.[11] Da ist alles
bereits erreicht. Aber er wußte offenbar selbst nicht, was ihm
gelungen war, und die Wundertür, die seine Wünschelrute
schon gesprengt hatte, fiel, ohne daß er dessen, wie im Märchen, gewahr wurde, wieder hinter ihm ins Schloß. Er war zu
sehr Dichter, »nur« Dichter, um zu ahnen, welchen seltsamen Dingen er bereits auf der Spur gewesen. Andere, Jüngere, kamen erst später und waren zweifellos schon beein-
flußt. Es waren Kräfte unter ihnen, darunter sogar eine erste
Kraft wie Mombert[12], aber alles blieb nur ein Tappen. Was
mit der einen Leistung bereits errungen war, wurde mit der
anderen wieder preisgegeben. Es war überall, falls ich mich
hier des ehemaligen Jargons der seligen Gartenlaube[13] bedienen darf, nur erst Instinkt, noch nirgends Überlegung.

52

HUGO VON HOFMANNSTHAL

*Hugo von Hofmannsthal (1874–1929), der zur Darstellung
seines ästhetisch-literaturtheoretischen Denkens gerne die
Form des Gesprächs zwischen freundschaftlich verbundenen*

10 Bewegung im französischen Symbolismus, die den reimlosen, freirhythmi-
   schen Vers propagierte.
11 Detlev von Liliencron, *Betrunken* (in: *Neue Gedichte*, 1892).
12 Alfred Mombert (1872–1942), frühexpressionistischer Lyriker, in seiner
   ekstatischen Sprache unter dem Einfluß Nietzsches stehend.
13 Illustrierte Familienzeitschrift des deutschen Bürgertums (seit 1853).

Partnern wählt, setzt mit dem »Gespräch über Gedichte«,
1903, ein Jahr nach »Ein Brief« (Chandos-Brief) entstanden
und 1904 in der »Neuen Rundschau« veröffentlicht (mit dem
Titel: »Über Gedichte. Ein Gespräch«), die von Schopenhauer
und Nietzsche eingeschlagene Richtung lyriktheoretischer
Reflexion im Zeichen ontologisch-metaphysischer Existenz-
deutung fort. Weniger auf gattungspoetische Bestimmungen
als auf das Wesen der Poesie überhaupt zielend, entwickelt
Hofmannsthal an Gedichten Stefan Georges, Hebbels, Goe-
thes sowie der »Anthologia graeca« Gedanken zum Verhält-
nis von Ich und Welt, die von der grundlegenden Erkenntnis
der Flüchtigkeit und Substanzlosigkeit des Ichs ausgehen und
in der Vorstellung einer Vereinigung von Ich und Welt im
symbolisch-magischen Akt des Gedichts münden. Als Hinweis
auf die Schwierigkeiten einer Verständigung über den Gegen-
stand stellt Hofmannsthal dem »Gespräch« als Motto einen
Satz Hebbels (aus einem Brief vom 27. April 1838) voran: »Es
leben jetzt, die wenigen ausgenommen, die selbst im Lyri-
schen etwas hervorbringen, keine fünf Menschen in Deutsch-
land, welche über diese zartesten Geburten der Seele ein
Urteil hätten.« Auf Hofmannsthals Überlegungen beruft sich
später Emil Staiger bei seiner Darstellung des ›mystischen‹
Charakters der Stimmung und des Lyrischen (vgl. Text
Nr. 67).

Gespräch über Gedichte

[Das Gespräch nimmt seinen Ausgangspunkt von Stefan
Georges Gedichtbuch »Das Jahr der Seele«:]

Clemens: [...] Ich sehe eine Landschaft meiner Kindheit.
Es scheint ein schönes Buch zu sein, dieses »Jahr«. Warum
eigentlich: »Jahr der Seele«? Ich liebe die einfachen Über-
schriften.
Gabriel: Ich auch, darum scheint mir diese so ausgezeichnet.
Denn hier ist ein Herbst, und mehr als ein Herbst. Hier ist ein

Winter, und mehr als ein Winter. Diese Jahreszeiten, diese
Landschaften sind nichts als die Träger des *Anderen*.

Sind nicht die Gefühle, die Halbgefühle, alle die geheimsten
und tiefsten Zustände unseres Inneren in der seltsamsten
Weise mit einer Landschaft verflochten, mit einer Jahreszeit,
mit einer Beschaffenheit der Luft, mit einem Hauch? Eine
gewisse Bewegung, mit der du von einem hohen Wagen
abspringst; eine schwüle sternlose Sommernacht; der Geruch
feuchter Steine in einer Hausflur; das Gefühl eisigen Wassers,
das aus einem Laufbrunnen über deine Hände sprüht: an ein
paar tausend solcher Erdendinge ist dein ganzer innerer
Besitz geknüpft, alle deine Aufschwünge, alle deine Sehnsucht, alle deine Trunkenheiten. Mehr als geknüpft: mit den
Wurzeln ihres Lebens festgewachsen daran, daß – schnittest
du sie mit dem Messer von diesem Grunde ab, sie in sich
zusammenschrumpften und dir zwischen den Händen zu
nichts vergingen. Wollen wir uns finden, so dürfen wir nicht
in unser Inneres hinabsteigen: draußen sind wir zu finden,
draußen. Wie der wesenlose Regenbogen spannt sich unsere
Seele über den unaufhaltsamen Sturz des Daseins. Wir besitzen unser Selbst nicht: von außen weht es uns an, es flieht uns
für lange und kehrt uns in einem Hauch zurück. Zwar – unser
»Selbst«! Das Wort ist solch eine Metapher. Regungen keh-
ren zurück, die schon einmal früher hier genistet haben. Und
sind sie's auch wirklich selber wieder? Ist es nicht vielmehr
nur ihre Brut, die von einem dunklen Heimatgefühl hierher
zurückgetrieben wird? Genug, etwas kehrt wieder. Und
etwas begegnet sich in uns mit anderem. Wir sind nicht mehr
als ein Taubenschlag.

Clemens: Seltsam, daß dich dieser Gedankengang darauf
führt. Ich bin auf einem anderen Wege darauf gekommen, auf
einem ganz anderen: es ist schwer, nicht daran zu zweifeln,
daß es in der menschlichen Natur irgendeine Wesenheit gibt.
Furchtbar ist es, die Gewalt der Äußerlichkeiten zu erwägen:
es muß unendlich schwer sein, ein Drama zu schreiben, und
unendlich hart, über einen Mörder zu Gericht zu sitzen.

Gabriel: Aber es ist wundervoll, wie diese Verfassung unseres Daseins der Poesie entgegenkommt: denn nun darf sie, statt in der engen Kammer unseres Herzens, in der ganzen ungeheueren, unerschöpflichen Natur wohnen. Wie Ariel[1] darf sie sich auf den Hügeln der heroischen purpurstrahlenden Wolken lagern und in den zitternden Wipfeln der Bäume nisten; sie darf sich vom wollüstigen Nachtwind hinschleifen lassen und sich auflösen in einen Nebelstreif, in den feuchten Atem einer Grotte, in das flimmernde Licht eines einzelnen Sternes. Und aus allen ihren Verwandlungen, allen ihren Abenteuern, aus allen Abgründen und allen Gärten wird sie nichts anderes zurückbringen als den zitternden Hauch der menschlichen Gefühle. Treibe sie, die wie Ariel keines Schlafes bedarf, empor, hoch über die dumpfe schlaftrunkene Erde, dorthin, wo an dem lichten Himmel ein einzelner Stern, ein heiliger Wächter, sich kühn und treu entzündet, stets an der gleichen Stelle, über dem zitternden Lichtabgrund im Westen, der dem Durchgang der Sonne nachbebt: laß sie aus Geisternähe, aus einer Höhe, die kein Adler kreisend erklimmt, dies Schauspiel in sich saugen – und wenn sie herabtaumeln wird, zurück zu dir, wird sie beladen sein mit einem ungeheuren, aber einem menschlichen Gefühl. Denn sie hat keine Grenzen ihres Fluges, aber in ihrem Wesen ist sie begrenzt: wie könnte sie aus irgendeinem Abgrund der Welten etwas anderes zurückbringen als menschliche Gefühle, da sie doch selbst nichts anderes ist als die menschliche Sprache!

Clemens: Sie ist doch nicht ganz die Sprache, die Poesie. Sie ist vielleicht eine gesteigerte Sprache. Sie ist voll von Bildern und Symbolen. Sie setzt eine Sache für die andere.

Gabriel: Welch ein häßlicher Gedanke! Sagst du das im Ernst? Niemals setzt die Poesie eine Sache für eine andere, denn es ist gerade die Poesie, welche fieberhaft bestrebt ist, die Sache selbst zu setzen, mit einer ganz anderen Energie als die stumpfe Alltagssprache, mit einer ganz anderen Zauber-

---

1 Luftgeist in Shakespeares Komödie *Der Sturm*.

kraft als die schwächliche Terminologie der Wissenschaft.
Wenn die Poesie etwas tut, so ist es das: daß sie aus jedem
Gebilde der Welt und des Traumes mit durstiger Gier sein
Eigenstes, sein Wesenhaftestes herausschlürft, so wie jene
Irrlichter in dem Märchen², die überall das Gold herauslek-
ken. Und sie tut es aus dem gleichen Grunde: weil sie sich von
dem Mark der Dinge nährt, weil sie elend verlöschen würde,
wenn sie dies nährende Gold nicht aus allen Fugen, allen
Spalten in sich zöge.

Clemens: Es gibt also keine Vergleiche? Es gibt keine Symbole?

Gabriel: Oh, vielmehr, es gibt nichts als das, nichts anderes.

[*Es folgt ein weiteres Gedicht aus dem »Jahr der Seele«.*]

Clemens: Ja, das ist schön. Das ist der Zauberkreis der Kindheit, in dem reinen tiefen Spiegel unstillbarer Sehnsucht aufgefangen. Wie rein es ist! Es schwebt wie eine freie leichte
kleine Wolke hoch über einem Berg. Wie rein es ist! Es drückt
einen grenzenlosen Zustand so einfach aus.

Gabriel: Das tun alle Gedichte, alle guten zum mindesten.
Alle drücken sie einen Zustand des Gemütes aus. Das ist die
Berechtigung ihrer Existenz. Alles andere müssen sie anderen
Formen überlassen: dem Drama, der Erzählung. Nur diese
können Situationen schaffen. Nur diese können das Spiel der
Gefühle zeigen.

Clemens: Ich meine, dieses Gedicht drückt einen Zustand so
ganz einfach aus. Es bedient sich keines Symbols. Ich erinnere ein anderes, das du früher gerne hattest. Zwei Schwäne
kamen vor. War es nicht von Hebbel?

Gabriel: Es ist von Hebbel. Dieses ist es:

[*Es folgt der Text des Gedichts »Sie sehn sich nicht wieder«.*]

Mein Freund, auch dieses Gedicht drückt einen Zustand aus
und nichts weiter, einen tiefen Zustand des Gemüts, voll ban-
ger Wollust, voll trauervoller Kühnheit.

2 Goethe, *Das Märchen.*

Clemens: Und diese Schwäne? Sie sind ein Symbol? Sie bedeuten –

Gabriel: Laß mich dich unterbrechen. Ja, sie bedeuten, aber sprich es nicht aus, was sie bedeuten: was immer du sagen wolltest, es wäre unrichtig. Sie bedeuten hier nichts als sich selber: Schwäne. Schwäne, aber freilich gesehen mit den Augen der Poesie, die jedes Ding jedesmal zum erstenmal sieht, die jedes Ding mit allen Wundern seines Daseins umgibt: dieses hier mit der Majestät seiner königlichen Flüge; mit der lautlosen Einsamkeit seines strahlenden weißen Leibes, auf schwarzem Wasser trauervoll, verachtungsvoll kreisend; mit der wunderbaren Fabel seiner Sterbestunde ... Gesehen mit diesen Augen sind die Tiere die eigentlichen Hieroglyphen, sind sie lebendige geheimnisvolle Chiffern, mit denen Gott unaussprechliche Dinge in die Welt geschrieben hat. Glücklich der Dichter, daß auch er diese göttlichen Chiffern in seine Schrift verweben darf –

Clemens: Und dennoch glaubte ich dich sagen zu hören, daß die Poesie niemals eine Sache für eine andere setzt.

Gabriel: Niemals tut sie das. Wenn sie das täte, müßte man sie austreten wie ein häßliches schwelendes Irrlicht. Was wollte sie dann neben der gemeinen Sprache? Verwirrung stiften? Papierblüten an einen lebendigen Baum hängen?

Clemens: Und diese Schwäne? und alle deine andern Chiffern?

Gabriel: Es sind Chiffern, welche aufzulösen die Sprache ohnmächtig ist. Verstehst du mich? Jener herbstliche Park, diese von der Nacht umhüllten Schwäne – du wirst keine Gedankenworte, keine Gefühlsworte finden, in welchen sich die Seele jener, gerade jener Regungen entladen könnte, deren hier ein Bild sie entbindet. Wie gern wollte ich dir das Wort »Symbol« zugestehen, wäre es nicht schal geworden, daß mich's ekelt. Man müßte ein Gespräch wie dieses mit Kindern, mit Frommen oder mit Dichtern führen können. Dem Kind ist alles ein Symbol, dem Frommen ist Symbol das ein-

zig Wirkliche und der Dichter vermag nichts anderes zu erblicken.

Clemens: Du springst: – die Symbole des Glaubens? Wir
sprachen von Gedichten.

Gabriel: Das tue ich noch. Aber ich möchte ein vom tiefsten
Geist der Sprache geprägtes Wort erst von seiner Lehmkruste
reinigen. Weißt du, was ein Symbol ist? ... Willst du versuchen, dir vorzustellen, wie das Opfer entstanden ist? Mir ist,
als hätten wir früher einmal darüber gesprochen. Ich meine
das Schlachtopfer, das hingeopferte Blut und Leben eines
Rindes, eines Widders, einer Taube. Wie konnte man denken, dadurch die erzürnten Götter zu begütigen? Es bedarf
einer wunderbaren Sinnlichkeit, um dies zu denken, einer
bewölkten lebenstrunkenen orphischen Sinnlichkeit. Mich
dünkt, ich sehe den ersten, der opferte. Er fühlte, daß die
Götter ihn haßten: daß sie die Wellen des Gießbaches und das
Geröll der Berge in seinen Acker schleuderten; daß sie mit der
fürchterlichen Stille des Waldes sein Herz zerquetschen wollten; oder er fühlte, daß die gierige Seele eines Toten nachts
mit dem Wind hereinkam und sich auf seine Brust setzte,
dürstend nach Blut. Da griff er, im doppelten Dunkel seiner
niedern Hütte und seiner Herzensangst, nach dem scharfen
krummen Messer und war bereit, das Blut aus seiner Kehle
rinnen zu lassen, dem furchtbaren Unsichtbaren zur Lust.
Und da, trunken vor Angst und Wildheit und Nähe des
Todes, wühlte seine Hand, halb unbewußt, noch einmal im
wolligen warmen Vließ des Widders. – Und dieses Tier, dieses Leben, dieses im Dunkel atmende blutwarme, ihm so nah,
so vertraut – auf einmal zuckte dem Tier das Messer in die
Kehle und das warme Blut rieselte zugleich an dem Vließ des
Tieres und an der Brust, an den Armen des Menschen hinab:
und einen Augenblick lang muß er geglaubt haben, es sei sein
eigenes Blut; einen Augenblick lang, während ein Laut des
wollüstigen Triumphes aus seiner Kehle sich mit dem erster-
benden Stöhnen des Tieres mischte, muß er die Wollust
gesteigerten Daseins für die erste Zuckung des Todes genom-

men haben: er muß, einen Augenblick lang, in dem Tier
gestorben sein, nur so konnte das Tier für ihn sterben. Daß
das Tier für ihn sterben konnte, wurde ein großes Mysterium,
eine große geheimnisvolle Wahrheit. Das Tier starb hinfort
den symbolischen Opfertod. Aber alles ruhte darauf, daß
auch er in dem Tier gestorben war, einen Augenblick lang.
Daß sich sein Dasein, für die Dauer eines Atemzugs, in dem
fremden Dasein aufgelöst hatte. – Das ist die Wurzel aller
Poesie: wie durchsichtig im Großen: denn was ist klarer, als
daß sich mein Fühlen in Hamlet auflöst, solange Hamlet auf
der Bühne steht und mich hypnotisiert? Aber wie durchsichtig auch im Kleinen: faßt mich, für eines Gedankenblitzes
Dauer, nicht das Gefieder jener Schwäne so gut wie Hamlets
Haut? Aber es wirklich zu glauben! zu glauben, daß es wirklich so ist! Diese Magie ist uns so furchtbar nahe: nur darum
ist es so schwer, sie zu erkennen. Die Natur hat kein anderes
Mittel, uns zu fassen, uns an sich zu reißen, als diese Bezauberung. Sie ist der Inbegriff der Symbole, die uns bezwingen.
Sie ist, was unser Leib ist, und unser Leib ist, was sie ist.
Darum ist Symbol das Element der Poesie, und darum setzt
die Poesie niemals eine Sache für eine andere: sie spricht
Worte aus, um der Worte willen, das ist ihre Zauberei. Um
der magischen Kraft willen, welche die Worte haben, unseren
Leib zu rühren, und uns unaufhörlich zu verwandeln.
Clemens: Mir entschwindet, was du mit dem Menschen wolltest, der das Blut des Tieres anstatt seines eigenen vergoß?
Gabriel: Er vollbrachte eine symbolische Handlung. Er starb
in dem Tiere, Clemens, weil er sich einen Augenblick lang in
dies fremde Dasein aufgelöst hatte, weil einen Augenblick
lang wirklich sein Blut aus der Kehle des Tieres gequollen
war. –
Clemens: Du sagst *wirklich*, Gabriel?

Eine Pause

Clemens: Er starb in dem Tier. Und wir lösen uns auf in den
Symbolen. So meinst du es?

Gabriel: Freilich. Soweit sie die Kraft haben, uns zu bezaubern.

Clemens: Woher kommt ihnen diese Kraft? Wie konnte er in dem Tier sterben?

Gabriel: Davon, daß wir und die Welt nichts Verschiedenes sind.

Clemens: Etwas Seltsames liegt in dem Gedanken, etwas Beunruhigendes.

Gabriel: Im Gegenteil, etwas unendlich Ruhevolles. Es ist das einzig Süße, einen Teil seiner Schwere abgeben zu können, und wäre es nur für die mystische Frist eines Hauches. In unserem Leib ist das All dumpf zusammengedrückt: wie selig, sich tausendfach der furchtbaren Wucht zu entladen.

Clemens: Und dennoch, ist mir, muß es Gedichte geben, die schön sind ohne diese schwüle Bezauberung. Es gibt Lieder von Goethe, welche leicht sind wie ein Hauch und einfach wie eine Mozartsche Melodie. Es gibt antike Gedichte, welche so sind wie ein dunkles Weinblatt gegen den blauen Abendhimmel. Die Anthologie[3] ist voll von solchen. Du kennst sie besser als ich.

[Es folgt eine Charakterisierung verschiedener Gedichte der »Anthologia Graeca« unter dem Aspekt ihrer sinnlichen Konkretheit und des »geformten Gedankens«, unter dem auch Goethe diese Gedichte so wichtig geworden seien.]

Gabriel: Ja, der Gedanke ist etwas Schönes und du hast so großes Recht, ihn der Perle und dem Edelstein zu vergleichen. Diesen beiden gleicht er, die schöner sind als alles Blühen und Leben, weil sie über das Blühen und Leben und Sterben hinaus sind. Und für eine junge Welt, die daliegt in Blindheit, ist er das Wunder der Wunder. Was ein Vogel in der Luft für den Seemann, für den, der die Hundswache hat und allein dalehnt, in den Mantel gewickelt: totenstill das schwere dunkle Meer und darüber nicht Nacht nicht

---

3 *Anthologia Graeca/Palatina*, Sammlung epigrammatischer Lyrik des griechischen Altertums.

Tag; über den grauen kahlen Inseln hängen Wolkenbänke, regungslos, als hingen sie hier seit tausenden von Jahren, Inseln der Luft; das Deck, die Rahen überziehen sich mit einem blauen dunstigen Licht, das an ihnen herunterfließt und in die Atmosphäre hineinsickert; unerträglich ist die wortlose Erwartung, die Stummheit der lichtlosen, der schattenlosen Welt: was hier der Flügelschlag eines wundervollen Meervogels ist, der heransegelt hoch im Osten, königlich die Schwingen schlagend, der erste Abglanz des heraufblitzenden Tages funkelnd auf ihm: das ist für eine frühe dumpfe Welt der Gedanke. Wir aber sind reicher an Gedanken als der endlose Meeresstrand an Muscheln. Was uns not tut, ist der Hauch.

Wovon unsere Seele sich nährt, das ist das Gedicht, in welchem, wie im Sommerabendwind, der über die frischgemähten Wiesen streicht, zugleich ein Hauch von Tod und Leben zu uns herschwebt, eine Ahnung des Blühens, ein Schauder des Verwesens, ein Jetzt, ein Hier und zugleich ein Jenseits, ein ungeheueres Jenseits. Jedes vollkommene Gedicht ist Ahnung und Gegenwart, Sehnsucht und Erfüllung zugleich. Ein Elfenleib ist es, durchsichtig wie die Luft, ein schlafloser Bote, den ein Zauberwort ganz erfüllt; den ein geheimnisvoller Auftrag durch die Luft treibt: und im Schweben entsaugt er den Wolken, den Sternen, den Wipfeln, den Lüften den tiefsten Hauch ihres Wesens und der Zauberspruch aus seinem Munde tönt getreu und doch wirr, durchflochten mit den Geheimnissen der Wolken, der Sterne, der Wipfel, der Lüfte. Und Goethe? Seine Taten sind vielfältig wie die Taten eines wandernden Gottes. Er gleicht dem Herakles, dessen Abenteuer, jedes eingehüllt in eine Glorie, jedes wohnend in einer anderen Landschaft, nichts voneinander wissen. Die Lieder seiner Jugend sind nichts als ein Hauch. Jedes ist der entbundene Geist eines Augenblickes, der sich aufgeschwungen hat in den Zenit und dort strahlend hängt und alle Seligkeit des Augenblickes rein in sich saugt und verhauchend sich löst in den klaren Äther. Und die Gedichte seines Alters sind

zuweilen wie die dunklen tiefen Brunnen, über deren Spiegel
Gesichte hingleiten, die das aufwärts starrende Auge nie
wahrnimmt, die für keinen auf der Welt sichtbar werden als
für den, der sich hinabbeugt auf das tiefe dunkle Wasser eines
langen Lebens. Meinst du wirklich, er habe immer und immer
den geformten Gedanken ans Licht der Sonne gehoben wie
eine gestielte Schale aus Sardonyx und Chrysopas? Hör zu:

[*Es folgt der Text des Gedichts »Selige Sehnsucht« aus dem
»West-östlichen Divan«.*]

Hörst du diesen Laut, wie von einem verzauberten Nachtvo-
gel hineingesungen in das Zimmer, wo einer stirbt? Man sagt,
er habe es in der Nacht gemacht, in welcher Christiane Vul-
pius gestorben war. Das wirkliche Erlebnis der Seele, welche
Worte möchten es ausdrücken, wenn nicht bezauberte! Ein
Augenblick kommt und drückt aus Tausenden und Tausenden seinesgleichen den Saft heraus, in die Höhle der Vergangenheit dringt er ein und den Tausenden von dunklen erstarr-
ten Augenblicken, aus denen sie aufgebaut ist, entquillt ihr
ganzes Licht: was niemals da war, nie sich gab, jetzt ist es da,
jetzt gibt es sich, ist Gegenwart, mehr als Gegenwart; was
niemals zusammen war, jetzt ist es zugleich, ist es beisammen, schmilzt ineinander die Glut, den Glanz und das Leben.
Die Landschaften der Seele sind wunderbarer als die Landschaften des gestirnten Himmels: nicht nur ihre Milchstraßen
sind Tausende von Sternen, sondern ihre Schattenklüfte, ihre
Dunkelheiten sind tausendfaches Leben, Leben, das lichtlos
geworden ist durch sein Gedränge, erstickt durch seine Fülle.
Und diese Abgründe, in denen das Leben sich selber ver-
schlingt, kann ein Augenblick durchleuchten, entbinden,
Milchstraßen aus ihnen machen. Und diese Augenblicke sind
die Geburten der vollkommenen Gedichte, und die Möglichkeit vollkommener Gedichte ist ohne Grenzen wie die Möglichkeit solcher Augenblicke. Wie wenige gibt es dennoch,
Clemens, wie sehr wenige. Aber daß ihrer überhaupt welche
entstehen, ist es nicht wie ein Wunder? Daß es Zusammen-

stellungen von Worten gibt, aus welchen, wie der Funke aus dem geschlagenen dunklen Stein, die Landschaften der Seele hervorbrechen, die unermeßlich sind wie der gestirnte Himmel, Landschaften, die sich ausdehnen im Raum und in der Zeit, und deren Anblick abzuweiden in uns ein Sinn lebendig wird, der über alle Sinne ist. Und dennoch entstehen solche Gedichte . . .

53

WILHELM DILTHEY

Wilhelm Dilthey (1833–1911), Philosoph der nachidealistischen Epoche und Wegbereiter eines prononcierten Selbstverständnisses der Geisteswissenschaften in Abgrenzung zu den Naturwissenschaften (»Einleitung in die Geisteswissenschaften«, 1883), trägt mit der Neubestimmung des Erlebnis-Begriffs als Synthese aus Eigenem und Fremdem, subjektiver und objektiver Wirklichkeit, wesentlich dazu bei, die Gestaltung subjektiver Erfahrung durch die Lyrik in neuem Licht zu sehen und theoretisch zu bestimmen. Ohne den gattungspoetischen Aspekt als solchen unmittelbar im Auge zu haben, lassen Diltheys Ausführungen in den Goethe- und Hölderlin-Abschnitten von »Das Erlebnis und die Dichtung« (1905) die zentrale Bedeutung erkennen, welche der Lyrik im Zusammenhang des neuen Dichtungs- und Erlebnis-Denkens zukommt.

Goethe und die dichterische Phantasie

Der mütterliche Boden der Dichtung Goethes ist seine Lyrik. Lyrik, die Dichtform der Innerlichkeit, ist neben der Musik das eigenste Gebiet des deutschen Volkes. Welche Mannigfaltigkeit syntaktischer Mittel, Fühlen, Begehren und Wollen zum Ausdruck zu bringen, und welcher Reichtum von Wor-

ten für die Nüancen des Gemütslebens sind unserer Sprache
eigen! Langsam haben sich diese Innerlichkeit und ihre
sprachlichen Ausdrucksmittel entfaltet und sind in der Lyrik
zur Geltung gekommen. In deutschen Menschen des 16. und
17. Jahrhunderts herrschen die Bindungen durch die in der
Gottheit gegründeten Ordnungen. Die protestantische Religiosität führt diese Bindungen zurück in die einheitliche Tiefe
des Bewußtseins. Hieraus entsteht der gefaßte, zusammenge-
haltene Charakter der bedeutenden Persönlichkeiten dieser
Zeit. Er erhält dann eine neue Art von Festigung in der weltlichen wissenschaftlichen Kultur des 17. Jahrhunderts. So
äußert er sich in der Lyrik von Paul Gerhardt, Gryphius und
Fleming. Der Wechsel des Lebens bringt die verschiedenen
Seiten ihres Wesens zum Ausdruck, aber der Mensch, der
sich so ausspricht, ist religiös, metaphysisch, moralisch dieselbe feste Größe. Langsam löst sich diese Gebundenheit,
unsere Lyrik durchläuft die Stilformen der Aufklärungszeit,
Klopstocks, des lyrischen Frühlings der folgenden Jahre. In
diesen Veränderungen entwickelte sich Goethe. Das Feste,
Kompakte, Unlösliche, das als religiös-moralische Gebundenheit, als Verstand, als Religiosität, die nach Fröhlichkeit
begehrt und doch fürchtet sich ihr zu überlassen, endlich als
unreife Verbindung des Überlieferten mit einer neuen Freiheit sich geltend gemacht hatte, löst sich erst in Goethe ganz.
In seiner Seele ist eine musikalische Energie, die auf jeden
Eindruck der Welt mit einem eigenen Tongebilde antwortet.
Und so rein gestimmt, so schnell, beweglich und reizbar ist
dies Seelenleben, daß es das Verhältnis zur Welt in seinem
ganzen Umfang und ganz objektiv auszusprechen scheint.
Jedes seiner Gedichte hat eine eigene Seele, die sich in der
Form einen luftigen Leib geschaffen hat, der nur einmal so
erscheint und wieder verschwindet. Er gibt der Gesetzlich-
keit der seelischen Bewegungen den einfachsten und umfas-
sendsten Ausdruck. Die Lebensalter reden jedes vom Leben
in einer eigenen Sprache, in ihrer besonderen Rhythmik der
seelischen Bewegung. Die typischen Lebensverhältnisse

scheinen hier zuerst in ihrem ganzen Wert empfunden zu werden. Und obwohl jedes Gedicht nur so viel Züge der Natur mitteilt, als in einem bestimmten Seelenzustand erlebt werden, ist es doch, als ob nie vorher ein Mensch in so inniger Verwandtschaft mit der Natur gelebt habe. Diese Lyrik durchzieht Goethes ganze Poesie. [...]

Friedrich Hölderlin

[...]
Hölderlins poetische Kraft fand in seinen Gedichten den vollendetsten Ausdruck. In der nachgoetheschen Lyrik nimmt er eine der ersten Stellen neben Novalis, Uhland, Mörike ein: in diesem Bereich der Lyrik wird erst seine ganze Bedeutung sichtbar; sind doch in der Musik und der ihr verwandten Lyrik die Schöpfungen unserer Nation denen jedes anderen Volkes überlegen.

Den lyrischen Dichtern ist gegeben, den stillen Ablauf innerer Zustände, der sonst vom Getriebe der äußeren Zwecke gestört und von dem Lärm des Tages übertönt wird, in sich zu vernehmen, festzuhalten, zum Bewußtsein zu erheben. Indem sie so in uns selber einen Zusammenhang inneren Lebens wieder aufrufen, der auch in uns einmal da war, aber nicht so stark, nicht so eigen, in so ungestörtem Ablauf und so mit Bewußtsein aufgenommen, wird ihre Kunst zum Organ, uns im Persönlichsten besser zu verstehen und unsern Gesichtskreis über die eigenen Gemütserlebnisse hinaus zu erweitern. Die Genies des Gemüts offenbaren einem jeden von uns seine eigene innere Welt, und sie lassen in eine fremde, die uns doch auch verwandt ist, hineinblicken. In der Fülle dieser dichterischen Individualitäten erfassen wir den Reichtum der menschlichen Innerlichkeit. Sonach verstehen wir einen lyrischen Dichter und erkennen seine Bedeutung, indem wir das Neue auffassen, das ihm von Zügen menschlicher Innerlichkeit und künstlerischen Ausdrucksmitteln für sie aufgegangen ist.

So ist auch hier wieder in dem Erlebnis der Schlüssel für das Verständnis der Dichtung zu finden. Und was uns aus Hölderlins Leben und aus den beiden großen Werken, in denen er es darstellte, entgegenkam, schließt sich nun zusammen zur Auffassung seiner Lyrik, in der seine unvergänglichen künstlerischen Leistungen liegen.

54

MARGARETE SUSMAN

Margarete Susman (1872–1966), die von Stefan George und Georg Simmel beeinflußte Lyrikerin und Essayistin, unternimmt in der 1910 erschienenen Schrift »Das Wesen der modernen deutschen Lyrik« den Versuch, »die moderne deutsche Lyrik als Kulturerscheinung in ihren Grundlinien zu umreißen«. In ihrem Lyrik-Verständnis von einer Gleichrangigkeit zwischen Lyrik und Philosophie, Religion, Mythos ausgehend und diese an Nietzsche, George, Hofmannsthal und Rilke exemplifizierend, hat sie das Verdienst, den Begriff des ›lyrischen Ich‹ erstmals als Differenzbegriff zum realen, persönlich-biographischen Ich des Dichters verwendet und damit seine spätere Anwendung als wichtiger literaturwissenschaftlicher Fachterminus vorbereitet zu haben (vgl. Walzel, Text Nr. 56).

Ichform und Symbol

Die Blüte der modernen Lyrik, isoliert betrachtet, strömt einen so starken Duft der individuellen Seele aus, daß ihre Wurzel und ihr Keim und damit ihr innerstes Gerüst darüber vergessen wurden. Nur so läßt sich die eigentümliche Tatsache erklären, daß selbst die Ästhetik so lange die Lyrik als ein persönliches, ja subjektives Gebilde betrachten, daß sie das in ihr redende Ich für das persönliche des Dichters halten konnte.

Nur die ewigen Zusammenhänge des Mythos haben in der lyrischen Kunst Raum, nicht das Schicksal, sondern die über das persönliche Schicksal hinausgehobene Wahrheit des Dichters: die *Form* seines Schicksals. Und darum kann es nie das personale, sondern nur das in den allgemeinen ewigen Zusammenhängen des Seins lebende Ich sein, das in ihr Raum hat: das lyrische Ich, das eine Form ist, die der Dichter aus seinem gegebenen Ich erschafft. Dies Gesetz, das die Grenze zwischen Wirklichkeit und Kunst festlegt, bleibt unveränderlich für alle Lyrik bestehen. So wenig der Freiwerdung des Individuums in der neueren Zeit an der Objektivität des mythischen Gehaltes der Lyrik ändert, so wenig ändert sie an ihrer objektiven Ichform.

Die Ichform war es, die verwirrend auf die Betrachter einwirkte. Je weiter wir aber das Feld unserer Betrachtung historisch abstecken, um so unbegreiflicher erscheint die Verwechslung des lyrischen Ich mit dem einmaligen Ich des Individuums. Das Ich eines Volksliedes, das Ich eines Minnegesanges besitzt die Allgemeinheit, die das Lied im Munde jedes fühlenden Menschen, wenigstens eines gewissen Alters oder Standes, gleich angemessen erscheinen läßt. Kein Individuum, keine bestimmte Einzelseele, sondern der alternde Mensch singt das unsterbliche Lied: »O weh, wohin geschwunden sind alle meine Jahr! Hat mir mein Leben geträumet oder ist es wahr?«[1] Und in noch weiterem Sinn ist in der Lyrik der Mystik das Ich eine allgemeine Form: die ewige Form der Menschenseele.

Je mehr wir uns der eigenen Zeit annähern, um so tiefer und schwieriger verwickelt sich freilich das lyrische Ich mit dem einmaligen Ich des Individuums, aber das künstlerische Grundprinzip der Lyrik kann darüber nichts von seiner Strenge einbüßen; das lyrische Kunstwerk hat nicht weniger

---

1 Aus der sogenannten *Elegie*, Altersdichtung Walthers von der Vogelweide (um 1227/28).

Kunstwerk zu sein, das lyrische Ich darf um nichts weniger objektiv sein, weil ein individuelles Ich es bestimmt und hervortreibt. Wenn es darum auch in dieser Zeit begreiflicher wird, daß das lyrische Ich mit dem subjektiven verwechselt werden und so der sich selbst aufhebende Irrtum einer »subjektiven Kunst« entstehen konnte – so muß doch andererseits gerade aus dieser extremen Entwicklung der Lyrik ihr Grundgesetz in größerer Absolutheit hervorgehen.

Das lyrische Ich, das vom allgemeinsten Ich, vom Vertreter und Mund einer allgemeinen Weise zu fühlen, ausgeht und bis zum Ausdruck des kompliziertesten einmaligen Individuums unserer Zeit gelangen konnte, ohne seinen künstlerisch objektiven Charakter im mindesten einbüßen zu dürfen, noch einzubüßen, beweist eben hieran am klarsten die Einheit seines Wesens – diese durchgehende Einheit, die darin beruht, daß es kein Ich im real empirischen Sinne, sondern daß es *Ausdruck*, daß es *Form* eines Ich ist. Diese Tatsache ist übersehen worden. Es ist kein gegebenes, sondern ein erschaffenes Ich, das, wie das Kunstwerk selbst, völlig unabhängig von seinen individuellen oder allgemeinen Inhalten seinen rein formalen Charakter bewahrt. Der Dichter findet dieses Ich nicht in sich vor, sondern ähnlich den redenden und handelnden Gestalten eines Dramas muß er auch das lyrische Ich erst aus dem gegebenen erschaffen. So wenig wir in der Plastik oder Malerei eine unumgeformte natürliche Gestalt, so wenig können wir eine solche in der Dichtkunst – sei sie Drama, Epos oder Lyrik – ertragen. Das lyrische Ich aber, das an Objektivität nicht hinter der einzelnen Gestalt eines Dramas zurückstehen kann, muß sie prinzipiell an umfassender Kraft und Weite übertreffen, weil es die Sammlung aller im Dichter schlummernden Gestalten in einer sein Ganzes vertretenden Gestalt ist. Von den Gestalten aller Künste unterscheidet sich das lyrische Ich dadurch, daß es die *einzige* Gestalt im Kunstwerk ist, die, deren Inhalte den ganzen Umfang des Kunstwerks ausfüllen und die allein seine Richtung, seine Welt festlegt.

Wenn so allerdings das Ich in der Lyrik eine entscheidendere Stelle einnimmt, wenn es in ihr die Basis des ganzen Gebäudes ist, so muß doch gerade darum für das lyrische Ich die Tatsache um so reiner bestehen bleiben, daß es prinzipiell eine Erhöhung des empirischen Ich zu einem übergeordneten formalen ist. Mit welchen Inhalten es sich auch erfülle, ob sie allgemeinerer oder individuellerer Art seien, ob es die großen Aufschwünge des Lebens oder die stillen Stunden des Alltags aufnehme, – das lyrische Ich selber kann immer nur das in den ewigen Zusammenhängen des Seins lebende und in ihnen gültige: die objektive Form des Ich sein.

Das empirische gegebene Ich der Person hat am lyrischen Kunstwerk genau soviel Anteil wie die Puppe am Schmetterling, der Keim an der Blüte. Ihm wohnt die geheimnisvolle Kraft inne, die es in die vollendete Gestalt des Kunstwerks hineintreibt, um es darin selber zu vernichten. Diese Kraft zur Verwandlung, zur Vernichtung des gegebenen Ich in einem höheren Gebilde ist für alle Künste die gleiche: die Kraft zum Symbol – die Kraft, das Ich in ein Angeschautes zu ergießen und darin sterben und verwandelt aufleben zu lassen. Symbole werden geschaffen, indem ein Subjekt in ein Objekt eingeht und, sich darin als ein Selbständiges vernichtend, mit ihm in ein neues objektives Gebilde verschmilzt. Einzig durch diese Verwandlung und Auflösung des Subjektes in ihm erhält ein Objekt, eine Einzelerscheinung, die Kraft, die es zum Repräsentanten einer Welt steigert. Das lyrische Ich, als das Objekt des Kunstwerks, in welchem das empirische Ich sich vernichtet hat, ist das umfassendste Symbol, das nach sich die ganze Welt der Symbole, die das lyrische Kunstwerk bilden, bestimmt.

55

KURT HILLER

Mit dem Pamphlet »Gegen ›Lyrik‹«, das 1911 im Februar-Heft des »Sturm« veröffentlicht wurde, polemisiert der Publizist, Kritiker, Essayist und Herausgeber der ersten Anthologie expressionistischer Lyrik (»Der Kondor«, 1912) Kurt Hiller (1885–1972) im Vorgefühl einer kommenden neuen (›expressionistischen‹) Lyrik gegen erstarrte bildungsbürgerliche Lyrik-Vorstellungen.

Gegen ›Lyrik‹

Man höre endlich auf, von »Lyrik« zu reden. Dieses Wort riecht fade und nach Allegorie; an eine Leier erinnert es, die sehr geschwungen aussieht und von seelenvollen Wurstfingern einer weiblichen Gestalt (Muse) geschlagen wird; emphatisch gequetschter Speck sind die Finger, die Gestalt aber blickt gen Himmel und ist von Gulbransson gezeichnet.

Dazu kommt, dass viele Leute das y in »Lyrik« wie i sprechen, wodurch der Wahn gefördert wird, ein gutes Gedicht müsse sangbar sein.

... Neben den Referaten über einen Ausschnitt Welt (Roman, Novelle), neben dem auf die Beine gestellten Stück Schicksal (Drama), neben den philosophäden Mischformen (Dialog, Glosse, Essay) haben wir nun einmal jene musikhafte Art: wie man aus tausend morgenländischen Rosenblättern ein einziges Tröpfchen Rosenöl presst, so aus einer Unzahl von grossen, kleinen Erlebnissen (Erfahrungen und Erfahrbarkeiten der Sinne, geliebt-gehassten Problemdurchschnüffelungen, Vibrationen des namenlosen – »metaphysischen« – Zentrums) einen einzigen kleinen Komplex von Worten zusammenzustampfen; Komplex von Worten, der ein geordnet holdes Vagieren ist und worin die allerhand irdi-

schen Sensationen – von den optischen bis zu den tastner-
vösen –, das allerhand Cerebrale, die allerhand Wollungen
ineinanderschmilzen und einig zusammenfliessen mit dem
Weltgefühl, das unsere Seele kennt. All dies kraft einer Vision
gemischt und gefasst in das Gesetz einer Form –: das Gedicht
ist da.
Warum aber der Name »Lyrik«? Hat denn dergleichen mit
Lyra und Lied etwas zu schaffen? Mit fahrenden Sängern und
dem pfeifenden Handwerksbursch? Mögen immer die strengen Magister der Fröhlichkeit, die behaglichen Lobpreiser
einer gemeinverständlichen Melancholie, kurzum die (so
aufrichtigen) Verfechter des klassischen und romantischen
Volksgedudels diese Frage bejahen: das Beste von Goethe
und die tränentreibende Wunderpracht, die Hölderlin,
George, Rilke uns geschenkt, »Lyrik« zu nennen – darüber
lacht mein Ohr und krümmt sich mein Sprachgefühl. Wenn
wirklich Bezeichnungen wie Gedicht, Dichtung, Wortkunst
nicht genügen, dann ziehe ich der »Lyrik« immer noch die
»Poesie« vor – trotz allen Anklängen an Goldschnitt und
Goldschmidt. »Poesie« kommt schliesslich, ohne sich zu zieren, von ποιεῖν, machen, und heisst (falls das Einzelwerk
gemeint ist) immerhin Machsal. Wogegen sich garnichts ein-
wenden lässt; da doch jedes Gedicht komponiert, ziseliert,
gemeisselt werden ... da jedes Gedicht am Ende qualvoll
»gemacht« sein will. Wenn steifbeinige Prophetensöhne dies
Fakt bestreiten und kühn behaupten, ein Gedicht müsse
»nicht gemacht, sondern gewachsen« sein, so zeigt das
nur, wie leicht Masochismus sich in alberne Theorien um-
setzt ...
Nun brauchte man sich ja über eine inadäquate Bezeichnung
nicht besonders aufzuregen; aber diese hier birgt Gefahren.
Sie ist gefährlich der Kunst jener Ersehnten, Kommenden,
Köstlichen, welche Bedichter sind unserer grausig geliebten
Städte; Gestalter unserer intellektischen Ekstasen, eisigen
Gluten, süssen Flagellationen; unerhörte Zusammenraffer
alles in letzten Menschen unerhört Durcheinanderwirbeln-

den. Diese kommende Kunst wird den Assoziationen von
»Lyrik«, die der mittlere und auch der bessere Bürger notwendigerweise hat, noch heftiger zuwiderlaufen als selbst der
Georgesche Brokat und die erschütternde Kondensiertheit
Rilkescher Gesichte. Dieser kommenden Kunst, aus der auch
die allerletzten Rudimente von Waldesgrün und Lerchen-
sang, von Herz und Schmerz und Lust und Brust, von Sinnig-
keit und Innigkeit und Kühen auf der Weide verduftet sein
werden –: jeder schöngeistige Advokat und jede Lyzeums-
ziege wird dieser Kunst einfach das Dasein absprechen. Und
ich höre schon, als Argument, entrüstet gefistelt die rhetorische Frage: »Ist denn das noch Lyrik?!«

Man wird dem Schöngeist und der Ziege sich sehr konträr
fühlen, und wird dennoch sagen müssen: »Nein, Euer Lieb-
den; Lyrik nun freilich ist dieses nicht!« – worauf dann der
fatale Begriffsstreit entbrennt.

Rotten wir jedoch den dämlichen Terminus beizeiten aus, so
werden Schöngeist und Ziege sich schon ein anderes Argument suchen müssen; und der Nachweis, dass sie Zulus sind,
gestaltet sich dann bequemer.

56

OSKAR WALZEL

*Die Überlegungen Susmans zum lyrischen Ich (vgl. Text
Nr. 55) früh aufnehmend (»Leben, Erleben und Dichten«,
1912), hat Oskar Walzel (1864–1944), einflußreicher Vertreter einer geistesgeschichtlich orientierten Literaturwissenschaft und u. a. Verfasser einer poetologischen Grundlegung
»Gehalt und Gestalt im Kunstwerk des Dichters« (1925),
Form und Bedeutung der lyrischen Ich-Aussage vor dem Hintergrund lyriktheoretischer Bestimmungen in dem 1916 entstandenen Aufsatz »Schicksale des lyrischen Ichs« analysiert.
Als wichtigen ergänzenden gattungspoetischen Beitrag und*

als exemplarisches Beispiel einer Studie im Sinne der von ihm
vertretenen ›Wortkunst‹-Auffassung hat Walzel den Beitrag
1926 in den Sammelband »Das Wortkunstwerk« aufge-
nommen.

Schicksale des lyrischen Ichs

Ich blättere in des frühverstorbenen Tirolers Georg Trakl
formschöner lyrischer Sammlung »Sebastian im Traum«.
Und mit Staunen erkenne ich, daß in diesen Gaben der sub-
jektivsten Dichtungsgattung – so wird Lyrik gern gefaßt – das
Wort »Ich« und seine Abwandlungen fast ganz fehlen.

[Es folgen Beispiele für den Gebrauch von »Ich« und »Du« in
Gedichten Trakls, Ricarda Huchs, Goethes, Heines.]

Ich will nicht Beispiele häufen, auch nicht des näheren nachweisen, wieweit Lyrik, in der ein Dichter sich selbst duzt,
zusammenhängt mit dramatischen Selbstgesprächen gleichen
Brauchs. Mir genügt der Hinweis, daß einer unserer Jüngsten
zur Du-Anrede seiner eigenen Persönlichkeit besonders neigt
und etwas, das bei anderen gelegentlich erscheint, fast grundsätzlich übt. Daß er überdies das eigene Ich kaum nennt. Und
daß eine ganze Reihe seiner lyrischen Schöpfungen ohne allen
Hinweis auf die Persönlichkeit des Dichters von den Dingen
redet. Sie bedienen sich einer Ausdrucksform, die früher
mehrfach den Erzählern, besonders den Romandichtern vor-
geschrieben wurde und die man gern als Objektivität des
Erzählers auffaßt. So zeichnet Trakls Gedicht »Landschaft«
den Septemberabend. So hält es sein Gedicht »Im Frühling«,
oder auch »Der Herbst des Einsamen«. Allein es ist nichts
Neues, daß Poesie des Naturgefühls auf Zwischenreden des
Dichters verzichtet, daß sie zwar das Naturgefühl des Dichters in seiner persönlichen Färbung bringt, aber in der Form
der Darstellung sogenannte Objektivität wahrt. Doch noch
dann herrscht diese volle Objektivität, wenn Trakl in dem

dreiteiligen Gedicht, das der Sammlung die Überschrift lieh,
in »Sebastian im Traum«, augenscheinlich seine eigene Jugend vergegenwärtigt. Da geht es von der Du-Lyrik, die
sonst von Trakl gepflegt wird, weiter zu einer Er-Lyrik. Es ist
nicht die etwas gezierte Wendung, mit der manche Selbstbio-
graphen neben dem »Ich« auch »der Knabe« oder »der Jüngling« verwerten. Sondern die Dichtung überläßt dem Leser,
in dem »Kindlein«, in dem »Knaben« den Dichter selbst zu
vermuten. Alles ist derart losgelöst von persönlichem Ausdruck, daß es wie eine Er-Erzählung wirken kann, die freilich
von einer ungemeinen Kraft wäre, in die Seele anderer zu
blicken und Geheimnisse kindlichen Erlebens zu enthüllen.
Bestärken könnte in dieser Annahme die Neigung Trakls, mit
gleicher Objektivität und gleicher Fähigkeit des Verstehens
die geheimen Seelenregungen anderer zu erfassen und auszusprechen, auch wenn diese andern einer durchaus entgegengesetzten Welt angehören. Als Muster nenne ich das sechstei-
lige Gedicht »Die junge Magd« und »Die Bauern« seiner
»Gedichte« [. . .].
Noch wenn in solchen Gedichten das Ich des Dichters mitre-
det, bleibt der Schlußeindruck, daß dieses Ich im Rahmen des
Gedichts das Allergleichgültigste ist. Werfels eifernde Worte
sind nur ein nachfolgender Kommentar, ganz wie bei Chamisso. Das Eigentliche liegt in den anderen, in den Seelen, die
vergegenwärtigt werden sollen.
Das Ich des Dichters tritt zurück. Eine Lyrik der anderen tut
sich auf. Ich möchte von einer Entichung der Lyrik reden.
Und die alte Lehre, Lyrik sei im Gegensatz zu Epos und
Drama subjektive Dichtung, scheint zu wanken.

[*In Ablehnung der von W. Scherer vorgeschlagenen Unterscheidung von ›Rollen-‹ und ›Maskenlyrik‹ und unter Berufung auf Fr. Th. Vischers Gliederung der Lyrik in eine Lyrik
des ›Aufschwungs zum Gegenstand‹, des ›Aufgehens des
Gegenstands im Subjekt‹, der ›Betrachtung‹ und ›Ablösung
aus ihm‹:*]

Auf den ersten Blick scheint es, als diene der Lyrik des Aufschwungs vor allem das Du, der Lyrik der Betrachtung das Er; das Ich bliebe also für die wahre Lyrik übrig. Wer die Gottheit hymnisch feiert, redet sie gern mit Du an. Elegie und Epigramm lassen das Betrachtete in dritter Person erscheinen. Sein innerstes Gefühl zu äußern, singt das Ich in die Welt hinaus.

Etwas Feierliches, Beschwörendes, Mahnendes, Verherrlichendes liegt in der hymnischen Aussprache des »Du« und der »Ihr«. Noch in den angeführten Gedichten, die schlechthin Du für Ich setzen, fühle ich das. Aber die unmittelbare Ansprache hat zuweilen auch etwas Anfeuerndes, etwas Aufstachelndes. Um Kämpfer zum Krieg aufzurufen, spricht der Dichter sie an. Ihm dient jedoch das Wir ebenso wie das Ihr. Aufschwung zum Gegenstand, ein Emportreiben, ein Hinweis auf etwas Hohes, Mächtiges und Gewaltiges kündet sich hymnisch dann auch in Wir-Dichtung an.

Alle Form, die auf Erfüllung einer Absicht, auf Erreichung eines Zieles weist, die sich müht, andere zu lenken und zu leiten, bleibt in der Nähe des Rhetorischen. Überredung ist Sache des Redners. Er will überzeugen, anfeuern und anstacheln. Dieses Rhetorische verspüre ich, in Gedichten, die wie ein Ausruf, wie ein Sehnsuchtsschrei klingen. Noch in Liedern, die völlig wie echte Lyrik sich geben, beobachte ich die rhetorische Gebärde. Als Beleg erscheine der 44. Liebesreim Ricarda Huchs:

> Edler Schaft, du Marmorsäule, schlanke,
> Steh du fest, du trägst mein ganzes Leben.
> Fühl' ich dich, o meine Stütze, beben,
> Neig' ich mich erschüttert auch und wanke.
> Halte mich, o Pfeiler, mein getreuer,
> Laß uns dauern bis zum jüngsten Tage;
> Dann ins letzte große Weltenfeuer
> Stürzen wir zusammen ohne Klage.

Die Kennzeichen der Aufschwungslyrik sind da: das »Du«,

das »Wir« herrscht. Aber auch das »Ich« fehlt nicht. Noch
mehr: das ist rückhaltlose Äußerung des Ichs. Da enthüllt
eine Frau ihre innersten Herzenswünsche. Das ist durchaus
subjektiv. Gleiches läßt sich an der Mehrzahl der »Liebes-
reime« und der noch unbedingter offenen »Liebesgedichte«
Ricarda Huchs feststellen. In diesen Dichtungen wagt eine
Frau Außerordentliches. Sie sagt, was sonst nur Männer
sagen, was selbst Männer nicht immer zugestehen. Sie deckt
ihre eigene Persönlichkeit auf, sie gibt diese Persönlichkeit
preis. Aber gilt nicht Ähnliches für den Redner? Spielt er, um
seine Absichten durchzusetzen, nicht auch die eigene Persönlichkeit aus? Ist er nicht durchweg mit seinem Subjekt beteiligt? Mag immer bei Ricarda Huch offenes Bekenntnis, beim
Redner eher ein Verhüllen der innersten Absichten herrschen, ihm bleibt doch der Wunsch, durch seine Persönlichkeit etwas durchzusetzen. Er steht mitten im Kampf, er sieht
seinem Gegner ins Auge; und so macht sich die Mitarbeit des
Subjekts so übermäßig fühlbar, wie kaum in einer anderen
Ausdrucksform. Eine höchste Leistung des Subjektiven. Und
folgerichtig ist auch höchste Subjektivität auf lyrischem Feld
nicht da zu suchen, wo wahre Lyrik das innerste Gefühl ausspricht, sondern wo im lyrischen Aufschwung etwas angestrebt, ein Höheres gesucht und gefeiert wird. [...]
Klassischer Fall der Du- und Ihr-Poesie mit ihrem hymnischen Aufschwung und ihrer rednerhaften Subjektivität ist
Hölderlin. Aber auch Heines überstarke Betonung der eigenen Persönlichkeit führt ihn ins Gebiet der Aufschwungslyrik. In den Nordseebildern wird er völlig zum Redner. Und
wenn seine Lieder noch mit ganz anderen Mitteln arbeiten
und den Aufschwung gern in kühlste Betrachtung wandeln,
ganz sicherlich stehen sie der echten Lyrik zum weitaus überwiegenden Teil fern. [...]
Wollte ich paradox sein, ich dürfte behaupten: Ein sicherer
Maßstab echter Lyrik ist, eine zuverlässige Probe stellt es dar,
wenn das »Ich« mühelos durch ein »Wir« ersetzt werden
kann. Warum indes bleibt echte Lyrik beim »Ich« stehen?

Weil das »Wir« gar so leicht hinüberleitet in die lyrische Welt
des Aufstachelnden, Aufrufenden.

Ich könnte auch sagen: Das »Ich« der reinen Lyrik ist so
wenig persönlich und subjektiv, daß es eigentlich einem »Er«
gleichkommt. Denn Gegenstand der reinen Lyrik ist nicht ein
vereinzeltes, einmaliges Erlebnis, sondern etwas Allgemeines, immer Wiederkehrendes, das von der Persönlichkeit des
Dichters sich rein und vollständig abgelöst hat.

57

EMIL ERMATINGER

*Der Schweizer Literarhistoriker Emil Ermatinger (1873 bis
1953), Vertreter einer bewußt ›geisteswissenschaftlich‹ orientierten Literaturbetrachtung, unternimmt in seinem 1921
erschienenen Lehrbuch »Das dichterische Kunstwerk. Grundbegriffe der Urteilsbildung in der Literaturgeschichte« den
Versuch einer grundlegenden methodologischen Klärung literaturwissenschaftlicher Forschung in doppelter Abgrenzung
»gegen die Tatsachenmethode der historischen Auffassung
wie gegen den gedankenbeziehenden Intellektualismus der
philosophischen Methode«. Im Mittelpunkt steht dabei der
Erlebnis-Begriff, dessen Bedeutung für Dichter und Dichtung in einer dreifachen Ausprägung als ›Gedankenerlebnis‹
(subjektive Ideen und dominierende geistige Deutungsmu-
ster), ›Stofferlebnis‹ (äußere, biographische Erfahrungen) und
›Formerlebnis‹ (Stil und künstlerische Ausdrucksform) bestimmt wird. Die für das ›Stofferlebnis‹ in der Lyrik bedeut-
samen Aspekte erläutert Ermatinger an Goethes »Mailied«.*

Das Stofferlebnis in der Lyrik

Die Art des für den *Lyriker* typischen, von ihm in seinen seelischen Erlebniskreis gezogenen Stoffes wird klar, wenn wir ein Gedicht Goethes betrachten.

Goethes »Mailied« enthält folgende aus dem Bereich der »Welt« stammende Motive: 1. Natur, Sonne, Flur; 2. Blüten dringen aus jedem Zweig, Stimmen aus dem Gesträuch; 3. Freude und Wonne aller Wesen; 4. Morgenwolken auf den Höhen; 5. Blütendampf der Welt; 6. Zwei Liebende; 7. Lerche und Morgenblumen; 8.–9. Lieder und Tänze. Man erkennt: die einzelnen Motive stehen nicht in einem in der äußeren Welt bedingten ursächlichen Zusammenhang. Die Lerche z. B. liebt nicht deswegen Gesang und Luft, weil die Morgenblumen den Himmelsduft lieben. Jeder Gegenstand – Lerche, Morgenblumen; Gesang, Himmelsduft – steht als Teil der Welt losgelöst, ganz auf sich gestellt neben dem andern. Und doch ist eine innere Beziehung da. Sie wird ausgesprochen im Gedicht durch die Wörter: So – und – wie:

> *So* liebt die Lerche
> Gesang und Luft,
> *Und* Morgenblumen
> Den Himmelsduft,
> *Wie* ich dich liebe
> Mit warmem Blut ...

Das heißt: sie wird hergestellt durch das Gefühlserleben des Dichters, das die als Teile der Welt unzusammenhängenden Gegenstände zu Vorstellungen macht, die durch eine seelische Einheit zusammengehalten werden. Das Gefühlserlebnis ist die Liebe. Ihr Bekenntnis wird zwischen den einzelnen Motiven aus der äußeren Welt direkt und immer wieder ausgesprochen:

> 4. O Lieb', o Liebe!
>   So golden schön,

Wie Morgenwolken
Auf jenen Höhn!

5. Du segnest herrlich
   Das frische Feld,
   Im Blütendampfe
   Die volle Welt.

6. O Mädchen, Mädchen,
   Wie lieb' ich dich ...

Und nun bekommen durch dieses Liebesgefühl auf einmal die
an sich unzusammenhängenden Teilgegenstände der Welt
Sinn und innere Verbundenheit. Die Liebe schließt sie zur
seelischen Einheit zusammen: in allen Erscheinungen des
Frühlingsmorgens – Sonne; Flur; Blüten, die aus den Zwei-
gen, Stimmen, die aus dem Gesträuch dringen; Morgenwolken; Blütendampf; Lerche und Morgenblumen – wirkt leben-
schaffend die eine Kraft, die auch in der Brust des Dichters
ans Licht drängt: Liebe. Sie sind von dem Dichter alle als
Symbole, sichtbare Zeichen des einen in seiner Brust wogen-
den Gefühls erlebt.
Aber nicht als mehr. Die Liebe reicht mit ihrer Kraft nur hin,
die im All zerstreuten Elemente hilfreich zusammenzufassen,
gleichsam in den kreisenden Ball ihrer Atmosphäre einzu-
schwingen; sie bleiben als stoffliche Wesen nach wie vor
getrennt. Die Liebe bezieht sie alle nur auf sich; sie gibt ihnen
kein Bezogensein aufeinander. Jedes Wesen, ob sie auch alle
miteinander als Trabanten um das Grundwesen, die Liebe,
kreisen, kreist doch auch jetzt für sich nach eigenem Gesetz.
Das heißt: das zeitliche Nacheinander, in dem die Vorstellungen vom Dichter ausgesprochen werden, das räumliche
Nebeneinander, in dem die Dinge vor seinen Augen stehen,
ist nicht zugleich ein logisches Durch- und Wegeneinander.
Es ist kein Geschehen ausgesprochen, kein Fortschreiten da,
sondern nur ein *Zustand*. Das Wesen des lyrischen Stoffes ist
nicht ein Wandeln durch mehrere kulissenartig hintereinan-

derliegende Schichten, sondern es ist ein Verharren, höchstens ein Kreisen in einer einzigen Schicht, und das gilt gedanklich wie räumlich und zeitlich.

Gedanklich: es ist kein ursächlicher Zusammenhang da, sondern nur ein Bezogensein auf die Seele des Ich; es fehlt daher die Spannung.

Räumlich: statt als bestimmt gezeichneter Schauplatz menschlichen Geschehens wird der Raum nur als Symbol, als Gefühlszeichen gegeben. Die Frühlingslandschaft mit ihrem Drängen und Treiben ist das äußere Bild der liebenden Seele des (pantheistischen) Dichters. Ein Maler könnte offenbar den Gefühlsgehalt des Gedichtes nur ganz unvollkommen ausdrücken, wenn er den Dichter durch eine blühende Morgenlandschaft wandernd darstellen wollte. Goethe sagt uns ja nicht einmal, ob er all das draußen wandernd erlebt hat oder ob wir ihn uns am Fenster stehend und hinausschauend vorstellen sollen. Das Raummerkmal des lyrischen Stoffes ist völlige Losgelöstheit vom Ortbegriff. Er kennt kein Hier und kein Dort.

Zeitlich: gewiß ist der Dichter, durch das transitorische Wesen der Sprache gezwungen, die Vorstellungen in einer bestimmten zeitlichen Reihenfolge zu nennen – zuerst die Landschaft, dann die Sonne, die Blüten, die Stimmen usw. –, aber diese Reihenfolge in der Gedicht*form* ist nicht zugleich eine zeitliche Reihenfolge der Motive im Gedicht*stoff*. Es erscheinen nicht zuerst die Sonne, dann die Blüten, dann die Stimmen usw. in der äußeren Welt, ja, auch der Dichter erlebt sie nicht in dieser zeitlichen Reihenfolge. Ebensowenig erhalten wir eine Andeutung über die Zeit*dauer* des ganzen Zustandes: das Draußensein des Dichters in der Natur kann Minuten oder Stunden gewährt haben. Die beiläufig gegebene Andeutung Frühlingsmorgen ist nicht Zeitangabe, sondern nur Stimmungssymbol. Also auch das Zeitmerkmal des lyrischen Stoffes ist völlig ohne Inhalt. Der lyrische Stoff ist auch von dem zeitlichen Nacheinander der Dinge gelöst. Es gibt in ihm kein Heute und Gestern. Daraus erhellt, wie sinnlos die immer noch beliebte Wiedererzählung des Inhaltes lyrischer Gedichte ist.

So kann man, mit einem Bilde, sagen: der Stoff im lyrischen Gedicht ist der unendliche und ewige Ozean der reinen Innerlichkeit, auf dessen Wogen treibend losgelöste Stücke der äußeren Welt erscheinen: da ein Stück Himmel, dort eine Insel, hier ein Mensch und wieder dort ein Schiff . . .

58

GOTTFRIED BENN

Dem Begriff des ›lyrischen Ich‹ kommt im Prozeß der theoretischen Selbstanalyse und -definition des Dichter-Arztes Gottfried Benn (1886–1956) eine zentrale Bedeutung als Antwort auf die Erfahrung des allgemeinen Ich- und Wirklichkeitsverlusts zu. In Ergänzung der autobiographischen Standortbestimmung »Epilog« (als Nachwort zu den »Gesammelten Schriften«, 1922) entwickelt Benn 1927 weiterführende Überlegungen zum ›lyrischen Ich‹, in denen der für seine Welt- und Kunstanschauung grundlegende Glaube an die »Macht des Worts« und die »transzendente Realität der Strophe« seinen Ausdruck findet.

Epilog und lyrisches Ich

Einige Jahre später. Neue Arbeiten, neue Versuche des lyrischen Ich. Digestive Prozesse, heuristische Kongestionen, transitorische monistische Hypertonieen zur Entstehung des Gedichts. Ein Ich, mythen-monoman, religiös faszinär: Gott ein ungünstiges Stilprinzip, aber Götter im zweiten Vers etwas anderes wie Götter im letzten Vers – ein neues ICH, das die Götter erlebt: substantivistisch suggestiv.

Es gibt im Meer lebend Organismen des unteren zoologi-

schen Systems, bedeckt mit Flimmerhaaren. Flimmerhaar ist
das animale Sinnesorgan vor der Differenzierung in gesonderte sensuelle Energien, das allgemeine Tastorgan, die
Beziehung an sich zur Umwelt des Meers. Von solchen Flimmerhaaren bedeckt stelle man sich einen Menschen vor, nicht
nur am Gehirn, sondern über den Organismus ganz total.
Ihre Funktion ist eine spezifische, ihre Reizbemerkung scharf
isoliert: sie gilt dem Wort, ganz besonders dem Substantivum, weniger dem Adjektiv, kaum der verbalen Figur. Sie
gilt der Chiffre, ihrem gedruckten Bild, der schwarzen Letter, ihr allein.

Man lebt vor sich hin sein Leben, das Leben der Banalitäten
und Ermüdbarkeiten, in einem Land reich an kühlen und
schattenvollen Stunden, chronologisch in einer Denkepoche,
die ihr flaches mythenentleertes Milieu induktiv peripheriert,
in einem Beruf kapitalistisch-opportunistischen Kalibers,
man lebt zwischen Antennen, Chloriden, Dieselmotoren,
man lebt in Berlin.

Die Jahre der Jugend sind vorbei, der illusionären Hyperbo-
lik, erloschen das Fieber der individuellen Dithyrambie. Im
Wachen, im Schlafen, in den horizontalen wie vertikalen
Lagen, bei den Vorgängen der Ernährung wie den Tastvor-
stellungen der Fingerbeere unablässig die Ermattung vor der
personellen Psychologie. Was sind Beziehungen – ach alles ist
möglich; Kummer und Tränen – ja sowas gibt's. Aufbau des
Ich – für welche Ordnung; über mir Ziele – in wessen Raum?
Man lebt vor sich hin, schon im Alter des Entgleitens mit dem
prämorbiden Auge für die Züge des Vergehns.

Nun ist solche Stunde, manchmal ist es dann nicht weit. Bei
der Lektüre eines, nein zahlloser Bücher durcheinander, Ver-
wirrungen von Ären, Pêlemêle von Stoffen und Aspekten,
Eröffnung weiter typologischer Schichten: entrückter strö-
mender Beginn. Nun eine Müdigkeit aus schweren Nächten,
Nachgiebigkeit des Strukturellen oft von Nutzen, für die
große Stunde unbedingt. Nun nähern sich vielleicht schon
Worte, Worte durcheinander, dem Klaren noch nicht be-

merkbar, aber die Flimmerhaare tasten es heran. Da wäre
vielleicht eine Befreundung für Blau, welch Glück, welch
reines Erlebnis! Man denke alle die leeren entkräfteten Be-
spielungen, die suggestionslosen Präambeln für dies einzige
Kolorit, nun kann man ja den Himmel von Sansibar über
den Blüten der Bougainville und das Meer der Syrten in sein
Herz beschwören, man denke dies ewige und schöne Wort!
Nicht umsonst sage ich Blau. Es ist das Südwort schlechthin,
der Exponent des »ligurischen Komplexes«, von enormem
»Wallungswert«, das Hauptmittel zur »Zusammenhangsdurchstoßung«, nach der die Selbstentzündung beginnt, das
»tödliche Fanal«, auf das sie zuströmen die fernen Reiche, um
sich einzufügen in die Ordnung jener »fahlen Hyperämie«.
Phäaken, Megalithen, lernäische Gebiete – allerdings Namen, allerdings zum Teil von mir sogar gebildet, aber wenn
sie sich nahen, werden sie mehr. Astarte, Geta, Heraklit
– allerdings Notizen aus meinen Büchern, aber wenn ihre
Stunde naht, ist sie die Stunde der Auleten durch die Wälder,
ihre Flügel, ihre Boote, ihre Kronen, die sie tragen, legen sie
nieder als Anathemen und als Elemente des Gedichts.
Worte, Worte – Substantive! Sie brauchen nur die Schwingen
zu öffnen und Jahrtausende entfallen ihrem Flug. Nehmen
Sie Anemonenwald, also zwischen Stämmen feines, kleines,
Kraut, ja über sie hinaus Narzissenwiesen, aller Kelche
Rauch und Qualm, im Ölbaum blüht der Wind und über
Marmorstufen steigt, verschlungen, in eine Weite die Erfüllung – oder nehmen Sie Olive oder Theogonieen: Jahrtau-
sende entfallen ihrem Flug. Botanisches und Geographisches,
Völker und Länder, alle die historisch und systematisch so
verlorenen Welten hier ihre Blüte, hier ihr Traum – aller
Leichtsinn, alle Wehmut, alle Hoffnungslosigkeit des Geistes
werden fühlbar aus den Schichten eines Querschnitts von
Begriff.
Ach, nie genug dieses einen Erlebnisses: das Leben währt
vierundzwanzig Stunden und, wenn es hoch kommt, war es
eine Kongestion! Ach immer wieder in diese Glut, in die

Grade der plazentaren Räume, in die Vorstufe der Meere des Urgesichts: Regressionstendenzen, Zerlösung des Ich! Regressionstendenzen mit Hilfe des Worts, heuristische Schwächezustände durch Substantive – das ist der Grundvorgang, der alles interpretiert: Jedes ES das ist der Untergang, die Verwehbarkeit des ICH; jedes DU ist der Untergang, die Vermischlichkeit der Formen. »Komm, alle Skalen tosen Spuk, Entformungsgefühl« – das ist der Blick in die Stunde und die Glücke, wo die »Götter fallen wie Rosen« – Götter und Götterspiel.

Schwer erklärbare Macht des Wortes, das löst und fügt. Fremdartige Macht der Stunde, aus der Gebilde drängen unter der formfordernden Gewalt des Nichts. Transzendente Realität der Strophe voll von Untergang und voll von Wiederkehr: die Hinfälligkeit des Individuellen und das kosmologische Sein, in ihr verklärt sich ihre Antithese, sie trägt die Meere und die Höhe der Nacht und macht die Schöpfung zum stygischen Traum: »Niemals und immer.«

59

BERTOLT BRECHT

Noch im Vorfeld seiner Hinwendung zum Marxismus hat Bertolt Brecht (1898–1956) die traditionelle Lyrik-Auffassung einer radikalen, an der Forderung öffentlichen Nutzens (›Gebrauchswert‹) und sozialer Verantwortung orientierten Kritik unterzogen. Das Gutachten »Kurzer Bericht über 400 (vierhundert) junge Lyriker«, im Februar 1927 von Brecht anläßlich eines von der »Literarischen Welt« ausgeschriebenen Lyrik-Wettbewerbs verfaßt, bietet Anlaß zu provokativer Abrechnung mit den lyrischen Vorstellungen und Praktiken »einer verbrauchten Bourgeoisie«. Aus dem gleichen Jahr stammt Brechts kritische Überlegung zur Lyrik als einer Form angeblich reinen, zweckfreien ›Ausdrucks‹ (»Die Lyrik als Ausdruck«).

Lyrik-Wettbewerb

Ich muß zugeben, daß ich, als ich einwilligte, einen Haufen
jüngster Lyrik auseinanderzuklauben, ziemlich leichtfertig
handelte. Ich habe mich eigentlich, wenn ich von meiner eigenen Produktion absehe (was ohne weiteres geschehen kann),
niemals besonders für Lyrik interessiert. Mein Bedarf war,
genauso wie der anderer Leute, durch die Volksschullesebü-
cher, das heißt durch Werke wie »Wer will unter die Solda-
ten«[1] bis zu »Preisend mit viel schönen Reden«[2] und eventuell
noch die »Rosse von Gravelotte«[3], leicht zu decken. Ich kann
also lediglich für mich geltend machen, daß mir einfach jeder
Mensch, der bereit ist, seinem Verstand im allgemeinen
Gehör zu schenken, ohne im besonderen darin ganz konsequent zu sein, fähig scheint, etwas zu beurteilen, was Menschen gemacht haben. Und gerade Lyrik muß zweifellos
etwas sein, was man ohne weiteres auf den Gebrauchswert
untersuchen können muß.
Nun weiß ich, daß ein ganzer Haufen sehr gerühmter Lyrik
keine Rücksicht darauf nimmt, ob man ihn brauchen kann.
Die letzte Epoche des Im- und Expressionismus (also die
»Druck-Kunst«, deren Tage gezählt sind) stellte Gedichte
her, deren Inhalt aus hübschen Bildern und aromatischen
Wörtern bestand. Es gibt darunter gewisse Glückstreffer,
Dinge, die man weder singen noch jemand zur Stärkung
überreichen kann und die doch etwas sind. Aber von einigen
solcher Ausnahmen abgesehen, werden solche »rein« lyrischen Produkte überschätzt. Sie entfernen sich einfach zu
weit von der ursprünglichen Geste der Mitteilung eines
Gedankens oder einer auch für Fremde vorteilhaften Empfindung. Alle großen Gedichte haben den Wert von Dokumen-
ten. In ihnen ist die Sprechweise des Verfassers enthalten,

---

1 Anfang des Gedichts *Büblein, wirst du ein Rekrut* von Friedrich Güll
  (1812–79).
2 Gedichtanfang von Justinus Kerners (1786–1862) *Der reichste Fürst*.
3 Ballade von Karl Gerok (1815–90).

eines wichtigen Menschen. Ich muß hier zugestehen, daß ich von der Lyrik Rilkes (eines sonst wirklich guten Mannes), Stefan Georges und Werfels wenig halte, weil ich dadurch am besten und radikalsten den Leser über meine Unfähigkeit informieren kann, Erzeugnisse dieser oder verwandter Art irgendwie zu beurteilen.

Es sind über ein halbes Tausend Gedichte eingelaufen, und ich will gleich sagen, daß ich nichts davon wirklich gut gefunden habe. Ich habe natürlich immer gewußt, daß jeder halbwegs normale Deutsche ein Gedicht schreiben kann und das gegen jeden zweiten nichts beweist. Aber was schlimmer ist: ich habe hier eine Sorte von Jugend kennengelernt, auf deren Bekanntschaft ich mit größerem Gewinn verzichtet hätte. Mein Interesse besteht sozusagen darin, sie zu verheimlichen. Was nützt es, aus Propagandagründen für uns, die Photographien großer Städte zu veröffentlichen, wenn sich in unserer unmittelbaren Umgebung ein bourgeoiser Nachwuchs sehen läßt, der allein durch diese Photographien vollgültig widerlegt werden kann? Was nützt es, mehrere Generationen schädlicher älterer Leute totzuschlagen oder, was besser ist, totzuwünschen, wenn die jüngere Generation nichts ist als harmlos? Angesichts des unbeschreiblichen persönlichen Unwerts dieser Leute meines Alters könnte man sich nicht einmal etwas davon versprechen, einen von ihrer Art mit irgendeiner beliebigen Wirklichkeit zu konfrontieren: selbst durch ein heilsames Hohngelächter könnte man die nicht von ihrer Sentimentalität, Unechtheit und Weltfremdheit oder der ihrer obengenannten Vorbilder heilen. Das sind ja wieder diese stillen, feinen, verträumten Menschen, empfindsamer Teil einer verbrauchten Bourgeoisie, mit der ich nichts zu tun haben will!

Die Lyrik als Ausdruck

Wenn man die Lyrik als Ausdruck bezeichnet, muß man wissen, daß eine solche Bezeichnung einseitig ist. Da drücken sich Individuen aus, da drücken sich Klassen aus, da haben Zeitalter ihren Ausdruck gefunden und Leidenschaften, am Ende drückt »der Mensch schlechthin« sich aus. Wenn die Bankleute sich zueinander ausdrücken oder die Politiker, dann weiß man, daß sie dabei handeln; selbst wenn der Kranke seinen Schmerz ausdrückt, gibt er dem Arzt oder den Umstehenden noch Fingerzeige damit, handelt also auch, aber von den Lyrikern meint man, sie gäben nur noch den reinen Ausdruck, so, daß ihr Handeln eben nur im Ausdrükken besteht und ihre Absicht nur sein kann, sich auszudrükken. Stößt man auf Dokumente, die beweisen, daß der oder jener Lyriker gekämpft hat wie andere Leute, wenn auch in seiner Weise, so sagt man, ja, in dieser Lyrik drücke sich eben der Kampf aus. Man sagt auch, der oder jener Dichter hat Schlimmes erlebt, aber sein Leiden hat einen schönen Ausdruck gefunden, insofern kann man sich bei seinen Leiden bedanken, sie haben etwas zuwege gebracht, sie haben ihn gut ausgedrückt. Als er sie formulierte, hat er seine Leiden verwertet, sie wohl auch zum Teil gemildert. Die Leiden sind vergangen, die Gedichte sind geblieben, sagt man pfiffig und reibt sich die Hände. Aber wie, wenn die Leiden nicht vergangen sind? Wenn sie ebenfalls geblieben sind, wenn nicht für den Mann, der gesungen hat, so doch für die, welche nicht singen können? Aber dann gibt es noch andere Gedichte, die etwa einen Regentag schildern oder ein Tulpenfeld, und sie lesend oder hörend verfällt man in die Stimmung, welche durch Regentage oder Tulpenfelder hervorgerufen wird, d. h., selbst wenn man Regentage und Tulpenfelder ohne Stimmung betrachtet, gerät man durch die Gedichte in diese Stimmungen. Damit ist man aber ein besserer Mensch geworden, ein genußfähigerer, feiner empfindender Mensch, und dies wird sich wohl irgendwie und irgendwann und irgendwo zeigen.

60

ROBERT MUSIL

In den Überlegungen Robert Musils (1880–1942), des Romanciers und Essayisten, der eine Ausbildung zum Ingenieur erhalten hatte und zunächst als Naturwissenschaftler tätig war, spielt das Phänomen der Lyrik eine Rolle als Grenzfall des Dichterischen in der Zwischenstellung zwischen Logik und Irrationalität. – Der Abschnitt »Der Geist des Gedichts« wurde im Rahmen von »Randbemerkungen« zum Thema »Literat und Literatur« 1931 in der »Neuen Rundschau« veröffentlicht.

Der Geist des Gedichts

Man sollte niemals vergessen, daß der innerste Brunnen einer Literatur ihre Lyrik ist, auch wenn man es für falsch hält, daraus eine künstlerische Rangfrage zu machen. Denn die Gewohnheit, den Lyriker als den Dichter im eigentlichen Wortsinn anzusehen, ist tief, wenn sie auch etwas archaisch ist: nirgendwo zeigt sich so deutlich wie im Vers, daß der Dichter ein Wesen ist, dessen Leben sich unter Bedingungen vollzieht, die anders sind als die üblichen.

Dabei wissen wir jedoch nicht, was ein Gedicht überhaupt ist. Nicht einmal von der Außenzone der Wirkungen, die von den Begriffen Reim, Rhythmus und Strophe beherrscht wird, haben wir Kenntnisse, die unser Verhältnis zum Erlebnis erleichtern würden, geschweige daß wir viel von dessen innerem Wesen wüßten. Eine bestimmte, von der gewöhnlichen abweichende Art der Vorstellungsverbindung: daß dies das Gedicht sei, es klingt nüchtern, aber es ist von allem, was uns augenblicklich weiterbringen könnte, vielleicht noch das Sicherste. Aus einer Vorstellung, die nicht schöner ist als Dutzende anderer, daß Kinder singend über eine Brücke gehn, unter der beleuchtete Boote und die Reflexe der Ufer schwimmen (ja noch in unermeßlichem Abstand von dem halbfertigen: Auf der Brücke singen Kinder, auf dem Strome schwimmen Lichtlein), formt Goethe durch einen umstellenden Griff zwei der zauberhaftesten Zeilen: »Lichtlein schwimmen auf dem Strome / Kinder singen auf der Brücken.«[1] Betrachtet man darin den Rhythmus, der sich ja auch mit den Fingern auf eine Tischplatte klopfen läßt, so hat er nicht viel mehr Bedeutung als eine untermalende Begleitung; das Lautbild, das auch fühlbar an dem veränderten Eindruck beteiligt ist, läßt sich trotzdem von diesem nicht loslösen und hat so wenig eine selbständige Qualität, wie eine Seite einer Figur eine hat: und so könnte man einen solchen Vers auch noch auf andere Veränderungen untersuchen, fände aber lauter Einzelheiten, die für sich so gut wie nichts bedeuten, und kann nur erklären, daß aus ihnen allen gemeinsam und durch ihre gegenseitige Durchdringung das Ganze auf eine Weise entsteht, die geheimnisvoll bleibt. Nun gibt es freilich viele, die es lieben, in der Dichtung ein Geheimnis zu sehn, aber man kann auch die Klarheit lieben, und vielleicht ist man in diesem Fall doch nicht ganz hoffnungslos von ihr ausgeschlossen. Denn wenn man die als Beispiel gebrauchten zwei Zeilen in ihrem Vorzustand und danach in ihrem fertigen durchliest, so erlebt man neben allem anderen doch auch, daß die förmlich greifbare Zusammenziehung, welche die Sätze im Augenblick der richtigen Wortstellung erfahren, daß die Einheit und Form, die sich da wie mit einem Schlag an der Stelle des diffusen Vorzustands hervorwölbt, nicht so sehr ein sinnliches Erlebnis sind wie eine der Logik entzogene Veränderung des Sinns. Und wozu stünden denn auch die Worte da, wenn nicht um einen Sinn auszudrücken? Auch die Sprache des Gedichts ist ja schließlich eine Sprache, also vor allem eine Mitteilung, und könnte man nun darin, einfach in diesem veränderten, nur mit den Mitteln des Gedichts so zu verändernden Sinngehalt, das Wesentliche des Vorgangs erblicken, so würden wohl alle Einzelheiten, die man am Gedicht als

1 In dem Gedicht *St. Nepomuks Vorabend.*

beteiligt erkennt, ohne sie verbinden zu können, eine Achse
gewinnen, durch deren Vorhandensein ihr Zusammenhang
begreiflich wird. [...]

Man hat behauptet, daß beim Vorstellungsablauf des Gedichts an die Stelle der determinierenden Obervorstellun-
gen des logischen Denkens ein Affekt trete, und es scheint
auch wahr zu sein, daß eine einheitliche affektive Grundstimmung am Entstehen eines Gedichts immer beteiligt ist; aber
dagegen, daß sie das vor allem Entscheidende bei der Wahl
der Worte sei, spricht die starke Arbeit des Verstandes, die
sich nach dem Zeugnis der Dichter fühlbar macht. Ebenso hat
man den Unterschied des Worts im logischen von dem im
künstlerischen Gebrauch (wenn ich mich recht erinnere, war
es Ernst Kretschmer in seiner 1922 erschienenen *Medizi-
nischen Psychologie*[2]) damit erklärt, daß es entweder ins
volle Licht des Bewußtseins trete oder gleichsam am Rande,
in einem halb verstandischen, halb gefühlhaften Bezirk zu
Hause sei, den er die »Sphäre« nennt. Aber auch diese
Annahme – die übrigens so wie das gar zu räumlich benannte
»Unterbewußtsein« der Psychoanalyse nur ein Gleichnis darstellt, denn das Bewußtsein ist ein Zustand, aber kein Bezirk,
und sogar beinahe ein Ausnahmezustand des Seelischen –
wird man durch die Einsicht ergänzen müssen, daß sich nicht
nur der zuständliche, sondern auch der gegenständliche
Zusammenhang unserer Vorstellungen zwischen allen Graden des »Sphärischen« und des eindeutig Begrifflichen befindet. Es gibt Worte, deren Sinn ganz im Erlebnis ruht, dem wir
ihre Bekanntschaft verdanken, und dazu gehört ein großer
Teil der moralischen und ästhetischen Vorstellungen, deren
Inhalt derart von Mensch zu Mensch und Abschnitt zu
Abschnitt des Lebens wechselt, daß er kaum begrifflich gefaßt werden kann, ohne dabei das Beste seines Gehalts einzubüßen. In einem vor langem erschienenen Aufsatz[3] habe

---

2 Ernst Kretschmer, *Medizinische Psychologie*, Stuttgart [14]1975, S. 100 ff.
  (Abschnitt »Die Sphäre des Bewußtseins«).
3 *Skizze der Erkenntnis des Dichters* (1918).

ich das einstmals das nicht-ratioïde Denken genannt, sowohl in der Absicht, es vom wissenschaftlichen als dem ra-
tioïden zu unterscheiden, dessen Inhalten die Fähigkeit der
Ratio angemessen ist, wie in dem Wunsch, damit dem Gebiet
des Essays und weiterhin dem der Kunst gedankliche Selbständigkeit zu geben. Denn die wissenschaftliche Beurteilung
neigt begreiflicherweise gern dazu, das Affektiv-Spielende im
künstlerischen Schaffen auf Kosten des intellektuellen Anteils
zu überschätzen, so daß der Geist des Meinens, Glaubens,
Ahnens, Fühlens, der der Geist der Literatur ist, leicht als
eine Unterstufe der wissenden Sicherheit erscheint, während
in Wahrheit diesen beiden Arten von Geist zwei autonome
Gegenstandsgebiete des Erlebens und Erkennens zugrunde
liegen, deren Logik nicht ganz die gleiche ist. Diese Unterscheidung in eindeutig und nicht eindeutig bezeichenbare
Gegenstände steht nicht in Widerspruch dazu, daß das Gebiet
des Mitteilbaren und der menschlichen Mitteilung vermutlich
in stetigen Übergängen von der mathematischen Sprache bis
zum beinahe völlig unverständlichen Affektausdruck des
Geisteskranken reicht, sondern wird dadurch nur ergänzt.
Schließt man das Pathologische aus und beschränkt sich auf
das, was einigermaßen noch für einen Menschenkreis Mittei-
lungswert besitzt, so könnte man in dieser stetigen Abstufung
an die der reinen Begrifflichkeit entgegengesetzte Grenze
etwa das sogenannte »sinnlose Gedicht« stellen; und dieses
sinnlose oder gegenstandslose Gedicht, wie es von Zeit zu
Zeit von Dichtergruppen gefordert wird, und immer mit ris-
sigen Begründungen, ist in diesem Zusammenhang dadurch
besonders bemerkenswert, daß es ja wirklich schön sein
kann. So werden die Verse Hofmannsthals: »Den Erben laß
verschwenden / an Adler Lamm und Pfau / das Salböl aus den
Händen / der toten alten Frau«[4] sicher für viele die Eigenschaften eines sinnlosen Gedichtes haben, weil es ohne Hilfsmittel durchaus nicht zu erraten ist, was der Dichter eigent-

4 Anfangsverse des Gedichts *Lebenslied*.

lich sagen wollte, dessenungeachtet man sich der geistigen
Mitbewegtheit nicht entziehen kann, und man darf wohl
behaupten, daß es vielen Menschen mit vielen Gedichten
wenigstens teilweise so geht. Diese Verse sind in dieser Lage
nicht schön, weil sich Hofmannsthal sicher etwas dabei
gedacht hat, sondern sie sind es, obwohl man sich nichts
denken kann, und wüßte man, was man dabei zu denken
habe, so würden sie vielleicht noch schöner werden, vielleicht
aber auch weniger schön, denn das, was man dazudenkt und
-weiß, gehört bereits dem rationalen Denken an und erhält
seine Bedeutung aus diesem. Man könnte sich freilich versucht fühlen, das als kein Beispiel der Kunst, sondern nur als
eines der Unkunst des Lesers anzusprechen; aber dann mache
man den ergänzenden Versuch, über die Gedichte eines aus-
drucksvollen Lyrikers, etwa Goethes, einen Chiffrenschlüs-
sel zu legen oder auf irgendeine andere mechanische Weise
bloß jedes x-te Wort oder jede x-te Zeile herauszuheben, und
man wird staunen, welche starken Halbgebilde dabei in acht
von zehn Fällen zutage kommen. Es spricht das sehr für die
hier vorgetragene Auffassung, daß das zentrale Geschehnis
im Gedicht das der Sinngestaltung ist und daß diese nach
Gesetzen erfolgt, die von denen des realen Denkens abwei-
chen, ohne die Berührung mit ihnen zu verlieren.
Auf diese Weise würde sich auch die Frage des Einspruchs
aufklären, den das Gefühl des Dichters gegen das profane
Denken erhebt. Dieses ist dann in der Tat sein Feind, eine
Form der geistigen Bewegung, die sich mit der seinen so
wenig verträgt, wie sich zweierlei Rhythmen bei der Bewegung des Körpers vertragen. Man sieht das vielleicht am deutlichsten an dem Extrem, das dem sinnlosen Gedicht in der
Lyrik entgegengesetzt ist, an dem sonderbaren Gebilde des
Lehrgedichts, das alle ästhetischen Merkmale eines Gedichts
hat, aber keinen Tropfen Gefühl enthält und also auch keine
einzige Vorstellung, die nicht den Gesetzen der rationalen
Vorstellungsbewegung unterstünde. Man empfindet, wenigstens heute tut man es, daß so etwas kein Gedicht sei, aber

man hat nicht immer so empfunden, und zwischen diesen beiden Gegensätzen des Allzu-Sinnvollen und des Allzu-Sinnlosen liegt die Dichtung in allen Graden der Vermengung ausgebreitet und läßt sich als ihre freundlich-feindliche Durchdringung auffassen, wobei sich in ihr das »profane« Denken so mit einem »irrationalen« vermengt, daß keines von beiden ihr eigentümlich ist, sondern gerade die Vereinigung. Hier dürfte auch die ergiebigste Erklärung von allem zu suchen sein, was bisher als Anti-Intellektualismus erwähnt worden ist, einschließlich seiner Erhabenheit und romantisch-klassizistischen Lebensabgewandtheit. [...]

Das Gedicht, das so entsteht, ist aber in den meisten Fällen eigentlich nichts als ein sinnloses vor einem gleichsam zusammengespiegelten Hintergrund von Sinn: ohne daß daraus eine Respektlosigkeit abgeleitet werden soll, denn der Seltenheitswert großer Begabungen macht jede andere Wertunterscheidung praktisch gegenstandslos. Theoretisch-kritisch sollte man es sich jedoch deutlich machen, denn der Wille der einzelnen bildet sich im Verhältnis zur Gesamtheit, und wenn der Sinn des Gedichts aus einer Durchdringung rationaler und irrationaler Elemente in der geschilderten Weise erwächst, ist es wichtig, die Forderung nach beiden Seiten gleich hoch zu halten.

61

GÜNTER EICH

Günter Eich (1907–72), Lyriker und Hörspielautor, hat schon früh in knapper, aber entschiedener Form zu lyriktheoretischen Fragen Stellung bezogen: in Erwiderung auf einen in der »Kolonne« veröffentlichten Aufruf »An die jungen Lyriker« von Bernhard Diebold (1932) hält er gegenüber der Forderung nach Zeitgemäßheit und Nützlichkeit an dem Anspruch fest, daß Lyrik aus der Beschränkung auf das ver-

einzelte einsame Ich eine höhere Form geschichtlicher Wahr-
heit erreiche und diese mit der »Absichtslosigkeit eines Natur-
phänomens« zum Ausdruck bringe.

Bemerkungen über Lyrik

Bernhard Diebold hat in einem äußeren Sinn gewiß recht,
wenn er der neuen Lyrik den Vorwurf macht, sie sei zeit-
fremd. Denn es ist sicher richtig, daß bei den jungen Dichtern
Vokabeln wie »Mond« oder »Stern« häufiger vorkommen als
»Dynamo« oder »Telefonkabel«. Trotzdem scheint mir der
Vorwurf unberechtigt. Der Kritiker mißversteht hier die
Erscheinungsform der Lyrik überhaupt (offenbar weil ihm
der psychologische Ursprung des Gedichtes fremd ist) und
geht an Gedichte heran mit einem bestimmten Begriff »Zeit«
und mit bestimmten Erkenntnissen, die auf anderen Gebieten
erworben wurden, anstatt daß er Gedichte als Phänomene
betrachtet, die, jenseits jeder Forderung, selbst Material sind
für Erkenntnisse und Begriffsbildungen.
Was ist das Wesentliche einer Zeit? Doch wohl nicht ihre
äußeren Erscheinungsformen, Flugzeug und Dynamo, sondern die Veränderung, die der Mensch durch sie erfährt.
Wer von uns aber weiß schon heute, wohin wir uns verändern; wer erkennt schon heute, in welchen Gedanken,
in welchen Dingen sich unsere Zeit am deutlichsten ausdrückt? Wenn man verlangt, die Lyrik solle sich zu ihrer Zeit
bekennen, so verlangt man damit höchstens, sie solle sich
zum Marxismus oder zur Anthroposophie oder zur Psychoanalyse bekennen, denn wir wissen gar nicht, welche Denk-
oder Lebenssysteme unsere Zeit universal repräsentieren,
wir wissen nur, daß das jede Richtung und jede Bewegung
von sich behauptet. Diebolds Forderung nach neuen Vokabeln ist genau so das Ergebnis einer einzelnen Denk-
richtung, neben der andere existieren; und die Forderungen, die z. B. die »geistesfeindliche« Philosophie von Kla-

ges[1] an die Lyrik stellen würde, wären gewiß andere als die
von Diebold. Keine der beiden Denkarten spiegelt die
Gesamtheit der Zeit. Erst wenn es eine allgemeine Weltanschauung der Zeit gäbe, wäre es sinnvoll, von den Lyrikern
Gedichte zu fordern, die dem Gefühl, dem Wissen und dem
Wollen aller entsprechen, wie Flemings Kirchenlieder. Freilich repräsentieren die ihre Zeit vollkommen, aber nur weil es
damals eine (und eine wirkliche) Gemeinschaft gab. Heute
gibt es Dutzende und deshalb gar keine.
Eine Entscheidung für die Zeit, d. h. also für eine Teilerschei-
nung der Zeit, interessiert den Lyriker als Lyriker überhaupt
nicht. (Was nicht ausschließt, daß er als Privatmann sich z. B.
zu einer politischen Partei bekennt.) Der Lyriker entscheidet
sich für nichts, ihn interessiert nur sein Ich, er schafft keine
Du- und Er-Welt wie der Epiker und der Dramatiker, für ihn
existiert nur das gemeinschaftslose vereinzelte Ich. Und
gerade weil er sich für nichts entscheidet, fängt er die Zeit als
Ganzes in sich auf und läßt sie im ungetrübten Spiegel seines
Ichs wieder sichtbar werden. Denn die Wandlungen des Ichs
sind das Wesentliche einer Zeit. Zwar können sie nicht abge-
lesen werden wie aus einer Zeitung, aber wer Gedichte zu
lesen versteht (was kaum zu erlernen ist), der wird auch das in
ihnen spüren. So wie wir heute Eichendorff oder Mörike als
Ausdruck ihrer Zeit empfinden (ohne daß sie die jeweils
neuesten Zeitvokabeln benutzten), ebenso kann sich in einem
heutigen, ganz privaten Gedicht für Spätere unsere Zeit
unverkennbar ausdrücken.
Die Wandlungen des Ichs sind das Problem des Lyrikers. Das
wird im Formalen die Folge haben, daß er im Allgemeinen
Vokabeln vermeidet, die ein zeitgebundenes, also ein ihn
nicht direkt interessierendes Problem in sich schließen. Ja, ich
meine, der Lyriker *muß* »alte« Vokabeln gebrauchen, die,
selbst problemlos geworden, ihre neue Bedeutung erst durch
das Ich gewinnen. An Vokabeln wie »Dynamo« oder »Tele-

1 Ludwig Klages (1872–1956) hatte das berühmt gewordene Buch *Der Geist als
Widersacher der Seele* 1929 veröffentlicht.

fonkabel« hängen soviele zeitlich bedingte Assoziationen,
daß sie die reine Ichproblematik des Gedichtes durch ihre
eigene Problematik zumeist verfälschen. Wenn solche Vokabeln überhaupt in Gedichten verwendet werden können, so
höchstens als reine Gegebenheiten, als ein schlichtes räumli-
ches Dasein, als selbstverständlich und problemlos, also ohne
»zeitliche« Beziehung und Bedeutung, nur als Deutungs-
möglichkeit des Ichs, d. h. in einem ebenso unverbindlichen
Sinn, wie der Lyriker Baum oder Mond sagt, die ihn als Baum
oder Mond gar nicht interessieren. Erst in der unpersönlichen
Welt der Epik hat die Zeitvokabel ihren gegebenen Platz,
denn hier existiert ja die Umwelt als solche und nicht mehr als
Beziehung zum Ich. Es gibt wirklich »prosaische« Worte.
Über die Prosa zum neuen Gedicht? Das setzte die Möglichkeit einer ich-losen Lyrik voraus oder zumindest das Vorhandensein einer menschlichen Gemeinschaft, in der das lyrische
Ich auch die Gesamtheit repräsentierte. Und so ist das wohl
auch gemeint: durch die Prosa zum neuen Gedicht – durch
die Überwindung des Ichs zum Kollektiv. Hier wird deutlich, daß Diebold in Gedichten nicht die Zeit sucht, sondern
sein Ideal der Zeit. Selbst wenn alle eine Gemeinschaft
ersehnten, wäre es absurd, bevor sie in der Wirklichkeit existiert, vom Dichter zu verlangen, aus einer Art von Kollek-
tivverbundenheit heraus zu dichten. Das ist eine im weiteren
Sinn politische Forderung, die das Schöpferische des Künstlers nicht sieht.
Der Kritiker, der aus Kunstwerken bestimmte Ideen, Resultate und Schlußfolgerungen herausliest, ist im Irrtum, wenn
er glaubt, diese Werke seien wegen eben dieser Ideen geschaffen, und hat Unrecht, wenn er verlangt, daß von diesen Ideen
her gedichtet werden müsse. Die Häufigkeit dieser Forderung bezeugt nicht ihre Richtigkeit, sondern nur einen Verfall
der schöpferischen Kräfte, die man durch das Wissen um ihre
Wirkung ersetzen zu können glaubt. Was ein Kritiker über
ein Kunstwerk zu sagen weiß, mag noch so richtig sein – aus
der Richtigkeit folgt noch nicht, daß diese Erkenntnisse als

Rezept für andere Kunstwerke benutzt werden können. Wem die schöpferische Kraft fehlt, dem nützen sie nichts, denn beim Schreiben kommt es auf etwas anderes an als auf richtige Erkenntnis von Zeitproblemen oder von sonst etwas. Da gibt es weder den Weg über die Prosa zum Gedicht, noch einen anderen Weg. Nie ist die schöpferische Kraft durch solche Mittel ersetzbar.

Gedichte haben keinen beabsichtigten Nutzwert, und wenn sie bisweilen die Speise sind auf dem »Tisch der Sehnsucht, der nie leer wird«, so ist das, vom Dichter her gesehen, ein Zufall, denn er hat nicht das Ziel irgendeiner Wirkung. Gewiß liegen die Dinge für den Kritiker anders, der das Gedicht einzuordnen hat in menschliche Wert- und Zielsetzungen. Er kann Wirkungen der Lyrik konstatieren, aber müßte sich darüber klar sein, daß diese Wirkungen für die Lyrik nur Bedeutung haben innerhalb der menschlichen Einordnung und Nutzbarmachung, daß er also damit über das Wesen und den Ursprung des Gedichtes keine Schlüsse ziehen und ebensowenig für den Schaffensprozeß das Streben nach irgend welcher Wirkung fordern darf. Man kann vom Regen sagen, er fördere das Wachstum der Pflanzen, aber niemandem wird es einfallen, deswegen zu behaupten, das sei die Absicht des Regens. Die Größe der Lyrik und aller Kunst aber ist es, daß sie, obwohl vom Menschen geschaffen, die Absichtslosigkeit eines Naturphänomens hat. Es kann Gedichte geben, wenn niemand ihrer bedarf, und vielleicht gibt es keine, wenn alle sie ersehnen.

62

OSKAR LOERKE

Oskar Loerke (1884–1941), Lyriker und Essayist, seit 1917 Lektor des S.-Fischer-Verlags, hat sich wiederholt zu Fragen der Lyriktheorie und -poetik geäußert, am zusammenhän-

*gendsten in dem Essay »Das alte Wagnis des Gedichts« aus
dem Jahr 1935. Wichtige Themen seiner antispekulativen,
praxisnahen Reflexion, die alle Festlegungen und Systemati-
sierungen scheut, weil sie dem individuellen »lebendigen
Schaffen nicht gerecht werden«, sind das Verhältnis von Stoff
und Form, Erlebnis und Gestaltung, Wort und Vers, Sprache
und Melodie im Gedicht.*

Das alte Wagnis des Gedichts

Flach wie den Begriff des Zeitgemäßen und Wirklichen
faßt man den des Sachlichen. Erschüttert stellen wir fest, daß
auch er als Ersatz für das Leben das Auffällige empfiehlt!
Sträuben wir uns, aus diesem unbrauchbaren Stoff den Inhalt
unserer Verse zu ziehen, so ruft man zu unserer Ausrottung
auf. Ich übertreibe nicht! In einer unserer größten Tagesei-
tungen stand noch 1928 wörtlich zu lesen: »Wäre die Lyrik
nicht aus sich selbst heraus für die Sterbesakramente reif
geworden, sie würde heute wie eine gemeine Verbrecherin
hingerichtet werden.« Der Herr Scharfrichter, der die Tinte
vergoß, wird sich darauf herausreden wollen, daß er selbstverständlich nicht das platt Stoffliche, sondern das Geistige
gemeint habe. Demgegenüber bleiben wir störrisch bei dem
Einwande, daß das Geistige in einem Kunstwerk nicht ohne
Stoff erscheinen könne. Der Stoff braucht keine erzählbare
Fabel zu sein, keine Geschichte, keine Romanze, er soll Empfindung, Erregung, Ahnung oder wie immer genannt werden, er ist jedenfalls da. Der Geist des Stoffes heißt Form.
Wie Schwäche und Ungeduld der Vernunft an den Stoff verkehrte Zumutungen stellen, so stellt sie die Beharrungsfreude
an die Form. Ganz frei von derlei Zumutungen ist niemand,
die besten Dichter eingeschlossen, denn jeder steckt in einem
System, einer Rangordnung der Welt, ob er es zugibt oder
leugnet. Wird dabei die Form mißbraucht, so weicht sie. Sie
weicht auch der matten Objektivität. Es hat sich eine ästheti-

sche Typologie herausgebildet, die das ungeheure Werkergebnis jahrtausendalter Kunstübung zu teilen, zu unterscheiden und übersichtlich zu machen trachtet. Da sind denn Abgrenzungen vorgenommen worden, die dem lebendigen Schaffen nicht oder nicht mehr gerecht werden. Wir lehnen vor allem den schädlichen Gegensatz Gedankenlyrik und Stimmungslyrik auf das entschiedenste ab. Was bedeutet der Sammelname Gedankenlyrik? Er ist wohl im Hinblick auf gewisse Erzeugnisse einer nicht sehr breiten Zeitspanne entstanden, in der die lyrische Kunst Umwege machte oder Irrwege ging. Das Vorhandensein hervorstechend bedeutender oder hervorstechend abstruser Dichtungen in dem von ihm gesteckten Bezirk mag zu seiner Erfindung genötigt haben. Er deckt noch immer allerlei Zwitterhaftes, was preisgegeben werden muß. Er beschützt schwache Denker, falls sie sich eines anerkannten Vers- oder Strophenschemas bedienen. Er beschützt die trockene Abstraktion, wenn sie zu geborgter Musik vorgetragen wird. Er beschützt vorgebliche Mystik, obwohl sie in Wirklichkeit Traumwust ist, wofern sie nur etwa von einem Sonett ausgeschwitzt wird. Er duldet Religiosität, die erst durch Anlegen einer bejahrt ehrwürdigen Vers-Amtstracht entsteht. Vorher, merken wir, war sie nicht da, sie hat die Form nicht hervorgetrieben. So läßt sich viel falschmünzerischer Tiefsinn ertappen, der das Ergebnis der Form ist, nicht sie erst bildet. Denn geprägte Formen entwickeln sich lebend, aber sie gebären nicht aus sich Leben. Ebenso vermag ein Formschema Zerstreutes nicht zu sammeln, Zufälliges nicht zu binden. Zahllose Gedichte suchen unsere Aufmerksamkeit für angereihte Beschreibungen zu gewinnen, und nur der metrische Klopfgeist denkt das Gedankenlose zusammen. Sie fallen auseinander, wenn man die künstliche Klammer abschlägt. Sie fallen in den Alltag zurück, und es ist gleichgültig, ob man sie nochmals aufhebt oder liegen läßt. Ihr Poet kann nicht verlangen, daß sie den Nebenmenschen angehen. Warum soll dieser sich zu einer Ehrerbietung verstellen vor Dingen, die er schon wußte, die

unterhalb seiner täglichen Denk- und Fühlhöhe liegen anstatt
über ihr? Auch das Denken der Schemata sollte Gedankenlyrik heißen.
Aber das Übelste an dem Begriff Gedankenlyrik ist sein
Gegenbegriff Stimmungslyrik. Er ist für die Schöpferischen,
die Ursprünglichen aller Zeiten unerträglich. Sein Befehl lautet: das Gedicht hat Stimmungen zu geben. Ein unausgespro-
chenes Nur klingt hörbar mit. Das Gedicht wird zur Baga-
telle neben den ausführlicheren Formen, neben Epos und
Drama. Was heißt das: Stimmungen? Stimmungen kommen
aus einem Woher und gehen nach einem Wohin. Das Woher
und Wohin ist nicht mehr Stimmung. Die scheinbar grundlo-
sen Stimmungen aber haben die tiefsten Gründe. Man zeige
uns etwas davon, damit wir glauben und verstehen können.
Lyrik muß das Gefühl aus dem Zufall führen, der ihm von der
privaten Erfahrung her anhaftet. Steigt die Stimmung eines
Musikstücks nicht aus seinen äußerst bestimmten und exak-
ten Tönen? Als Stimmungslyrik sind die meisten vorbildli-
chen Gedichte der Weltliteratur erledigt zugunsten der epigo-
nischen des 19. und 20. Jahrhunderts. Das höchste Gelingen
vorausgesetzt, ist in unserer Kunst der Gedanke ganz Gefühl,
das Gefühl ganz Gedanke, beides ganz Anschauung. Die Ein-
helligkeit ist kein triftiger Einwand weder gegen das Gefühl,
noch gegen den Gedanken, noch gegen die Anschauung. Die
Einheit ist die Offenbarung der immanenten, der künstlerischen Logik der Natur.
Wo diese künstlerische Logik fehlt, macht sich das konven-
tionelle, das dilettantische Gefühl breit. Ich belege es nach
seiner Haupteigenschaft mit dem Namen: das dumme
Gefühl. Ich muß von den dummen Gefühlen einiges sagen,
weil sie die ansteckende und vernichtende Seuche der Lyrik
sind. Die Bibel sagt: das Salz wird dumm; auch das Gefühl
wird es. Dumme Gefühle drängen fatalistisch nach poetischem Ausdruck, und gerade die Fähigkeit, sich mitzuteilen,
ist ihnen versagt. Sie tappen nach Gegenständen und greifen
Vokabeln, sie meinen Rhythmus und geben die Antiquitäten

Jambus oder Daktylus, sie haschen Akkorde und lassen Silbeneinklänge. Sie sind Betrüger wider Willen, aber immer bleiben sie betrogene Betrüger. Die dummen Gefühle nisten sich in trivialen Assoziationen ein. Ich brauche Ihnen nur einige Stichworte solcher Assoziationen zu nennen, und Sie sehen die Sintflut der Strophen vor sich, mit denen das dumme Gefühl darauf reagiert. Zum Beispiel Stichworte für unkluge – unklug gewordene! – Naturstimmungen: Erlen, Bach, Flüstern, Rauschen, Gezweig, Durchblick, Mond, flüssiges Silber, Einsamkeit, Nacht, Wehmut, Fertig. – Eine andere Gruppe, heroisch-mythologisch: Titanen, Giganten, Prometheus, Funke, Leber, Götterqual, Michelangelo, dämonischer Künstler. Die Gefühle, die neuere Geisteshelden in ein Panoptikum der Klassik schleppen, können subjektiv durchaus erhaben sein, erst die gesprochenen Gipskolosse machen sie albern. – Moderner und daher leider noch nicht so verrufen sind Zwangsassoziationen des dummen Gefühls wie diese: Bergwerk, Fabrik, Schlot, Qualm, Ruß, Luftmangel, Stumpfheit, Fron, Elend, Krankheit, Armut, Sehnsucht, Ausbeutung, Kapital. –

Aber auch das wissende Gefühl, sogar in bedeutenden Künstlern, kann verdorben werden durch den Zug einer persönlichen Tendenz. Die Tendenz sieht beispielsweise das Inferno der heutigen Zivilisation, mit ihrer zynischen Grausamkeit, reporterhaft vereinfacht, mit der Tatsachenkälte und der Sündenromantik der Moritat. Für diese Tendenz ist Weltanschauung ein Schwindel, zum Ersatz nimmt sie einen grellen, wüsten Internationalismus. Sie sagt nicht mehr Hans oder Johann, sondern Jonny, nicht Kneipe, sondern Bar, nicht Branntwein, sondern Cognac. Die früher beliebten lateinischen Bildungsfetzen werden gegen englische Phrasen ausgewechselt. Das war eine bescheidene Revolution, aber wer sich ihr nicht anschloß, mußte gewärtigen, als mondsüchtiger Fremdling abgetan zu werden.

Es gibt eine Tendenz in die Zeit hinein und eine aus ihr hinaus. Beide vermindern den Baustoff der Form. Die Form leidet das eine Mal durch die Bevorzugung gewisser Komplexe, das andere Mal durch den Ausschluß gewisser Komplexe.

63

BERTOLT BRECHT

Die angebliche Unvereinbarkeit von Lyrik und logischem Denken ist ein weiterer wichtiger Ansatzpunkt für Brechts Kritik am traditionellen Lyrikverständnis. In Weiterführung seiner kritischen Lyrik-Reflexion (vgl. Text Nr. 59) setzt sich Brecht in einer Notiz der späteren dreißiger Jahre mit Problemen auseinander, die bei der Anwendung des wissenschaftlichen Wahrheits- und Beweisbarkeitspostulats auf die Lyrik entstehen.

Lyrik und Logik

[*In Anknüpfung an die vielzitierte Anekdote vom Mathematiker, der gegenüber Racines (!) »Iphigénie« ausgerufen haben soll: »Qu'est-ce que cela prouve«[1]:*]

»Gut, aber was beweist das?«
Ein Mathematiker sagte, als er Goethes »Iphigenie« gesehen hatte: Gut, aber was beweist das? Der Satz war nicht am Platz, aber er ist es gegenüber tausenden und tausend von Gedichten. Aufgefordert, solche Gedichte zu kritisieren, gerät man in Verlegenheit, da ist sozusagen nichts zum Kritisieren da, höchstens: daß sie geschrieben und daß sie gedruckt wurden. Man kann die Ansprüche unseres Mathematikers nicht vollständig ablehnen, nur weil er sie an ein Werk gestellt hat, das sie befriedigen kann. Man kann ihm sagen, was die

---

1 Vgl. Jost Schillemeit, »Der Geometer und die Dichtung«, in: *Aspekte der Goethezeit*, hrsg. von S. A. Corngold [u. a.], Göttingen 1977, S. 293–311.

»Iphigenie« beweist, und wenn man es von irgendeinem
Werk nicht sagen kann, dann ist es kein bedeutendes Werk.
Es ist kein bedeutendes Werk, weil es nichts bedeutet.

Die einfachste Forderung ist, daß ein Gedicht den Leser
mit seiner Stimmung infizieren muß. Diese Ansteckung ist
ein vager und noch nicht sehr viel besagender, sozusagen for-
meller Akt. Die Ansteckungsfähigkeit eines Gedichtes kann
lokal, personell, berufsmäßig, national, klassenmäßig beschränkt sein. Die Gedichte, welche die meisten Menschen in
Stimmung versetzen, müssen nicht die besten Gedichte sein.
Was das Volk singt, das sind beileibe nicht immer Volkslieder. Es gibt Volkslieder, die »das Volk« nicht in Stimmung
versetzen. Wir müssen uns darüber klar sein: die Ansteckung
finden wir bei den höchsten Arten Dichtung wie bei den
niedrigsten, bei Volkslied und Sonett wie bei Operettenschla-
ger und Geburtstagsgedicht.

Ein Gedicht beweist also noch nichts (ich kann dir also noch
nicht beweisen, daß du es lesen solltest), wenn es irgendwen
oder sogar dich mit seiner Stimmung anstecken kann. Die
Gedichte haben es anscheinend schwieriger, etwas zu beweisen. Angenommen, unser Mathematiker wäre vor ein
Gedicht geführt worden, das den pythagoräischen Lehrsatz
bewiesen hätte, würde er dann behauptet haben, dieses
Gedicht beweise was? Vielleicht, aber wir hätten ihm vielleicht widersprochen, ebenso, wie wir ihm widersprachen,
als er behauptete, die »Iphigenie« beweise nichts. Wir hätten
ihm dann widersprochen, wenn das Gedicht als Gedicht leer,
gesichtslos, alibilos wäre. Auch wenn der Mathematiker in
Stimmung dadurch geraten wäre, hätten wir vielleicht widersprochen.

Es wird sich herausstellen, daß wir nicht ohne den Begriff
Schönheit auskommen. Es ist keine Schande, diesen Begriff
zu benötigen, aber es macht doch verlegen. Denn es ist ein so
vager, vieldeutiger Begriff, anscheinend ganz vom »Geschmack« abhängig, der »bekanntlich« individuell ist, so
daß sich darüber »nicht streiten läßt«.

Wenn wir vom Physiologischen ausgehen und den Geschmack physisch nehmen, dann ist es allerdings schwierig, zu streiten. Wir nehmen einen Bissen in den Mund, verziehen das Gesicht und sagen: zu sauer. So können wir auch einen Gedichtvers vor uns hinsagen und ein Unlustgefühl haben, wie bei etwas Abgeschmacktem, Schalem, Reizlosem oder sogar Ekelerregendem. Allerdings gibt es sogar beim physiologischen Geschmack etwas wie »auf den Geschmack kommen«. Das kann durch eine Art Lernakt geschehen oder einfach, weil wir in andere Verhältnisse gekommen sind. Der Geschmack, auch der physiologische, kann sich entwickkeln.

Wir können ein Beispiel aus der Architektur nehmen. Unsere fortgeschrittenen Architekten propagieren in den letzten Jahrzehnten eine sogenannte sachliche Baukunst. Sie finden, kurz formuliert, das Praktische schön. Interessant ist nun, wie sich die Arbeiter dazu verhalten. Im großen und ganzen lehnen sie nämlich diese Baukunst ab. Sie finden die linear gebauten Häuser nicht schön, nennen sie Kasernen oder Zuchthäuser und schimpfen die neuen, zweckdienlichen Möbel fade. Die ganze sachliche Baukunst hinterläßt in ihrem Mund einen schalen Geschmack. Warum?

Die Architekten, von denen viele, weil sie eben fortgeschritten sind, sich gerne an die Arbeiter wenden, als die fortgeschrittenste, wichtigste Klasse, vergessen, was eine Wohnung für den Arbeiter bedeutet. Sie ist nämlich keineswegs nur ein Unterschlupf für ihn, eine Maschinerie, bei der es nur darauf ankommt, daß sie alle ihre Obliegenheiten möglichst praktisch vollzieht.

64

WALTER BENJAMIN

Unter anderen Voraussetzungen in ähnlich kritischem Gegensatz wie Brecht zur ›bürgerlichen‹ Literaturtradition stehend, reflektiert Walter Benjamin (1892–1940), Literaturwissenschaftler und Ästhetiker, am Beispiel Charles Baudelaires (1821–67) die Veränderungen, die sich auf dem Feld der Lyrik als Reaktion auf die Entstehung der modernen Welt ergeben haben. Kennzeichnend für sein Denken ist die Verbindung von exemplarisch-gezielter Detailanalyse mit allgemeiner ästhetischer und gesellschafts- und geschichtstheoretischer Reflexion. »Über einige Motive bei Baudelaire« entstand 1939 und ist in sich abgeschlossener Teil des geplanten, unvollendet gebliebenen Baudelaire-Buches (»Charles Baudelaire. Ein Lyriker im Zeitalter des Hochkapitalismus«).

Über einige Motive bei Baudelaire

I

Baudelaire hat mit Lesern gerechnet, die die Lektüre von Lyrik vor Schwierigkeiten stellt. An diese Leser wendet sich das einleitende Gedicht der »Fleurs du mal«.[1] Mit ihrer Willenskraft und also auch wohl ihrem Konzentrationsvermögen ist es nicht weit her; sinnliche Genüsse werden von ihnen bevorzugt; sie sind mit dem spleen vertraut, der dem Interesse und der Aufnahmefähigkeit den Garaus macht. Es ist befremdend, einen Lyriker anzutreffen, der sich an dieses Publikum hält, das undankbarste. Gewiß liegt eine Erklärung bei der Hand. Baudelaire wollte verstanden werden: er widmet sein Buch denen, die ihm ähnlich sind. Das Gedicht an den Leser schließt mit der Apostrophe:

1 *Au Lecteur (An den Leser).*

Hypocrite lecteur, – mon semblable, – mon frère![a]

Der Tatbestand erweist sich ergiebiger, wenn man ihn umformuliert und sagt: Baudelaire hat ein Buch geschrieben, das von vornherein wenig Aussicht auf einen unmittelbaren Publikumserfolg gehabt hat. Er rechnete mit einem Lesertyp, wie ihn das einleitende Gedicht beschreibt. Und es hat sich ergeben, daß das eine weitblickende Berechnung gewesen ist. Der Leser, auf den er eingerichtet war, wurde ihm von der Folgezeit beigestellt. Daß dem so ist, daß, mit andern Worten, die Bedingungen für die Aufnahme lyrischer Dichtungen ungünstiger geworden sind, dafür spricht, unter anderm, dreierlei. Erstens hat der Lyriker aufgehört, für den Poeten an sich zu gelten. Er ist nicht mehr ›der Sänger‹, wie noch Lamartine es war; er ist in ein Genre eingetreten. (Verlaine macht diese Spezialisierung handgreiflich; Rimbaud war schon Esoteriker, der das Publikum ex officio von seinem Werke fernhält.) Ein zweites Faktum: ein Massenerfolg lyrischer Poesie ist nach Baudelaire nicht mehr vorgekommen. (Noch Hugos Lyrik fand beim Erscheinen eine mächtige Resonanz. In Deutschland stellt das »Buch der Lieder«[2] die Schwelle dar.) Ein dritter Umstand ist derart mitgegeben: das Publikum wurde spröder auch gegen lyrische Poesie, die ihm von früher her überkommen war. Die Spanne Zeit, von der hier die Rede ist, darf man ungefähr von der Mitte des vorigen Jahrhunderts an datieren. In der gleichen Epoche hat sich der Ruhm der »Fleurs du mal« ohne Unterlaß ausgebreitet. Das Buch, das mit den ungeneigtesten Lesern gezählt und anfangs nicht viel geneigte gefunden hatte, wurde im Laufe der Jahrzehnte zu einem klassischen; es wurde auch zu einem der meistgedruckten.

Wenn die Bedingungen für die Aufnahme lyrischer Dichtun-

---

a   Charles Baudelaire: Œuvres. Texte établi et annoté par Yves-Gerard Le Dantec. 2 Bde. Paris 1931/32. (Bibliothèque de la Pléiade. 1 u. 7.) I, S. 18. (Im folgenden nur noch nach Band und Seitenzahl zitiert.) [Dt.: »Scheinheiliger Leser, meinesgleichen, mein Bruder«.]

2   Heines *Buch der Lieder* erschien 1827.

gen ungünstiger geworden sind, so liegt es nahe, sich vorzustellen, daß die lyrische Poesie nur noch ausnahmsweise den
Kontakt mit der Erfahrung der Leser wahrt. Das könnte sein,
weil sich deren Erfahrung in ihrer Struktur verändert hat.
Man wird diesen Ansatz vielleicht gutheißen, aber nur desto
verlegener um eine Kennzeichnung dessen sein, was sich in
ihr könnte gewandelt haben. In dieser Lage wird man bei der
Philosophie nachfragen. Dabei stößt man auf einen eigentümlichen Sachverhalt. Seit dem Ausgang des vorigen Jahrhunderts stellte sie eine Reihe von Versuchen an, der ›wahren‹
Erfahrung im Gegensatze zu einer Erfahrung sich zu bemäch-
tigen, welche sich im genormten, denaturierten Dasein der
zivilisierten Massen niederschlägt. Man pflegt diese Vorstöße
unter dem Begriff der Lebensphilosophie zu rubrizieren. Sie
gingen begreiflicherweise nicht vom Dasein des Menschen in
der Gesellschaft aus. Sie beriefen sich auf die Dichtung, lieber
auf die Natur und zuletzt vorzugsweise auf das mythische
Zeitalter.

[*Die Analyse der veränderten Struktur der Erfahrung in der
modernen Gesellschaft führt – in kritischer Distanz u. a. zu
Diltheys Erlebnis-Begriff und in Anknüpfung an die Auffas-
sungen Bergsons, Prousts und Freuds zum Verhältnis von
Erfahrung und Erinnerung – zur Einführung des »Schock«-
Begriffs als eines zentralen Moments:*]

Die Frage meldet sich an, wie lyrische Dichtung in einer
Erfahrung fundiert sein könnte, der das Chockerlebnis zur
Norm geworden ist. Eine solche Dichtung müßte ein hohes
Maß von Bewußtheit erwarten lassen; sie würde die Vorstellung eines Plans wachrufen, der bei ihrer Ausarbeitung im
Werke war. Das trifft auf die Dichtung von Baudelaire durchaus zu. Es verbindet ihn, unter seinen Vorgängern, mit Poe;
unter seinen Nachfolgern wieder mit Valéry. Die Betrachtungen, die von Proust[3] und von Valéry[4] über Baudelaire ange-

---

3 *A propos de Baudelaire* (1921).
4 *Situation de Baudelaire* (1924).

stellt worden sind, ergänzen einander in providentieller
Weise. Proust hat einen Essai über Baudelaire geschrieben,
der in seiner Tragweite durch gewisse Reflexionen seines
Romanwerks noch übertroffen wird. Valéry gab in der
»Situation de Baudelaire« die klassische Einleitung zu den
»Fleurs du mal«. Er sagt dort: »Das Problem mußte sich für
Baudelaire folgendermaßen stellen – ein großer Dichter, doch
weder Lamartine, noch Hugo, noch Musset zu werden. Ich
sage nicht, daß dieser Vorsatz bei Baudelaire bewußt gewesen
wäre; aber er mußte sich zwangsläufig in Baudelaire vorfinden – ja dieser Vorsatz war eigentlich Baudelaire. Er war seine
Staatsraison.«[b] Es hat etwas Befremdliches, beim Dichter von
einer Staatsraison zu reden. Es beinhaltet etwas Bemerkens-
wertes: die Emanzipation von Erlebnissen. Baudelaires poetische Produktion ist einer Aufgabe zugeordnet. Es haben
ihm Leerstellen vorgeschwebt, in die er seine Gedichte einge-
setzt hat. Sein Werk läßt sich nicht nur als ein geschichtliches
bestimmen, wie jedes andere, sondern es wollte und es verstand sich so.

IV

Je größer der Anteil des Chockmoments an den einzelnen
Eindrücken ist, je unablässiger das Bewußtsein im Interesse
des Reizschutzes auf dem Plan sein muß, je größer der Erfolg
ist, mit dem es operiert, desto weniger gehen sie in die Erfahrung ein; desto eher erfüllen sie den Begriff des Erlebnisses.
Vielleicht kann man die eigentümliche Leistung der Chockabwehr zuletzt darin sehen: dem Vorfall auf Kosten der Inte-
grität seines Inhalts eine exakte Zeitstelle im Bewußtsein
anzuweisen. Das wäre eine Spitzenleistung der Reflexion. Sie
würde den Vorfall zu einem Erlebnis machen. Fällt sie aus, so
würde sich grundsätzlich der freudige oder (meist) unlust-
betonte Schreck einstellen, der nach Freud den Ausfall der

b Baudelaire: Les fleurs du mal. Avec une introduction de Paul Valéry. Ed.
　Crès. Paris 1928. S. X.

Chockabwehr sanktioniert. Diesen Befund hat Baudelaire in einem grellen Bild festgehalten. Er spricht von einem Duell, in dem der Künstler, ehe er besiegt wird, vor Schrecken aufschreit.[c] Dieses Duell ist der Vorgang des Schaffens selbst. Baudelaire hat also die Chockerfahrung ins Herz seiner artistischen Arbeit hineingestellt. Diesem Selbstzeugnis kommt große Bedeutung zu. Äußerungen mehrerer Zeitgenossen stützen es. Dem Schrecken preisgegeben, ist es Baudelaire nicht fremd, selber Schrecken hervorzurufen. Vallès überliefert sein exzentrisches Mienenspiel[d]; Pontmartin stellt nach einem Porträt von Nargeot Baudelaires konfiszierte Visage fest; Cladel verweilt bei dem schneidenden Tonfall, der ihm im Gespräch zur Verfügung stand; Gautier spricht von den ›Sperrungen‹, wie Baudelaire sie beim Deklamieren liebte[e]; Nadar beschreibt seinen abrupten Schritt.[f]

Die Psychiatrie kennt traumatophile Typen. Baudelaire hat es zu seiner Sache gemacht, die Chocks mit seiner geistigen und physischen Person zu parieren, woher sie kommen mochten. Das Gefecht stellt das Bild dieser Chockabwehr. Wenn er seinen Freund Constantin Guys beschreibt, so sucht er ihn um die Zeit, da Paris im Schlaf liegt, auf, »wie er dasteht, über den Tisch gebeugt, mit der gleichen Schärfe das Blatt visierend wie am Tag die Dinge um ihn herum; wie er mit seinem Stift, seiner Feder, dem Pinsel *ficht*; Wasser aus seinem Glas zur Decke spritzen und die Feder an seinem Hemd sich versuchen läßt; wie er geschwind und heftig hinter der Arbeit her ist, als fürchte er, die Bilder entwischten ihm; so ist er streitbar, wenn auch allein, und pariert seine eigenen Stöße«.[g] In solch phantastischem Gefecht begriffen, hat Baudelaire sich selbst in der Anfangsstrophe des Gedichts »Le soleil« porträ-

c Cit. Ernest Raynaud: Charles Baudelaire. Paris 1922. S. 318.
d Cf. Jules Vallès: Charles Baudelaire, in: André Billy: Les écrivains de combat. (Le XIXe siècle.) Paris 1931. S. 192.
e Cf. Eugène Marsan: Les cannes de M. Paul Bourget et le bon choix de Philinte. Petit manuel de l' homme élégant. Paris 1923. S. 239.
f Cf. Firmin Maillard: La cité des intellectuels. Paris 1905. S. 362.
g II, S. 334.

tiert; und das ist wohl die einzige Stelle der »Fleurs du mal«, die ihn bei der poetischen Arbeit zeigt.

> Le long du vieux faubourg, où pendent aux masures
> Les persiennes, abri des secrètes luxures,
> Quand le soleil cruel frappe à traits redoublés
> Sur la ville et les champs, sur les toits et les blés,
> Je vais m'exercer seul à ma fantasque escrime,
> Flairant dans tous les coins les hasards de la rime,
> Trébuchant sur les mots comme sur les pavés,
> Heurtant parfois des vers depuis longtemps rêvés.[h]

[*Unter Berufung auf Baudelaires Widmungstext zum »Spleen de Paris«, wonach das Ideal einer reinen poetischen Prosa als vorzügliches Produkt einer in der Großstadterfahrung verankerten Existenz bezeichnet wird:*]

Die Stelle legt eine doppelte Konstatierung nahe. Sie unterrichtet einmal über den innigen Zusammenhang, der bei Baudelaire zwischen der Figur des Chocks und der Berührung mit den großstädtischen Massen besteht. Sie unterrichtet weiter darüber, was unter diesen Massen eigentlich zu denken ist. Von keiner Klasse, von keinem irgendwie strukturierten Kollektivum kann die Rede sein. Es handelt sich um nichts anderes als um die amorphe Menge der Passanten, um Straßenpublikum.[i] Diese Menge, deren Dasein Baudelaire nie vergißt, hat ihm zu keinem seiner Werke Modell gestanden. Sie ist aber seinem Schaffen als verborgene Figur einge-

---

h I, S. 96. [Dt. Übertragung von Carlo Schmid: »Entlang der alten Vorstadt, wo die Fensterscheiben / Der Vorhang deckt, damit geheim die Laster bleiben – / Dann, wenn die Sonne hart mit Doppelstrahlen trifft / Die Dächer und die Flur, die Stadt und grüne Trift – / Da üb ich mich allein in meinem Spiegelfechten; / In allen Ecken spür ich, ob sie Reime brächten; / Auf Worten stolpernd wie auf einem Straßendamm / Greif manchen Vers ich auf, der lang durch Träume schwamm.«]

i Dieser Menge eine Seele zu leihen, ist das eigenste Anliegen des Flaneurs. Die Begegnungen mit ihr sind ihm das Erlebnis, das er unermüdlich zum Besten gibt. Aus Baudelaires Werk sind gewisse Reflexe dieser Illusion nicht hinwegzudenken. Sie hat übrigens ihre Rolle nicht ausgespielt. Der unanimisme von Jules Romains ist einer ihrer bewunderten Spätlinge.

prägt, wie sie auch die verborgene Figur des oben zitierten Fragments darstellt. Das Bild des Fechters läßt sich aus ihr entziffern: die Stöße, welche er austeilt, sind bestimmt, ihm durch die Menge den Weg zu bahnen. Freilich sind die faubourgs, durch die der Dichter des »Soleil« sich hindurchschlägt, menschenleer. Aber die geheime Konstellation (in ihr wird die Schönheit der Strophe bis auf den Grund durchsichtig) ist wohl so zu fassen: es ist die Geistermenge der Worte, der Fragmente, der Versanfänge, mit denen der Dichter in den verlassenen Straßenzügen den Kampf um die poetische Beute ausficht. [. . .]

XII

Die »Fleurs du mal« sind das letzte lyrische Werk gewesen, das eine europäische Wirkung getan hat; kein späteres ist über einen mehr oder weniger beschränkten Sprachkreis hinausgedrungen. Dem ist zur Seite zu stellen, daß Baudelaire sein produktives Vermögen fast ausschließlich diesem einen Buch zugewandt hat. Und endlich ist nicht von der Hand zu weisen, daß unter seinen Motiven einige, von denen die vorliegende Untersuchung gehandelt hat, die Möglichkeit lyrischer Poesie problematisch machen. Dieser dreifache Tatbestand determiniert Baudelaire geschichtlich. Er zeigt, daß er unbeirrbar zu seiner Sache stand. Unbeirrbar war Baudelaire im Bewußtsein seiner Aufgabe. Das geht so weit, daß er es als sein Ziel »eine Schablone zu kreieren«[j] bezeichnet hat. Er sah darin die Kondition eines jeden künftigen Lyrikers. Von denen, die sich ihr nicht gewachsen zeigten, hielt er wenig. »Trinkt Ihr Kraftbrühen aus Ambrosia? Eßt Ihr Koteletts von Paros? Wieviel gibt man im Leihhaus auf eine Lyra?«[k] Der Lyriker mit der Aureole ist für Baudelaire antiquiert.

---

j Cf. Jules Lemaître: Les contemporains. Etudes et portraits littéraires. 4e série. [14. Aufl., Paris 1897] S. 31/32.
k II, S. 422.

Er hat ihm seine Stelle als Figurant in einem Prosastück angewiesen, das »Verlust einer Aureole« betitelt ist. Der Text ist erst spät ans Licht gekommen. Bei der ersten Sichtung des Nachlasses wurde er als »zur Publikation nicht geeignet« ausgeschieden. Bis heute blieb er in der Literatur über Baudelaire unbeachtet.

»›Was sehe ich, mein Lieber! Sie! hier! In einem schlecht beleumundeten Lokal finde ich Sie – den Mann, der Essenzen schlürft, den Mann, der Ambrosia zu sich nimmt! Wirklich! für mich zum Verwundern!‹ – ›Sie wissen, mein Lieber, von der Angst, die mir Pferde und Wagen machen. Eben überquerte ich eilig den Boulevard, und wie ich in diesem bewegten Chaos, wo der Tod von allen Seiten auf einmal im Galopp auf uns zustürmt, eine verkehrte Bewegung mache, löst sich die Aureole von meinem Haupt und fällt in den Schlamm des Asphalts. Ich hatte den Mut nicht, sie aufzuheben. Ich habe mir gesagt, daß es minder empfindlich ist, seine Insignien zu verlieren als sich die Knochen brechen zu lassen. Und schließlich, habe ich mir gesagt, zu irgend etwas ist Unglück immer gut. Ich kann mich jetzt inkognito bewegen, schlechte Handlungen begehen und mich gemein machen wie ein gewöhnlicher Sterblicher. So bin ich, wie Sie sehen, hier, ganz wie Sie!‹ – ›Sie sollten doch den Verlust der Aureole bekanntgeben oder auf dem Fundbüro danach fragen lassen.‹ – ›Ich denke nicht daran! mir ist wohl hier! Nur Sie haben mich erkannt. Außerdem ist Würde mir langweilig. Und dann habe ich Freude an dem Gedanken, daß irgendein schlechter Dichter sie aufheben und keinen Anstand nehmen wird, sich mit ihr herauszuputzen. Einen Glücklichen machen! darüber geht mir nichts! Und vor allem einen Glücklichen, über den ich lache! Stellen Sie sich X. vor oder auch Z. Nein, wird das komisch sein!‹«[1] – Das gleiche Motiv steht in den Tagebüchern; der Schluß weicht ab. Der Dichter hebt die Aureole schnell wieder auf. Nun beunruhigt ihn aber das Gefühl, der Zwischenfall sei von böser Vorbedeutung.[m]

Der Verfasser dieser Niederschriften ist kein Flaneur. Sie legen ironisch die gleiche Erfahrung nieder, die Baudelaire ohne jedwede Ausstaffierung, im Vorbeigehen dem Satze anvertraut: »Perdu dans ce vilain monde, *coudoyé par les foules*, je suis comme un homme lassé dont l'œil ne voit en arrière, dans les années profondes, que désabusement et amertume, et, devant lui, qu'un orage où rien de neuf n'est contenu, ni enseignement ni douleur.«[n] Von der Menge mit Stößen bedacht worden zu sein, hebt Baudelaire unter allen Erfahrungen, die sein Leben zu dem gemacht haben, was es geworden ist, als die maßgebende heraus, als die unverwechselbare. Ihm ist der Schein einer in sich bewegten, in sich beseelten Menge, in den der Flaneur vergafft war, ausgegangen. Um sich ihre Niedertracht einzuschärfen, faßt er den Tag ins Auge, an dem sogar die verlorenen Frauen, die Ausgestoßenen, so weit sein werden, einer geordneten Lebensweise das Wort zu reden, über die Libertinage den Stab zu brechen und nichts mehr außer dem Gelde bestehen zu lassen. Verraten von diesen seinen letzten Verbündeten, geht Baudelaire gegen die Menge an; er tut es mit dem ohnmächtigen Zorne dessen, der gegen den Regen oder den Wind angeht. So ist das Erlebnis beschaffen, dem Baudelaire das Gewicht einer Erfahrung gegeben hat. Er hat den Preis bezeichnet, um welchen die Sensation der Moderne zu haben ist: die Zertrümmerung der Aura im Chockerlebnis. Das Einverständnis mit dieser Zertrümmerung ist ihn teuer zu stehen

---

m Cf. II, S. 634. – Es ist nicht unmöglich, daß der Anlaß dieser Aufzeichnung ein pathogener Chock gewesen ist. Desto aufschlußreicher die Gestaltung, die ihn dem Baudelaireschen Werk anverwandelt.

n II, S. 641. [*Journaux intimes, Fusées (Private Tagebücher, Raketen)*: »Verloren in dieser niederträchtigen Welt, umhergestoßen von der Menge, bin ich wie einer, der erschöpft ist, und dessen Blick hinter sich, in der Tiefe der Jahre, nur Enttäuschung und Bitternis wahrnimmt, und vor sich nichts als ein drohendes Unwetter, das ihm nichts Neues bringen wird, weder Erfahrungen, noch Schmerzen« (Friedhelm Kemp).]

gekommen. Es ist aber das Gesetz seiner Poesie. Sie steht am Himmel des zweiten Kaiserreiches als »ein Gestirn ohne Atmosphäre«[o].

65

BERTOLT BRECHT

Bei der Lektüre eines Gedichts des englischen Romantikers William Wordsworth (1770–1850) von neuem (vgl. Text Nr. 59 und 63) mit grundsätzlichen Problemen der Lyriktheorie konfrontiert, notiert Brecht am 24. August 1940 die folgenden Überlegungen zum Verhältnis von Lyrik und Gesellschaft in seinem »Arbeitsjournal«.

Zu Wordsworth's »She was a Phantom of Delight«

Ich warf nicht viel mehr als einen Blick in einen kleinen Band von Wordsworth's Gedichten, von Arnold herausgegeben.[1] Ich traf auf »She was a Phantom of Delight« und dachte über diesem uns so entfernten Gedicht, wie vielfach die Funktion der Kunst ist, und wie achtsam man sein muß beim Aufstellen von Vorschriften. Selbst solche Schubladen wie »kleinbürgerliche Idylle« sind gefährlich. Es gibt kleinbürgerliche Tendenzen, ausgehend auf die Verewigung und Befestigung des Kleinbürgertums als einer Klasse, und es gibt im Kleinbürgertum Tendenzen anderer Art, im Widerspruch mit jenen Tendenzen. Der Kleinbürger, der heute mit Jagdflinte und Dynamitflasche (»gegen Tanks erprobt im spanischen Bürgerkrieg«, wie der General im Radio versichert) Englands Felder durchpatrouilliert, mag seinen Wordsworths einige

o Friedrich Nietzsche: Unzeitgemäße Betrachtungen. 2. Aufl., Leipzig 1893. Bd. 1, S. 164.

1 *Poems of Wordsworth*, Chosen and edited by Matthew Arnold, London 1879.

Schuld geben können, aber gerade in dieser entmenschten
Situation kann

>> a lovely apparition, sent
to be a moment's ornament<<[2]

die Erinnerung wachrufen an menschenwürdigere Situationen. Zumindest im Augenblick dient diese Dichtung nicht
mehr »to haunt, to startle, to waylay«[3]. Die Kunst *ist* ein
autonomer Bezirk, wenn auch unter keinen Umständen ein
autarker. Ein paar Thesen:

1 Ein Kriterium für ein Kunstwerk kann sein, ob es noch die
Erlebnismöglichkeiten irgend eines Individuums bereichern
kann. (Unter Umständen: eines Individuums, das wenn voraus, von der Masse eingeholt werden kann, bei der vorauszu-
sehenden Wegrichtung.)

2 Ausdrucksmöglichkeiten können bereichert werden, welche nicht eigentlich Erlebnismöglichkeiten sind, sondern
eher Kommunikationsmöglichkeiten. (Unter Umständen
kann gefragt werden: Wieweit ist das Wie an das Was gebunden und das Was fixiert an gewisse Klassen.)

3 Lyrik ist niemals bloßer Ausdruck. Die lyrische Rezeption
ist eine Operation so gut wie etwa das Sehen oder Hören,
d. h. viel mehr aktiv. Das Dichten muß als menschliche Tätigkeit angesehen werden, als gesellschaftliche Praxis mit aller
Widersprüchlichkeit, Veränderlichkeit, als geschichtsbedingt
und geschichtemachend. Der Unterschied liegt zwischen
»widerspiegeln« und »den Spiegel vorhalten«.

2 »eine liebliche Erscheinung, gesandt, / um die Zierde eines Augenblicks zu
sein«.
3 »heimzusuchen, zu erschrecken, aufzulauern«.

66

MAX KOMMERELL

*Ausgehend von der Erkenntnis, daß »über Gedichte schwer
reden ist«, daß aber demungeachtet im Sinne öffentlicher Kul-
tur- und Traditionspflege eine Verständigung über »das Wissen um die Gedichte und das Dichten und die Mittel, davon
einen Begriff zu erwecken« erforderlich ist, hat der Literaturwissenschaftler Max Kommerell (1902–44), selbst dichterisch
produktiv und während seiner Studienjahre Stefan George
und dessen Kreis sehr nahestehend, 1943 das Buch »Gedanken
über Gedichte« nicht ohne gewisse didaktische Absichten veröffentlicht: »der Verfasser sähe es gern, wenn sein Buch eine
Art Lehrmittel würde«, obwohl – oder gerade weil – es ihm
darum ging, »seine Auslegungen nicht dogmatisch werden zu
lassen«. Die in dem Band enthaltenen Studien zur Lyrik
Goethes, Novalis', Hölderlins, Nietzsches, Rilkes werden
durch den grundlegenden, z. T. mit den Vorstellungen Hofmannsthals (vgl. Text Nr. 52) in enger Verbindung stehenden
Theorie-Essay »Vom Wesen des lyrischen Gedichts« einge-
leitet.*

Vom Wesen des lyrischen Gedichts

Nach dem Wesen eines Dings wird wohl erst gefragt, wenn
nicht mehr klar ist, wozu es dient. So hat man auch früher
nicht gefragt, was das lyrische Gedicht sei, da die andere
Frage: Wozu es diene, vom Leben selbst beantwortet war. Im
geselligen Leben gab es einen Ort für das Gedicht, wo es,
soweit es vollziehbar ist, vollzogen wurde – ein Vorgang,
nicht nur ein Gebilde. Daß das Gedicht (sei es ein griechi-
sches, sei es ein mittelalterliches) einen Ort im Leben hatte,
dazu gehörte mancherlei: Daß man es sagte oder vielmehr
sang, dann: Wer es sang und vor welchen, und endlich: Die
Gelegenheit, die mehr erwogen wurde als das Dichten und

der Dichter. Die Gelegenheit, bei der es erklang, war nicht
von der Kunst bestimmt: das gesellige Leben forderte an einer
bestimmten Stelle seines Ablaufs, die sonst leer geblieben
wäre, Kunst, und nicht nur Kunst überhaupt, sondern eine
bestimmte Form. Diese Form war vorrätig, wer Dichter war,
meisterte sie; doch ließ auch ihre sorgfältigste Ausbildung ein
Abwandeln, ein Steigern, eine letzte, erfüllende Meister-
schaft zu und entfaltete dadurch einen Wettbewerb, für den
gar wohl ein Preisgericht zuständig sein konnte. Denn bei
einer vorgezeichneten strengen Bestimmung des Gedichts,
die ein selbst schon vorgezeichnetes Leben vorzeichnete,
waren die Maßstäbe seines Werts nicht willkürlich. Sogar,
was wir als inwendig durchaus dem Dichter anheimzustellen
gewohnt sind, die Gefühle, waren in gewisser Weise vorgese-
hen. Sie waren bestimmt, sich in einer nicht zufälligen Umgebung zu offenbaren; man dachte sie zusammen mit einer lyrischen Gattung. Auch auf dem Gipfel der Leidenschaft und im
gewagtesten Ausdruck einer für uns noch erkennbaren Persönlichkeit schlossen sie nur eine Skala von Empfindungen
ab, die im Begriff der Menschen ausgebildet war – eine Skala
von Empfindungen, die eine Art Decorum hatte, und nahe
verwandt war mit Haltungen und Bewährungen. Das Gedicht, das so vorgetragene, erfüllte eine Erwartung; insoweit
waren die Hörer am Machen des Gedichts mitbeteiligt.
Zuvörderst gehörte also zum Dichten das Wissen um diesen
Ort im Leben und um die Erwartung, die eine bestimmte
Hörerschaft in bezug auf das Gedicht hegte. Es ist nicht zu
leugnen, daß das, was wir den Dichter nennen – er an und für
sich, wie er vor sich selber ist, nie gewesen, nie wiederkeh-
rend – auch in solchen dichterischen Kulturen bald schwächer, bald entschiedener da war, und daß wir in den stärksten
Fällen eine Stimme und das Beben einer Stimme zu vernehmen glauben. Aber das suchte man nicht und zeichnete man
nicht aus; es war vorhanden, indem es sich vergaß, nicht
indem es sich behauptete.
Es gibt andere, meist spätere Entfaltungen des lyrischen

Gedichts, wo dies ganz bestimmte Wozu – Ort, Gelegenheit, Vortrag, Hörerkreis – und vor allem: das lebendige Erklingen, nicht mehr so gesichert und vielleicht gar vergessen ist, ohne daß deswegen die Gestalt des Gedichts dem Belieben überlassen bliebe. Vielmehr bilden gerade solche Zeiten der nicht gesungenen, nicht »aufgeführten«, sondern nur vorgelesenen oder gar nur durchs Auge aufgenommenen Lyrik das Leben der einzelnen Gattungen reich und zart aus zu einem literarischen Kanon. Darum reicht die römische Lyrik näher an uns heran als die griechische oder mittelalterliche. Aber nie darf vergessen werden, daß der Ursprung der Gattungen weiter zurückreicht und ihnen ihre Bestimmung ursprünglich gesetzt ist von einem Gebrauch her, dem sie im erhöhten Leben dient. So darf auch die vollkommen ausgebildete literarische Konvention als Folge einer anderen, der Lebensgestaltung angehörigen Konvention betrachtet werden. Wenn sich für die neuere Lyrik die Verbindlichkeit literarischer Formen sehr gelockert hat, aber doch noch entschieden nachwirkt, so ist jene andere Konvention, die ein Gedicht an seinem Orte vorsieht und zu seiner Gelegenheit erklingen läßt, für sie aufgehoben, und war es schon, als sie mit dem Erscheinen des jungen Goethe eine neue, bis heute gültige Gestalt annahm. Wir sind gewohnt, es als Einbuße anzusehen, wenn Dichtung literarisch wird. Gilt dies aber für die Lyrik? Der Roman ist schon als Gattung, ist notwendig und von Beginn an Literatur. Das Drama ist bis heute nicht ganz literarisch geworden, da – ungeachtet des immer schmerzlicheren Abstands zwischen dem Drama als Dichtung und dem Drama als spielbarem Stück – schon vom Begriff seiner Form das Aufführen untrennbar bleibt. Das Epos aber starb daran, daß es ganz literarisch wurde, nachdem es sich im Übergang dazu vollendet hatte. Das moderne Europa, das nicht ohne das alte Epos werden konnte, besitzt es in seiner eigentlichen Form nicht mehr. Beim lyrischen Gedicht wird die Einbuße aufgewogen durch einen andern, schwer zu beschreibenden Zuwachs, und ist für uns um so weniger fühlbar, als dieser

Zuwachs heute das Wesen der Lyrik auszumachen scheint. Daß sie nämlich spontan wurde. Dafür mußte zuerst jeder Vorrat, mußte eine gegebene Gebärdensprache der Gefühle, ein Kanon der Formen, ein Stil und ein Anstand fallen, aus dem Denken der Menschen entschwunden sein, mußte die feste Anwendung und das lebendige Zeremoniell der lyrischen Poesie außer Gebrauch kommen. Es mußte ferner dem Dichter auch die Vorstellung des bestimmten Kreises, vor dem sein Gedicht zu erklingen hat, und der Erwartung, die dieser Kreis an das Gedicht stellt, verloren sein. Die letzte Nachwirkung des alten Zustands ist die Poetik: auch deren Geltung mußte gebrochen werden. In dieser schöpferischen Verlegenheit lernte das Lied sich selbst bestimmen, und gehorchte fortan nur noch der unwiederholbaren Schwingung der Seele, die es enthielt. [. . .]

Das, woran sich das Gedicht, so alleingelassen, nun halten wird, ist das Weiteste und Eigenste, was es gibt: die Seele. Doch wohl die Seele des Dichters? So die schwebende Frage abzutun, ist der moderne Betrachter nur allzu fertig. Bleibe diese rasche Antwort zunächst beiseite! Seele überhaupt ist es, was im Gedicht lebt und (in Hinsicht auf die besprochene Musikalität der Sprache) in ihm tönend wird. Über sie wissen wir so wenig. Ist das Gedicht da als ein Zweites, als ein Wiedererscheinendes, das sie spiegelt – oder wie ist das Dasein des Gedichts sonst mit dem Dasein der Seele verbunden? Dafür, daß ein Seiendes geistiger Art in einem Gegenstand anwesend ist und, an ihn gebunden, mit seiner eigentümlichen Kraft in ihm wirkt, besitzen wir ein Wort, das Fremdwort ist, weil es nicht unsere Erfahrung, sondern der Erfahrung einer früheren Völkerstufe angehört: Symbol. Diesen Begriff unterscheidet von seinen Nachbarbegriffen, daß das Symbol ein Gemeintes nicht bloß ausdrückt, vertritt oder bezeichnet, sondern mit dessen Kraft ausgestattet ist. Das Symbol und die durch das Symbol vertretene Macht sind nicht an sich verschieden, nur durch die Art zu sein. Dasselbe Seiende ist auf zwei Arten da: in der ihm zunächst zukommenden, ungebun-

denen, geistigen Art und in der gebundeneren, gegenständlich abgekürzten des Symbols. Symbole sind immer esoterisch. Ihr Wirkungskreis kann sich weiten zum Kreis eines Volkes oder eines Glaubens. Immer aber ist er ein Kreis der Weihe, das heißt der Gemeinde, die von der durch das Symbol vertretenen Macht geordnet und gestimmt ist. Als ein abgestorbenes Überbleibsel einer solchen Erfahrung fristet sich das Symbol durch unsere Kunstlehren fort; hier muß es in seinem alten Sinn erfaßt werden: als die von einem Ding ausstrahlende Gegenwart einer in sich freien und geistigen Wesenheit. Also immer ein Paradox! Doch muß nicht auch an ein Gedicht geglaubt werden? Wird seine Schönheit anders als für die Erfahrung wahr? Gedichte sind Symbole der Seele – Seele ist in ihnen auf eine zweite, gebundenere Weise noch einmal da. Ja es ist die Frage, ob die Seele außer im Gedicht überhaupt in etwas so unmittelbar zugegen ist! [...]
Wenn man sagt: die Seele fühlt sich selbst, wenn sie in irgendeiner Weise betroffen ist, so gibt man damit die eigentliche Bedingung unseres Daseins an. An sich könnte die Seele ja auch ohne dies dasein, irgendwie, irgendwo – aber wir haben davon keine Kunde. Sie ist immer in einem Zustand. Es gibt aber keinen seelischen Zustand ohne ein ihn Erregendes und die Vorstellung davon. Freilich umfaßt dies Erregende alle Abstufungen vom vordergründigsten bis zum untergründigsten Grund. Und vertiefen sich die Gefühle so, daß man unter das letzte Erregende noch hinabzusinken wähnt ins Grundlose der Seele, das eine leise Schwermut ist: so ist doch noch darin das Gefühl des Daseins selbst verborgen als die letzte, weiteste und doch zugleich strengste Form des Schicksals. Noch viel mehr gilt dies für die dichterische Mitteilung eines seelischen Zustands. Denn wenn jemand bei sich selbst allenfalls den Zustand, in den er sich versetzt weiß, vom Anlaß zu trennen vermag – in dem Anlaß das »Äußere«, in dem Zustand das »Innere« sehend –, so ist der dichterischen Mitteilung gerade jenes »Äußere« wichtig: sowohl das, was einen Zustand hervorruft, als das, worin er sich ausspricht, als auch

das, woran er sich reflektiert: die Data, die Bestimmungen, die Substrate jenes an sich ungreifbaren und unmittelbaren Zustands. Und wie im Selbstgefühl und im Selbstverständnis kann auch im Mitteilen jenes Grundlose erreicht werden, wo die Bestimmungen eines seelischen Zustands zusammenflie-ßen mit der Bestimmung alles uns bekannten menschlichen Wesens: auf der Welt zu sein, in der Welt zu sein, und es entsteht dann etwas wie Goethes Mignonlieder. [. . .]

Wenn man nach einem Ausdruck sucht, um dies Wirkliche, Besondere und Bestimmte eines Zustands im Gegensatz zu seinem allgemeinen Begriff zu bezeichnen, so bietet sich dafür das Wort »Stimmung« an – ein so vielsinnig und vag gebrauchtes Wort, daß man das Recht hat, es schärfer zu bedingen. Ein Wort, das zugleich nach Seele und nach Erde schmeckt; ein Wort, in dem nicht bloß die Grundtöne der Seele, sondern ihr jeweiliges Erklingen, nicht bloß die mögli-chen Gefühle beschlossen sind, sondern die Auswahl, die das Schicksal aus ihnen trifft. In der Stimmung denken wir das Herz, denken wir einen oder viele Anlässe, denken eine Umgebung mit, und vor allem den Augenblick! Den Augen-blick, der sich aus der Zeit heraushebt, ja, der die Zeit anhält, weil in ihm unser Dasein ausdrücklich wird. Weder von einem Tier noch von einem reinen Geist würden wir sagen: er ist gestimmt. Die Stimmung ist etwas Menschliches. Ein bild-licher Ausdruck, der hergenommen ist von einer des Erklin-gens fähigen, durch Kunst dazu bereiteten Materie. Also nichts, was sich »von selbst« begibt. Und etwas, was ein Mehrfaches voraussetzt: mehrere gespannte Saiten und der-gleichen. Und etwas, worauf dies Mehrfache gestimmt ist: ein Grundton, die Stimmgabel. [. . .]

Das Gedicht, sofern es eine Stimmung hat oder eine Stim-mung ist, kann in Hinsicht auf dreierlei betrachtet werden: in Hinsicht auf sich selbst, in Hinsicht auf den Dichter, in Hin-sicht auf den, der es liest oder hört. Über Gebühr und aus-schließlich wird neuerdings die Relation auf den Dichter betont bis zum Aberwitz, »den Dichter in seiner Werkstatt

zu belauschen« – eine Wendung, die untrüglich den Philister
verrät. An sich ist diese Relation die im Wert geringste, da der
Dichter durch das Gedicht überflüssig wurde. Die Frage nach
dem Gedicht an sich ist bedeutender; jedoch die nach dem
Bezug vom Gedicht zu dem, der es hört, als die vordringlich-
ste zu behandeln, wäre keineswegs unphilosophisch. So ver-
fuhr Aristoteles hinsichtlich der Tragödie und der Verwirklichung des tragischen Zustandes im Zuschauer. Der großen
und greifbaren Wirksamkeit der Dichtung, die er in der Zere-
monie der aufgeführten Tragödie vor sich hatte, entspricht in
unseren Tagen als wesentliche, jedoch ungreifbare Wirksamkeit der Dichtung das Hervorrufen des lyrischen Zustands in
dem das Gedicht aufnehmenden Leser. [...]
Die Stimmung eines Gedichtes ist also etwas sehr Zusammen-
gesetztes. In ihr war der Dichter gestimmt, ist das Gedicht
gestimmt und wird der Leser gestimmt. Daraus erklärt sich,
was man mit der Behauptung meint, ein Gedicht sei schön. Es
ist dies die Stimmung des Gedichtes. Das Gedicht ist schön,
heißt: es ist nichts in dem Gedicht vorhanden, das nicht vollkommen in dieser Stimmung schwänge. Damit ist nicht nur
gesagt, daß es den Dichter enthält; es enthält auch den Leser.
Wozu nicht nötig ist, daß der Dichter allgemein menschlich
oder der Leser dem Dichter ähnlich ist. Sondern das Gedicht
hat durch seine Stimmung die Gewalt, den, der es vernimmt,
in diese Stimmung hinüberzunehmen. Zu »versetzen«, wie
wir sagen. Diese stille Gewalt, die von der Stimmung des
Gedichts ausgeübt wird, bezeichnen wir mit dem Worte
»schön«. Es ist dafür ganz gleichgültig, ob sein Inhalt entzük-
kend oder zermalmend ist. Das im Gedicht auf eine zweite
Weise gegenwärtige Leben der Seele tritt in uns über – mehr
noch: ihr In-der-Welt-sein, ihre Verstrickung, ihr Schicksal.
Ihre einmalige Betroffenheit und ihr Lebensgefühl. Denn das
Gedicht sagt nie die Seele allein, sondern immer sie und ihr
Schicksal. Und zuletzt das Schicksal, das sie selber ist: die
Stimmung, auf die ihr Leben gestimmt ist, und die Stimmung
des Daseins. [...]

Es gehört zur Stimmung des Gedichts, daß die Bewegung der Seele, die in ihm eingehalten ist, von der Gelegenheit, an der sie sich verrät, nicht getrennt werden kann – daß sich also die Seele mit ihren Dingen aufs innigste verwechselt. Dennoch kann das Gedicht diese Verstrickung der Seele, dies ihr In-der-Welt-hängen, mit Ort, Stunde und Zufall, auf zwei Arten angeben, je nach dem Vorwiegen des einen oder des andern Elements. Es gibt einen Weg der Seele in die Dinge hinein und einen Weg der Dinge in die menschliche Seele hinein. So beginnt Conrad Ferdinand Meyer dichtend bei den Dingen, und am Ende des Gedichts löst sich die Dinglichkeit in einer leisen Beistimmung der Seele auf. Diese Form des lyrischen Gedichts endet bei der reinen Symbolik – wobei der zurückgelegte Weg verschwiegen bleibt. Nur noch Gebilde sind da, aber sie stehen in der Seele und sind sie selbst. Der andere Weg ist überwiegend der Weg Goethes, ein Weg voll Anfang, der dem kleinsten Gedicht ein ganzes Weltall der Schau und des Schicksals zur Beseelung einhändigt.

Nicht die Stimmung macht indes den Dichter, sondern daß sie in Worten unmittelbar wird. Hier ist noch einmal daran zu erinnern, daß das Gedicht ein Symbol der Seele ist. Ein Symbol nicht aus Vorstellungen, kein in der Bildlichkeit gegenständliches, dessen Anschauung die Worte nur vermitteln würden; sondern ein Symbol aus Worten, in dem auf eine zweite Weise die Seele selber da ist. Ein Etwas unterscheidet also die echte Lyrik aller Zeiten von einer Lyrik zweiter Hand, die keineswegs formlos, jener echten gelegentlich sogar an Form überlegen scheinen kann – ein Etwas, das ohne Zweifel auch die Lyrik überhaupt von erzählender oder dramatischer Versdichtung unterscheidet: es ist dies der Zustand der Sprache selbst im lyrischen Gedicht. Der Lyriker zweiten Grades verschüttet gewissermaßen die Stimmung auf dem Weg zur Sprache. Statt daß er die Worte selbst nach dieser Stimmung stimmte, verständigt er uns durch seine Worte über die Stimmung, von der er zeugen will. Sie erscheint dann in der Aussage, im Bild, Reflex oder Gegenstand, die sich an

die erste Stelle drängen, statt, als ein wichtiges Zweites, dem
gestimmten Wort zu dienen. Schon in der Ballade, vollends
im Epos und in der dramatischen Rede *bedeuten* die Worte
mehr als daß sie *sind*; eine Welt von Gestalten, Lagen und
Begebenheiten wird durch die Worte beschworen, so daß wir
die Worte über ihr vergessen. Freilich tritt beim Drama eine
neue Latenz des Wortes in die Wirklichkeit über, die seiner lyrischen Eigenschaft von ferne verwandt ist: es wird
Gebärdenträger im mimischen Sinne und verbürgt nun so
auch im nur gelesenen Text das gespielte Spiel. Das Epos
macht diese fernere Leistung des Wortes am deutlichsten: daß
es nämlich etwas anderes zeigt und dabei Abstand hält vom
gezeigten Ding und vom verstehenden Menschen. Wenn das
Wort im Epos eine Stimmung hat, hat es die Gesamtstim-
mung einer erhöhten Wirklichkeit und ist also festlich strö-
mend, so daß ein durchgehender Stil sich oft bis zur Formel
verdichtet. Das Sprechen des lyrischen Dichters ist ein anderes, ein erstes Sprechen.

In der Sprache sind von jeher zwei Kräfte rege, und wenn man
die Spätstufe einer Sprache daran erkennt, daß die eine dieser
Kräfte der anderen untergeordnet, ja aufgeopfert ist, so ist auf
einer solchen Stufe doch auch eine Rückläufigkeit möglich, so
daß sich die Sprache an ihrem Ursprung zu erholen und sich
ihrer ewigen Bedingungen zu versichern scheint. Die eine
dieser Kräfte ist das begriffliche Bezeichnen: es wendet sich
an die andern und zielt auf Mitteilung; darum setzt es einen
ausgebildeten, in sich zusammenhängenden Vorrat von bestimmten Worten und Wendungen für bestimmte Begriffe,
vor allem die Fertigkeit der Begriffsbildung überhaupt in
einem Kulturkreis voraus. Wie, kraft welcher versteckten
Notwendigkeit man gerade zu diesen Zeichen kam, wird
nicht mehr nachgefragt; gerade dies Fertigsein der Sprache
macht sie zum vielseitigen, unendlich anwendbaren Mittel
der Verständigung. Man kann doppelsinnig von einer Fertigkeit der Sprache sprechen, und diese Fertigkeit: daß man,
ohne einem Grunde nachzufragen, denselben Sachen diesel-

ben Namen gibt, ist es, was unter anderem ein Volk zu einem
Volke macht. Freilich entdeckt schon der oberflächliche
Beobachter, daß im lebendigen Gebrauch der Worte dies
begriffliche Bezeichnen durch allerlei anderes ergänzt wird.
Wenn etwa ein Mensch sagt: »Ach, mir ist übel – nein, wie
übel mir ist!«, so kommt die nicht festgelegte Stellung der
Worte, der Tonfall, in dem sie gesagt, die Geste, von der sie
begleitet sind, und der Gesichtsausdruck des Sprechenden
hinzu. Und wenn die Worte vorher ein eigenes und strenges
Bereich der begrifflichen Verständigung zu errichten schienen, wird jetzt offenbar, daß auch eine andere Kraft in ihnen
wirkt, und sie gliedern sich ein in ein ganz anderes, weit über
die Sprache hinausreichendes System von Verständigungen,
nämlich in das System der Gebärden. Was verständigt wird,
ist im einen Fall der Geist, der dem erkannten Zeichen den
entsprechenden Begriff unterlegt, im zweiten Fall die Seele,
die vom Ausdruck betroffen das entsprechende Gefühl in sich
nachahmt. Deswegen hielten Denker der Aufklärungszeit,
wie Lessing und andere, die Worte für willkürliche Zeichen,
d. h. für solche, die aus freien Stücken für einen bestimmten
Sinn vereinbart worden seien. Man fragte, wie schon gesagt
wurde, der Notwendigkeit, nach der diese Zeichen gesetzt
sind, nicht mehr nach. Immerhin haben sie einen gewissen
Schein von Freiheit, schon dadurch, daß eine kaum faßliche
Vielheit solcher fertigen Systeme der Verständigung auf der
Erde nebeneinander besteht, während die verständigende
Gebärde so gut wie die menschliche Träne oder der tierische
Schrei in ihrer Deutlichkeit überall zwingend ist. Die Sprache
gehört also auch zum System der Körpergebärden, die
ebensosehr Seelengebärden sind, und überragt sie durch ihre
Teilhabe am Geist, der sie seinerseits umbildet zum Mittel
seiner äußersten Wirkung.
Der Sinn dieser Gebärden, deren artikulierteste die Sprachge-
bärde ist, erschöpft sich nicht in Mitteilung. Die Gebärde ist,
so zwingend sie für den andern sein mag, niemals nur für ihn
da; nur weil sie auch für sich selber da ist, kann sie für den

andern so zwingend sein. Auch ein Gesicht, das ohne Zeugen
ist, hat sein Mienenspiel, und es ist sehr die Frage, ob die
Gebärden, durch die ein Wesen sich mit seinesgleichen verständigt, oder die, die ihm die Einsamkeit und die Zwiesprache mit sich selber auferlegt, in seiner körperlichen Erscheinung eine tiefere Spur hinterlassen. Oft scheint uns ein
Gesicht die Geschichte seiner einsamen Momente zu erzählen. Die Gebärde ist aber immer ein Zweites – etwas, womit
der Mensch antwortet auf das, was ihn trifft. Wieder ist es die
Betroffenheit, die für die lyrische Stimmung so wichtig war –
auch über das Wesen der Sprache gibt sie uns Aufschluß.
Betroffenheit aber ist vor jeder Mitteilung. Es ist also auch an
den Worten etwas, womit der Mensch auf irgend ihn Treffendes antwortet, eine Gebärdung der betroffenen Seele –
und während die Virtuosität der Sprache im begrifflichen
Bezeichnen, diese ihre in neuerer Zeit hervortretende Eig-
nung und Bestimmung, wenig von einer früheren Stufe verrät, so deutet diese andere, zurückgedrängte Bestimmung der
Sprache: Gebärde zu sein und die Betroffenheit der Seele
auszudrücken, vielleicht auf ihren Ursprung. Sofern die Sprache ein System von Ausdrucksgebärden ist, ist sowohl ihr
Vorrat an Wurzeln und Stämmen, als auch ihr Bau und
Gefüge jeder Willkür entrückt, und als schöpferische Antwort des vom Dasein betroffenen Menschen an seine ersten
Einweihungen gebunden. So wenig sich bis jetzt über diese
wissenschaftlich etwas aussagen ließ, so wenig sind sie im
Geschehen unserer Geschichte wiederholbar, und wenn also
das lyrische Gedicht als ein »erstes Sprechen« ihnen verglichen wird, so beruft sich dieser Vergleich nur auf jene
zurückgedrängte semiotische Kraft des Worts.

67

EMIL STAIGER

Nachfolger Emil Ermatingers (vgl. Text Nr. 57) auf dem Züricher Lehrstuhl für deutsche Literaturgeschichte, führt Emil Staiger (1908–87) die Bemühung um eine Klärung der literaturwissenschaftlichen ›Grundbegriffe‹ fort, freilich in Rückführung der dichtungs- und gattungstheoretischen Reflexion auf die Philosophie und Anthropologie (Husserl, Heidegger) und mit dem Ziel der Erarbeitung einer »Fundamentalpoetik«, in deren Blickwinkel die Bemühung um die Gattungsbegriffe als »literaturwissenschaftlicher Beitrag zu einer philosophischen Anthropologie« erscheinen konnte. Weniger eine Theorie der Lyrik als eine Theorie des ›Lyrischen‹ anstrebend (und damit der alten Einsicht in die Nichtidentität von Ausdruckshaltung und Gattung folgend, vgl. Engel, Text Nr. 15), entwickelt Staiger eine Vorstellung vom Wesen lyrischen Stils, die durch einseitige Orientierung an Beispielen aus der Lyrik Goethes und der deutschen Romantik als Versuch der Verabsolutierung eines inzwischen als historisch und relativ erkannten Verständnisses von Lyrik keine uneingeschränkte Zustimmung fand. Kritische Neuansätze zur Gattungstheorie nehmen seither mit Vorliebe ihren Ausgang von einer Auseinandersetzung mit der Konzeption Staigers. Die in den »Grundbegriffen« entwickelten lyriktheoretischen Vorstellungen hat Staiger in dem Aufsatz »Lyrik und lyrisch« (1952) noch einmal zusammengefaßt und präzisiert.

Lyrischer Stil: Erinnerung

Wenn die Idee des Lyrischen als ein und dieselbe allen bisher beschriebenen Stilphänomenen zugrunde liegt, so muß sich dies Eine als solches erweisen und nennen lassen. Einheit der Musik der Worte und ihrer Bedeutung, unmittelbare Wir-

kung des Lyrischen ohne ausdrückliches Verstehen (1.);
Gefahr des Zerfließens, gebannt durch den Kehrreim und
Wiederholungen anderer Art (2.); Verzicht auf grammati-
schen, logischen und anschaulichen Zusammenhang (3.);
Dichtung der Einsamkeit, welche nur von einzelnen Gleich-
gestimmten erhört wird (4.): Alles bedeutet, daß in lyrischer
Dichtung keinerlei Abstand besteht. [...] Derselbe Abstand,
der zwischen Dichtung und Hörer verschwindet, fehlt auch
zwischen dem Dichter und dem, wovon er spricht. Der lyrische Dichter sagt meist »ich«. Er sagt es aber anders als der
Verfasser einer Selbstbiographie. Vom eigenen Leben erzählen kann man erst, wenn eine Epoche zurückliegt. Dann wird
das Ich von höherer Warte aus überblickt und gestaltet. Der
lyrische Dichter »gestaltet« sich so wenig, wie er sich »begreift«. Die Worte »gestalten« und »begreifen« setzen ein
Gegenüber voraus. Wenn jenes für selbstbiographische Darstellungen am Platz sein mag, so dieses vielleicht für ein Tagebuch, in dem ein Mensch sich Rechenschaft über soeben ver-
brachte Stunden ablegt. Nur scheinbar, nur in der Zeit, die
nach der Uhr gemessen wird, liegt das Thema hier näher als
in der Selbstbiographie. Denn wer ein Tagebuch schreibt,
macht sich zum Gegenstand einer Reflexion. Er reflektiert, er
beugt sich auf das eben Vergangene zurück. Damit er sich
zurückbeugen kann, muß er sich vorher weggebeugt haben.
Und in der Tat! Der Begriff bewährt sich in wörtlichster
Bedeutung. Der Tagebuchschreiber befreit sich von jedem
Tag, indem er Abstand nimmt und das Gewesene überdenkt.
Gelingt ihm das nicht, spricht er unmittelbar, so fällt sein
Tagebuch lyrisch aus. [...]
Immer ist es derselbe Abstand, der in der lyrischen Dichtung
fehlt. Wir hätten ihn schon längst als Subjekt-Objekt-
Abstand bezeichnen können, wenn die Begriffe Subjekt und
Objekt nicht ebenso mißverständlich und mehrdeutig wären
wie der Begriff der Form. »Das Lyrische ist nicht objektiv«:
so lautet die Formel, die seit der idealistischen Ästhetik gang
und gäbe ist. Dieselbe Formel, positiv gewendet, scheint lau-

ten zu müssen: »Das Lyrische ist subjektiv.« Daraus ergibt sich dann leicht eine Dreiteilung der Poesie nach folgendem Schema: Lyrik – subjektive, Epos – objektive Poesie; das Drama – eine Synthese von beiden, worin sich das idealistische Denken nach dem Gegensatz Ich – Nicht-Ich, Geist – Natur oder die Hegelsche Dialektik bestätigt findet. Als System oder Metaphysik ist der Idealismus für die Geisteswissenschaften längst nicht mehr verbindlich. Die Begriffe »subjektive« und »objektive Poesie« sind aber geblieben und gehen neue Verbindungen ein. So wird etwa die Objektivität des Epos dahin ausgelegt, daß es die Wirklichkeit darstelle, wie sie unabhängig von der Person des Dichters bestehe. »Objektiv« heißt dann soviel wie »sachlich« und weiterhin »allgemeingültig«. Die Lyrik dagegen soll die Spiegelung der Dinge und Ereignisse im individuellen Bewußtsein zeigen. Schon hier verwirren sich die Begriffe. Wenn »unabhängig von der Person« so viel wie »an sich« bedeuten soll, so ist die Bestimmung offenbar falsch. Kein Gegenstand ist »an sich« zugänglich. Gerade weil er Gegenstand ist, gegenüber steht, kann er nur von einem Standpunkt aus betrachtet werden, in einer Perspektive, die eben die Perspektive des Dichters, seiner Zeit oder seines Volkes ist. »Objektiv« ist also nicht identisch mit »unabhängig vom Dichter«.

Der Gegensatz wird aber auch noch in anderem Sinne ausgelegt. Der Epiker stelle die Außenwelt, der Lyriker seine Innenwelt dar. Lyrische Dichtung sei innerlich. Was heißt das? Im Epischen besteht, wie sich zeigen wird, ein Gegenüber: hier das unbewegte Gemüt des Erzählers, dort das bewegte Geschehen. Was soll aber »innerlich« besagen? Etwa so viel wie »introvertiert«? Dies würde das Wesen des Lyrischen fälschen. Der psychologische Gegensatz von »introvertiert« und »extravertiert« hat nichts mit dem von »lyrisch« und »episch« zu schaffen. Ein so ausgesprochen epischer Dichter wie Spitteler ist introvertiert. Bei Brentano deutet alles auf den extravertierten Typus. Die Rede von »innen« und »außen« entsteht aus der Guckkastenvorstellung vom

Wesen des Menschen: Die Seele haust im Körper und läßt durch die Sinne die Außenwelt, zumal durch die Augen die Bilder herein. Sosehr sich heute jedermann gegen diese Vorstellung ereifert, sie wurzelt tief in unserem Geist und läßt sich kaum je ganz überwinden. Der Anblick des Menschen, der vor uns wandelt und körperlich scharf umrissen ist, aus dessen Augen die Seele leuchtet, legt sie uns immer wieder nahe. Und freilich, ganz sinnlos ist sie nicht. Daß wir durch den Körper von einer Außenwelt geschieden sind, ist eine Erfahrung, die zu einer bestimmten – der epischen – Stufe gehört. Im Epischen stellt sich der Körper dar. Deshalb gehen uns im epischen Dasein die Dinge als Außenwelt auf. Im lyrischen Dasein gilt das nicht. Da gibt es noch keine Gegenstände. Weil es aber noch keine Gegenstände, noch keine Objekte gibt, gibt es hier auch noch kein Subjekt. Und jetzt erkennen wir den Fehler, der die Begriffsverwirrung verschuldet. Wenn lyrische Dichtung nicht objektiv ist, so darf sie darum doch nicht subjektiv heißen. Und wenn sie nicht Außenwelt darstellt, stellt sie dennoch auch keine Innenwelt dar. Sondern »innen« und »außen«, »subjektiv« und »objektiv« sind in lyrischer Poesie überhaupt nicht geschieden. [...]

Hier ist nun der Ort, den fundamentalen Begriff der Stimmung zu erklären. »Stimmung« bedeutet nicht das Vorfinden einer seelischen Situation. Als seelische Situation ist eine Stimmung bereits begriffen, künstlicher Gegenstand der Beobachtung. Ursprünglich aber ist eine Stimmung gerade nichts, was »in« uns besteht. Sondern in der Stimmung sind wir in ausgezeichneter Weise »draußen«, nicht den Dingen gegenüber, sondern in ihnen und sie in uns. Die Stimmung erschließt das Dasein unmittelbarer als jede Anschauung oder jedes Begreifen. Wir sind gestimmt, das heißt durchwaltet vom Entzücken des Frühlings oder verloren an die Angst des Dunkels, liebestrunken oder beklommen, immer aber »eingenommen« von dem, was uns als körperliches Wesen – in Raum oder Zeit – gegenübersteht. Es ist darum sinnvoll, daß die Sprache ebenso von der Stimmung des Abends wie von der Stimmung der Seele redet.[a] Beide sind ununterscheidbar eins. Durchaus bewährt sich Amiels Wort »Un paysage quelconque est un état de l'âme«.[1] Nicht nur von Landschaften gilt dieses Wort. Alles Seiende vielmehr ist in der Stimmung nicht Gegenstand, sondern Zustand. Zuständlichkeit ist die Seinsart von Mensch und Natur in der lyrischen Poesie.

Was die Stimmung erschließt, ist nicht »gegenwärtig«, weder längst verrauschter Scherz und Kuß noch der Nebelglanz, der jetzt eben, da der Dichter spricht, Busch und Tal füllt. Denn der Begriff »gegenwärtig« soll buchstäblich genommen werden. Er soll ein Gegenüber bezeichnen. So dürfen wir sagen, daß der Erzähler Vergangenes vergegenwärtigt. Der lyrische Dichter vergegenwärtigt das Vergangene so wenig wie das, was jetzt geschieht. Beides vielmehr ist ihm gleich nah und näher als alle Gegenwart. Er geht darin auf, das heißt er »erinnert«. »Erinnerung« soll der Name sein für das Fehlen des Abstands zwischen Subjekt und Objekt, für das lyrische Ineinander. Gegenwärtiges, Vergangenes, ja sogar Künftiges kann in lyrischer Dichtung erinnert werden. Goethes ›Mailied‹ erinnert, was, von außen gesehen, Gegenwart ist; Mörikes ›Im Frühling‹ erinnert am Schluß »alte unnennbare Tage«; manche Oden Klopstocks erinnern die künftige Geliebte oder das Grab.

Nicht als ob nun dennoch die »lyrische Innenwelt« erneuert würde! »Erinnerung« bedeutet nicht den »Eingang der Welt in das Subjekt«, sondern stets das Ineinander, so daß man ebenso sagen könnte: der Dichter erinnert die Natur, wie: die Natur erinnert den Dichter. Das zweite würde vielleicht sogar der Erfahrung vieler lyrischer Dichter mehr entsprechen als das erste. Die Gnade oder der Fluch der Stimmung zum mindesten wäre besser gewürdigt.

a Vgl. dazu: Otto Friedrich Bollnow, Das Wesen der Stimmungen, Frankfurt a. M. 1941, S. 17–36.

1 Henri Amiel (1821–81), *Fragments d'un journal intime* (*Bruchstücke eines privaten Tagebuchs*) (Eintragung vom 31. Oktober 1852).

Doch nähert sich in dieser Erklärung das Lyrische nicht dem
Mystischen? In Hofmannsthals ›Gespräch über Gedichte‹[2]
finden sich Sätze, die dem hier Vorgetragenen nahestehen
und ebenso nahe jener Mystik, von der im ›Traum von großer
Magie‹ und in ›Ad me ipsum‹[b] die Rede ist:

> Sind nicht die Gefühle, die Halbgefühle, alle die geheim-
> sten und tiefsten Zustände unseres Inneren in der seltsam-
> sten Weise mit einer Landschaft verflochten, mit einer Jah-
> reszeit, mit einer Beschaffenheit der Luft, mit einem
> Hauch? Eine gewisse Bewegung, mit der du von einem
> hohen Wagen abspringst; eine schwüle sternlose Sommer-
> nacht; der Geruch feuchter Steine in einem Hausflur; das
> Gefühl eisigen Wassers, das aus einem Laufbrunnen über
> deine Hände sprüht: an ein paar tausend solcher Erdendin-
> ge ist dein ganzer innerer Besitz geknüpft, alle deine Auf-
> schwünge, alle deine Sehnsucht, alle deine Trunkenheit.
> Mehr als geknüpft: mit den Wurzeln ihres Lebens festge-
> wachsen daran, daß – schnittest du sie mit dem Messer von
> diesem Grunde ab, sie in sich zusammenschrumpften und
> dir zwischen den Händen zu nichts vergingen. Wollen wir
> uns finden, so dürfen wir nicht in unser Inneres hinabstei-
> gen: draußen sind wir zu finden, draußen. Wie der wesen-
> lose Regenbogen spannt sich unsere Seele über den unauf-
> haltsamen Sturz des Daseins. Wir besitzen unser Selbst
> nicht: von außen weht es uns an, es flieht uns für lange und
> kehrt uns in einem Hauch zurück. Zwar – unser »Selbst«!
> Das Wort ist solch eine Metapher. Regungen kehren zu-
> rück, die schon einmal früher hier genistet haben. Und sind
> sie's auch wirklich selber wieder? Ist es nicht vielmehr nur
> ihre Brut, die von einem dunklen Heimatgefühl hierher
> zurückgetrieben wird? Genug, etwas kehrt wieder. Und
> etwas begegnet sich in uns mit anderem. Wir sind nicht
> mehr als ein Taubenschlag.[c]

b Hrsg. von Walter Brecht, Jahrbuch des Freien Deutschen Hochstifts, 1930.
c Hugo v. Hofmannsthal, Gesammelte Werke, Berlin 1934, II/2, S. 236.
2 Vgl. oben Text Nr. 58.

Später wird noch hinzugefügt, daß »wir und die Welt nichts Verschiedenes sind«. Was heißt aber »Welt«? Hier offenbar so viel wie »das Seiende insgesamt«. Mit diesem All, das ewig und göttlich ist, fühlt der Mystiker sich identisch. Er schließt die Augen – μύει[3] – vor dem Vielen, zieht die Fülle in Eines und hebt die Zeit im Ewigen als dem »sunder warumbe«[4] Gottes auf.

Das »sunder warumbe« des lyrisch gestimmten Menschen dagegen ist eng begrenzt. Er fühlt sich eins mit dieser Landschaft, mit diesem Lächeln, mit diesem Ton, nicht also mit dem Ewigen, sondern gerade mit dem Vergänglichsten. Die Wolke zerfließt, das Lächeln erstirbt.

> Es wandelt, was wir schauen,
> Tag sinkt ins Abendrot . . .[5]

Und also wandelt sich auch die Seele. Der lyrische Dichter ist bewegt, indes der Mystiker eine unanfechtbare Ruhe in Gott bewahrt. Wohl kann es sein, daß sich die lyrische Stimmung zur mystischen Ruhe klärt, wie immer im Leben eins unmerklich ins andere übergeht. Die Wissenschaft aber, die zur Scheidung der Begriffe genötigt und verpflichtet ist, muß deutlich sagen, was »lyrisch«, was »mystisch« heißen soll, damit im fließenden, schwankenden Dasein Orientierung möglich sei.

68

GOTTFRIED BENN

Gegenüber den früheren Überlegungen, in denen es um eine ganz auf die eigene Person und Existenz zugeschnittene Definition des ›lyrischen Ich‹ ging (vgl. Text Nr. 58), stellt Benn

---

3 μύειν: die Augen schließen.
4 (mhd.) »ohne ein warum«, Bezeichnung für die Absolutheit des göttlichen Wesens bei Meister Eckhart und in der deutschen Mystik des Mittelalters.
5 Aus Eichendorffs Gedicht *Der Umkehrende*.

in dem Marburger Vortrag »Probleme der Lyrik« (1951) seine
Ansichten zur Lyrik in den weiteren Horizont der europä-
ischen lyrischen Moderne und resümiert vor diesem Hinter-
grund die eigenen Erfahrungen aus lebenslanger lyrischer
Praxis. Die hier vorgetragenen Auffassungen beeinflußten
über ein Jahrzehnt nachhaltig die bundesdeutsche Lyrik-Dis-
kussion, bevor mit dem Beispiel der Brechtschen Lyrik (und
Lyrik-Theorie) ab Mitte der sechziger Jahre ein anderes
Modell von Lyrik ins öffentliche Bewußtsein drang.

Probleme der Lyrik

Meine Damen und Herren,
wenn Sie am Sonntagmorgen Ihre Zeitung aufschlagen, und
manchmal sogar auch mitten in der Woche, finden Sie in einer
Beilage meistens rechts oben oder links unten etwas, das
durch gesperrten Druck und besondere Umrahmung auffällt,
es ist ein Gedicht. Es ist meistens kein langes Gedicht, und
sein Thema nimmt die Fragen der Jahreszeit auf, im Herbst
werden die Novembernebel in die Verse verwoben, im Frühling die Krokusse als Bringer des Lichts begrüßt, im Sommer
die mohndurchschossene Wiese im Nacken besungen, zur
Zeit der kirchlichen Feste werden Motive des Ritus und der
Legenden in Reime gebracht – kurz, bei der Regelmäßigkeit, mit der sich dieser Vorgang abspielt, jahraus, jahrein,
wöchentlich erwartbar und pünktlich, muß man annehmen,
daß zu jeder Zeit eine ganze Reihe von Menschen in unserem
Vaterland dasitzen und Gedichte machen, die sie an die Zeitungen schicken, und die Zeitungen scheinen überzeugt zu
sein, daß das Lesepublikum diese Gedichte wünscht, sonst
würden die Blätter den Raum anders verwenden. Die Namen
dieser Gedichthersteller sind meistens keine sehr bekannten
Namen, sie verschwinden dann wieder aus den Feuilletons,
und es wird so sein, wie mir Professor Ernst Robert Curtius[1],

1 Romanist (1886–1956).

mit dem ich in freundschaftlichem Briefwechsel stehe, schrieb, als ich ihm einen seiner Studenten als recht begabt empfahl. Er schrieb: »Ach, diese jungen Leute, sie sind wie die Vögel, im Frühling singen sie, und im Sommer sind sie dann schon wieder still.« Mit diesen Gedichten der Gelegenheit und der Jahreszeiten wollen wir uns nicht befassen, obschon es durchaus möglich ist, daß sich gelegentlich ein hübsches Poem darunter befindet. Aber ich gehe hiervon aus, weil dieser Vorgang einen kollektiven Hintergrund hat, die Öffentlichkeit lebt nämlich vielfach der Meinung: da ist eine Heidelandschaft oder ein Sonnenuntergang, und da steht ein junger Mann oder ein Fräulein, hat eine melancholische Stimmung, und nun entsteht ein Gedicht. Nein, so entsteht kein Gedicht. Ein Gedicht entsteht überhaupt sehr selten – ein Gedicht wird gemacht. Wenn Sie vom Gereimten das Stimmungsmäßige abziehen, was dann übrigbleibt, wenn dann noch etwas übrigbleibt, das ist dann vielleicht ein Gedicht. [...]
Ich gebrauchte vorhin zur Charakterisierung des modernen Gedichts den Ausdruck Artistik und sagte, das sei ein umstrittener Begriff – in der Tat, er wird in Deutschland nicht gern gehört. Der durchschnittliche Ästhet verbindet mit ihm die Vorstellung von Oberflächlichkeit, Gaudium, leichter Muse, auch von Spielerei und Fehlen jeder Transzendenz. In Wirklichkeit ist es ein ungeheuer ernster Begriff und ein zentraler. Artistik ist der Versuch der Kunst, innerhalb des allgemeinen Verfalls der Inhalte sich selber als Inhalt zu erleben und aus diesem Erlebnis einen neuen Stil zu bilden, es ist der Versuch, gegen den allgemeinen Nihilismus der Werte eine neue Transzendenz zu setzen: die Transzendenz der schöpferischen Lust. So gesehen, umschließt dieser Begriff die ganze Problematik des Expressionismus, des Abstrakten, des Anti-Humanistischen, des Atheistischen, des Anti-Geschichtlichen, des Zyklizismus, des »hohlen Menschen« – mit einem Wort die ganze Problematik der Ausdruckswelt.

In unser Bewußtsein eingedrungen war dieser Begriff durch Nietzsche, der ihn aus Frankreich übernahm. Er sagte: die Delikatesse in allen fünf Kunstsinnen, die Finger für Nuancen, die psychologische Morbidität, der Ernst der Mise en scène, dieser Pariser Ernst par excellence[2] – und: die Kunst als die eigentliche Aufgabe des Lebens, die Kunst als dessen metaphysische Tätigkeit.[3] Das alles nannte er Artistik.[4]

Helligkeit, Wurf, Gaya[5] – diese seine ligurischen Begriffe – rings nur Welle und Spiel, und zum Schluß: du hättest singen sollen, o meine Seele[6] – alle diese seine Ausrufe aus Nizza und Portofino –: über dem allen ließ er seine drei rätselhaften Worte schweben: »Olymp des Scheins«[7], Olymp, wo die großen Götter gewohnt hatten, Zeus zweitausend Jahre geherrscht hatte, die Moiren das Steuer der Notwendigkeit geführt und nun –: des Scheins! Das ist eine Wendung. Das ist kein Ästhetizismus, wie er das neunzehnte Jahrhundert durchzuckte in Pater[8], Ruskin[9], genialer in Wilde[10] – das war etwas anderes, dafür gibt es nur ein Wort von antikem Klang: Verhängnis. Sein inneres Wesen mit Worten zu zerreißen, der Drang sich auszudrücken, zu formulieren, zu blenden, zu funkeln auf jede Gefahr und ohne Rücksicht auf die Ergebnisse – das war eine neue Existenz. Sie hatte ihren Keim in jenem Flaubert, den der Anblick einiger Säulen der Akropolis

---

2 In: *Ecce homo* (Abschnitt »Warum ich so klug bin«, 5).

3 In: *Die Geburt der Tragödie aus dem Geiste der Musik* (»Vorwort an Richard Wagner«).

4 In: *Versuch einer Selbstkritik* (5. Abschnitt).

5 Vgl. den (provenzalischen, gegen die scholastische Theologie und Philosophie gerichteten) Begriff der »gaya scienza«, auf den Nietzsche in einem seiner Hauptwerke, *Die fröhliche Wissenschaft* (1882), zurückgreift.

6 In: *Versuch einer Selbstkritik* (3. Abschnitt).

7 Vgl. *Die Geburt der Tragödie aus dem Geiste der Musik* (3. Abschnitt).

8 Walter Pater (1839–94), englischer Schriftsteller und Kritiker, Vertreter des l'art pour l'art.

9 John Ruskin (1819–1900), englischer Schriftsteller und Kunstkritiker (*Modern Painters*, 1843–60).

10 Oscar Wilde (1854–1900), englischer Schriftsteller und Vertreter des Ästhetizismus.

ahnen ließ, was mit der Anordnung von Sätzen, Worten, Vokalen an unvergänglicher Schönheit erreichbar wäre[11] – in Novalis, der von der Kunst als von der progressiven Anthropologie sprach, ja selbst in Schiller[12], bei dem sich die merkwürdige Hervorhebung eines ästhetischen Scheins findet, der es nicht nur ist, *sondern auch sein will*. Und wer immer noch zweifelt, daß hier eine Entwicklung zum Abschluß kam, gedenke des Wortes aus Wilhelm Meisters Wanderjahren: »Auf ihrem höchsten Gipfel scheint die Poesie ganz äußerlich, je mehr sie sich ins Innere zurückzieht, ist sie auf dem Wege zu sinken.«[13] Das alles lag vor, aber der Zwang zur Integration vollzog sich erst hier.

Das ist ein langes Kapitel und ich habe es in meinen Büchern oft zu durchleuchten gesucht. Heute beschränke ich mich auf das Gedicht, und ich kann es, denn im Gedicht spielen sich alle diese Seinskämpfe wie auf einem Schauplatz ab, hinter einem modernen Gedicht stehen die Probleme der Zeit, der Kunst, der inneren Grundlagen unserer Existenz weit gedrängter und radikaler als hinter einem Roman oder gar einem Bühnenstück. Ein Gedicht ist immer die Frage nach dem Ich, und alle Sphinxe und Bilder von Sais mischen sich in die Antwort ein. Doch ich will alles Tiefsinnige vermeiden und empirisch bleiben, darum werfe ich die Frage auf, welches sind nun also die besonderen Themen der Lyrik von heute? Hören Sie bitte: Wort, Form, Reim, langes oder kurzes Gedicht, an wen ist das Gedicht gerichtet, Bedeutungsebene, Themenwahl, Metaphorik – wissen Sie, woraus die eben von mir genannten Begriffe sind? Sie sind aus einem amerikanischen Fragebogen an Lyriker, in USA versucht man auch die Lyrik durch Fragebogen zu fördern. Ich finde das interessant, es zeigt, daß bei den Lyrikern drüben die gleichen Überlegungen angestellt werden wie bei uns. Zum

11 Brief an George Sand, 3. April 1876.
12 Vgl. *Über die ästhetische Erziehung des Menschen*, 26. Brief.
13 »Betrachtungen im Sinne der Wanderer«, Nr. 71 (*Wilhelm Meisters Wanderjahre*, 2. Buch).

Beispiel die Frage, ob langes oder kurzes Gedicht, hatte
schon Poe[14] aufgeworfen, und Eliot[15] greift sie wieder auf, sie
ist eine äußerst persönliche Frage. Vor allem aber hat es mir
die Frage: an wen ist ein Gedicht gerichtet, angetan – es ist
tatsächlich ein Krisenpunkt, und es ist eine bemerkenswerte
Antwort, die ein gewisser Richard Wilbur[16] darauf gibt: Ein
Gedicht, sagt er, ist an die Muse gerichtet, und diese ist unter
anderem dazu da, die Tatsache zu verschleiern, daß Gedichte
an niemanden gerichtet sind. Man sieht daraus, daß auch drüben der monologische Charakter der Lyrik empfunden wird,
sie ist in der Tat eine anachoretische Kunst. [. . .]
Als *nächstes* möchte ich Ihnen einen Vorgang etwas direkter
schildern, als es im allgemeinen geschieht. Es ist der Vorgang
beim Entstehen eines Gedichts. Was liegt im Autor vor? Welche Lage ist vorhanden? Die Lage ist folgende: Der Autor
besitzt:
Erstens einen dumpfen schöpferischen Keim, eine psychische
Materie.
Zweitens Worte, die in seiner Hand liegen, zu seiner Verfügung stehen, mit denen er umgehen kann, die er bewegen
kann, er kennt sozusagen seine Worte. Es gibt nämlich etwas,
was man die Zuordnung der Worte zu einem Autor nennen
kann. Vielleicht ist er auch an diesem Tag auf ein bestimmtes
Wort gestoßen, das ihn beschäftigt, erregt, das er leitmoti-
visch glaubt verwenden zu können.
Drittens besitzt er einen Ariadnefaden, der ihn aus dieser
bipolaren Spannung herausführt, mit absoluter Sicherheit
herausführt, denn – und nun kommt das Rätselhafte: das
Gedicht ist schon fertig, ehe es begonnen hat, er weiß nur
seinen Text noch nicht. Das Gedicht kann gar nicht anders

---

14 Edgar Allan Poe (1809–49), amerikanischer Kritiker und Schriftsteller; ver-
   trat in seiner Schrift *The Poetic Principle* (1850) die Auffassung, ein langes
   Gedicht sei ein Widerspruch in sich.
15 Thomas Stearns Eliot (1888–1965), *From Poe to Valéry* (1948), deutsche
   Übersetzung *Von Poe zu Valéry* in: *Merkur* 4 (1950) S. 1252 ff. (dort:
   S. 1258 f.).
16 Amerikanischer Lyriker (geb. 1921).

lauten, als es eben lautet, wenn es fertig ist. Sie wissen ganz genau, wann es fertig ist, das kann natürlich lange dauern, wochenlang, jahrelang, aber bevor es nicht fertig ist, geben Sie es nicht aus der Hand. Immer wieder fühlen Sie an ihm herum, am einzelnen Wort, am einzelnen Vers, Sie nehmen die zweite Strophe gesondert heraus, betrachten sie, bei der dritten Strophe fragen Sie sich, ob sie das missing link[17] zwischen der zweiten und vierten Strophe ist, und so werden Sie bei aller Kontrolle, bei aller Selbstbeobachtung, bei aller Kritik die ganzen Strophen hindurch innerlich geführt – ein Schulfall jener Freiheit am Bande der Notwendigkeit, von der Schiller spricht. Sie können auch sagen, ein Gedicht ist wie das Schiff der Phäaken, von dem Homer erzählt, daß es ohne Steuermann geradeaus in den Hafen fährt. Von einem jungen Schriftsteller, den ich nicht kenne, und von dem ich nicht weiß, ob er lyrische Werke schafft, von einem gewissen Albrecht Fabri[18] las ich kürzlich im »Lot«[19] eine Bemerkung, die genau diesen Sachverhalt schildert, er sagt: »die Frage, von wem ein Gedicht sei, ist auf jeden Fall eine müßige. Ein in keiner Weise zu reduzierendes X hat teil an der Autorschaft des Gedichtes, mit anderen Worten, jedes Gedicht hat seine homerische Frage[20], jedes Gedicht ist von mehreren, das heißt von einem unbekannten Verfasser.«

Dieser Sachverhalt ist so merkwürdig, daß ich ihn nochmal anders ausdrücken möchte. Irgend etwas in Ihnen schleudert ein paar Verse heraus oder tastet sich mit ein paar Versen hervor, irgend etwas anderes in Ihnen nimmt diese Verse sofort in die Hand, legt sie in eine Art Beobachtungsapparat, ein Mikroskop, prüft sie, färbt sie, sucht nach pathologischen Stellen. Ist das erste vielleicht naiv, ist das zweite ganz etwas anderes: raffiniert und skeptisch. Ist das erste vielleicht sub-

---

17 fehlendes Bindeglied.
18 Essayist (geb. 1911).
19 Zeitschrift der Berliner Nachkriegszeit (1947–52).
20 Streitfrage der Wissenschaft, ob die Homer zugeschriebenen Epen *Ilias* und *Odyssee* das Werk eines einzigen Dichters oder mehrerer Dichter sind.

jektiv, bringt das zweite die objektive Welt heran, es ist das formale, das geistige Prinzip.

Ich verspreche mir nichts davon, tiefsinnig und langwierig über die Form zu sprechen. Form, isoliert, ist ein schwieriger Begriff. Aber die Form *ist* ja das Gedicht. Die Inhalte eines Gedichtes, sagen wir Trauer, panisches Gefühl, finale Strömungen, die hat ja jeder, das ist der menschliche Bestand, sein Besitz in mehr oder weniger vielfältigem und sublimem Ausmaß, aber Lyrik wird daraus nur, wenn es in eine Form gerät, die diesen Inhalt autochthon macht, ihn trägt, aus ihm mit Worten Faszination macht. Eine isolierte Form, eine Form an sich, gibt es ja gar nicht. Sie ist das Sein, der existentielle Auftrag des Künstlers, sein Ziel. In diesem Sinne ist wohl auch der Satz von Staiger aufzufassen: Form ist der höchste Inhalt. [. . .]

Ich muß mich in eine andere Periode meiner Produktion zurückversetzen, um deutlich zu werden. Ich erlaube mir, Ihnen vorzutragen, was ich 1923 über die Beziehung des lyrischen Ich zum Wort schrieb. Bitte hören Sie:[21]

»Es gibt im Meer lebend Organismen des unteren zoologischen Systems, bedeckt mit Flimmerhaaren. Flimmerhaar ist das animale Sinnesorgan vor der Differenzierung in gesonderte sensuelle Energien, das allgemeine Tastorgan, die Beziehung an sich zur Umwelt des Meers. Von solchen Flimmerhaaren bedeckt stelle man sich einen Menschen vor, nicht nur am Gehirn, sondern über den Organismus total. Ihre Funktion ist eine spezifische, ihre Reizbemerkung scharf isoliert: sie gilt dem Wort, ganz besonders dem Substantivum, weniger dem Adjektiv, kaum der verbalen Figur. Sie gilt der Chiffre, ihrem gedruckten Bild, der schwarzen Letter, ihr allein.«

Ich unterbreche jetzt für einen Augenblick die alten Sätze und hebe hervor: Flimmerhaare, die tasten etwas heran, nämlich Worte, und diese herangetasteten Worte rinnen sofort

21 Vgl. Text Nr. 58.

zusammen zu einer Chiffre, einer stilistischen Figur. Hier füllt nicht mehr der Mond Busch und Tal wie vor zweihundert Jahren, beachten Sie, diese schwarze Letter ist bereits ein Kunstprodukt, wir sehen also in eine Zwischenschicht zwischen Natur und Geist, wir sehen etwas selber erst vom Geist Geprägtes, technisch Hingebotenes hier mit im Spiel.

Nicht immer sind diese Flimmerhaare tätig, sie haben ihre Stunde. Das lyrische Ich ist ein durchbrochenes Ich, ein Gitter-Ich, fluchterfahren, trauergeweiht. Immer wartet es auf seine Stunde, in der es sich für Augenblicke erwärmt, wartet auf seine südlichen Komplexe mit ihrem »Wallungswert«, nämlich Rauschwert, in dem die Zusammenhangsdurchstoßung, das heißt die Wirklichkeitszertrümmerung, vollzogen werden kann, die Freiheit schafft für das Gedicht – durch Worte. [. . .]

Und dann schließe ich diese Aussage von 1923 mit folgenden Sätzen:

»Schwer erklärbare Macht des Wortes, das löst und fügt. Fremdartige Macht der Stunde, aus der Gebilde drängen unter der formfordernden Gewalt des Nichts. Transzendente Realität der Strophe voll von Untergang und voll von Wiederkehr: die Hinfälligkeit des Individuellen und das kosmologische Sein, in ihr verklärt sich ihre Antithese, sie trägt die Meere und die Höhe der Nacht und macht die Schöpfung zum stygischen Traum: ›Niemals und immer‹.«

Mehr möchte ich über das Wort nicht sagen. Ich weiß nicht, ob es mir gelungen ist, Ihnen nahezubringen, daß hier etwas Besonderes vorliegt. Wir werden uns damit abfinden müssen, daß Worte eine latente Existenz besitzen, die auf entsprechend Eingestellte als Zauber wirkt und sie befähigt, diesen Zauber weiterzugeben. Dies scheint mir das letzte Mysterium zu sein, vor dem unser immer waches, durchanalysiertes, nur von gelegentlichen Trancen durchbrochenes Bewußtsein seine Grenze fühlt.

69

THEODOR W. ADORNO

Das stark von der Hegelschen Philosophie geprägte kunst-
theoretische Denken des Soziologen und Ästhetikers Theodor
W. Adorno (1903–69) sucht die unvereinbar scheinenden
Ansprüche des Kunstwerks und der Gesellschaft in einen dia-
lektischen Ausgleich zu bringen: die Sprache der Lyrik er-
scheint so auf der einen Seite als Sprache der Wahrheit in
einem kritisch-utopischen Gegensatz zur Sprache der Ideolo-
gie und Lüge in der Gesellschaft; auf der anderen Seite wird
die Vorstellung, daß Lyrik »ein der Gesellschaft Entgegenge-
setztes, durchaus Individuelles« sei, als »in sich selbst gesell-
schaftlich« entlarvt. Auf der Basis des Hegelschen Axioms von
der wechselseitigen Vermitteltheit des Individuellen und des
Allgemeinen gesteht Adorno dem lyrischen Gedicht »reine
Subjektivität« zu und erhofft sich gerade von d e m Gedicht,
das auf die ausdrückliche Thematisierung von Gesellschaftli-
chem verzichtet, die eigentlich gesellschaftliche Wirkung. –
Die »Rede über Lyrik und Gesellschaft« wurde 1951 im Hes-
sischen Rundfunk gehalten.

Rede über Lyrik und Gesellschaft

Bei der Ankündigung eines Vortrags über Lyrik und Gesellschaft wird viele von Ihnen Unbehagen ergreifen. Sie werden
eine soziologische Betrachtung erwarten, wie sie nach Belieben an jeden Gegenstand sich heften kann, so wie man vor
fünfzig Jahren Psychologien, vor dreißig Phänomenologien
aller erdenklichen Dinge erfand. Sie werden dabei das Mißtrauen hegen, daß die Erörterung der Bedingungen, unter
denen Gebilde entstehen, und die ihrer Wirkung, sich vor-
witzig an Stelle der Erfahrung von den Gebilden wie sie sind
setzen will; daß Zuordnungen und Relationen die Einsicht in

Wahrheit oder Unwahrheit des Gegenstandes selber verdrängen. Sie werden argwöhnen, daß ein Intellektueller dessen schuldig werde, was Hegel dem »formellen Verstand« vorwarf, daß er nämlich, indem er das Ganze übersieht, über dem einzelnen Dasein steht, von dem er spricht, das heißt, es gar nicht sieht, sondern es etikettiert. Das Peinliche eines solchen Verfahrens wird Ihnen an der Lyrik besonders fühlbar. Das Zarteste, Zerbrechlichste soll angetastet, mit eben dem Getriebe zusammengebracht werden, von dem unberührt sich zu halten im Ideal zumindest des traditionellen Sinnes von Lyrik liegt. Eine Sphäre des Ausdrucks, die ihr Wesen geradezu daran hat, die Macht der Vergesellschaftung sei's nicht anzuerkennen, sei's, wie bei Baudelaire oder Nietzsche, durchs Pathos der Distanz zu überwinden, soll arrogant durch die Art ihrer Betrachtung zum Gegenteil dessen gemacht werden, als was sie sich selber weiß. Kann, so werden Sie fragen, von Lyrik und Gesellschaft ein anderer reden als ein amusischer Mensch?

Offenbar ist dem Verdacht nur dann zu begegnen, wenn lyrische Gebilde nicht als Demonstrationsobjekte soziologischer Thesen mißbraucht werden, sondern wenn ihre Beziehung auf Gesellschaftliches an ihnen selber etwas Wesentliches, etwas vom Grund ihrer Qualität aufdeckt. Sie soll nicht wegführen vom Kunstwerk, sondern tiefer in es hinein. Daß das aber zu erwarten sei, darauf allerdings führt die einfachste Besinnung. Denn der Gehalt eines Gedichts ist nicht bloß der Ausdruck individueller Regungen und Erfahrungen. Sondern diese werden überhaupt erst dann künstlerisch, wenn sie, gerade vermöge der Spezifikation ihres ästhetischen Geformtseins, Anteil am Allgemeinen gewinnen. Nicht, daß was das lyrische Gedicht ausdrückt, unmittelbar das sein müßte, was alle erleben. Seine Allgemeinheit ist keine volonté de tous, keine der bloßen Kommunikation dessen, was die anderen nur eben nicht kommunizieren können. Sondern die Versenkung ins Individuierte erhebt das lyrische Gedicht dadurch zum Allgemeinen, daß es Unentstelltes, Unerfaßtes, noch nicht Subsumiertes in die Erscheinung setzt und so geistig etwas vorwegnimmt von einem Zustand, in dem kein schlecht Allgemeines, nämlich zutiefst Partikulares mehr das andere, Menschliche fesselte. Von rückhaltloser Individuation erhofft sich das lyrische Gebilde das Allgemeine. Ihr eigentümliches Risiko aber hat Lyrik daran, daß ihr Individuationsprinzip nie die Erzeugung von Verpflichtendem, Authentischem garantiert. Sie hat keine Macht darüber, ob sie nicht in der Zufälligkeit der bloßen abgespaltenen Existenz verharrt.

Jene Allgemeinheit des lyrischen Gehalts jedoch ist wesentlich gesellschaftlich. Nur der versteht, was das Gedicht sagt, wer in dessen Einsamkeit der Menschheit Stimme vernimmt; ja, noch die Einsamkeit des lyrischen Wortes selber ist von der individualistischen und schließlich atomistischen Gesellschaft vorgezeichnet, so wie umgekehrt seine allgemeine Verbindlichkeit von der Dichte seiner Individuation lebt. Daher aber ist das Denken des Kunstwerks berechtigt und verpflichtet, dem gesellschaftlichen Gehalt konkret nachzufragen, nicht bei dem vagen Gefühl eines Allgemeinen und Umfangenden sich zu beruhigen. Solche denkende Bestimmung ist keine kunstfremde und äußerliche Reflexion, sondern wird von jedem sprachlichen Gebilde gefordert. Sein eigenes Material, die Begriffe, erschöpfen sich nicht in der bloßen Anschauung. Um ästhetisch angeschaut werden zu können, wollen sie immer auch gedacht werden, und der Gedanke, einmal vom Gedicht ins Spiel gesetzt, läßt sich nicht auf dessen Geheiß sistieren.

Dieser Gedanke aber, die gesellschaftliche Deutung von Lyrik, wie übrigens von allen Kunstwerken, darf danach nicht unvermittelt auf den sogenannten gesellschaftlichen Standort oder die gesellschaftliche Interessenlage der Werke oder gar ihrer Autoren zielen. Vielmehr hat sie auszumachen, wie das *Ganze* einer Gesellschaft, als einer in sich widerspruchsvollen Einheit, im Kunstwerk erscheint; worin das Kunstwerk ihr zu Willen bleibt, worin es über sie hinausgeht.

Das Verfahren muß, nach der Sprache der Philosophie, immanent sein. Gesellschaftliche Begriffe sollen nicht von außen an die Gebilde herangetragen, sondern geschöpft werden aus der genauen Anschauung von diesen selbst. Der Satz aus Goethes ›Maximen und Reflexionen‹, daß du, was du nicht verstehst, auch nicht besitzest,[1] gilt nicht nur für das ästhetische Verhältnis zu Kunstwerken sondern ebenso für die ästhetische Theorie: nichts, was nicht in den Werken, ihrer eigenen Gestalt ist, legitimiert die Entscheidung darüber, was ihr Gehalt, das Gedichtete selber, gesellschaftlich vorstellt. Das zu bestimmen verlangt freilich Wissen wie vom Inneren der Kunstwerke so auch von der Gesellschaft draußen. Aber verbindlich ist dies Wissen nur, wenn es in dem rein der Sache sich Überlassen sich wiederentdeckt. Wachsamkeit ist geboten zumal dem heute ins Unerträgliche ausgewalzten Ideologiebegriff gegenüber. Denn Ideologie ist Unwahrheit, falsches Bewußtsein, Lüge. Sie offenbart sich im Mißlingen der Kunstwerke, ihrem Falschen in sich und wird getroffen von Kritik. Großen Kunstwerken aber, die an Gestaltung und allein dadurch an tendenzieller Versöhnung tragender Widersprüche des realen Daseins ihr Wesen haben, nachzusagen, sie seien Ideologie, tut nicht bloß ihrem eigenen Wahrheitsgehalt unrecht, sondern verfälscht auch den Ideologiebegriff. Dieser behauptet nicht, aller Geist tauge nur dazu, daß irgendwelche Menschen irgendwelche partikularen Interessen als allgemeine unterschieben, sondern will den bestimmten falschen Geist entlarven und ihn zugleich in seiner Notwendigkeit begreifen. Kunstwerke jedoch haben ihre Größe einzig daran, daß sie sprechen lassen, was die Ideologie verbirgt. Ihr Gelingen selber geht, mögen sie es wollen oder nicht, übers falsche Bewußtsein hinaus.
Lassen Sie mich an Ihr eigenes Mißtrauen anknüpfen. Sie empfinden die Lyrik als ein der Gesellschaft Entgegengesetztes, durchaus Individuelles. Ihr Affekt hält daran fest, daß es

---

1 »Was man nicht versteht, besitzt man nicht« (Goethe, *Maximen und Reflexionen* , Nr. 241).

so bleiben soll, daß der lyrische Ausdruck, gegenständlicher
Schwere entronnen, das Bild eines Lebens beschwöre, das frei
sei vom Zwang der herrschenden Praxis, der Nützlichkeit,
vom Druck der sturen Selbsterhaltung. Diese Forderung an
die Lyrik jedoch, die des jungfräulichen Wortes, ist in sich
selbst gesellschaftlich. Sie impliziert den Protest gegen einen
gesellschaftlichen Zustand, den jeder Einzelne als sich feind-
lich, fremd, kalt, bedrückend erfährt, und negativ prägt der
Zustand dem Gebilde sich ein: je schwerer er lastet, desto
unnachgiebiger widersteht ihm das Gebilde, indem es keinem
Heteronomen sich beugt und sich gänzlich nach dem je eigenen Gesetz konstituiert. Sein Abstand vom bloßen Dasein
wird zum Maß von dessen Falschem und Schlechtem. Im
Protest dagegen spricht das Gedicht den Traum einer Welt
aus, in der es anders wäre. Die Idiosynkrasie des lyrischen
Geistes gegen die Übergewalt der Dinge ist eine Reaktions-
form auf die Verdinglichung der Welt, der Herrschaft von
Waren über Menschen, die seit Beginn der Neuzeit sich ausgebreitet, seit der industriellen Revolution zur herrschenden
Gewalt des Lebens sich entfaltet hat. Auch Rilkes Dingkult
gehört in den Bannkreis solcher Idiosynkrasie als Versuch,
noch die fremden Dinge in den subjektiv-reinen Ausdruck
hineinzunehmen und aufzulösen, ihre Fremdheit metaphysisch ihnen gutzuschreiben; und die ästhetische Schwäche
dieses Dingkults, der geheimnistuerische Gestus, die Vermischung von Religion und Kunstgewerbe, verrät zugleich die
reale Gewalt der Verdinglichung, die von keiner lyrischen
Aura mehr sich vergolden, in den Sinn einholen läßt.
Man verleiht solcher Einsicht ins gesellschaftliche Wesen von
Lyrik nur eine andere Wendung, wenn man sagt, ihr Begriff,
so wie er uns unmittelbar, gewissermaßen zweite Natur ist,
sei durchaus moderner Art. Analog hat die Landschaftsma-
lerei und ihre Idee von »Natur« erst in der Moderne auto-
nom sich entwickelt. Ich weiß, daß ich damit übertreibe, daß
Sie mir viele Gegenbeispiele entgegenhalten könnten. Das
eindringlichste wäre Sappho. Von der chinesischen, japani-

schen, arabischen Lyrik rede ich nicht, da ich sie nicht im
Original lesen kann und den Verdacht hege, daß sie durch
die Übersetzung in einen Anpassungsmechanismus gerät,
der angemessenes Verständnis überhaupt unmöglich macht.
Aber die Bekundungen des uns vertrauten, im spezifischen
Sinn lyrischen Geistes aus älterer Zeit leuchten nur versprengt
auf, so wie zuweilen Hintergründe alter Malerei die Idee des
Landschaftsbildes ahnungsvoll vorwegnehmen. Sie konsti-
tuieren nicht die Form. Die großen Dichter der früheren
Vergangenheit, die nach literargeschichtlichen Begriffen der
Lyrik zurechnen, Pindar etwa und Alkaios, aber auch das
Werk Walthers von der Vogelweide in seinem überwiegenden
Teil sind unserer primären Vorstellung von Lyrik ungemein
fern. Ihnen geht jener Charakter des Unmittelbaren, Ent-
stofflichten ab, den wir zu Recht oder Unrecht uns gewöhnt
haben, als Kriterium von Lyrik anzusehen, und über den nur
die angestrengte Bildung uns hinausführt.
Was wir jedoch mit Lyrik meinen, ehe wir den Begriff sei's
historisch erweitern, sei's kritisch gegen die individualistische
Sphäre wenden, hat, je »reiner« es sich gibt, das Moment des
Bruches in sich. Das Ich, das in Lyrik laut wird, ist eines, das
sich als dem Kollektiv, der Objektivität entgegengesetztes
bestimmt und ausdrückt; mit der Natur, auf die sein Ausdruck sich bezieht, ist es nicht unvermittelt eins. Es hat sie
gleichsam verloren und trachtet, sie durch Beseelung, durch
Versenkung ins Ich selber, wiederherzustellen. Erst durch
Vermenschlichung soll der Natur das Recht abermals zuge-
bracht werden, das menschliche Naturbeherrschung ihr ent-
zog. Selbst lyrische Gebilde, in die kein Rest des konventionellen und gegenständlichen Daseins, keine krude Stofflich-
keit mehr hineinragt, die höchsten, die unsere Sprache kennt,
verdanken ihre Würde gerade der Kraft, mit der in ihnen das
Ich den Schein der Natur, zurücktretend von der Entfrem-
dung, erweckt. Ihre reine Subjektivität, das, was bruchlos
und harmonisch an ihnen dünkt, zeugt vom Gegenteil, vom
Leiden am subjektfremden Dasein ebenso wie von der Liebe

dazu – ja ihre Harmonie ist eigentlich nichts anderes als das
Ineinanderstimmen solchen Leidens und solcher Liebe.
Noch das »Warte nur, balde / ruhest du auch«[2] hat die Ge-
bärde des Trostes: seine abgründige Schönheit ist nicht zu
trennen von dem, was sie verschweigt, der Vorstellung einer
Welt, die den Frieden verweigert. Einzig indem der Ton des
Gedichtes mit der Trauer darüber mitfühlt, hält er fest, daß
doch Friede sei. Fast möchte man das in dem benachbarten
Gedicht gleichen Titels stehende »Ach, ich bin des Treibens
müde« als Interpretation von ›Wanderers Nachtlied‹ zu Hilfe
holen. Freilich, dessen Größe rührt daher, daß es nicht vom
Entfremdeten, Störenden redet, daß in ihm selber nicht die
Unruhe des Objekts dem Subjekt entgegensteht: vielmehr
zittert dessen eigene Unruhe nach. Verheißen wird eine
zweite Unmittelbarkeit: das Menschliche, die Sprache selber
scheint, als wäre sie noch einmal die Schöpfung, während
alles Auswendige im Echo der Seele verklingt. Mehr als
Schein aber und zur ganzen Wahrheit wird es, weil, kraft des
sprachlichen Ausdrucks der guten Müdigkeit, noch über der
Versöhnung der Schatten der Sehnsucht bleibt und selbst der
des Todes: dem »Warte nur balde« wird mit dem rätselhaften
Lächeln von Trauer das ganze Leben zum kurzen Augenblick
vor dem Einschlafen. Der Ton des Friedens bezeugt, daß
Frieden nicht gelang, ohne daß doch der Traum zerbräche.
Keine Macht hat der Schatten über das Bild des zu sich selbst
zurückgekehrten Lebens, aber er verleiht als letzte Erinnerung an dessen Entstelltsein erst dem Traum die schwere
Tiefe unter dem schwerelosen Lied. Im Angesicht der ruhen-
den Natur, von der die Spur des Menschenähnlichen getilgt
ist, wird das Subjekt der eigenen Nichtigkeit inne. Unmerklich, lautlos streift Ironie das Tröstende des Gedichts: die
Sekunden vor der Seligkeit des Schlafes sind die gleichen, die
das kurze Leben vom Tode trennen. Diese erhabene Ironie ist
dann nach Goethe zur hämischen herabgesunken. Stets aber

---

2 Goethe, *Wanderers Nachtlied*.

war sie bürgerlich: zur Erhöhung des befreiten Subjekts gehört als Schatten dessen Erniedrigung zum Austauschbaren, zum bloßen Sein für anderes hinzu; zur Persönlichkeit das »Was bist du schon?« Seine Authentizität jedoch hat das Nachtlied an seinem Augenblick: der Hintergrund jenes Zerstörenden entrückt es dem Spiel, während das Zerstörende noch keine Gewalt hat über die gewaltlose Macht des Trostes. Man pflegt zu sagen, ein vollkommenes lyrisches Gedicht müsse Totalität oder Universalität besitzen, müsse in seiner Begrenzung das Ganze, in seiner Endlichkeit das Unendliche geben. Soll das mehr sein als ein Gemeinplatz aus jener Ästhetik, die da als Allerweltsmittel den Begriff des Symbolischen zur Hand hat, dann zeigt es an, daß in jedem lyrischen Gedicht das geschichtliche Verhältnis des Subjekts zur Objektivität, des Einzelnen zur Gesellschaft im Medium des subjektiven, auf sich zurückgeworfenen Geistes seinen Niederschlag muß gefunden haben. Er wird um so vollkommener sein, je weniger das Gebilde das Verhältnis von Ich und Gesellschaft thematisch macht, je unwillkürlicher es vielmehr im Gebilde von sich aus sich kristallisiert.

70

FRIEDRICH GEORG JÜNGER

Der Lyriker, Erzähler und Essayist Friedrich Georg Jünger (1898–1977) hat 1952 unter dem Titel »Rhythmus und Sprache im deutschen Gedicht« Untersuchungen vorgelegt, in denen eine ›wissenschaftliche‹ Annäherung an das Wesen des Gedichts auf der Grundlage einer Bestimmung des Verhältnisses von Vers und Satz als eines »Grundverhältnisses des Gedichts« versucht wird. Entscheidende Bedeutung kommt dabei dem »Unterschied zwischen Prosa und Dichtung« und dem Verhältnis von »Rhythmus und Metrum« zu.

Unterschied zwischen Prosa und Dichtung

Der Unterschied zwischen Prosa und Dichtung wird selten genau genug bestimmt. Er liegt vor allem darin, daß die Prosa nur mit dem Satz beschäftigt ist. Daher schon der Name Prosa, der vom lateinischen *prorsa*[1] kommt. Prosa ist die Rede (*oratio*), die geradeaus geht. Sie geht deshalb geradeaus, weil sie auf den Vers keine Rücksicht nimmt. Sie ist ungebundene Rede, weil sie sich nicht an den Vers bindet. Sie ist ungebunden, nicht ungeordnet, denn sie folgt der Ordnung des Satzes. Auch fehlt ihr nicht ein gewisser, der Satzordnung verhafteter Rhythmus; Numerus, Mensuren, Ponderation, Kadenzen lassen sich aus ihr abhören. Dieses alles auf einen Nenner zu bringen, schien schon den Alten ein schwieriges Geschäft, daher Quintilians Ausspruch: *Ratio pedum in oratione est multo quam in versu difficilior.*[2] Weil die Prosa nur mit dem Satz beschäftigt ist, deshalb fehlt ihr der genaue Rhythmus, deshalb auch die genaue Wiederkehr. Der Satz ist das einzige *continuum*, auf das sie zu achten hat. Das Gedicht aber hat ein doppeltes *continuum*, denn es besteht nicht nur aus Sätzen, sondern auch aus Versen. Satz und Vers sind in ihm zusammen da und wollen zusammen berücksichtigt werden.

Mit dem doppelten *continuum* des Gedichts steht im Zusammenhang, daß die Inversion (Umkehrung) im Gedicht etwas Wichtiges und Eigentümliches ist. Inversionen finden wir schon in der Prosa, finden in ihr auch einen Streit, der über die Inversion entbrannt ist. Dazu ist folgendes zu sagen. Wenn die Logiker und Grammatiker allein über die Sprache verfügten und sie fortbildeten, dann würde die Inversion schnell zurückgedrängt werden und verschwinden. Ihr Bestreben geht allein dahin, eine genaue Ordnung der Satzbe-

---

1 »oratio prorsa«, ungebundene Rede, von lat. »prorsus«: geradewegs, geradezu, schlicht.

2 »Die Behandlung der Versfüße ist in der Rede viel schwieriger als im Vers« (*Institutio Oratoria*, Buch IX, 4,60; übers. von Helmut Rahn).

standteile im Satz zu stiften und die Folge der Satzbestandteile festzulegen. Sie drängen darauf, die Konstruktion des Satzes unveränderlich zu machen und seinen Teilen ein Gewicht zu geben, das rational bestimmbar ist. Wird die Sprache als logisches Werkzeug benutzt und zunächst auf die Tauglichkeit und Brauchbarkeit dieses Werkzeugs geachtet, dann wird an ihr auch auszulöschen versucht, was diesen Absichten nicht dient. Der Satz hat sich den Argumenten, Schlüssen, Beweisen zu fügen, und das Argumentieren, Schließen und Beweisen bestimmt auch die Folge der Satzbestandteile. Bei einem Logiker wird die Sprache logisch, bei einem Kausalisten wird sie kausal.

»Betrachtet«, sagt Herder[3], »eine Philosophische Sprache; wäre sie von einem Philosophen erdacht: so hübe sie alle Inversionen auf; käme eine allgemeine Sprache zustande: so wäre bei ihren Zeichen nothwendig jeder Platz und jede Ordnung so bestimmt, als in unserer Dekadik. Solange wir aber noch keine durchaus Philosophische Sprache haben, die bloß für die Weltweisheit erfunden wäre: so nehmt die, die am meisten zur Weltweisheit gebraucht wird, die Lateinische, nehmt sie, wie sie in den Büchern der Weltweisheit ist, wenn sie Lehrsätze und trockne Beweise vorträgt: wie ist sie? ohne Inversionen meistentheils; oder wenigstens stehen diese ohne Wirkung da.«

Mit anderen Worten, die Wissenschaft ist, weil sie die Sprache als Mittel und Werkzeug nimmt, spracharm; sie schränkt die Sprache ein, ohne sie zu bereichern. Was sie der Sprache an Folge, Übersicht, Genauigkeit gibt, das muß sie ihr zuvor an Leben, Bewegung, Geschmeidigkeit und Kraft nehmen. Die Sprache ist nicht mehr Seufzer und Hauch, sie drückt nicht mehr den abgebrochenen Ton der Leidenschaft aus, sie ist kein Bach und kein Fluß mehr, der seine Ufer selbst zieht, sondern geht nach der Konstruktion wie der Kanal, bemessen nach der Schnur, die der Wasserbaumeister zieht. [...]

3 »Fragmente über die neuere deutsche Literatur« (Sämtliche Werke, Bd. 1, S. 191).

Im Gedicht hat die Inversion einen weiten Bereich, denn alle Veränderungen der geraden Wortfolge des Satzes müssen wir Inversionen nennen. Inversionen sind hier nicht nur die einzelnen Umkehren und Versetzungen der Wort- und Satzfolge; Inversion ist die gesamte Verteilung des Satzes durch den Vers und betrifft unmittelbar das Verhältnis von Vers und Satz. Wer sie untersuchen will, der löse den Gang der Verse in Prosa auf. Dann wird er erkennen, daß Inversion im Gedicht die metrische Umstellung (Transposition) ist, durch welche der Vers den Satz bestimmt, einem genauen Rhythmus zu folgen. Das einfache *continuum* des Satzes genügt dem Gedicht nicht, das einem doppelten folgt. Ohne Inversionen keine Dichtung. Ohne die Fähigkeit, metrische Umstellungen vorzunehmen, kein Dichter.

Wir sehen daher, daß in der Topik, der Lehre von der Wortfolge, sich bei Prosa und Dichtung große Unterschiede zeigen. Die sogenannte gemeine oder gerade Wortfolge, bei der die logische Form des Satzes und die grammatische übereinstimmen, kann nur insofern fortbestehen, als sie metrisch brauchbar ist. Ist das nicht der Fall, dann kann und muß die Übereinstimmung aufgehoben werden; das geschieht durch Umstellung und Versetzung der Wort- und Satzfolge. Die Topik des Gedichts folgt dem metrischen Rhythmus. Nicht nur Worte und Satzbestandteile werden metrisch umgestellt, sondern auch Satzfolgen und Satzzusammenhänge (Perioden). Perioden im Gedicht sind metrische Inversionen. Und die weitreichende Kraft der Inversionen im Gedicht müssen wir auf sein doppeltes *continuum* zurückführen.

Rhythmus und Metrum

Indem wir den Unterschied zwischen Prosa und Dichtung bestimmen, müssen wir auch das Verhältnis von Rhythmus und Metrum, über das Unklarheit besteht, genauer angeben. Rhythmus und Metrum sind im Gedicht eins. Wir müssen

FRIEDRICH GEORG JÜNGER   377

diese Begriffe gleichsinnig verwenden, obwohl sie ihrer Herkunft und Wortbedeutung nach sich unterscheiden. Im Gedicht gibt es keinen Rhythmus, das heißt keine in der Sprache wiederkehrende Bewegung, die nicht zugleich metrisch wäre. Metrum ist die dem Gedicht eigentümliche, zeitlich und in Zeitintervallen wiederkehrende rhythmische Bewegung. Sehen wir vom Gedicht ab, dann zeigt sich, daß Rhythmus einen weiteren Bereich, Metrum einen engeren umfaßt. Jedes Metrum ist rhythmisch, nicht jeder Rhythmus aber ist metrisch. Innerhalb der Sprache schon zeigt sich dieser Unterschied im Unterschied von Dichtung und Prosa. Die Prosa, sagt Aristoteles, muß Rhythmus haben, nicht aber Metrum. Ihre rhythmische Gliederung ist keiner metrisch genauen Wiederkehr unterworfen. Außerhalb der Sprache finden wir überall rhythmische Bewegungen und müssen sie dort finden, weil die Wiederkehr sich nicht auf die Sprache beschränkt, sondern auch die sprachlosen Bewegungen beherrscht. Der metrische Rhythmus aber ist an das Gedicht gebunden und in ihm allein anzutreffen.

Im Gedicht also sind Rhythmus und Metrum eins, und wir können sie nicht voneinander absondern. Die Behauptung, daß das Gedicht über alle metrische Bewegung hinausgehende rhythmische Bewegung hat, ist abzulehnen. Insofern aber der Bereich des Rhythmus weiter ist und Bewegungen in der Sprache wie außerhalb der Sprache umfaßt, können wir das Metrum von ihm abheben. Wir können als Rhythmus jede wiederkehrende Bewegung bezeichnen, die eine uns wahrnehmbare Gliederung besitzt, als Metrum aber die dem Gedicht eigentümliche Wiederkehr, das in der Sprache des Gedichts ausgemessene Wiederkehren.

71

HANS EGON HOLTHUSEN

Der 1954 veröffentlichte »Versuch über das Gedicht« des Lyrikers und Essayisten Hans Egon Holthusen (1913–97) erörtert unter ausführlicher Einbeziehung älterer und neuerer Lyrik-Auffassungen zentrale lyriktheoretische Fragen. Unter verändertem Titel (»Das lyrische Kunstwerk«) und mit der Ankündigung »Der Dichter hat das Wort« wurde Holthusens Essay als zusammenfassende Darstellung der Lyriktheorie 1957 in das Germanisten-Handbuch »Deutsche Philologie im Aufriß« übernommen.

Versuch über das Gedicht

Der Dichter als der Inspirierte, der sich von einem Gotte die Hand führen läßt, und der Dichter als der Mann des passionierten Kalküls, der alles Wesentliche mit den Künsten seiner sprachlichen Alchemie hervorbringt: diese beiden Wahrheiten wollen miteinander in Einklang gebracht werden. Ästhetiker und Poetologen sind immer wieder zu ungesicherten Schlüssen gekommen, wenn sie die eine von beiden gegen die andere ausgespielt und für die einzig glaubwürdige erklärt haben, die »Gnade« auf Kosten der »Leistung« und die »Leistung« auf Kosten der »Gnade«. Irreführend, wenn auch auf eine geistvoll provozierende Weise, ist der Satz von Albrecht Fabri: »Die eigentliche Muse ist die Kritik«[a]; aber nicht weniger anfechtbar ist es, wenn Emil Staiger in seinen »Grundbegriffen der Poetik«[b] mit immer neuen Argumenten die These propagiert: »Der lyrische Dichter leistet nichts« (S. 25), oder sich sogar zu der Behauptung erkühnt: »daß lyrische Dichtung ... um es kurz zu sagen, zwar seelenvoll, aber geistlos

---

a A. Fabri, a.a.O. [Einleitung zu: E. A. Poe, *Vom Ursprung des Dichterischen*, Köln 1947] S. 11.

b E. Staiger, Grundbegriffe der Poetik. Zürich 1946.

ist« (S. 87). Staiger, der sich als Theoretiker sehr eng an Heideggers Philosophie anlehnt, als Interpret fast ausschließlich an der Liederdichtung der deutschen Romantik orientiert, kommt zu dem Ergebnis, das Verhältnis des Lyrikers zu seinem Gegenstand sei eine Art von mystischem Identifikationswissen, »so daß man ebensogut sagen könnte: der Dichter erinnert die Natur, wie: die Natur erinnert den Dichter«; »Erinnerung«, sagt er, »soll der Name sein für das Fehlen des Abstandes zwischen Subjekt und Objekt, für das lyrische Ineinander –, Gegenwärtiges, Vergangenes, ja sogar Künftiges kann in lyrischer Dichtung erinnert werden.« (S. 66 f.) Mit einer gewissen philosophischen Gewaltsamkeit unternimmt er es, den lyrischen Dichter sozusagen zu entmündigen und als ein willen- und schicksalloses Opfer seiner Eingebung darzustellen. Mag denn im Zustande der dichterischen Ergriffenheit der Abstand zwischen Mensch und Natur augenblicksweise aufgehoben sein: der Abstand zwischen dem Dichter und der *Sprache* bleibt bestehen. Auch wenn das lyrische Ich in der Welt ganz »aufgegangen« ist, bleibt es der Sprache gegenüber leistend, werbend, scheiternd oder siegend. Denn was den Dichter eigentlich ausmacht, das ist nicht seine Kapazität für poetische Zustände – welcher fühlende Mensch hätte sie nicht! –, sondern ein produktives Liebesverhältnis zur Sprache.

Die Wahrheit über den dichterischen Prozeß ist antinomischer Natur. »Der Dichter«, so sagt Jean Paul im elften Paragraphen seiner »Vorschule der Ästhetik«[1], »muß mitten im Kreuzfeuer aller Kräfte die zarte Waage einzelner Silben festhalten und den Strom seiner Empfindungen gegen die Mündung eines Reimes leiten. Nur das Ganze wird von der Begeisterung erzeugt, aber die Teile werden von der Ruhe erzogen.« Dichten ist schöner Wahnsinn und labor improbus[2] zugleich und in einem. In beiden Bestimmungen erscheint uns eine gefährliche, gewissermaßen un-menschliche Verfas-

---

1 § 11 in der ersten Auflage 1804; § 12 in der revidierten Auflage von 1813.
2 undankbare Mühe.

sung der Seele, die weit entfernt ist von dem, was wir unter
Glück verstehen. Nicht das Glück, sondern »Tugend« und
»Mühe« seien sein Teil gewesen, sagt Vergil im 12. Gesang
der Aeneis:

> Disce, puer, virtutem ex me verumque laborem,
> Fortunam ex aliis . . .[3]

Es ist die Moral eines Mannes, dem das gewaltigste Sprach-
kunstwerk der lateinischen Antike zu schreiben auferlegt
war, es ist das Wort eines Epikers angesichts der Unabsehbar-
keit einer epischen Bemühung. Es gilt aber grundsätzlich
auch für den Lyriker, dessen gestalterische Leistung um so
viel heikler, um so viel »schwieriger« ist als jede andere, als sie
konzentrierter und hochgradiger ist. Denn wo, in welcher
dichterischen Gattung, wäre das Leisten auf kleinstem Raum
so intensiv, so unvollendbar, so hybrid im Verhältnis zur Idee
des Vollkommenen, das doch jeder Dichter von sich verlangen muß, wie eben in der Lyrik, und wo wäre die hauchfeine
Differenz zwischen Scheitern und Gelingen so unerklärlich,
so sehr dem Willen und der Kraft des Leistenden entrückt wie
im Gedicht? [. . .]
Wenn sich eine Sprachleistung denken läßt, die das sprachlose
Geheimnis des Seins in absolute Übereinstimmung brächte
mit der Leibhaftigkeit des Wortes, so kommt die »lyrische
Summe« dieser Leistung sicherlich am nächsten. In großer
Lyrik entfernt sich die Sprache am weitesten von ihrem nor-
malen Mitteilungscharakter, ein Wort, das in einen lyrischen
Text aufgenommen wird, gewinnt eine neue Dimension an
Wirklichkeit. Die absolute Unverrückbarkeit lyrischer
Wortreihen läßt darauf schließen, daß im Gedicht die Sprache
wieder die hochprekäre Magie eines Zauberspruches zurück-
gewinnt, den auch eine allerkleinste Veränderung des Wort-
lauts seiner Macht über die Seele berauben würde: carmen
steht ursprünglich für Zauber. Darum kann Benn sagen, das

---

3 »Tapferkeit lerne von mir, o Sohn, und Beharren in Mühen, / Aber von andren
das Glück!« (XII, 435 f.).

Wort »Götter« bedeute etwas anderes im zweiten Vers eines Gedichts als im letzten.[4] Wenn es aber mit dieser magischen Kraft des Gedichts seine Richtigkeit hat, so muß die lyrische Zeile einen objektiven Wortlaut haben, gegen den der Dichter nicht verstoßen darf, sie muß, möchte man sagen, fertig sein, ehe der Dichter sie kennt. Ein Dichter muß so lange an einer Zeile arbeiten, bis er den unbedingten Text ganz realisiert hat, und das Ungenügen seines sprachlichen Eros muß jede vorläufige Lösung unerbittlich wieder verwerfen. In der ersten Fassung des ersten Verses seines »Endymion« hatte Keats geschrieben:

> A thing of beauty is a constant joy.[5]

Das war noch nicht vollkommen, die endgültige Kongruenz zwischen dem unhörbaren und dem hörbaren Verse war damit noch nicht erreicht. Das Wort »constant« war zu hart und zu sperrig und mußte den magischen Stromkreis unterbrechen. Erst in der zweiten Fassung:

> A thing of beauty is a joy for ever[6]

fand sich die objektive Sprachgestalt inkarniert: in einer Folge von neun englischen Worten, die von nun an für immer unverrückbar sein sollten. [...]

Wenn die dramatische Darstellung das Sein der Welt in seiner Entzweiung, die epische in seiner Gliederung zeigt, im Gedicht wird die Welt beschworen als das Eine, durch Stimmung und Rhythmus Geeinte, in Eins Versammelte. In einem Gedicht, wenn es Größe hat, glaubt man den Urgrund des Seins sich unmittelbar aussingen zu hören. Das stoffliche Interesse ist in verschiedenen Graden getilgt, am wenigsten in den lyrisch-epischen Mischformen der Ballade und der Idylle, am meisten wohl in der Unschuld des Liedes und in

---

4 Vgl. Text Nr. 58.
5 John Keats (1795–1821), *Endymion. A poetic romance* (1818), Erstes Buch, V. 1 [»Etwas, das schön ist, ist eine beständige Freude«].
6 »Etwas, das schön ist, ist eine Freude immerdar«.

den höchsten Formen der sogenannten Gedankenlyrik. Hölderlins »Patmos« und »Heiß ist die Liebe, kalt ist der
Schnee«[7] gehören in dieser Beziehung durchaus zusammen.
Stofflos, von einer höheren Spannung als der stofflichen
durchwaltet ist sowohl der naive, sinnliche Singsang des Volkes als auch die Verskunst des modernen Sprachartisten der
höchsten Bewußtseinsstufe, der sich so oft in Personalunion
mit dem Essayisten präsentiert, bei Benn, Eliot, Valéry und
anderen. Das ganz vollkommene Gedicht wäre eine Chance,
das Weltbewußtsein des Menschen in einer letztgültigen Allgemeinheit auszusprechen: als gesprochenes Sein, als gesprochene Lebenszeit. Allgemeinheit wäre dann gerade im ganz
Besonderen der sinnlichsten Beschwörung, grenzenlose
Unbestimmtheit im äußerst Bestimmten der magischen Nennung der Welt. In diesem Sinne zielt jedes Gedicht auf ein
freies, zweckloses, motivisch nicht mehr gebundenes Figu-
renspiel der Sprache, ist der lyrische Ausdruck von allen poetischen Kunstformen am engsten benachbart dem reinen
Form-Sein der Musik, von der er doch durch einen unüber-
schreitbaren Abstand für immer geschieden bleibt. Worin ist
das Gedicht der Musik unterlegen? Durch einen letzten Mangel an sprachlos-seligem Innesein. Worin ist es ihr über und
voraus? Eben durch das, was an der Sprache mehr ist als
Klang und Form und Schönheit: durch den Logos, der im
Anfang war, vor aller Zeit.

72

GÜNTER EICH

*Der auch unter dem Titel »Trigonometrische Punkte« ver-
öffentlichte Text gibt Ausführungen Günter Eichs bei einem
Treffen deutscher und französischer Schriftsteller im Juni 1956*

7 *Husarenlied* von Hermann Löns, vertont von Otto R. Hübner (1911).

in Vézelay/Burgund wieder, in denen Eich seine früheren Vorstellungen (vgl. Text Nr. 61) vom Gedicht als einer ersten, elementaren Weise der sprachlichen Bewältigung des Wirklichkeitsproblems in vertiefter und radikalisierter Form erneuert.

Der Schriftsteller vor der Realität

Alle hier vorgebrachten Ansichten setzten voraus, daß wir wissen, was Wirklichkeit ist. Ich muß von mir sagen, daß ich es nicht weiß. Daß wir hierher nach Vézelay gekommen sind, dieser Saal, dieses grüne Tischtuch, dies alles erscheint mir sehr seltsam und wenig wirklich. Wir wissen, daß es Farben gibt, die wir nicht sehen, daß es Töne gibt, die wir nicht hören. Unsere Sinne sind fragwürdig; und ich muß annehmen, daß auch das Gehirn fragwürdig ist.

Nach meiner Vermutung liegt das Unbehagen an der Wirklichkeit in dem, was man Zeit nennt. Daß der Augenblick, wo ich dies sage, sogleich der Vergangenheit angehört, finde ich absurd. Ich bin nicht fähig, die Wirklichkeit so, wie sie sich uns präsentiert, als Wirklichkeit hinzunehmen.

Ich will mich auf der andern Seite nicht als einen Narren hinstellen, der nicht weiß, daß man sich an einem Tisch stößt. Ich bin bereit, mich in diesem Raum einzurichten. Aber ich habe etwa die Schwierigkeiten wie ein taubstumm Blinder.

Nun gut, meine Existenz ist ein Versuch dieser Art, die Wirklichkeit ungesehen zu akzeptieren. Auch das Schreiben ist so möglich. Aber ich versuche, noch etwas zu schreiben, was anderswo hinzielt. Ich meine das Gedicht.

Ich schreibe Gedichte, um mich in der Wirklichkeit zu orientieren. Ich betrachte sie als trigonometrische Punkte oder als Bojen, die in einer unbekannten Fläche den Kurs markieren.

Erst durch das Schreiben erlangen für mich die Dinge Wirklichkeit. Sie ist nicht meine Voraussetzung, sondern mein Ziel. Ich muß sie erst herstellen.

Ich bin Schriftsteller, das ist nicht nur ein Beruf, sondern die
Entscheidung, die Welt als Sprache zu sehen. Als die eigentliche Sprache erscheint mir die, in der das Wort und das Ding
zusammenfallen. Aus dieser Sprache, die sich rings um uns
befindet, zugleich aber nicht vorhanden ist, gilt es zu übersetz-
zen. Wir übersetzen, ohne den Urtext zu haben. Die gelun-
genste Übersetzung kommt ihm am nächsten und erreicht
den höchsten Grad von Wirklichkeit.

Ich muß gestehen, daß ich in diesem Übersetzen noch nicht
weit fortgeschritten bin. Ich bin über das Dingwort noch
nicht hinaus. Ich befinde mich in der Lage eines Kindes, das
Baum, Mond, Berg sagt und sich so orientiert.

Ich habe deshalb wenig Hoffnung, einen Roman schreiben zu
können. Der Roman hat mit dem Zeitwort zu tun, das im
Deutschen mit Recht auch Tätigkeitswort heißt. In den
Bereich des Zeitwortes aber bin ich nicht vorgedrungen.
Allein für das Dingwort brauche ich gewiß noch einige Jahr-
zehnte.

Für diese trigonometrischen Zeichen sei das Wort »Definition« gebraucht. Solche Definitionen sind nicht nur für
den Schreibenden nutzbar. Daß sie aufgestellt werden, ist
mir lebensnotwendig. In jeder gelungenen Zeile höre ich
den Stock des Blinden klopfen, der anzeigt: Ich bin auf festem
Boden.

Ich behaupte nicht, daß die Richtigkeit der Definition von der
Länge oder Kürze der Texte abhinge. Ein Roman von vierhundert Seiten enthält möglicherweise ebensoviel an Definition wie ein Gedicht von vier Versen. Ich bin bereit, diesen
Roman zu den Gedichten zu zählen.

Richtigkeit der Definition und Qualität sind mir identisch.
Erst wo die Übersetzung sich dem Original annähert, beginnt
für mich Sprache. Was davor liegt, mag psychologisch, sozio-
logisch, politisch oder wie immer interessant sein, und ich
werde mich gern davon unterhalten lassen, es bewundern und
mich daran freuen – notwendig aber ist es mir nicht. Notwendig ist mir allein das Gedicht.

73

PAUL CELAN

Die unter dem Titel »Der Meridian« bekannt gewordene Dankesrede anläßlich der Verleihung des Georg-Büchner-Preises (1960) ist die einzige zusammenhängende theoretisch-poetologische Stellungnahme des Lyrikers und Übersetzers Paul Celan (1920–70) außerhalb des dichterischen Werks. Ausgehend von kunsttheoretischen Äußerungen im Werk Büchners und angeregt durch einzelne, für Büchners Sprachstil charakteristische lyrisch-kühne Metaphern erörtert Celan die Schwierigkeiten und Hoffnungen, die mit der Vorstellung poetischer Sprache als Sprechen »in eigenem Namen« sowohl wie im Namen »eines ganz Anderen« verknüpft sind. Charakteristisch für Celans Überlegungen ist die durchgehende Orientierung der Vorstellung vom ›Dichten‹ und von ›Dichtung‹ am lyrischen Gedicht sowie die Verwendung chiffrenhafter Bilder, die die Sprache der Rede mit der Sprache der eigenen Gedichte verbindet.

Der Meridian

Dichtung: das kann eine Atemwende bedeuten. Wer weiß, vielleicht legt die Dichtung den Weg – auch den Weg der Kunst – um einer solchen Atemwende willen zurück? Vielleicht gelingt es ihr, da das Fremde, also der Abgrund *und* das Medusenhaupt, der Abgrund *und* die Automaten, ja in einer Richtung zu liegen scheint, – vielleicht gelingt es ihr hier, zwischen Fremd und Fremd zu unterscheiden, vielleicht schrumpft gerade hier das Medusenhaupt, vielleicht versagen gerade hier die Automaten – für diesen einmaligen kurzen Augenblick? Vielleicht wird hier, mit dem Ich – mit dem *hier* und *solcherart* freigesetzten befremdeten Ich, – vielleicht wird hier noch ein Anderes frei?

Vielleicht ist das Gedicht von da her es selbst ... und kann
nun, auf diese kunst-lose, kunst-freie Weise, seine anderen
Wege, also auch die Wege der Kunst gehen – wieder und
wieder gehen?
Vielleicht.

Vielleicht darf man sagen, daß jedem Gedicht sein »20. Jän-
ner«[1] eingeschrieben bleibt? Vielleicht ist das Neue an den
Gedichten, die heute geschrieben werden, gerade dies: daß
hier am deutlichsten versucht wird, solcher Daten eingedenk
zu bleiben?
Aber schreiben wir uns nicht alle von solchen Daten her? Und
welchen Daten schreiben wir uns zu?

Aber das Gedicht spricht ja! Es bleibt seiner Daten eingedenk, aber – es spricht. Gewiß, es spricht immer nur in seiner
eigenen, allereigensten Sache.
Aber ich denke – und dieser Gedanke kann Sie jetzt kaum
überraschen –, ich denke, daß es von jeher zu den Hoffnungen des Gedichts gehört, gerade auf diese Weise auch in *fremder* – nein, dieses Wort kann ich jetzt nicht mehr gebrauchen –, gerade auf diese Weise *in eines Anderen Sache* zu sprechen – wer weiß, vielleicht in eines *ganz Anderen* Sache.
Dieses »wer weiß«, zu dem ich mich jetzt gelangen sehe, ist
das einzige, was ich den alten Hoffnungen von mir aus auch
heute und hier hinzuzufügen vermag.
Vielleicht, so muß ich mir jetzt sagen, – vielleicht ist sogar ein
Zusammentreffen dieses »ganz Anderen« – ich gebrauche
hier ein bekanntes Hilfswort – mit einem nicht allzu fernen,
einem ganz nahen »anderen« denkbar – immer und wieder
denkbar.
Das Gedicht verweilt oder verhofft – ein auf die Kreatur zu
beziehendes Wort – bei solchen Gedanken.
Niemand kann sagen, wie lange die Atempause – das Verhof-

---

1 Anspielung auf den Anfang von Georg Büchners Erzählung *Lenz*.

fen und der Gedanke – noch fortwährt. Das »Geschwinde«,
das schon immer »draußen« war, hat an Geschwindigkeit
gewonnen; das Gedicht weiß das; aber es hält unentwegt auf
jenes »Andere« zu, das es sich als erreichbar, als freizusetzen,
als vakant vielleicht, und dabei ihm, dem Gedicht – sagen wir:
wie Lucile[2] – zugewandt denkt.

Gewiß, das Gedicht – das Gedicht heute – zeigt, und das hat,
glaube ich, denn doch nur mittelbar mit den – nicht zu unter-
schätzenden – Schwierigkeiten der Wortwahl, dem rapideren
Gefälle der Syntax oder dem wacheren Sinn für die Ellipse zu
tun, – das Gedicht zeigt, das ist unverkennbar, eine starke
Neigung zum Verstummen.
Es behauptet sich – erlauben Sie mir, nach so vielen extremen
Formulierungen, nun auch diese –, das Gedicht behauptet
sich am Rande seiner selbst; es ruft und holt sich, um bestehen
zu können, unausgesetzt aus seinem Schon-nicht-mehr in
sein Immer-noch zurück.

Dieses Immer-noch kann doch wohl nur ein Sprechen sein.
Also nicht Sprache schlechthin und vermutlich auch nicht erst
vom Wort her »Entsprechung«.
Sondern aktualisierte Sprache, freigesetzt unter dem Zeichen
einer zwar radikalen, aber gleichzeitig auch der ihr von der
Sprache gezogenen Grenzen, der ihr von der Sprache er-
schlossenen Möglichkeiten eingedenk bleibenden Individuation.
Dieses Immer-noch des Gedichts kann ja wohl nur in dem
Gedicht dessen zu finden sein, der nicht vergißt, daß er unter
dem Neigungswinkel seines Daseins, dem Neigungswinkel
seiner Kreatürlichkeit spricht.
Dann wäre das Gedicht – deutlicher noch als bisher – gestalt-
gewordene Sprache eines Einzelnen, – und seinem innersten
Wesen nach Gegenwart und Präsenz.

2 Anspielung auf Georg Büchners Revolutionsdrama *Dantons Tod* (2. Akt,
  3. Szene).

Das Gedicht ist einsam. Es ist einsam und unterwegs. Wer es schreibt, bleibt ihm mitgegeben.
Aber steht das Gedicht nicht gerade dadurch, also schon hier, in der Begegnung – *im Geheimnis der Begegnung*?

Das Gedicht will zu einem Andern, es braucht dieses Andere, es braucht ein Gegenüber. Es sucht es auf, es spricht sich ihm zu.
Jedes Ding, jeder Mensch ist dem Gedicht, das auf das Andere zuhält, eine Gestalt dieses Anderen.
Die Aufmerksamkeit, die das Gedicht allem ihm Begegnenden zu widmen versucht, sein schärferer Sinn für das Detail, für Umriß, für Struktur, für Farbe, aber auch für die »Zuckungen« und die »Andeutungen«, das alles ist, glaube ich, keine Errungenschaft des mit den täglich perfekteren Apparaten wetteifernden (oder miteifernden) Auges, es ist vielmehr eine aller unserer Daten eingedenk bleibende Konzentration.
»Aufmerksamkeit« – erlauben Sie mir hier, nach dem Kafka-Essay Walter Benjamins[3], ein Wort von Malebranche zu zitieren –, »Aufmerksamkeit ist das natürliche Gebet der Seele.«

Das Gedicht wird – unter welchen Bedingungen! – zum Gedicht eines – immer noch – Wahrnehmenden, dem Erscheinenden Zugewandten, dieses Erscheinende Befragenden und Ansprechenden; es wird Gespräch – oft ist es verzweifeltes Gespräch.
Erst im Raum dieses Gesprächs konstituiert sich das Angesprochene, versammelt es sich um das es ansprechende und nennende Ich. Aber in diese Gegenwart bringt das Angesprochene und durch Nennung gleichsam zum Du Gewordene auch sein Anderssein mit. Noch im Hier und Jetzt des Gedichts – das Gedicht selbst hat ja immer nur diese eine,

3 *Franz Kafka. Zur zehnten Wiederkehr seines Todestages* (W. B., *Gesammelte Schriften*, Bd. II/2, Frankfurt a. M. 1977, S. 432).

einmalige, punktuelle Gegenwart –, noch in dieser Unmittelbarkeit und Nähe läßt es das ihm, dem Anderen, Eigenste
mitsprechen: dessen Zeit.
Wir sind, wenn wir so mit den Dingen sprechen, immer auch
bei der Frage nach ihrem Woher und Wohin: bei einer »offen-
bleibenden«, »zu keinem Ende kommenden«, ins Offene und
Leere und Freie weisenden Frage – wir sind weit draußen.
Das Gedicht sucht, glaube ich, auch diesen Ort.

Das Gedicht?
Das Gedicht mit seinen Bildern und Tropen?

Meine Damen und Herren, wovon spreche ich denn eigentlich, wenn ich aus *dieser* Richtung, in *dieser* Richtung, mit
diesen Worten vom Gedicht – nein, von *dem* Gedicht
spreche?
Ich spreche ja von dem Gedicht, das es nicht gibt!
Das absolute Gedicht – nein, das gibt es gewiß nicht, das kann
es nicht geben!
Aber es gibt wohl, mit jedem wirklichen Gedicht, es gibt, mit
dem anspruchslosesten Gedicht, diese unabweisbare Frage,
diesen unerhörten Anspruch.

Und was wären dann die Bilder?
Das einmal, das immer wieder einmal und nur jetzt und nur
hier Wahrgenommene und Wahrzunehmende. Und das
Gedicht wäre somit der Ort, wo alle Tropen und Metaphern
ad absurdum geführt werden wollen.

Toposforschung?
Gewiß! Aber im Lichte des zu Erforschenden: im Lichte der
U-topie. Und der Mensch? Und die Kreatur?
In diesem Licht.
Welche Fragen! Welche Forderungen!
Es ist Zeit, umzukehren.

74

HANS MAGNUS ENZENSBERGER

Der Lyriker, Kritiker, Herausgeber (»Museum der modernen Poesie«, »Kursbuch«), Essayist und Verfasser eines Dokumentarstücks (»Das Verhör von Habanna«) Hans Magnus Enzensberger (geb. 1929) gehört zu der jüngeren Generation nach Benn und Brecht, die sich mit dem Problem des Gegensatzes zwischen ›absoluter‹ und ›engagierter‹ Dichtung konfrontiert sieht. Von einer Reflexion über die Sprache als Material des Gedichts ausgehend, entwickelt Enzensberger in scharfer Abgrenzung gegen die Vorstellungen Gottfried Benns (vgl. Text Nr. 68) eine Lyrik-Auffassung, die den konkreten Gesellschafts- und Problembezug in seiner sprachlichen Vermitteltheit in den Mittelpunkt rückt. – Der Beitrag »Scherenschleifer und Poeten« wurde 1961 für die erweiterte Neuauflage der von Hans Bender unter dem Titel »Mein Gedicht ist mein Messer« herausgegebenen Sammlung poetologischer Essays verfaßt.

Scherenschleifer und Poeten

»Mein Gedicht ist mein Messer«: das heißt, es kommt in der Natur nicht vor, wie die Heuschrecke oder der Granit. Es ist ein Artefakt, ein Kunstprodukt, ein technisches Erzeugnis im griechischen Sinn (Technik kommt von τέχνη[1]), mithin ein Gebrauchsgegenstand. Aber warum ausgerechnet ein Messer? Warum kein Korb, kein Hut, keine Werkzeugmaschine? Das ist nicht ohne weiteres einzusehen. Gedichte werden nicht in Solingen gemacht. Sie sind nicht rostfrei. Sie unterscheiden sich von Messern nach ihrem Material, ihrer Herstellungsweise und ihrer Funktion.

Gottfried Benn, dessen Ästhetik fünfundzwanzig Jahre nach

---

1 Kunstfertigkeit, Geschicklichkeit, Sachkenntnis.

ihrer Entstehung in Deutschland zur herrschenden Lehre, zum convenu[2] geworden ist, hat in zwei seiner zentralen Schriften, »Kunst und Macht« von 1934, »Ausdruckswelt« von 1949, die Forderung erhoben, das künstlerische Material müsse »kalt gehalten werden«. Von welchem Material ist die Rede? Das Material des Messerschmiedes ist das Eisen. Was mit »künstlerischem Material« gemeint ist, dürfte weniger klar sein. Bei Benn heißt es: »Der Kunstträger ... lebt nur mit seinem inneren Material, für das sammelt er Eindrücke in sich hinein, d. h. zieht sie nach innen, so tief nach innen, bis es sein Material berührt, unruhig macht, zu Entladungen treibt.« Das ist alles. Zuwenig, so will es scheinen, um jeden Zweifel darüber zu beheben, was da auf dem Amboß des Verseschmiedes liegt.

Ich riskiere es, da ich keine Lust habe, eine neue Ästhetik zu begründen, da ich nur eine einfache Frage beantworten möchte, etwas deutlicher zu werden. Das Material des Gedichteschreibers ist zunächst und zuletzt die Sprache. Aber ist die Sprache wirklich das einzige Material des Gedichts? Und an diesem Punkt erlaube ich mir, einen Begriff ins Spiel zu bringen, der mit allgemeinem Scharren, ja mit Hohngeheul begrüßt werden dürfte: den des Gegenstandes. Auch der Gegenstand, jawohl, der vorsintflutliche, längst aus der Mode gekommene Gegenstand, ist ein unentbehrliches Material der Poesie. Ich kann, wenn ich einen Vers mache, nicht reden, ohne von etwas zu reden. Und dieses Etwas, so gut wie die Sprache, die davon spricht, ist mein Material.

Meine Gegenstände, die Gegenstände meines Gedichts, sind heiße Gegenstände – es gibt keine andern mehr, denn ich lebe, wie jedermann, in einer Welt aus »kochendem Schaum«. Heiß, in diesem Verstande, ist selbst das, was in der »Frankfurter Allgemeinen Zeitung« steht, die doch ihre Gegenstände nach Kräften zu temperieren bemüht ist, damit sich die

2 zur allgemeinen Übereinkunft.

Elite der Bundesrepublik nicht die Zunge verbrüht. Wie man
Hiroshima, Budapest und Algier kalt halten sollte – oder auch
nur den Verkehr auf der Straßenkreuzung oder die Jukebox in
der nächstbesten Kneipe –, das ist schwer einzusehen.

Die Sprache hingegen, die ich vorfinde, ist weder kalt noch
heiß. Sie ist lauwarm. Lauwarm, so kommt es mir wenigstens
vor, bleibt sie auch im Munde jener verspäteten Adepten der
»Ausdruckswelt«, die keine Gegenstände kennen und die
sich darauf beschränken, das, was sie nicht zu sagen haben,
nach den Regeln der Bennschen Ästhetik zu formulieren.
(Über diese Temperatur siehe Offenbarung 3, 16.[3]) Was tue
ich mit der lauen Sprache, die ich vorfinde, um sie zum Sprechen zu bringen? Ich halte sie an meine Gegenstände. Sofort
heizt sie sich auf. Sie ist ein guter Wärmeleiter. Sie bildet
sofort den Zustand dessen ab, was sie vorfindet. Spontane
Selbstentzündung ist die Folge, das Gedicht brennt gewissermaßen ab. Das »künstlerische Material« erhitzt sich, der
Text flammt auf, seine Energie verpufft, es entsteht kein
stabiles, oder, mit Benn zu reden, »hinterlassungsfähiges Gebilde«.

Ich gehe, versuchsweise, umgekehrt vor. Ich rede von dem,
was zu sagen ist, was auf den Nägeln »brennt«, wie von einem
Beliebigen, das mich nichts anginge. Ein manipulierter Tem-
peratursturz ist die Folge: Ironie, Mehrdeutigkeit, kalter
Humor, kontrollierter Unterdruck sind die poetischen Kühl-
mittel. Das Produkt wird, sobald es mit der kochenden Realität in Berührung kommt, zischend explodieren. Auch hier
entsteht kein widerstandsfähiges, brauchbares Gebilde.

Die Temperatur der Gegenstände entzieht sich unserer Kontrolle. Was die Sprache betrifft, also jenes unter den »künstlerischen Materialien«, das der Gedichteschreiber direkt beein-
flussen kann, so schlage ich folgendes Verfahren vor: Die
Sprache ist durch die ganze Temperaturskala von der äußersten Hitze bis zur extremen Kälte zu jagen, und zwar mög-

3 »Weil du aber lau bist, weder kalt noch warm, werde ich dich ausspeien aus
    meinem Munde.«

lichst mehrfach. Dazu ist ein ständiger Wechsel des Pathos erforderlich. Zwischen Hyperbel und Andeutung, Übertreibung und Understatement, Ausbruch und Ironie, Raserei und Kristallisation, äußerster Nähe zum glühenden Eisen des Gegenstandes und äußerster Entfernung von ihm fort zum Kältepol des Bewußtseins ist die Sprache einer unausgesetzten Probe zu unterziehen. Zur Herstellung dieser höchst sinnlichen, keineswegs abstrakten Dialektik sind alle formalen Mittel erlaubt und vonnöten. Was in ihr zerreißt, erfriert, zur Schlacke verbrennt, ist unbrauchbar. Was übrigbleibt, was oft genug durchs Feuer gegangen und oft genug abgeschreckt worden ist, wird hart, fest, widerstandsfähig genug sein, um sich wenigstens eine Zeitlang zu behaupten. Es wird allerdings voller Spuren des Prozesses sein, dem es seine Entstehung verdankt. Gedichte sind keine reinen Produkte. Sie zeigen Spuren ihrer Herstellung und Spuren ihrer einstigen, gegenwärtigen oder zukünftigen Benutzung: Kratzer, Risse, Flecken. Wie Hüte oder Waffen können sie verrosten, sich abnutzen und verunreinigen, ohne ihre Brauchbarkeit einzubüßen. Im Gegenteil: sie werden dadurch ihren Benutzern vertrauter, lieber, ähnlicher. Die Vorstellung, daß Gedichte besonders edle oder schonungsbedürftige Gegenstände seien, ist schädlich. Sie gehören nicht unter Glasstürze und Vitrinen. Wenn sie veraltet oder verschlissen sind, kann man sie wegwerfen und durch neue ersetzen, wie Kleidungsstücke. Gute Gedichte haben eine lange Lebensdauer und können einen gewissen Grad von Ehrwürdigkeit erlangen. Sie sind aber so wenig unsterblich oder ewig wie ein alter Baum oder ein Schälmesser aus der Steinzeit.

»Mein Gedicht ist mein Messer« – aber es eignet sich nicht zum Kartoffelschälen. Wozu eignet es sich, wozu ist es zu gebrauchen? Diese Frage kann der Hersteller des Gedichts nur vorläufig beantworten, indem er nämlich dem Benutzer vorgreift, der in jedem Fall das letzte Wort hat. Wenn es nach mir ginge – und soweit es nach mir geht –, ist es die Aufgabe des Gedichts, Sachverhalte vorzuzeigen, die mit andern, bequemeren Mitteln nicht vorgezeigt werden können, zu deren Vorzeigung Bildschirme, Leitartikel, Industriemessen nicht genügen. Indem sie Sachverhalte vorzeigen, können Gedichte Sachverhalte ändern und neue hervorbringen. Gedichte sind also nicht Konsumgüter, sondern Produktionsmittel, mit deren Hilfe es dem Leser gelingen kann, Wahrheit zu produzieren. Da Gedichte endlich, beschränkt, kontingent sind, können mit ihrer Hilfe nur endliche, beschränkte, kontingente Wahrheiten produziert werden. Die Poesie ist daher ein Prozeß der Verständigung des Menschen mit und über ihn selbst, der nie zur Ruhe kommen kann.

Es nützt nichts, einen Sachverhalt vorzuzeigen, wenn keiner zusieht. Wahrheit kann nur produziert werden, wo mehr als ein Mensch zugegen ist. Deswegen müssen Gedichte an jemand gerichtet, für jemand geschrieben sein. Mindestens müssen sie damit rechnen, andern vor Augen oder zu Ohren zu kommen. Es gibt kein Sprechen, das ein absolutes Sprechen wäre. So wie sich Messer von Hüten und Hüte von Körben unterscheiden, indem sie ihren Benutzern einmal das Zustechen, zum andern das Aufsetzen und Forttragen zumuten, so mutet jedes Gedicht seinem Leser ein anderes Lesen zu. Gedichte ohne Gestus[4] gibt es nicht. Gedichte können Vorschläge unterbreiten, sie können aufwiegeln, analysieren, schimpfen, drohen, locken, warnen, schreien, verurteilen, verteidigen, anklagen, schmeicheln, fordern, wimmern, auslachen, verhöhnen, reizen, loben, erörtern, jubeln, fragen, verhören, anordnen, forschen, übertreiben, toben, kichern. Sie können jeden Gestus annehmen außer einem einzigen: dem, nichts und niemanden zu meinen, Sprache an sich und selig in sich selbst zu sein. Damit das, was vorgezeigt werden soll, beachtet wird, müssen Gedichte allerdings schön sein. Es muß ein Vergnügen sein, sie zu lesen. Weil die meisten Sachverhalte, die vorzuzeigen sind, schwieriger Natur sind,

---

4 Begriff aus der Brechtschen Ästhetik für die Sprachhaltung dessen, der im Sprechen seine persönlichen Interessen zum Ausdruck bringt.

muß das Vergnügen, mit dem man Gedichte liest, in aller Regel ein schwieriges Vergnügen sein.

Gedichteschreiber unterscheiden sich von anderen Leuten nicht in höherem Maß als Messerschmiede oder Hutmacher. Sie müssen wichtige Sachverhalte kennen und imstande sein, sie vorzuzeigen. Besondere Weihen stehen ihnen dafür nicht zu. Es ist nicht einzusehen, warum ihr Ruhm den der Hutmacher übertreffen, ihre Würde die der Scherenschleifer in den Schatten stellen, ihre Sterblichkeit oder Unsterblichkeit sich von der eines Postboten unterscheiden sollte. Auch verdienen ihre Gemütsbewegungen kein besonderes Interesse. Zornige Dichter sind weder günstiger noch ungünstiger zu beurteilen als liebenswürdige Dichter, und es besteht keine Veranlassung, tragische Seelenlagen einer unerschrockenen Lachlust vorzuziehen. Überlassen wir also die Gedichteschreiber getrost ihren Gefühlen. Gedichte sind allzumal fühllos, wie Messer: brauchbar oder unbrauchbar, das ist die Frage, die ich mir vorlege, wenn ich etwas geschrieben habe. Nicht immer ist sie leicht, selten ist sie günstig zu beantworten. Freilich, wer stellt sie schon? Die meisten Gedichteschreiber wollen gar nicht erst wissen, was sie herstellen, für wen und wozu. Kein Wunder, daß ihr, daß unser Beruf so lachhaft gering oder feierlich hoch geschätzt wird. »Er hat etwas Brauchbares gemacht«: dies Lob, das höchste, wird dem Gedichteschreiber selten zuteil. Dafür kann es dem Messerschmied, dem Scherenschleifer geschehen, daß ihm ein enthusiasmierter Kunde sagt: »Dieses Messer ist wirklich ein Gedicht« – und läßt es in der Sonne funkeln.

[*Es folgt das Gedicht »Das Herz von Grönland«.*]

75

HANS MAGNUS ENZENSBERGER

In dem 1961 im Rahmen einer Münchner Poetik-Vorlesungs-
reihe gehaltenen Vortrag »Wie entsteht ein Gedicht?«
umreißt Enzensberger (vgl. Text Nr. 74), zu dessen schriftstel-
lerischem Werk auch eine literaturwissenschaftliche Disserta-
tion über »Brentanos Poetik« zählt (1955, in Buchform ver-
öffentlicht 1961), die Bedeutung, die das Moment der Selbst-
reflexion des poetischen Schaffens beim Entstehen eines
Gedichts für die moderne Poetik und Lyriktheorie im gemein-
europäischen Rahmen hat.

Wie entsteht ein Gedicht?

Über die Entstehung eines Gedichtes – und ein Gedicht
schreiben, das sind allerdings zwei sehr verschiedene Dinge;
so verschieden, daß man sich sogar fragen könnte, ob eines
davon nicht das andere ausschlösse. Wie ein Ding zustande
gekommen, und was es ist: das ist zweierlei: ein Zweierlei,
das nirgends schärfer auseinandertritt als dort, wo von einem
Gedicht die Rede ist. Keineswegs ist eine Erscheinung zu
erklären, indem man ihre Genesis feststellt. Das wäre ein
historischer Irrtum. Ich könnte mir einen Zuhörer denken,
der die Sache zu Ende dächte und sich sagte: »Wie ein Gedicht
entsteht, das geht mich, den Leser, überhaupt nichts an; und
zwar um so weniger, je besser das Gedicht ist. Gut ist der
Text, den ich lese, eben dadurch, daß er seine Entstehung
hinter sich gelassen, seine Eierschalen abgestreift hat. Ein
Gedicht, das diesen Namen verdient, hat mit seiner Entstehung nichts zu tun. Wer mir von ihr berichtet, bringt mich
dem Gedicht nicht näher, – er lenkt mich ab und zeigt mir
eben das vor, was der Autor verworfen hat: Skizzen, Vorstu-
fen, Entwürfe, kurzum Abfall, der rechtens in den Papier-
korb gehört.«

Ein poetischer Text ist nicht mehr als das, was er enthält. Deshalb kann er immer nur aus sich selber verständlich sein oder gar nicht. Jede Erläuterung, die von außen kommt, und wäre es vom Poeten selber, ist unnütz, ja ärgerlich. Der Verfasser, der sein Produkt selber kommentiert, spricht sich sein eigenes Urteil, wenn er das Gedicht aus der poetischen in eine andere Sprache rückübersetzt. Er gibt damit nämlich zu, daß er das, was er mit den Worten seines Gedichtes sagte, auch anders, nämlich mit den Worten seiner Erläuterung hätte sagen können, also, wie das Wort Erläuterung zu verstehen gibt, lauterer, durchsichtiger, klarer. Der Satz, mit dem er seinen Kommentar begänne, wäre bereits ein Geständnis: »Ich wollte mit meinem Gedicht sagen . . . .« – »Warum haben Sie es dann nicht gesagt?« Die Gegenfrage ist nur allzu berechtigt. Mithin wäre das einzig richtige Verfahren, über ein Gedicht zu sprechen, die Interpretation, die nur den Text vor sich hätte, und zwar die Interpretation von fremder Hand; mithin wäre alles andere sekundäres Gerede oder Indiskretion; mithin hätte ich das Thema, über das ich handeln will, schon verfehlt, indem ich es wählte.

Ich will dennoch dabei bleiben. Es ist wahr, daß die Entstehung eines Gedichtes nichts über seinen Wert oder Unwert sagt; daß sie es weder erklärt noch rechtfertigt; daß ihre Aufhellung noch keine Aufhellung des Textes mit sich bringt. Dies alles aber habe ich gar nicht im Sinn. Was mir dunkel scheint, ist nicht der Text, sondern seine Entstehung.

Ich möchte meine Absicht genauer bestimmen, indem ich mich auf einen erlauchten Vorgänger berufe, der über unseren Gegenstand nachgedacht hat. Das ist schon eine Weile her. Vor hundertfünfzig Jahren hat Edgar Allan Poe einen Aufsatz veröffentlicht[1], der sich mit der Frage beschäftigt: »Wie entsteht ein Gedicht?« Dieser Essay handelt von Poes berühmtestem Gedicht, dem »Raben«. Sein Titel ist nicht ganz leicht zu übersetzen: *The Philosophy of Composition*.

---

1 Edgar Allan Poes Essay *The Philosophy of Composition* erschien 1846.

Das heißt ungefähr so viel wie »Grundsätze der dichterischen
Arbeitsweise«. Die kleine Schrift ist, rundheraus gesagt,
nichts anderes als Poes Poetik. Was Poe zu seiner Untersuchung bewogen hat, spricht er in den folgenden Sätzen aus:
»Schon oft habe ich mir gedacht, wie lehrreich es doch sein
müsse, wenn einmal ein Schriftsteller, der dazu imstande
wäre, uns Phase für Phase mit der genauen Entstehungsgeschichte eines seiner Werke bekannt machte. Warum ein solcher Versuch bisher niemals unternommen worden ist, ist
schwer zu sagen; vor allem wohl die Eitelkeit der Herren
Schriftsteller ist schuld daran. Die meisten Autoren, insbesondere die Dichter, gefallen sich darin, die Leute glauben zu machen, sie schüfen ihre Werke in einer Art von
schönem Wahnsinn, einer Art von selbstentrückter Eingebung . . .«
Was Poe hier als bloße Eitelkeit denunziert, ist in Wahrheit
ein sehr alter Mythos, eine ehrwürdige Tradition, die so weit
zurückreicht wie das Abendland selbst. Orpheus und die
Musen, der Dichter als »des Gottes Mundstück«, sein »schöner Wahnsinn«, sein »begnadeter Rausch«: seit den Tagen
Platons ist diese Auffassung vom poetischen Prozeß zu belegen. Aber spätestens vom Hellenismus an hat es in Europa
immer eine heimliche Opposition gegen den Mythos der
Inspiration gegeben, eine Opposition, die vom Dichten vielmehr wie von einem kunstvollen Machen spricht. Poe war
nur der erste, der diese Antithese mit allen Mitteln eines über-
ragenden Intellekts zu Ende formuliert hat. Zu beachten ist
das technologische Moment seiner Argumentation:
»Schon der Gedanke, daß das Publikum einen Blick *hinter* die
Kulissen werfen könnte, wo es . . . die Triebräder und die
Riemen, die Maschinerie des Schnürbodens, die Aufzüge und
die Versenkungen, mit einem Wort, das ganze Arsenal tech-
nischer Aushilfen sähe, aus dem in 99 von 100 Fällen das
Handwerkszeug des literarischen Histrionen besteht – schon
der Gedanke daran läßt die Autoren schaudern . . . Was mich
angeht, so teile ich weder die oben erwähnte Abneigung,

noch macht es mir irgend Schwierigkeit, mich der Art, in der eine meiner Arbeiten entstanden ist, zu erinnern; und da das Interessante einer Analyse oder Rekonstruktion, wie ich sie gerade als Desideratum beschrieben habe, durchaus unabhängig ist vom Vorhandensein oder Nichtvorhandensein eines Interesses auch am Gegenstand der Analyse, so wird man es mir, wie ich hoffe, nicht als einen Verstoß gegen den guten Geschmack anrechnen, wenn ich hier den modus operandi darlege, nach dem eines meiner eigenen Werke verfaßt worden ist ...

Meine Absicht geht dahin, zu zeigen, daß sich keine einzige Stelle dieses Gedichts dem Zufall oder der Inspiration verdankt, daß es vielmehr, Vers für Vers, mit derselben Genauigkeit und Logik aufgebaut ist wie die einzelnen Sätze eines mathematischen Beweises.«

Soweit Poe.

Sein Aufsatz über die Entstehung des »Raben« übte eine enorme Wirkung. Baudelaire und Mallarmé hatten den Autor in Frankreich bekannt gemacht; dort wurde das neue poetische Credo, als welches man Poes Essay deuten konnte, zu einer von jenen wahren literarischen Sensationen, die keine kurzen Beine haben, sondern Generationen beschäftigen. Die Theorie der modernen Lyrik ist ohne Poe nicht denkbar. Valéry spricht vom Dichter als einem »literarischen Ingenieur«, Gottfried Benn fordert ihn auf, »das künstlerische Material kalt zu halten«; Pound läßt sich von seinen Schülern als »il miglior fabbro« verehren; die großen spanischen Dichter unseres Jahrhunderts setzen die Maschinerie des Gongorismus von neuem in Gang; Brecht entwickelt seine Technik der Verfremdung auch im Hinblick auf den Vers. Da wird allenthalben berechnet und montiert, und allenthalben ist die Spur Poes zu erkennen. Selbst den Purzelbäumen der Dada-Väter und den Traumtexten und Clownerien der Surrealisten haftet etwas Kalkuliertes an, so, als könnte man jener Ingenieurkunst selbst dann nicht entraten, wenn es gilt, eine Maschine zu zerbrechen, statt sie zu konstruieren.

Diese gemeinsame Herkunft von Poe verbindet Autoren, die, was ihre Auffassung von der Natur des Gedichts angeht, in jeder andern Hinsicht extreme Antipoden sind. Das Wort vom literarischen Ingenieur könnte ebenso gut von Majakowskij wie von Valéry stammen. Der Russe, der die Poesie als Instrument der Revolution betrachtete und gewiß kein Formalist war, schrieb ein Traktat *Wie macht man Verse*[2], das ganz und gar auf der Linie Poe-Valéry liegt. Er zieht darin aus der Lehre des Amerikaners von den »Triebrädern und Riemen« die äußersten Konsequenzen und spricht von poetischen Rohstoffen, Halb- und Fertigfabrikaten. So eng kann sich die Ästhetik der poésie pure mit der marxistischen Geschichtsauffassung berühren, derzufolge die Entwicklung der Produktivkräfte alles menschliche Handeln und somit auch Dichten bestimmt.

Nicht nur in ihrer Betonung der Technologie des Gedichts stimmen Valéry und Majakowskij überein. Sie stellen beide, in der Nachfolge Poes, die Entstehungsfrage. Ich halte dafür, daß sie nicht zu umgehen ist. Unabhängig von ihrer Technik und ihrer Doktrin erfordern alle Werke, die heute entstehen, die Reflexion auf ihre Entstehung. Das läßt sich vielfältig belegen, vor allem dort, wo jene Reflexion thematisch wird, zum Beispiel, was die Prosa betrifft, in André Gides *Falschmünzern*, in Thomas Manns *Roman eines Romans, Die Entstehung des Doktor Faustus* und in Uwe Johnsons *Beschreibung einer Beschreibung*, dem Roman *Das dritte Buch über Achim*. Weniger ausgesprochen, aber unverkennbar, bei Proust und Joyce. Das Gedicht zeigt seit dem »Coup de Dés« Mallarmés die Tendenz, von sich selber zu sprechen. Der schöpferische Akt wird zum Gegenstand seiner selbst. In der Malerei unserer Tage wird diese Entwicklung auf die Spitze und an ihre äußere Grenze getrieben. Maler des Informel[3] erklären, das Werk habe nichts anderes abzubilden als

2 Wladimir Majakowskij (1893–1930), russischer Lyriker und Dramatiker; *Wie macht man Verse?* erschien 1926.
3 Richtung in der modernen Malerei, die unabhängig von allen Regeln und

den Akt des Malens. Das Bild und seine Entstehung fielen damit in eins zusammen.

Unser Thema ist keine bloße Kuriosität. Die Frage nach der Genese eines Werks ist zu einer zentralen, vielleicht *der* zentralen Frage der modernen Ästhetik geworden. Poe war im Recht, als er seinem Aufsatz den anspruchsvollen Titel *The Philosophy of Composition* gab. Er setzte den Hebel seiner Analyse an der richtigen Stelle an, an dem Punkt, von dem aus sich möglicherweise die Lehre vom Schönen aus den Angeln heben läßt. Das alte Hin und Her über Form und Inhalt, die Debatte über den Formalismus, der Zwist zwischen *poésie pure* und *poésie engagée*, die Erörterung über die Natur der dichterischen Sprache, das Problem der politischen Dichtung – kurz, jede theoretische Überlegung, die künstlerischen Fragen gilt, wird sich früher oder später Auskunft holen müssen über die Entstehung der Werke, von denen sie spricht.

Ich fühle mich nicht dazu berufen, diese Auskunft zu geben. Was ist ein Gedicht? Kann Kunst die Welt verändern? Welches ist die Natur des schöpferischen Aktes? – Ich weiß es nicht. Wer allzurasch und allzugern aufs Allgemeine zu sprechen kommt, ist immer verdächtig, den Widerstand des Besonderen und Konkreten zu scheuen. Ich gedenke dem Magnetismus der großen Fragen zu widerstehen. Daß sie aber auf dem Spiel stehen, wo immer von der Entstehung eines Gedichts die Rede ist, das ist nicht zu leugnen. Übrigens will ich Ihnen gestehen, daß mein theoretisches Interesse dann erlischt, wenn ich ein Gedicht schreibe. Es wird in diesem Augenblick weit wichtiger für mich, ein bestimmtes Wort, das richtige, zu finden, eine falsche Silbe aus dem Weg zu räumen, als zu wissen, was ein Gedicht ist, oder warum es geschrieben werden sollte. Sie können in dieser Hinsicht beruhigt sein. Das Besondere und Konkrete also: nicht »Wie entstehen Gedichte?«, sondern »Wie entsteht *ein* Gedicht?«

unter Verwendung von verschiedenartigen Materialen (Holz, Abfall, Stoffresten u. a.) arbeitet.

76

WALTER HÖLLERER

Walter Höllerer (geb. 1922), Literaturwissenschaftler, Lyriker und Herausgeber verschiedener Sammlungen zur Lyrik und Lyrik-Theorie der Moderne (»Transit«, »Theorie der modernen Lyrik«, »Ein Gedicht und sein Autor«) hat seine »Thesen zum langen Gedicht« 1965 in der Zeitschrift »Akzente« veröffentlicht. Im Gegensatz zu der verbreiteten Auffassung, daß Gedichte kurz zu sein haben und lange Gedichte eine »contradictio in adiecto« (E. A. Poe) seien, postulieren sie ein zwangloseres Lyrik-Verständnis, das sich am Vorbild außerdeutscher, vor allem angloamerikanischer Lyrik orientiert.

Thesen zum langen Gedicht

Das lange Gedicht, so wie es hier verstanden wird, unterscheidet sich nicht nur durch seine Ausdehnung von den übrigen lyrischen Gebilden, sondern durch seine Art sich zu bewegen und da zu sein, durch seinen Umgang mit der Realität.

Das lange Gedicht ist, im gegenwärtigen Moment, schon seiner Form nach politisch; denn es zeigt eine Gegenbewegung gegen Einengung in abgegrenzte Kästchen und Gebiete. Es läuft gegen kleinliche Begrenzungen des Landes und des Geistes an. – Sackgassen hier wir dort: ›DDR‹ – durch ›Materialismus‹ verknotete Idealisten. ›BRD‹ – durch ›Idealismus‹ verbogene Materialisten. Das lange Gedicht hat den Atem, Negationsleistungen zu vollbringen, Marx- und Hegel-Aufgüsse abzuräumen, die Denkgefängnisse zu zerbröckeln, beharrlich den Ausdruck in neuen Anläufen für neue Verhältnisse zu finden.

Wer ein langes Gedicht schreibt, schafft sich die Perspektive, die Welt freizügiger zu sehen, opponiert gegen vorhandene Festgelegtheit und Kurzatmigkeit. Die Republik wird erkennbar, die sich befreit.

Die Auseinandersetzung mit den Augenblickselementen, mit den Überbleibseln aus der Summe der Wahrnehmungen in der geringfügigsten räumlichen und zeitlichen Ausdehnung wird im langen Gedicht eher noch verstärkt als vernachlässigt: ›auf daß ich nicht nur eine Anspielung meiner selbst wäre, auf daß ich nicht nur eine Erinnerung meiner selbst wäre‹.

Die härteste Negationsleistung, die täglich in bezug auf uns selbst gefordert wird, ist: von uns selber zunächst abzusehen. Im langen Gedicht bauen wir, aus den verschiedensten Wahrnehmungen, eine mögliche Welt um uns auf, sparen uns aus und erreichen auf diesem Weg, daß wir sichtbar werden.

Doch dies ist nur möglich mit freierem Atem, der im Versbau, im Schriftbild Gestalt annimmt. Ich werde mir sichtbar.

Alle Feiertäglichkeit weglassen. Einen Teil der theoretischen Tätigkeit in die Praxis hineinnehmen. Die Auffächerung so weit öffnen wie möglich.

Längeres Sich-einlassen: so daß Verbindungen zwischen Gegenstand, Leser, Autor, Gedicht möglich werden; die Naivität ging verloren; das Zelebrieren wurde unglaubwürdig; insistent zusammenholen, vorzeigen.

Die erzwungene Preziosität und Chinoiserie des kurzen Gedichts! Das lange Gedicht gibt eher Banalitäten zu, macht Lust für weiteren Atem. Ich spiele mit dem, was ich gelernt habe.

Im langen Gedicht will nicht jedes Wort besonders beladen sein. Flache Passagen sind nicht schlechte Passagen, wohl aber sind ausgedrechselte Stellen, die sich gegenwärtig mehr und mehr ins kurze Gedicht eingedrängt haben, ärmliche Stellen.

Das Wort ›präzise‹ als Forderung: damit will sich Gelehrsamkeit der Technik annähern und gibt Dekoration. Das lange Gedicht wird davon nicht betroffen.

Die Sprache dient zur täglichen Verständigung über bekannte Bedürfnisse. Die Sprache dient zur Definition noch kaum bekannter Ausmaße. Das lange Gedicht stellt sich beidem, – Zerreißprobe des Satzes. Möglichkeiten schaffen zwischen dem Plakat der Nähe und dem Kalkül der Ferne.

Subtile und triviale, literarische und alltägliche Ausdrücke finden somit notgedrungen im langen Gedicht zusammen, spielen miteinander – wie Katz und Hund.

Berufe dich nicht auf ›Schweigen‹ und ›Verstummen‹. Das Schweigen als Theorie einer Kunstgattung, deren Medium die Sprache ist, führt schließlich zu immer kürzeren, verschlüsselteren Gedichten; die Entscheidung für ganze Sätze und längere Zeilen bedeutet Antriebskraft für Bewegliches.

Das lange Gedicht löst durch Bewegung die Gefahr des Hinstarrens und Starrwerdens im enggezogenen Kreis, es führt zugleich aus der starrgewordenen Metaphorik, der knarrenden Rhythmik, der bemühten Schriftbildschematik, stellt sich einer weiteren Sicht.

Das lange Gedicht als Vorbedingung für kurze Gedichte.

KÄTE HAMBURGER

Mit dem 1957 erschienenen Buch »Die Logik der Dichtung« legte die Literaturwissenschaftlerin Käte Hamburger (1896–1992) den Versuch einer Dichtungs- und Gattungstheorie auf sprachlogischer und sprachtheoretischer Basis vor. Aufgrund einer Analyse der Subjekt-Objekt-Verhältnisse in sprachlich-literarischen Aussagesystemen kommt Hamburger unter anderem Blickwinkel zu der erneuten Erkenntnis der Sonderstellung lyrischer Dichtung als »nicht-fiktionaler Wirklichkeitsaussage« gegenüber den fiktionalen Aussageformen epischer und dramatischer Dichtung. Das 1968 in zweiter, überarbeiteter Auflage (mit Änderungen vor allem im Lyrik-Teil) veröffentlichte Werk erregte eine lebhafte Diskussion.

Die lyrische Subjekt-Objekt-Korrelation

Mörikes berühmtes Frühlingsgedicht »Er ist's« sei als erstes Beispiel gewählt:

> Frühling läßt sein blaues Band
> Wieder flattern durch die Lüfte;
> Süße, wohlbekannte Düfte
> Streifen ahnungsvoll das Land.
> Veilchen träumen schon
> Wollen balde kommen.
> – Horch, von fern ein leiser Harfenton!
>   Frühling, ja, du bist's!
> Dich hab' ich vernommen!

Das Gedicht bereitet keine Verstehensschwierigkeiten. Sofort ist erkennbar, wovon es spricht. Der Objektpol der Versaussagen ist deutlich: der Frühling, mit dem ersten Worte aufgerufen, genauer der kommende Frühling, als solcher evoziert erst im vierten, fünften und sechsten Vers durch

die Worte ahnungsvoll, schon, balde. Doch gleich die ersten
beiden Verse enthalten eine ganz andere Vorstellung: ein
blaues durch die Lüfte flatterndes Band. Es flattert nicht von
selbst, aber wenn wir auf die Frage antworten wollten, wer es
flattern läßt, so müßten *wir* sagen: der Frühling. Aber indem
wir so antworten, tun wir etwas anderes als das Gedicht. Dies
sagt »Frühling«, und nur indem es, durch Fortlassung des
Artikels aus der Jahreszeit einen Eigennamen, also eine Person, eine männliche, macht, kann es diese sein blaues Band
flattern lassen. Der Interpret aber kann diese Metapher nicht
als Aussage wiederholen. Wenn er sagt: das ist eine Metapher,
die etwa, vielleicht, den blauen Frühlingshimmel ausdrücken
soll, so tut er wieder etwas anderes als das Gedicht, das nicht
vom Himmel spricht, sondern bloß das Bild eines flatternden
blauen Bandes vor Augen stellt, das als solches von dem
Objektpol, der leicht festzustellen ist, dem Frühling, weit
entfernt ist. Die vier folgenden Aussagen sind dem Objektpol näher; sie nennen immerhin konkrete, »wohlbekannte«
Frühlingserscheinungen: süße Düfte, Veilchen, und im
Worte »ahnungsvoll«, als Adverb zum Streifen der süßen
Düfte, klingt direkt Frühlingsahnung auf. Unbestimmter
aber ist bei genauem Zusehen die Aussage über die Veilchen.
Sie träumen schon, sie wollen balde kommen. Wir können
nicht, so einfach, so wenig dunkel diese Aussagen sind, erklären, ob von Veilchen die Rede ist, die schon da sind, als
Knospen vielleicht, oder ob auch sie nur als Frühlingsahnung
in der Luft liegen, oder noch unbestimmter nur im vorstellenden Sinn des Dichters schon da sind. Der Objektbezug entzieht sich fast unbemerkt unserer Frage, unserer Interpretation. Er entzieht sich ganz und gar bei der letzten Aussage. Sie
ist wie die Bandmetapher Umdeutung des Dichters, ist aber
nicht einmal mehr in eine Vorstellung des Sichtbaren, sondern nur noch des Hörbaren verwandelt, doch wiederum
nicht in eine konkrete hörbare Frühlingserscheinung, wie es
etwa Lerchengesang wäre, beliebtes Requisit romantischer
Frühlingslieder – sondern wiederum in etwas, das nicht auf

den realen Objektzusammenhang bezogen ist: ein leiser Harfenton, von fern. Und endlich ist die Frühlingsahnung gerade in diesem ganz und gar imaginären Ton zusammengefaßt: er, dieser Ton, ist's, ist der Frühling, ihn hat das lyrische Ich, das sich nun meldet, vernommen.

Überlegen wir, was sich als das organisierende Strukturmoment bei diesem Abhorchen des kleinen einfachen Gedichts zeigt. Ein Kind versteht es; denn deutlich ist, wovon es spricht. Sich ankündigender Frühling ist der Objektpol der Aussagen des lyrischen Aussagesubjekts. Aber nun zeigt sich das Phänomen, daß am Schluß, wenn wir das Gedicht als Ganzes aufnehmen, gar nicht der kommende Frühling als solcher, der Objektbezug, als Eindruck und Erlebnis des Gedichts zurückbleibt, sondern Frühlings flatterndes blaues Band, träumende Veilchen, ein leiser Harfenton. Etwas ist mit der Subjekt-Objekt-Struktur der Aussagen vorgegangen, das in der mitteilenden Aussage niemals vorkommt. Sie haben sich sozusagen aus dem Objektpol zurückgezogen, sich zueinander hin geordnet und dabei Inhalte angenommen, die sich keineswegs auf den Objektzusammenhang, jedenfalls nicht direkt beziehen. Sie sind nicht auf diesen hin orientiert, nicht von ihm her gelenkt, gesteuert. Sie bilden keinen Objekt- und d. h. auch keinen Mitteilungszusammenhang, sondern etwas anderes, das wir als *Sinnzusammenhang* bezeichnen. Das bedeutet, daß die Aussagen aus dem Objektpol fort in die Sphäre des Subjektpols hineingezogen sind. Dieser Prozeß aber ist es, der das lyrische Kunstgebilde hervorbringt. Es entsteht dadurch, daß sich die Aussagen zueinander ordnen, gelenkt von dem Sinn, den das lyrische Ich mit ihnen ausdrücken will. Wie es dies tut, welcher sprachlichen, rhythmischen, metrischen, klanglichen Mittel es sich dazu bedient, wieweit es einen inneren Zusammenhang sichtbar macht und wieweit nicht – das ist die ästhetische Seite seines dichtenden Tuns. Und im Resultat des entstandenen Gedichts kann nicht unterschieden werden, ob die Zuordnung und Form der Aussage den Sinnzusammenhang ergibt oder dieser die Zuordnung lenkt. Sinn und Form sind im Gedicht identisch. [...]

An dieser Stelle, zum Abschluß der Analyse der lyrischen Subjekt-Objekt-Struktur muß die bereits aufgeworfene Frage geklärt werden, warum das lyrische Gedicht eine Wirklichkeitsaussage ist, obwohl seine Aussage keine Funktion in einem Wirklichkeitszusammenhang hat. Denn schon wenn wir unser Erlebnis von einem lyrischen Gedicht prüfen, so erscheint es uns primär eben dadurch bestimmt zu sein, daß wir es als Wirklichkeitsaussage erleben, so gut wie einen uns mündlich oder in einem Briefe mitgeteilten spezifischen Erlebnisbericht, und erst gewissermaßen sekundär, erst bei analysierender Prüfung des Sinnes einer lyrischen Aussage (derart wie wir sie an einigen Beispielen versuchten), ergänzen wir diese unmittelbare Erfahrung durch die Modifizierung, daß wir keine objektive Wirklichkeit oder Wahrheit aus ihm erfahren noch zu erfahren erwarten. Was wir zu erfahren und nachzuerleben erwarten, ist nichts Sachliches, sondern Sinnhaftes. Und diese unsere Einstellung ist nicht eine dem lyrischen Gedichte gegenüber völlig neue innere Erfahrung. In modifizierter Weise kennen wir sie auch aus nicht-lyrischer Mitteilung, die uns etwa gemacht wird. Beschreibt uns jemand lebhaft und anschaulich seine Eindrücke, die er bei einem Natur-, Kunst- oder sonst einem Lebensgenuß gehabt hat, so kann es geschehen, daß wir selbst an diesem subjektiven Eindruck und Ausdruck des Berichtenden mehr interessiert sind als an der Sache, die für jenen der Anlaß war, und wir sagen wohl: er hat eine so reizende Schilderung des Festes gegeben, daß es ein wahres Vergnügen war, ihm zuzuhören. Dieses banale, unserer Alltagserfahrung entnommene Beispiel aber weist die Richtung an, in der wir Lyrik erleben, noch ehe wir an die Deutung der in einem Gedichte ausgesagten Sinnzusammenhänge gehen. Während in der außerdichterischen Schilderung, an der wir um ihres Wie mehr als um ihres Was interessiert sein können, dennoch auch das Was, als der gemeinte Wirklichkeitszusammenhang mehr oder weniger mitklingt (je nach unserem Interesse oder der Eigenwichtigkeit dieses Was), sind wir, wie schon gezeigt, angesichts des lyrischen Gedichtes durch den Kontext des Gedichtes, das Gedichtsein des Gedichtes selbst von jedem ›Interesse‹ – im Kantischen Sinne des ästhetischen Erlebens – an dem Eigenwert, d. i. also hier dem Wirklichkeitswert dieses Was befreit. Die Tatsache, die in unser Erlebnis des lyrischen Gedichtes eingeht, daß wir einen möglichen, mehr oder weniger erkennbaren Objektbezug nur in seiner Funktion für den Sinnbezug des Gedichtes in unsere Interpretation einbauen, besagt nichts anderes, als daß wir grundsätzlich von jedem Interesse am Eigenwert des Objekts befreit sind. Auf diese Weise antwortet der Erlebende des Gedichts, der Interpret, auf den Willen des lyrischen Ich: so wie dieses durch den Kontext seinen Willen kundgibt, als lyrisches Ich verstanden zu werden, lenkt dieser Kontext wiederum unser genießendes und interpretatorisches Erlebnis. Wir erleben das lyrische Aussagesubjekt, und nichts als dieses. Wir gehen nicht über sein Erlebnisfeld hinaus, in das es uns bannt[a]. Dies aber besagt, daß wir die lyrische Aussage als Wirklichkeitsaussage erleben, die Aussage eines echten Aussagesubjekts, die auf nichts anderes bezogen werden kann als eben auf dieses selbst. Gerade das unterscheidet ja das lyrische Erlebnis von dem eines Romans oder Dramas, daß wir die Aussagen eines lyrischen Gedichtes *nicht* als Schein, Fiktion, Illusion erleben. [...]

Es ist das unmittelbare lyrische Ich, dem wir im lyrischen Gedicht begegnen.

---

a Wenn H. Lehnert in seinem Buch »Struktur und Sprachmagie. Zur Methode der Lyrik-Interpretation«, Stuttgart 1966, das lyrische Ich als einen Prozeß der Identifikation des Autors mit dem Leser (oder Hörer) faßt (vgl. S. 47, 57, 67, 120), so scheint mir der Vorgang der Interpretation, der das Thema des Buches ist, doch zu stark als Strukturelement des Gedichts selbst gedeutet zu sein.

Die Beschaffenheit des lyrischen Ich

Unsere bisherigen Darlegungen über die lyrische Subjekt-
Objekt-Struktur lassen weitere Erörterungen über das lyrische Ich oder Aussagesubjekt überflüssig erscheinen. Doch
angesichts der unendlichen Vielfalt der lyrischen Erscheinungsformen ist es mit dem generellen aussagentheoretischen
Nachweis nicht getan, daß das lyrische Ich ein echtes, ein
reales Aussagesubjekt ist. Denn eben weil die lyrische Wirklichkeitsaussage keine Funktion in einem Wirklichkeitszusammenhang haben will, stellt sich das lyrische Aussagesubjekt als ein Problem, das denn auch nicht zufällig von der
Literaturtheorie diskutiert und umstritten worden ist. Umstritten, und auch von unserer Strukturanalyse der lyrischen
Aussage noch nicht beantwortet, ist die Frage der Identität oder Nichtidentität des lyrischen Ich mit dem Ich des
Dichters. Entgegengesetzte Auffassungen machten sich geltend. Während die ältere ›naivere‹ Literaturgeschichte keinen
Anstand nahm, das lyrische Ich mit dem Dichter zu identifi-
zieren und sich freute, wenn sie das Mädchen entdeckte, dem
ein Liebesgedicht galt, so ist man heutzutage oft ängstlich
darauf bedacht, jede Verbindung zwischen dem Ich des
Gedichtes und dem des Dichters abzuriegeln. »Da glauben
die Leser, ›ich‹ sei Goethe und ›du‹ sei Friederike – Bio-
graphismus!« ruft zugleich empört und belustigt der feine
Goethe-Interpret Paul Stöcklein aus, und meint zu wissen,
daß wie »schon jedes Wort im Gedicht seine Bedeutung verändert, so erst recht jedes ›ich‹ und ›du‹«[b]. Ein »fiktives Ich«
sei das lyrische Ich, formulieren Wellek und Warren[c], während Wolfgang Kayser sich mindestens fragend zu den modernen Angriffen auf den Subjektivitätscharakter der Lyrik
verhält, wenn auch diesen zustimmend, weil der Begriff des

b P. Stöcklein, Dichtung vom Dichter gesehen, in: Wirk. Wort, 1. Sonderheft
   1952, S. 84.
c Wellek/Warren, The Theory of Literature, New York 1949, S. 15.

Subjektiven »die Aufmerksamkeit immer noch auf das reale Subjekt des Sprechenden lenkt«[d]. [...]

Die Aufgabe der Logik der Lyrik aber war es, die Ursache für das Phänomen aufzudecken, das das Erlebnis der lyrischen Dichtung enthält: das Erlebnis, einer Wirklichkeitsaussage gegenüberzustehen, wie unwirklich auch der Aussageinhalt, wie unfühlbar auch das Aussagesubjekt sein mag. Und eben hier läuft die Grenze, die schon in rein phänomenologischem Sinne die lyrische von der fiktionalen Gattung trennt. Die logische Untersuchung konnte in ihrem Falle mit sprachtheoretisch und grammatisch gröberem Geschütz auffahren, um das Phänomen der Nicht-Wirklichkeit, der Fiktion, zu begründen. Denn es konnte gezeigt werden, daß und warum das fiktionale Erzählen (das die Phänomenologie und Logik der Fiktion erkennbar werden läßt) sich sprachlicher und grammatischer Formen bedienen kann, die die Wirklichkeitsaussage aus sich ausschließen muß. Erst nachdem diese Strukturverhältnisse aufgedeckt sind, kann auch Klärung in das, wie schon anfangs angedeutet, vielfach ungeklärte und oft allzu populär behandelte Problem des Verhältnisses von Dichtung und Wirklichkeit gebracht werden. Es zeigt sich nun, daß dieses logisch und phänomenologisch überhaupt nur für die fiktionale Gattung mit Sinn gestellt werden kann. Die lyrische Wirklichkeitsaussage kann nicht mit irgendeiner Wirklichkeit verglichen werden, so wenig wie die nicht-lyrische Aussage. In beiden Fällen könnte dies nur im Sinne der Verifizierung geschehen, der aber nicht gemeint ist, wenn das Problem von Dichtung und Wirklichkeit gestellt wird. Wir sahen, daß eben Verifizierung dadurch verboten ist, daß sich das Aussage-Ich als lyrisches Ich setzt. Wir haben es nur mit *der* Wirklichkeit zu tun, die das lyrische Ich uns als die *seine* kundgibt, die subjektive, existentielle Wirklichkeit, die mit irgendeiner objektiven, die der Kern seiner Aussage sein mag, nicht verglichen werden kann. Denn verglichen können nur

d W. Kayser, Das sprachliche Kunstwerk, S. 334.

zwei voneinander verschiedene, isolierte Phänomene werden.

Die fiktive Wirklichkeit, die Nicht-Wirklichkeit eines Romans oder Dramas kann dagegen auf die verschiedenste
Weise mit einer realen Wirklichkeit verglichen werden. Dies
kommt schon in der umgekehrten, fast banalen Erscheinung
zum Ausdruck, daß wir in der Welt eines Romans leben können, als ob sie eine Wirklichkeit wäre, für das Schicksal der
fiktiven Personen uns, während wir lesen, so interessieren
können, als handelte es sich um wirkliche Personen. Wir können die in einem historischen Roman erzählten Umstände auf
ihre historische Richtigkeit prüfen oder einen Roman oder
Drama etwa deshalb tadeln, weil es »solche Personen und
Ereignisse nicht in Wirklichkeit geben kann«. Es bedarf keiner weiteren Hinweise auf die mehr oder weniger banalen
Probleme, die hier dennoch ihren logisch legitimen Ort
haben. Die fiktionale Dichtung ist darum Mimesis der Wirklichkeit, weil sie keine Aussage ist, sondern Gestaltung,
›Nachbildung‹, deren Material die Sprache ist wie Marmor
oder Farben das der bildenden Kunst. Die fiktionale Dichtung ist Mimesis, weil die Wirklichkeit des menschlichen
Lebens ihr Stoff ist. Die Umgestaltung, die sie mit diesem
Stoffe vornimmt, und ist diese von surrealistischer Absolutheit, ist doch kategorial anderer Art als die Verwandlung, die
das lyrische Aussagesubjekt am Objekt seiner Aussage übt.
Dieses verwandelt objektive Wirklichkeit in subjektive
Erlebniswirklichkeit, weshalb sie als Wirklichkeit eben bestehen bleibt. Die fiktionale Dichtung aber gestaltet Wirklichkeit zu Nicht-Wirklichkeit um, d. h. sie erfindet ›Wirklichkeit‹ – wobei man deshalb diesen Begriff in Anführungsstri-
chen zu setzen hat, weil die erfundene Wirklichkeit identisch
mit der Nicht-Wirklichkeit, der Fiktion ist. Der erkenntnis-
theoretische Unterschied zur Lyrik hat, wie eingehend
gezeigt wurde, darin seinen Grund, daß diese fiktive Welt
nicht das Erlebnisfeld des Verfassers, des Erzählers oder Dramatikers ist, sondern eben nur deshalb als eine fiktive gestal-

tet werden kann, weil sie als Welt fiktiver Personen gestaltet wird.

In diesen Unterschieden ist es begründet, daß ein lyrisches Gedicht eine offene Struktur, eine fiktionale Dichtung aber eine geschlossene Struktur ist. Wiederum handelt es sich dabei nicht um ästhetische Verhältnisse: daß ein Gedicht in sich künstlerisch geschlossener sein kann als ein Roman. Sondern es sind die konstituierenden sprachlogischen Verhältnisse, die für diese unterschiedlichen Aspekte verantwortlich sind. Das lyrische Gedicht ist eine offene logische Struktur, weil es durch ein Aussagesubjekt konstituiert ist; und dieses ist als solches die Ursache »für die letzte Unerklärbarkeit, aus der und in der es (das Gedicht) lebt«, wie es eine moderne Dichterin, Hilde Domin, formuliert hat und eben darauf die verschiedene Interpretierbarkeit eines Gedichts zurück-führt[e]. Das Gedicht ist deutungsoffen; und dies gilt im Prinzip auch für das einfachste, dem Verständnis unmittelbar zugängliche Gedicht. Es gilt umgekehrt für den dunkelsten, surrealistischen Roman, daß er prinzipiell deutbar ist. Denn er ist eine geschlossene Struktur, weil er von dem offenen Bereich der Aussage durch die mimetischen Funktionen abgetrennt ist. Es bedarf denn auch kaum des Hinweises, daß die Schwierigkeiten der Analyse eines verständnisschwieri-gen Romans oder Dramas (eines Kafka etwa oder eines Pirandello) auf einer anderen Ebene liegen als die Deutung von Gedichten.

78

MARTIN HEIDEGGER

Spätestens mit dem Vortrag »Hölderlin und das Wesen der Dichtung« (1936) hat Martin Heidegger (1889–1976), Philosoph und Begründer der Existenzphilosophie, die Dichtung

e Hilde Domin, Doppelinterpretationen, Bonn 1966, S. 31.

als Seins- und Wahrheitsraum entdeckt und zum Gegenstand seines Philosophierens gemacht, wobei die späte Lyrik Hölderlins paradigmatische Bedeutung gewann. Unter dem Titel »Das Gedicht« sind Gedanken zusammengefaßt, die Heidegger 1968 in einem Vortrag zum 70. Geburtstag von F. G. Jünger entwickelt hat.

Das Gedicht

Über das Gedicht sprechen, das hieße: von oben her und somit von außen darüber befinden, was das Gedicht ist.

Mit welcher Befugnis, aus welcher Kenntnis könnte dies geschehen? Beides fehlt. Darum wäre es Anmaßung, über das Gedicht sprechen zu wollen. Wie aber anders?

Eher so, daß wir vom Gedicht her uns sagen lassen, worin sein Eigentümliches bestehe, worauf dieses beruhe.

Um es hinreichend zu vernehmen, müssen wir mit dem Gedicht vertraut sein. Doch wahrhaft vertraut mit dem Gedicht und dem Dichten ist allein der Dichter. Die dem Gedicht gemäße Art, von ihm zu sagen, kann nur das dichterische Sagen sein. Darin spricht der Dichter weder über das Gedicht noch von dem Gedicht. Er dichtet das Eigentümliche des Gedichtes. Dies aber trifft er nur, wenn er aus der Bestimmung seines Gedichtes dichtet und einzig diese selbst.

Ein seltsamer, wenn nicht gar ein geheimnisvoller Dichter. Es gibt ihn. Er heißt Hölderlin.

Allein er ist uns – so scheint es – immer noch nicht so nahe, daß sein Wort uns erreicht, uns getroffen hat, daß wir die Getroffenen sind – und bleiben.

In Hölderlins Dichtung erfahren wir dichterisch das Gedicht. »Das Gedicht« – dieses Wort verrät jetzt seine Zweideutigkeit. »Das Gedicht« kann meinen: das Gedicht überhaupt, den Begriff vom Gedicht, der für alle Gedichte der Weltliteratur gilt. »Das Gedicht« kann aber auch bedeuten: das ausgezeichnete Gedicht, gezeichnet dadurch, daß es allein schicksalhaft uns angeht, weil es uns selbst, das Geschick dichtet, in

dem wir stehen, ob wir es wissen oder nicht, ob wir bereit
sind, uns darein zu schicken oder nicht. [. . .]

> Immer bedürfen ja, wie Heroën den Kranz, die geweihten
> Elemente zum Ruhme das Herz der fühlenden Menschen.[1]

Ruhm und rühmen sind hier im pindarischen, griechischen
Sinne zu denken als Erscheinenlassen. Der dem Herzen der
fühlenden Menschen Vorausfühlende ist der Dichter. Er ist
der Andere, der von den Göttern Gebrauchte.
Mit diesem scheu gewagten Wort vom Bedürfen der Götter
und dem entsprechenden Gebrauchtsein des Dichters rührt
Hölderlin an die Grunderfahrung seines Dichtertums. Dieses
Erfahren sachgerecht zu denken, dem Bereich nachzufragen,
in dem es spielt, dem ist das bisherige Denken noch nicht
gewachsen.
Das Gedicht, das Gedicht Hölderlins versammelt das Dichten als heiliggenötigtes, himmlisch gebrauchtes Nennen der
gegenwärtigen Götter in die gefügte Sage, die, seitdem Hölderlin sie gesprochen hat, in unserer Sprache spricht, gleichviel, ob sie gehört wird oder nicht.
Die Ode unter der Überschrift »Ermunterung«, vom Dichter
am Beginn des Jahres 1801 vollendet, hebt an mit dem Ruf
»Echo des Himmels!«. Dieses Echo ist das Gedicht Hölderlins.

79

GÜNTER EICH

*In einer vermutlich aus dem Jahr 1968 stammenden, zu seinen
Lebzeiten unveröffentlicht gebliebenen Aufzeichnung hat
Günter Eich (vgl. Text Nr. 61 und 72), der in seinem Spätwerk
von der Lyrik zur Form der absurden Kurzprosa und des*

---

1 Hölderlin, *Der Archipelagus*, V. 60 f.

Prosagedichts überging (»Maulwürfe«), noch einmal in the-
senhafter Form Stellung zu grundsätzlichen Fragen der Lyrik
bezogen.

Thesen zur Lyrik

Lyriker liefern zu ihren Gedichten die Poetik umsonst. Wie
richtig sagt man sich beim einen, wie richtig beim andern, der
das Gegenteil meint. Ratlos vor soviel Richtigkeit, tröstet
man sich mit dem alten Fontane. Ja, es muß ein weites Feld
sein.

Der zweite Grad der Erkenntnis: Da wird nicht von Gedichten gesprochen, sondern immer nur von den Gedichten des
betreffenden Autors. Hier preist einer den richtigen Atem,
und man mag ihm zustimmen, auch wenn man von Gesund-
heit in der Lyrik nicht so viel hält.

Aber die Poetologen meinen *allgemeine* Gesetze gefunden zu
haben. Ich erlaube mir zu widersprechen. Jedes neue Gedicht
verändert die Theorien. Elfenbeinerner Turm und Engagement, Simplizität und Experiment schließen sich nicht aus, –
es hat sich schon herumgesprochen.

Hundert Autoren – hundert verschiedene Möglichkeiten des
Gedichts. Lange und kurze Gedichte, mittelkurze und mit-
tellange.

So mit Skepsis gerüstet, sage ich einige Punkte meiner Poetik
auf, eine private Wunschliste, weiter nichts, – das und so
möchte ich schreiben:
   Gedichte ohne die Dimension Zeit
   Gedichte, die meditiert, nicht interpretiert werden müssen
   Gedichte, die schön sind ohne Schönheit zu enthalten
   Gedichte, in denen man sich zugleich ausdrückt und ver-
      birgt

Unweise Gedichte
Direkte Gedichte
Die Liste kann fortgesetzt werden

Lyrik ist überflüssig, unnütz, wirkungslos. Das legitimiert
sie in einer utilitaristischen Welt. Lyrik spricht nicht die Sprache der Macht, – das ist ihr verborgener Sprengstoff.

80

ERNST JANDL

*Ernst Jandl (geb. 1925), der »Wiener Gruppe« nahestehender
Lyriker, Essayist und Autor von Hörspieltexten sowie einer
»Sprechoper« (»Aus der Fremde«), knüpft mit dem experi-
mentellen, sprachspielerischen und sprachkritischen Stil seiner
Lyrik (Typus des »Sprechgedichts«) zwar an das dadaistische
Lautgedicht an, setzt sich aber auch sehr bewußt und konse-
quent mit Fragen der modernen Ästhetik und Sprachtheorie
auseinander. – »Das Gedicht zwischen Sprachnorm und
Autonomie« ist einer von drei Vorträgen, die Jandl 1974 vor
Germanistik-Studenten in Wien gehalten hat.*

Das Gedicht zwischen Sprachnorm und Autonomie

Ich könnte mir denken, daß ein Gedicht und ein Erlebnis
vollständig identisch werden, so vollständig, daß sie dann ein
und dasselbe sind, das Gedicht ist dann das Erlebnis, und das
Erlebnis ist das Gedicht, und jedes von beiden ist darüber
hinaus nahezu nichts, aber daß beide zu einem einzigen
geworden sind, scheint mir außergewöhnlich viel. Es muß
dabei das unmittelbare Erlebnis des Autors als unmittelbares
Erlebnis derart zu einem Gedicht werden, daß das Gedicht
das Erlebnis selbst ist, daß Sie also durch dieses Gedicht, als

Leser Sprecher Hörer, dasselbe unmittelbare Erlebnis haben, das der Autor hatte, als er sein Erlebnis hatte. Das Erlebnis, das Sie haben sollen, muß also aus ganz den gleichen Bestandteilen bestehen wie das Erlebnis des Autors, es muß, um zu Ihnen zu gelangen, transportabel sein, und es muß übertragbar sein, im Sinne einer ansteckenden Krankheit, die, von mir auf Sie übertragen, vollständig zu Ihrer eigenen wird. Ich benütze, im Zusammenhang mit Kunst, nur ungern diesen Vergleich, denn Kunst, wie Sie wissen, und wie Sie aufgrund von gegenteiligen Behauptungen um so sicherer wissen, ist gegen Krankheit jeder Art immun. Ich kenne aber hier keinen treffenderen Vergleich, denn Krankheit ist ein übertragbares Erlebnis. Der es empfängt, erlebt es, im Prinzip, genauso wie der, der es vermittelt.

Da das Gedicht und das Erlebnis ein und dasselbe sein sollen, müssen sie aus den gleichen Bestandteilen und dem gleichen Material bestehen. Erlebnisse gibt es aus den verschiedensten Bestandteilen, aus dem verschiedensten Material. Gedichte gibt es aus den verschiedensten Bestandteilen, aber alle nur aus einem einzigen Material, Sprache. Um ein Erlebnis und ein Gedicht identisch zu machen, ein einziges Ding, wird dieses Ding aus dem Material des einen der beiden, Erlebnis und Gedicht, bestehen müssen, das nur über ein einziges Material verfügt. Das Resultat kann daher nur sein: ein Erlebnis aus Sprache, ein sprachliches Erlebnis, das zugleich ein Gedicht ist.

Alles, was an einem Gedicht nicht Erlebnis sein kann, ein direkt und unmittelbar übertragbares Erlebnis, muß für diesen Zweck aus dem Gedicht verschwinden, jedes Berichten von etwas, von Erfahrungen, Beobachtungen, Reflexionen, jedes Mitteilen – eine Krankheit wird mitgeteilt, heißt gemeldet; eine Krankheit wird übertragen, dann haben wir sie (und sie uns); ein Erlebnis haben wir, und es uns, wir müssen darin sein; ein Erlebnis wird mitgeteilt, heißt: wir sind nicht darin. Ich vergesse nicht, daß die Mitteilung eines Erlebnisses ein Erlebnis sein kann, wie es der Kunst so häufig gelingt; dann

besteht das Erlebnis im Mitgeteiltbekommen des Erlebnisses,
aber nicht im Erleben des Erlebnisses.

Völlig verkehrt, nun die eine oder die andere Art zu prämie-
ren, darum ging es nicht, darum kann es in Kunst nie gehen.
Sie sind beide prinzipiell gleichrangig, nur gilt es, überhaupt
diesen Unterschied zu erkennen, um, nachdem Dichtkunst in
den meisten Beispielen ein Mitteilen von Erlebnissen, Erfahrungen, Beobachtungen und Reflexionen ist, mit den anderen
Dingen aus Sprache, die sich ebenfalls als Dichtkunst bezeichnen, überhaupt etwas anfangen zu können; sie bestehen
aus Sprache, aber ich kann nichts mit ihnen anfangen, und ich
kann sie gewiß nicht als Dichtkunst erkennen, solange ich
nicht weiß, daß ich es dabei mit einer bestimmten Art von
Erlebnis zu tun habe, einem Erlebnis in Sprache, das ein
Gedicht ist.

Es ist ein langwieriger und kostspieliger Prozeß, und dennoch nicht zu scheuen, alles, was nicht ein direkt und unmittelbar übertragbares Erlebnis sein kann, aus dem Gedicht zu
entfernen, und jedes Berichten, jedes Mitteilen, durch eine
andere Art von Kommunikation zu ersetzen, eine Art von
Übertragung, die nur selten zu erreichen ist. [. . .]

Wo überhaupt ist das autonome Gedicht, das absolut autonome, da es doch sicher diese Richtung gibt, dieses sich
Gezogenfühlen in die Richtung einer absoluten Autonomie?
Ich habe es, vermutlich, nie irgendwo angetroffen, und vermutlich niemand sonst, aber es ist natürlich vorhanden, in der
vermutlich einzig möglichen Weise, als Idee, als Konzeption.
Wenn ich »concept art«, »Konzeptkunst«[1], richtig verstehe,
als Begriff, bestehen ihre Ergebnisse in solchen Konzeptio-
nen, Vorstellungen von etwas, das man sich nur als Vorstellung vorstellen kann, womit es dann ein Ende hat. Hier, und
nur hier, könnte ich es mit dem autonomen Gedicht versuchen, dem absolut autonomen, und versuche es sogleich,
indem ich eins nach dem anderen, in absteigender Folge, alle

---

1 Kunstrichtung (seit 1969), in der die künstlerische Idee nur als Konzeption
  entworfen, nicht ausgeführt wird.

Klassen von Sprachlichem daraus entferne: als erstes nehme ich die Sätze weg; siehe da – alles, woraus die Sätze bestanden, ist erhalten geblieben, nichts ist weg, außer einem einzigen Verfahren, alles Material ist da, Tausende von Einheiten, die sich kombinieren lassen, zu Gedichten zusammenfügen, nach allen möglichen Verfahren, nur nach einem einzigen nicht, das auch fürs Gedicht bisher das gängigste war, und das, technisch weitgehend genormt und für jedermann erschwinglich, außerhalb des Gedichtes auch das gängigste geblieben ist.

Welche Chance liegt doch darin, sich nun die eigenen Verfahren erfinden zu müssen, welcher Zuwachs an Autonomie; als nächstes nehme ich die Wörter weg, und siehe da, alles, woraus die Wörter bestanden, und alles woraus, früher noch, die Sätze bestanden, alles ist erhalten geblieben, alles Material ist da, in einer einzigartigen Konzentration, eine kleine, überschaubare Anzahl von Einheiten, aus denen alles Geschriebene und Gesprochene bestand, die ganze Sprache, die geschrieben war, die ganze Sprache, die gesprochen wurde, Einheiten bisher eingezwängt in genormte Gruppierungen, nun freigesetzt, um, wie nie zuvor, einfach sie selbst zu sein, oder verfügbar zu allen bisher nicht vorhandenen Kombinationen.

Dieser zweite war gewiß der entscheidendere Schritt, die viel weiterreichende Emanzipation des Materials der Dichtung, und damit der Dichtung selbst, von der sie umgebenden Welt, die sich in den Wörtern noch unaufhörlich gespiegelt hatte. Ihre Bedeutung hatte den Wörtern die Gesetze einer Welt aufgezwungen, die weder Sprache war, noch Dichtung, und so waren sie nie ganz nur sie selbst. Die Buchstaben hingegen waren frei davon, und die Laute konnten es sein, wenn sich die Stimme in acht nahm und jede Annäherung an etwas vermied, das wie ein Ruf oder wie ein Seufzen klang, wie ein Echo auf etwas wie Welt. Man war der Musik endlich sehr nahe gekommen, in der Überschaubarkeit des Materials, was schon immer ein Traum der Dichter gewesen war.

Zuletzt, da die Buchstaben doch immer an Buchstaben erin-
nerten, also an etwas, das eine bestimmte Form haben mußte,
um zu einem zweiten zu passen oder nicht zu passen, das
dazu ebenfalls seine ganz bestimmte Form haben mußte,
damit alles nach gewissen Normen geschehen und funktio-
nieren konnte, Normen, die es nicht mehr gab, Funktionen,
die es nicht mehr zu erfüllen galt, ist dieses ganze genormte
Alphabet nichts als eine Erinnerung an fremde Gesetze, die
von Machthabern stammten, deren man sich entledigt hatte,
den Wörtern, und so nehme ich die Buchstaben weg und
nehme die Laute ebenfalls weg, da sie sich nicht von meiner
Stimme zu trennen vermögen, die ihnen Gesetze aufzwingt,
die von der Art meines Körpers abhängen.
Nun bin ich schon ganz nahe am autonomen Gedicht, und
wenn ich es nicht selber bin, das heißt, wenn ich mich nicht
selber dazu machen kann, nämlich dazu erklären, und warum
eigentlich nicht, mache ich etwas anderes dazu, irgend etwas,
jeden Gegenstand, indem ich ihn dazu erkläre. Ich jedenfalls
habe mir damit alle Autonomie verschafft, die es für mich
geben kann, und frage mich, ob es nun überhaupt noch einen
anderen Weg für mich gibt, als völlig autonomer Dichter
mich selbst zum völlig autonomen Gedicht zu machen, und
vor aller Augen als leuchtender Punkt in die Tiefe des Raums
zu entschwinden.

81

JÜRGEN THEOBALDY

*Jürgen Theobaldy (geb. 1944), als Lyriker, Kritiker, Essayist
und Übersetzer Wortführer und Mitbegründer der Lyrik der
sogenannten ›Neuen Subjektivität‹, dokumentierte in der von
ihm zusammengestellten Anthologie »Und ich bewege mich
doch« (1977) eine neue, gegen Artistik und Hermetismus
gerichtete, von alltäglicher Erfahrung ausgehende und auf*

*einfache Kommunikation zielende Form lyrischer Praxis. In
seiner »Nachbemerkung« knüpft Theobaldy an lyriktheoretische und lyrikgeschichtliche Überlegungen an, die von ihm
zuvor in der Schrift »Veränderung der Lyrik« (1976, zusammen mit Gustav Zürcher) entwickelt worden waren.*

Nachbemerkung zu »Und ich bewege mich doch«

In der Bundesrepublik existiert heute, Ende August 1976,
eine Vielfalt lyrischer Sprechweisen; die Gedichte, die hier
diese Anthologie ausmachen, repräsentieren jene Vielfalt
nicht, im Gegenteil. Mir scheint, daß die hier versammelten
Gedichte einem Schreibansatz entstammen, der sie einander
verwandt macht, ohne sie einander gleichzusetzen. Diesen
Gedichten liegen nicht nur Erlebnisse zugrunde – und seien
es Erlebnisse des Kopfes wie Zeitunglesen –, sondern die
Gedichte vermitteln ihre Anlässe, ohne in ihnen aufzugehen.
Selbstverständlich gibt es keine Identität zwischen Erlebnis
und Gedicht, aber es gibt die Möglichkeit, den Abstand zwischen beiden gering zu halten, das Gedicht an seinen Gegenstand heranzuschieben, es ihm auf den Körper zu schreiben.
Diese Möglichkeit wird von den hier vertretenen Lyrikern
genutzt, sie wird von ihnen überhaupt erst hergestellt. Und:
je näher die Gedichte am Gegenstand sind, desto näher sind
sie auch beim Leser, ohne sich damit nach dessen Wünschen
zu richten wie ein Verkäufer nach seinen Kunden. Das
Gedicht ist in die Lücke zwischen dem Ich und dem Gegenstand geschrieben; es macht die Lücke bewußt, indem es sie
ausfüllt, so wie gute Gedichte keine Ideologie, keine persönlichen Ansichten ungebrochen transportieren. Das Gedicht
ist vielmehr der Ort der Auseinandersetzung mit solchen
Ideologien und Ansichten, hier wird das Verhältnis zwischen
Innen und Außen überprüft, angezweifelt, neu bestimmt.
Wo dies ohne Unerbittlichkeit geschieht, erhalten wir Ten-
denzdichtung oder Kunstgewerbe. Was wichtig ist: diese

Gedichte rufen Antworten hervor, Zustimmung und Widerspruch; sie rufen neue Gedichte hervor. Wer es sich zwischen den Zeilen bequem machen möchte, hat, so hoffe ich, das falsche Buch aufgeschlagen; der »Engel« wird hier »nicht geschont«, sagt Christoph Meckel[1]. [...]

Die ersten Gedichte, die persönliche Erfahrungen in einen gesellschaftlichen Zusammenhang rückten (jene von Born, Delius, Herburger, Karsunke und Brinkmann, dessen Nähe zur angloamerikanischen Protestbewegung nicht zu vergessen ist), wurden 1966 oder 1967 veröffentlicht, und sie haben sich als haltbarer erwiesen, als es den Anschein hatte. Hin zur »unartifiziellen Formulierung« (Born), »wenigstens Erlebnisgedichte« (Herburger), gegen die »Aufsplitterung der Person in ein Bündel nebeneinanderstehender Funktionen« (Brinkmann), das sind Forderungen, die heute, sechs oder sieben Jahre später, immer noch an die Lyrik zu richten sind, sie drohen schon verwässert zu werden; jedenfalls bringen sie Gedichte hervor, die wieder einmal die abgedroschene Frage provozieren, ob es überhaupt welche seien. Das mindeste, was sich darauf antworten läßt, steht in einem Gedicht von Reinhard Lettau: »Bei Gedichten werden, wie im vorliegenden/Fall, die Zeilen nicht vollgeschrieben./Links und rechts/ Luft schützt vor Fabel«[2]. Ich fürchte, inzwischen müssen wir den zweiten Teil dieser Definition, so schlüssig sie ist, zu den Akten legen. »Meine Gedichte sind Stories«, schreibt Jörg Fauser in einem Brief; der Begriff des Erzählgedichts ist schon länger bekannt, und vielleicht folgt auch aus dem derzeitigen Bedürfnis nach Mitteilung bei vielen Lyrikern, wo die Medien nur so tun, als teilten sie mit und die Menschen immer stummer werden, daß sogar die totgeglaubte Ballade wieder aufgetaucht ist. Mitteilung aber statt Monolog, Erlebnis statt Idee, Wörter statt des Worts, Umgangssprache statt Chiffre, – damit entziehen sich die neuen Gedichte der Verfügungsgewalt weniger Spezialisten, ohne deswegen nur bes-

1 Christoph Meckel (geb. 1935), *Rede vom Gedicht*.
2 Reinhard Lettau (geb. 1929), *In Memoriam Peter S.*

sere Schlagertexte zu sein. Diese Lyrik ist aktuell in dem Sinn, daß in ihr keine Zeitflucht stattfindet, auch nicht nahegelegt wird; vielmehr fließen jene Inhalte in sie ein, die auch gesellschaftlich aktuell sind, gerade weil sie in den offiziellen Verlautbarungen um ihre Widersprüche gebracht werden, entschärft durch Sprachregelungen, verwaschen. Die »kleinen Dinge« bei Brinkmann zum Beispiel, das sind nicht Wörter, die ein beschädigtes Leben beschönigen, indem sie diesen Zustand in herkömmlicher Sprache fassen, vielmehr geben diese »kleinen Dinge« Gesellschaft wieder, Welt, Leben, verdichtet zu einigen Zeilen. Sie drücken nicht Protest aus, sie *sind* Protest, Einspruch, Gegenbilder.

82

PETER WAPNEWSKI

Mit seinem Essay »Gedichte sind genaue Form« reagierte der Literaturwissenschaftler und Kritiker Peter Wapnewski (geb. 1922) auf die in der Lyrik der siebziger Jahre um sich greifende Tendenz, die lyrische Sprache dem kunstlosen Gestus der Alltagssprache anzunähern. Er erschien zuerst 1977 in der »Zeit«.

Gedichte sind genaue Form

Organisation is as well necessary as inspiration. *(T. S. Eliot)*

I

»Meint, was ihr wollt. Je mehr
ihr glaubt, über mich
sagen zu können, desto
freier werde ich von euch.
Manchmal
kommt es mir vor, als ob

das, was man von den Leuten
Neues weiß, zugleich auch
schon nicht mehr gilt.
Wenn mir
in Zukunft jemand erklärt, wie ich bin –
auch wenn er
mir schmeicheln oder
mich bestärken will –,
werde ich
mir
diese Frechheit
verbitten.«

Dies ist ein Gedicht. Dies ist kein Gedicht.

»Die Landschaft schwenkt. Die eigenen Geräusche brauchst
du auch. Wenn du schreist, ist das eine Selbststimulation. Ruf
ein paar dreckige Wörter aus deinem Körper hervor, schau
nach, wohin sie gehen ... Alles Flickwörter? Also warum
bist du nicht stumm ... Die Tagträume in der Dämmerung
verblassen auf dem Papier. Hier bin ich und gehe in dem
lieblichen Nachmittagsschatten, der die Straße nicht nur
schwarz und weiß wie eine Erinnerung fleckt, die Löcher hat.
Ich kann durch sie entwischen und atme auf. Ich bin froh, daß
ich kein anderer bin. Wie einfach die Umgebung wird, nachdem das klar ist. Die Sonne scheint lautlos, ich mag sie und
das, was sie tut, lautloser, als die Katze blinzelt, die auf dem
Autoblech sitzt, faul, ausgestreckt, in ihrem eigenen, unüber-
schaubaren Tagtraum, lautloser als ein Schatten. Ich bin für
sie draußen. Das Gehen ist ein Lied in meinem Kopf, lautlos
und ohne Wörter!«

Dies ist kein Gedicht. Dies ist ein Gedicht.
Ein drittes Exempel:

»Stabilisator aus-
gebaut und Zugstrebe
vorn rechts ersetzt. Vorderachs-
träger rechts ausgerichtet,

Gummilager erneuert und Stabilisator
wieder montiert.
Bremsjoch hinten
links ersetzt und Gelenk-
welle links
ausgewechselt.
Fahrzeug optisch
vermessen.«

Ist dies ein Gedicht? Ist dies kein Gedicht?
Jedenfalls ist es eine Rechnung, die Reparatur eines Autos
betreffend (und um wenige Zeilen gekürzt, im übrigen unan-
getastet, nur eigenwillig in Einheiten zerlegt bei schließlicher
Aussparung der, wie das Gesetz der Poetik befiehlt, ans Ende
postierten und durch Ziffern statt Buchstaben reizvoll ver-
fremdeten Pointe. Sie lautet »Sa. 962,93 DM«).
Machen wir uns also denn auch an die Auflösung der scheinbar änigmatischen Bemerkungen, die ich den ersten beiden
Beispielen nachgeschickt habe.

II

Auch die Gedichtzeilen zu Anfang sind von mir gesetzt, also
von mir umbrochen. Es handelt sich im Original um sehr
prosaische Überlegungen einer Frau vor dem Spiegel. Hand-
kes »linkshändiger Frau«.[1] Alles, was ihr von mir zugemutet
wurde, war die Brechung der Prosa in eine Form, die Lyrik
zu sein vorgibt. Der Genauigkeit halber sei hinzugefügt, daß
man dieses Experiment mit dem Text fast jeder Seite des
Handkeschen Buchs durchführen könnte – nur daß der mate-
rielle Inhalt solchem Verfahren gelegentlich Widerstände ent-
gegensetzt.
Die an zweiter Stelle folgende Prosapassage hingegen ist
ursprünglich ein Gedicht, und zwar eines von Rolf-Dieter

1 Peter Handke, *Die linkshändige Frau. Erzählung*, Frankfurt a. M. ³1977,
S. 37 f.

Brinkmann aus seinem von der Kritik hoch gelobten letzten Band »Westwärts 1 & 2«[2]. Das originale Druckbild organisiert die Wörter und Sätze in recht beliebig wirkenden, gewissermaßen absichtslosen Zeilenbildern:

> »Die Landschaft schwenkt.
> Die eigenen Geräusche brauchst du auch.
> Wenn du schreist, ist das eine Selbststimulation.
> Ruf ein paar dreckige Wörter ...«
> (und so fort).

Die Gegenüberstellung nötigt zu einer Frage, die Frage will eine Antwort:

III

Ist die Grenze zwischen Lyrik und Prosa beliebig, die »Aussage« der Form, elementare Substanz aller dichterischen Gattungs-Lehre, hinfällig geworden? Sind Prosa und Lyrik herstellbar geworden durch den Setzer, das heißt, sind sie lediglich Resultat so oder so umbrochener Zeilen? Ist »das Gedicht« nur mehr Alibiform für den, der nichts Umfangreiches zu sagen, nicht den Mut hat, das zu Sagende der einfältig scheinenden Prosaform anzuvertrauen? Fühlt anderseits »Prosa« sich dispensiert von der Forderung nach weltbuntem Erzählen, nach aufbauend-komponierender Handlung, nach Geschichte und Geschehnis und bietet sich als leichthändig zu bewältigende Alibiform an da, wo das Gedicht ein höheres Maß von Strenge zu fordern scheint?
Es ist in der Tat so, daß die Grenzen der Gattungen verwischt, ja weitgehend aufgehoben sind. Das Problem ist so neu nicht, die aus ihm sich ergebenden Fakten stellen keine Sensation dar. Goethes grundgescheites Wort von den »Naturformen« der Dichtung[3], mit dem er die gelehrte und

---

2 Rolf Dieter Brinkmann, *Westwärts 1 & 2. Gedichte*, Reinbek bei Hamburg 1975, S. 59 (mit abweichendem Zeilenumbruch!).
3 Vgl. Text Nr. 28.

aus der Antike überkommene Gattungs-Trias Epik-Lyrik-Dramatik charakterisierte, verweist auf Urgliederungen der gebundenen Aussage, der Dichtung also.

Da ist das *Gedicht*. Formal: knapp, konzentriert, streng stilisiert. Inhaltlich: nach innen gewandt. In der Haltung: ichbefangen, einnehmend, monologisch.

Da ist das *Epos*, der Roman. Formal: ausladend, ja ausschweifend erzählend. Inhaltlich: Welt liefernd und Welt aufschlüsselnd. In der Haltung: »objektiv«, extrovertiert, weitergehend.

Da ist schließlich das *Drama*. Formal: »pluralistisch«, das heißt, der Autor »singt« nicht noch erzählt er, sondern er läßt andere Personen für sich reden (»für sich« im doppelten Sinne). Inhaltlich: Drama ist Lehrstück, Vorführung, ist Welt der Geschichte. In der Haltung: scheinbar die »objektivste« Gattung, das Ich ist ausgelöscht, zumindest scheint es zu schweigen, und das Persönliche wird ins Allgemeine gehoben, so wie das Allgemeine exemplarisch »personalisiert« wird.

Auch diese Bestimmungen sind durch die Wirklichkeit, also die jeweiligen Texte, in Frage gestellt, nicht hat Poesie sich den Gattungszwängen zu fügen (obwohl sie es oft getan hat, im Mittelalter etwa oder im 17. und 18. Jahrhundert), sondern sie hat kraft ihrer Eigenmächtigkeit Gattungen zu setzen. Immerhin aber ist doch Goethes organischer Begriff »Naturformen« offenbar den Gegebenheiten gemäß, und mein Versuch, ihn skizzierend auszufüllen, wird als Arbeitshilfe zureichen.

Zurück zu unserer Frage nach der Verbindlichkeit des Gedicht-Begriffs hier und heute.

Meine erste These lautet:

Lyrik ist eine einfache Gattung. Sie bestimmt sich wenn nicht streng so doch klar durch Form und Gegenstand. Wo die ihr eigene Form (stilisierte Knappheit) und der ihr eigene Gegenstand (das arg strapazierte »lyrische Ich«) preisgegeben sind, wird Lyrik preisgegeben. Was bleibt, ist allenfalls noch »das Lyrische«.

Meine zweite These lautet:

Ein gut Teil dessen, was heute als Lyrik angeboten wird und prosperiert, ist steckengebliebene Prosa, ist Schwundform des Essays, ist Tagebuch im Stammel-Ton. Wem das fehlt, was man wohl den epischen Atem oder den dramatischen Nerv nennt, der macht sich und uns gern glauben, Lyrik sei Säuseln und diffuses Licht. Dabei ist sie eine spröde, strenge und sehr entschiedene Sache.

83

JOHANNES ANDEREGG

In der 1985 veröffentlichten Schrift »Sprache und Verwand-lung« des Literaturwissenschaftlers Johannes Anderegg (geb. 1938) bilden Ausführungen über »Das Gedicht« und zum Thema »Das Gedicht und das Reden von ihm« das Ziel einer ästhetisch-poetologischen Reflexion, die als Kern der ästheti-schen Erfahrung in Literatur das Moment des ›Übergangs‹ und der ›Verwandlung‹ begreift und der Lyrik dabei, gestützt auf eine (an Hamburger erinnernde, vgl. Text Nr. 76) Ausein-andersetzung mit dem Begriff der ›Fiktion‹, eine herausra-gende Rolle als paradigmatischem Ort dieser Erfahrung zu-weist.

Das Gedicht

Gedicht und Fiktion

Die Frage nach dem paradigmatischen Ort für die ästhetische Erfahrung von Sprache kommt bei der Fiktion nicht an ihr Ziel. Aber die Gründe, die die Fiktion als paradigmatischen

Ort disqualifizieren, sind für die nähere Einkreisung dieses Ortes hilfreich, und sie vor allem geben Anlaß zur Vermutung, daß sich beim Gedicht finden lasse, was die Fiktion nicht geben oder nicht sein kann. Wie die Fiktion, so liegt auch das Gedicht außerhalb des üblichen sprachlichen Zweckhandelns und außerhalb des Bereichs von Kommunikationszwängen und Kommunikationsbedürfnissen. Aber während uns die Fiktion verbietet, beim sprachlichen Detail, beim Detail der Partitur, zu verweilen – so lange jedenfalls, als Teile noch ›vor‹ uns liegen –, läßt uns das Gedicht Zeit. Wir verweilen beim einzelnen Wort, und wir nehmen uns immer wieder die Zeit, zu ihm zurückzukehren, denn kein Hinblick auf noch weit Entferntes treibt uns voran.

Freilich: während die Fiktion zwar durch Sprache ausgelöst wird, aber als Vorstellungszusammenhang auch abgelöst von der Sprache einen gewissen Bestand haben kann, sind wir beim Gedicht nur, wenn wir bei seiner Sprache sind. Das Gedicht ist nur, insofern es Sprache ist. Darum läßt sich der Begriff der Fiktion ohne Verlust auf Film, Theater und mimische Darstellung ausdehnen, während der Begriff des Gedichts außerhalb des Sprachlichen nur metaphorisch gebraucht werden kann.

Bei genauerem Zusehen mag man allerdings mit guten Gründen zweifeln, ob es überhaupt sinnvoll sei, ›Fiktion‹ und ›Gedicht‹ gegeneinander auszuspielen. Denn die Frage nach dem Gedicht ist von ganz anderer Art und ungleich problematischer als die Frage nach der Fiktion. Den Begriff der Fiktion kann man unterschiedlich und unterschiedlich zweckmäßig bestimmen, und man kann sich über die Zweckmäßigkeit dieser oder jener Definition streiten; an der Forderung nach einer Definition wird indes kaum jemand Anstoß nehmen, und die Möglichkeit einer Definition wird niemand in Abrede stellen wollen. Dagegen scheint der Versuch, das Gedicht auf den Begriff zu bringen, von vornherein zum Scheitern verurteilt zu sein. Die Auffassungen von dem, was ein Gedicht sei, sind – nicht nur bei diachroner, sondern auch bei synchroner Betrachtung – so unterschiedlich und so widersprüchlich, und Gedichte sind von so verschiedener Gestalt – von ihrer Wirkung ganz zu schweigen –, daß niemand ernsthaft die Möglichkeit erwägen wird, mit Hilfe einer Definition klare Verhältnisse zu schaffen. Und wenn diese Formulierung zu absolut klingen sollte, so gilt immerhin, daß zumindest jene an der Möglichkeit und an der Zweckmäßigkeit einer Definition des Gedichts zweifeln, die mit Gedichten umzugehen pflegen.

Gegenüber der Kategorie der Fiktion scheint das Gedicht in eigenartiger Weise indifferent zu sein. Wollte man eine Kategorisierung vornehmen, so ließe sich eine ganze Reihe von Gedichten problemlos als fiktional bezeichnen, und häufiger noch würde man einzelne Situationen in Gedichten, würde man Teile von Gedichten dem Fiktionalen zurechnen müssen.[a] Man wird sich aber auch an Gedichte erinnern, die keinesfalls dem Bereich der Fiktion zuzuordnen sind und mit denen wir denn auch ohne Bedenken gerade so umgehen, wie wir es uns im Bereich der Fiktionalität verbieten: Wir setzen etwa das Ich des Gedichts mit dem des Autors gleich, oder wir beziehen uns, zumal in der Phase erster Annäherung, auf biographische Zusammenhänge, als seien sie eine Art von ursprünglichem Kontext, aus welchem sich das Gedicht als Gedicht herausgelöst habe. Zwar würden wir vielleicht zögern, solche Gedichte auf das Zeugnishafte zu reduzieren, aber persönliche Zeugnisse sind sie uns immer noch eher als Fiktionen.[b] Schließlich lassen sich neben den fiktionalen und den dezidiert nicht-fiktionalen Gedichten andere nennen – man denke etwa an die Gedankenlyrik, an die Gattung der Sprüche, aber auch an die sogenannten hermetischen Gedichte –, die sich einer solchen Zuordnung zu entziehen

a Das gilt für so unterschiedliche Gedichte wie etwa Schillers »Der Tanz«, Eichendorffs »Die zwei Gesellen«, Hofmannsthals »Vor Tag« und Brechts »Choral vom Manne Baal«.
b Zu nennen wäre hier etwa Trakls »Grodek«, Brechts »An die Nachgeborenen« und Celans »Todesfuge«.

scheinen: Die Vorstellungen, die bei ihrer Lektüre evoziert werden, liegen jenseits der Trennung von fiktional und nicht-fiktional.[c]

Wer Gedichte liest, wird an einer Kategorisierung solcher Art Anstoß nehmen – zu Recht, denn die Unterscheidung zwischen Fiktionalität und Nicht-Fiktionalität verliert, so grundlegend sie im übrigen sein mag, beim Gedicht ihre Relevanz. Weder bedarf das Gedicht der Fiktionalität, um zu sein, was es ist, noch schließt es die Fiktionalität notwendig aus. Das, was das Gedicht zum Gedicht macht, ist offenbar von grundlegenderer Art als das, was mit dem Begriff der Fiktionalität eingeholt werden kann. In Gedichtsammlungen finden sich deshalb fiktionale Gedichte neben nicht-fiktionalen und neben solchen, die sich weder jenen noch diesen zuordnen lassen. Und den Leser von Gedichten wird die Frage nach einer möglichen Fiktionalität wenig bekümmern: *Die Frage nach der Fiktionalität des Gedichts führt nicht in dessen Nähe.*

Das Gedicht und sein Nicht-mehr

Daß der Begriff des Gedichts ein problematischer Begriff ist – wer wüßte es nicht? Aber wer hätte je solcher Einsicht wegen auf den Gebrauch dieses Begriffs, auf das Reden vom Gedicht verzichtet? Daß sich die Frage, was ein Gedicht sei, nicht oder nicht befriedigend beantworten läßt – wer wollte dem widersprechen? Aber wer wollte deswegen auch darauf verzichten, sich und anderen eben diese Frage zu stellen?

Fragen, die sich auch nach längerer Zeit und erheblichem Bemühen nicht befriedigend beantworten lassen, werden nicht selten als unzweckmäßig, als falsch gestellt oder gar als unsinnig abqualifiziert. Wenn dessen ungeachtet die Frage nach dem Gedicht immer wieder gestellt und immer wieder ernstgenommen wird, obwohl das Fragen zu keinem Ende führt, so zeugt eben dies – vom Gedicht. Das Gedicht erzeugt oder

---

c Siehe z. B. Benns »Ein Wort« oder Celans »Engführung«.

provoziert selbst die Frage, was es sei, und seiner Eigenart ist es zuzuschreiben, daß wir uns bei keiner Antwort beruhigen mögen. *In unserem beständigen Bedürfnis, nach ihm zu fragen, in der Vielzahl unserer Antworten und im Verwerfen dieser Antworten gibt das Gedicht sich kund.*

Wenn aber das wiederholte Fragen nach dem Gedicht als Zeugnis und Erzeugnis des Gedichts zum Gedicht gehört, so heißt das, daß das Gedicht wesentlich rätselhaft ist. Es sagt nicht selbst und schon gar nicht ein für allemal, was es ist, und es drängt uns, nach ihm zu fragen, weil sein Wesen nicht augenfällig ist, weil es nicht ist und vor allem weil es nicht bleibt, was es zu sein scheint. Das Lob einer Freundschaft, der Preis eines Fürsten, die Ehrung eines Dichters – als Gedicht sind sie offenbar nicht oder nicht nur, was sie zu sein vorgeben, denn was gingen sie mich an, wenn sie wären, was sie zu sein behaupten? Das intime, verschlüsselte Wort des Geliebten an die Geliebte kann, insofern es Gedicht ist, nicht sein, was es zu sein scheint, denn es spricht mich, den außenstehenden Dritten, an, und indem ich mich ansprechen lasse, mache ich mich keiner Indiskretion schuldig. Wenn ich ein Gebet als Gedicht begreife, so ist es mir nicht mehr Gebet: Als Gedicht kann es mich auch dann treffen, wenn mich das Gebet nicht berührt. Eine unverwechselbar persönliche Klage bliebe mir, bei allem Verständnis für das Leiden anderer, fern, wenn sie nichts anderes wäre als eben persönliche Klage; als Gedicht aber geht sie mir nahe, ist sie mir mehr und anderes als persönliche Klage.

Vom Gedicht erwarte ich, daß es mich angeht. Was mir Gedicht ist, beziehe ich auf mich. Genauer: Das Gedicht *ist* nicht, sondern es *wird* – dadurch, daß ich es mir zum Gedicht mache, daß ich es auf mich beziehe. Erst dann ist das Gedicht ein Gedicht, wenn ich etwas aus ihm mache, wenn ich *mir* etwas aus ihm mache, und als Gedicht ist es das, was ich mir aus ihm mache: *Das Gedicht ist auf Verwandlung, auf Anverwandlung angelegt.*

Wer ein Gedicht schreibt, wer Geschriebenes als Gedicht

kennzeichnet, gibt es zur Verwandlung frei. Wer Geschriebenes oder Gehörtes als Gedicht begreift, begreift es als etwas, das er verwandeln darf und verwandeln muß. Der Begriff der Verwandlung, bisher nur dann gebraucht, wenn das Bilden symbolischer Zeichenhaftigkeit gemeint war, ist im hier gegebenen Zusammenhang wohl begründet. Was ich als Gedicht verstehe, wird mir etwas anderes, als es zu sein scheint, weil und soweit es mir zeichenhaft wird: Ich mache es mir zum Medium des Begreifens.

Freilich geht die Verwandlung beim Gedicht grundsätzlich weiter als beim oben erörterten medialen Sprachgebrauch, und dadurch wird das Gedicht erst zum Gedicht: Bei der dem Gedicht wesentlichen Verwandlung geht es nicht darum, innerhalb einer Äußerung die Sprache zum Medium zu machen, innerhalb einer Äußerung symbolische Zeichenhaftigkeit zu erkennen und zu erproben; vielmehr wird die Äußerung als solche und als ganze, wird *der Sprechakt selbst* verwandelt – die Klage ist nicht mehr die Klage, das Bekenntnis nicht mehr Bekenntnis, die Aufforderung nicht mehr Aufforderung –, nicht etwa plötzlich oder sprunghaft, sondern in einem komplexen Prozeß wechselseitigen Bezugnehmens, der aus der Zeichenhaftigkeit von Einzelnem die Zeichenhaftigkeit des Ganzen entstehen läßt. Dergestalt *ein zur Verwandlung freigegebener Sprechakt*, ist das Gedicht immer mehr und anderes als es – vor der Verwandlung – zu sein scheint. Nicht festschreiben läßt sich, was es sein soll, weil es nur in der Verwandlung zum Gedicht wird.

Das Gedicht und sein Noch-nicht

Wer beim Anlesen eines Romans nach einigen Seiten nicht verstanden hat, wovon die Rede ist, wird das Buch mißbilligend beiseite legen. Wer im Theater nach einiger Zeit noch nicht begriffen hat, worum es geht, wird die Aufführung nur mit Mühe und verärgert durchstehen. Das Gedicht aber fasziniert uns gerade dann, wenn wir es nicht – wenn wir es noch nicht – verstehen. Unsere Vorliebe für dieses oder jenes Gedicht pflegen wir mit dem Hinweis zu erläutern, es sage uns etwas, es bedeute uns viel, aber meist wüßten wir kaum anzudeuten, was es denn ›eigentlich meine‹, geschweige denn, daß wir zu erklären vermöchten, was das Gedicht ›eigentlich sei‹, und das, was wir allenfalls zu sagen wissen, steht meist in peinlichem Mißverhältnis zu der Bedeutung, die wir dem Gedicht einzuräumen bereit sind, steht im Mißverhältnis zur Zeit, die wir mit ihm zu verbringen bereit sind.

Dabei ist uns unser Noch-nicht-Wissen im allgemeinen keineswegs beschwerlich. Wer nicht aus professionellen Gründen gezwungen ist, ein Zeugnis seiner Interpretationsfähigkeit abzulegen, hat keineswegs immer das Bedürfnis, auf den Begriff zu bringen, was ihm ein Gedicht sagt, und wo uns die Anstrengung expliziten Interpretierens und begrifflicher Festlegung abverlangt wird, verlieren wir leicht – wer hätte aus der Schule nicht einschlägige Erfahrungen! – die Freude am Gedicht, auch dann, wenn wir über solcher Anstrengung tatsächlich zu erhellenden Einsichten gelangen. Liebhaber von Gedichten sind selten Vielleser; aber ihre Lieblingsgedichte – deren Zahl meist eher gering ist – lesen sie häufig wieder. Ihre Rückkehr zum schon Bekannten entspringt aber offenbar nicht dem Bedürfnis, endlich genaues, abschließendes Wissen zu erlangen, sondern, gerade umgekehrt, dem Wunsch, sich dem Noch-nicht des Gedichts von neuem auszusetzen. Gerade in seiner Fragwürdigkeit fasziniert uns das Gedicht, erscheint es uns lebendig, und das Erproben und das Ahnen von Sinn ist ihm offenbar eher gemäß als das Bescheid-Wissen. Uninteressant ist das Gedicht, sobald wir genau wissen oder zu wissen glauben, was es meint; abgestorben ist es uns, wenn wir imstande sind, seine Aussage resultatartig festzuschreiben, wenn es uns nicht mehr eröffnet als das, was wir schon von ihm wissen.

Solche Erfahrungen mit dem Gedicht werden meist verschwiegen: In den gängigen literaturdidaktischen und literarästhetischen Konzepten lassen sie sich nur schwer unterbringen. Aber sie werden verständlich, wenn man *das Gedicht als ein Übergängliches*, und wenn man, dementsprechend, die Erfahrung des Gedichts als ästhetische Erfahrung begreift. Das ungewisse und unangestrengte Verweilen beim Gedicht wird verständlich als Verweilen beim ästhetischen Noch-nicht, als ein Fasziniertsein nicht von erkannter, sondern von entstehender Zeichenhaftigkeit. Das dem Gedicht angemessene Noch-nicht-Verstehen ist allerdings nicht ein Nichts-Verstehen: Nur dort können wir entstehender Zeichenhaftigkeit gewahr werden, wo Sinnbildungen erprobt werden, Sinn sich erahnen läßt, und sei es noch so vorläufig und skizzenhaft. Und gerade solches Ahnen, nicht aber ein Wissen ist dem Gedicht gemäß. Wo mit einem bestimmten Sinn auch der Zeichencharakter feststeht, verliert das Gedicht die Möglichkeit, uns als Gedicht, in seiner Übergänglichkeit, zu fesseln; wir sind nicht mehr bei ihm, sondern bei dem, was es meint oder zu meinen scheint. Und gerade weil wir beim Gedicht nur so lange sind, als es uns ein Übergängliches ist, wird schließlich verständlich, daß wir uns auf das Gedicht einlassen, ohne genau zu wissen, worauf wir uns einlassen. In seiner Übergänglichkeit läßt das Gedicht sich nicht festschreiben, läßt es sich nicht kategorisieren, als gehöre es zu irgendeiner Gruppe von Sachen.

Das Gedicht als ein Übergängliches begreifen heißt: es als paradigmatischen Ort für die ästhetische Erfahrung von Sprache – als paradigmatischen Ort der poetischen Sprache – begreifen. Das Gedicht ermöglicht uns ästhetische Erfahrung von Sprache nicht ›auch‹ oder gar ›nebenher‹ – etwa unter besonders günstigen Umständen; weil das Gedicht, anders als die Fiktion, nur als ein Übergängliches Gedicht ist, ist die Erfahrung des Gedichts allemal Erfahrung von Sprache in der Verwandlung: ästhetische Erfahrung.

Verzeichnis der Autoren, Texte und Quellen

Die Texte der vorliegenden Sammlung wurden, soweit sie nicht bereits normalisierten Ausgaben des 20. Jahrhunderts entnommen sind, in Orthographie und Interpunktion unter Wahrung des Lautstands behutsam modernisiert. Der Abdruck der barocken Texte (Nr. 1–3) erfolgte zeichengenau. Offensichtliche Druckversehen wurden stillschweigend verbessert. Hervorhebungen sind kursiv wiedergegeben. Vom Herausgeber formulierte Überschriften stehen im Quellennachweis in eckigen Klammern. Originale Anmerkungen der einzelnen Autoren sind mit Kleinbuchstaben, erläuternde Anmerkungen des Herausgebers mit Ziffern gekennzeichnet.

THEODOR W. ADORNO (1903–69)
Rede über Lyrik und Gesellschaft (Auszug) 366
Aus: Th. W. A.: Gesammelte Schriften. Bd. 11: Noten zur Literatur. Hrsg. von Rolf Tiedemann. Frankfurt a. M.: Suhrkamp, 1974. S. 49–55. – © Suhrkamp Verlag Frankfurt a. M. 1974.

JOHANNES ANDEREGG (geb. 1938)
Das Gedicht (Auszug) 429
Aus: J. A.: Sprache und Verwandlung. Göttingen: Vandenhoeck & Ruprecht, 1985. S. 122–127.

CHARLES BATTEUX (1713–80) /
JOHANN ADOLF SCHLEGEL (1721–93)
Von der lyrischen Poesie 47
Aus: Ch. B.: Einschränkung der schönen Künste auf einen einzigen Grundsatz. Aus dem Französischen übersetzt, und mit einem Anhange einiger eignen Abhandlungen versehen von J. A. Sch. 2., verb. u. verm. Aufl. Leipzig: Weidmann, 1759. S. 192–202.

WALTER BENJAMIN (1892–1940)
Über einige Motive bei Baudelaire (Auszug) 329
Aus: W. B.: Gesammelte Schriften. Unter Mitwirkung von Theodor W. Adorno und Gershom Scholem hrsg. von Rolf Tiedemann und Hermann Schweppenhäuser. Bd. 1. Tl. 2. Frankfurt a. M.: Suhrkamp, 1980. S. 607 f., 614–618, 650–653.

Aus: Mein Gedicht ist mein Messer. Lyriker zu ihren Gedichten. Hrsg. von Hans Bender. München: List, 1969. S. 146–148. – © Hans Magnus Enzensberger, München.

Aus: H. M. E.: Gedichte. Die Entstehung eines Gedichts. Frankfurt a. M.: Suhrkamp, 1962. S. 56–62.

EMIL ERMATINGER (1873–1953)
Aus: E. E.: Das dichterische Kunstwerk. Leipzig: Teubner, 1921. S. 169–172.

JOHANN JOACHIM ESCHENBURG (1743–1820)
Aus: J. J. E.: Entwurf einer Theorie und Literatur der schönen Wissenschaften. Zur Grundlage bei Vorlesungen. Berlin/Stettin: Nicolai, 1783. S. 106–118.

HEINRICH WILHELM VON GERSTENBERG (1737–1823)
Aus: H. W. v. G.: Briefe über Merkwürdigkeiten der Literatur. Hrsg. von Alexander von Weilen. Stuttgart: Göschen, 1890. (Deutsche Litteraturdenkmale des 18. und 19. Jahrhunderts in Neudrukken. 29/30.) S. 207–212, 214 f.

JOHANN WOLFGANG GOETHE (1749–1832)
Aus: Noten und Abhandlungen zu besserem Verständnis des Westöstlichen Divans. In: Goethes Werke. Hamburger Ausgabe. Bd. 2. Textkrit. durchges. und mit Anm. vers. von Erich Trunz. Hamburg: Wegener, [8]1967. S. 187.
Aus: Ebd., S. 187–189.

JOHANN WOLFGANG GOETHE / FRIEDRICH SCHILLER
Aus: Schillers Werke. Nationalausgabe. Bd. 21: Philosophische

FRIEDRICH HEBBEL (1813–63)

[Tagebuch-Notate] 208

Aus: Tagebücher. In: F. H.: Werke. Bd. 4. Hrsg. von Gerhard
Fricke, Werner Keller und Karl Pörnbacher. München: Hanser,
1966. S. 236 (Nr. 1307), 332 (Nr. 1781), 544 (Nr. 2687), 26 (Nr. 111),
397 (Nr. 2081), 371 (Nr. 1953).

Moderne Lyrik (Auszug) 222

Aus: F. H.: Werke. Bd. 3. München: Hanser, 1965. S. 677–679.

GEORG WILHELM FRIEDRICH HEGEL (1770–1831)

Die lyrische Poesie (Auszug) 171

Aus: Vorlesungen über die Ästhetik. In: G. W. F. H.: Werke in 20
Bänden. Auf der Grundlage der Werke von 1832–1845 neu edierte
Ausgabe. Redaktion Eva Moldenhauer und Karl Markus Michel.
Bd. 15. Frankfurt a. M.: Suhrkamp, 1970. S. 415–422, 425–430, 443 f.

MARTIN HEIDEGGER (1889–1976)

Das Gedicht (Auszug) 414

Aus: M. H.: Gesamtausgabe. Bd. 4: Erläuterungen zu Hölderlins
Dichtung. Hrsg. von Friedrich Wilhelm Herrmann. Frankfurt a. M.:
Klostermann, 1981. S. 182 f., 191 f.

HEINRICH HEINE (1797–1856)

»Tassos Tod« von Wilhelm Smets (Auszug) 189

Aus: H. H.: Sämtliche Schriften. Bd. 1. Hrsg. von Klaus Briegleb.
München: Hanser, 1968. S. 402–405.

JOHANN GOTTFRIED HERDER (1744–1803)

Fragmente einer Abhandlung über die Ode (Auszug) 70

Aus: J. G. H.: Sämtliche Werke. Hrsg. von Bernhard Suphan.
Bd. 32. Berlin: Weidmann, 1899. S. 61–63, 72 f., 78 f.

Volkslieder, Zweiter Teil. Vorrede (Auszug) 96

Aus: Ebd. Bd. 25. Berlin: Weidmann, 1885. S. 332–334.

Die Lyra. Von der Natur und Wirkung der lyrischen Dichtkunst (Auszug) 119

Aus: Ebd. Bd. 27. Berlin: Weidmann, 1881. S. 163–171, 173 f.,
178–180.

Aus: F. Th. V.: Ästhetik oder Wissenschaft des Schönen. Hrsg. von Robert Vischer. Bd. 6. München: Meyer und Jessen, ²1923. S. 197 bis 204, 207–214, 216 f., 221.

WILHELM WACKERNAGEL (1806–69)

Aus: Vorlesung über die Poetik. In: W. W.: Poetik, Rhetorik und Stilistik. Academische Vorlesungen. Hrsg. von Ludwig Sieber. Halle: Buchhandlung des Waisenhauses, 1873. S. 119–123.

OSKAR WALZEL (1864–1944)

Aus: O. W.: Das Wortkunstwerk. Leipzig: Quelle & Meyer, 1926. S. 260, 262–264, 266–268, 270.

PETER WAPNEWSKI (geb. 1922)

Aus: P. W.: Zumutungen. Essays zur Literatur des 20. Jahrhunderts. Düsseldorf: Claassen, 1979. S. 26–30. – © 1979 by Claassen Verlag GmbH Düsseldorf.

RICHARD MARIA WERNER (1854–1913)

Aus: R. M. W.: Lyrik und Lyriker. Eine Untersuchung. Hamburg/Leipzig: Voss, 1890. S. 5–7.

Bibliographie

Bereits in der Textsammlung berücksichtigte Arbeiten sind nicht noch einmal eigens aufgeführt.

Abrams, M. H.: Spiegel und Lampe. Romantische Theorie und die Tradition der Kritik. Übers. und eingel. von Lore Iser. München 1978.

Allemann, Beda: Über das Dichterische. Pfullingen 1963.

– (Hrsg.): Ars poetica. Texte von Dichtern des 20. Jahrhunderts zur Poetik. 2., durchges. und erw. Aufl. Darmstadt 1971.

Ansichten über Lyrik. Beiträge zum Dialog zwischen Poetik und Poesie. Redaktion: Werner Schubert, Karl Heinz Höfer. Leipzig 1980.

Arndt, Erwin: Was macht einen Text zu einem Gedicht? – Signale für die poetische Kommunikation. Sechs Thesen. In: Zeitschrift für Germanistik 8 (1987) S. 342–347.

Asmuth, Bernhard: Aspekte der Lyrik. 7., erg. Aufl. Opladen 1984.

Auden, Wystan Hugh: Des Färbers Hand und andere Essays. Gütersloh 1962. S. 75–80.

Austermühl, Elke: Poetische Sprache und lyrisches Verstehen. Studien zum Begriff der Lyrik. Heidelberg 1981.

Barthes, Roland: Gibt es eine Schreibweise der Lyrik? In: Akzente 6 (1959) S. 221–227.

Baumann, Gerhart: Wiedererinnerung–Vorerinnerung. Vom Zeitfeld des Gedichts. In: Sprachen der Lyrik. Festschrift für Hugo Friedrich. Hrsg. von Erich Köhler. Frankfurt a. M. 1975. S. 571 bis 605.

Baumgart, Reinhard: Das Poetische, seine Tradition und Aktualität. In: R. B.: Die verdrängte Phantasie. 20 Essays über Kunst und Gesellschaft. Darmstadt 1973. S. 158–171.

Baur, Rolf: Didaktik der Barockpoetik. Heidelberg 1982.

Becher, Johannes R.: Verteidigung der Poesie. Berlin 1952.

– Das poetische Prinzip. Berlin 1957.

Becker, Jürgen: Das Gedicht als Tagebuch. In: Jahrbuch der Deutschen Akademie für Sprache und Dichtung. Darmstadt 1975. S. 36–41.

Behrens, Irene: Die Lehre von der Einteilung der Dichtkunst, vornehmlich vom 16. bis 19. Jahrhundert. Studien zur Geschichte der poetischen Gattungen. Halle a. d. S. 1940.

Bender, Hans (Hrsg.): Mein Gedicht ist mein Messer. Lyriker zu ihren Gedichten. Heidelberg 1955. – Erw. Taschenbuchausg. München 1961.

Bender, Hans / Krüger, Michael (Hrsg.): Was alles hat Platz in einem Gedicht? Aufsätze zur deutschen Lyrik seit 1965. München 1977.

Berger, Uwe: Die Chance der Lyrik. Aufsätze und Betrachtungen. Berlin [Ost] 1971.

Bickmann, Claudia: Der Gattungsbegriff im Spannungsfeld zwischen historischer Betrachtung und Systementwurf. Frankfurt a. M. 1984.

Boehringer, Robert: Das Leben von Gedichten. Stuttgart ⁵1980.

Born, Nicolas: Die Sprache der Lyrik. In: N. B.: Die Welt der Maschine. Aufsätze und Reden. Hrsg. von Rolf Haufs. Hamburg 1980.

Braitmaier, F.: Geschichte der poetischen Theorie und Kritik von den Diskursen der Maler bis auf Lessing. 2 Bde. Frauenfeld 1888–89.

Brandstetter, Alois: Lyrik als Inszenierung der Grammatik. Ein Beitrag zur linguistischen Poetik. In: Literatur und Kritik 4 (1969) S. 479–491.

Brierly, David: »Der Meridian«. Ein Versuch zur Poetik und Dichtung Paul Celans. Frankfurt a. M. 1984.

Brooks, Cleanth: Paradoxien im Gedicht. Zur Struktur der Lyrik. Übers. von Rolf Dornbacher. Frankfurt a. M. 1965.

Burger, Heinz Otto: Von der Struktureinheit klassischer und moderner deutscher Lyrik. In: Festschrift für Franz Rolf Schröder. Heidelberg 1959. S. 229–240.

Burkhardt, Armin: Soziale Akte, Sprechakte und Textillokutionen. Tübingen 1986. [S. 418 ff.]

Caudwell, Christopher: Bürgerliche Illusion und Wirklichkeit. Beiträge zur materialistischen Ästhetik. Übers. von Horst Bretschneider. München 1971.

Conrady, Karl Otto: Lateinische Dichtungstradition und deutsche Lyrik des 17. Jahrhunderts. Bonn 1962.

– Von Schwierigkeiten, über Gedichte zu reden. In: Wege der Literaturwissenschaft. Hrsg. von Jutta Kolkenbrock-Netz, Gerhard Plumpe und Hans Joachim Schrimpf. Bonn 1985. S. 26–44.

Dehmel, Herta: Wiederholte Umkehr des Sprechvorgangs. Zur Autoren-Theorie des Gedichts im 20. Jahrhundert. Diss. Bonn 1982.

Dieckmann, Herbert: Zur Theorie der Lyrik im 18. Jahrhundert in
Frankreich, mit gelegentlicher Berücksichtigung der englischen
Kritik. In: H. D.: Studien zur europäischen Aufklärung. München
1974. S. 327–371.

Domin, Hilde: Wozu Lyrik heute. Dichtung und Leser in der gesteu-
erten Gesellschaft. München [3]1975.

– Das Gedicht als Begegnung. In: Petzold, Hilarion/Orth, Ilse
(Hrsg.): Poesie und Therapie. Über die Heilkraft der Sprache. Poe-
sietherapie, Bibliotherapie, Literarische Werkstätten. Paderborn
1985. S. 11–17.

Dyck, Martin: Der Gedichtschluß. Ansätze zu einer Theorie der
Lyrik. In: Akten des 6. Internationalen Germanistenkongresses.
Bd. 3. Bern 1980. S. 234–239.

Eliot, Thomas Stearns: Dichter und Dichtung. Essays. Übers. von
Helene Ritzerfeld. Frankfurt a. M. 1958.

Eykman, Christoph: Schreiben als Erfahrung. Bonn 1985.

Färber, Hans: Die Lyrik in der Kunsttheorie der Antike. München
1936.

Freese, Wolfgang: Die Privatästhetik eines ›intellektischen‹ ›Ethen‹.
Zu Lyrik und Lyrikbegriff Kurt Hillers im Umkreis von Deka-
denz und Frühexpressionismus. In: Acta Germanica 16 (1983)
S. 83–111.

Fricke, Harald: Norm und Abweichung. Eine Philosophie der Literatur. München 1981.

Friedrich, Hugo: Die Struktur der modernen Lyrik. Von der Mitte
des 19. bis zur Mitte des 20. Jahrhunderts. Reinbek bei Hamburg
1956. – Erw. Neuausg. ebd. [9]1979.

Fritzsche, Ursula: Studien zur Entwicklung des lyrischen Subjekts
bei Goethe. Diss. [Masch.] Münster 1953.

Fubini, Mario: Entstehung und Geschichte der literarischen Gattungen. Aus dem Italienischen übers. und mit einem Nachw. von
Ursula Vogt. Tübingen 1971.

Fülleborn, Ulrich: Das deutsche Prosagedicht. Zu Theorie und
Geschichte einer Gattung. München 1970.

Geier, Manfred: Ästhetische Wahrnehmung. Überlegungen zur Herstellung von Sinn anhand einiger lyrischer Gedichte. In: Ästhetik
und Didaktik. Hrsg. von Jürgen Landwehr und Matthias Mitzsch-
ke. Düsseldorf 1980. S. 105–130.

Geiger, Emil: Beiträge zu einer Ästhetik der Lyrik. Halle a.d.S. 1905.

Gerhard, Walter: Oskar Loerkes Poetologie. München 1968.

Gerth, Klaus: Studien zu Gerstenbergs Poetik. Ein Beitrag zur Umschichtung der ästhetischen und poetischen Grundbegriffe im 18. Jahrhundert. Diss. [Masch.] Göttingen 1956.

– Studien zu Gerstenbergs Poetik. Göttingen 1960.

Geyer-Ryan, Helga: Redevielfalt als poetisches Prinzip. Bachtin, Brecht, Harrison und das epische Gedicht. In: Robert Musils »Kakanien« – Subjekt und Geschichte. Festschrift für Karl Dinklage. Hrsg. von Josef Strutz. München 1987. S. 244–272.

Giuliano, Alfredo: Was sich über Lyrik sagen läßt. In: Akzente 19 (1972) S. 206–208.

Gnüg, Hiltrud: Entstehung und Krise lyrischer Subjektivität. Vom klassischen lyrischen Ich zur modernen Erfahrungswirklichkeit. Stuttgart 1983.

Grass, Günter: Das Gelegenheitsgedicht. In: Akzente 8 (1961) S. 8–11.

Grimm, Reinhold: Versuch über Lyrik und Sprachbau. In: R. G.: Strukturen. Essays zur deutschen Literatur. Göttingen 1963. S. 172–196.

– Die problematischen »Probleme der Lyrik«. In: Festschrift für Gottfried Weber. Hrsg. von Heinz Otto Burger und Klaus von See. Bad Homburg 1967. S. 299–328.

– (Hrsg.): Zur Lyrik-Diskussion. Darmstadt ³1987. (Wege der Forschung. 111.)

Grubmüller, Klaus: Ich als Rolle. ›Subjektivität‹ als höfische Kategorie im Minnesang? In: Höfische Literatur, Hofgesellschaft, höfische Lebensformen um 1200. Hrsg. von Gert Kaiser und Jan-Dirk Müller. Düsseldorf 1986. S. 387–408.

Hähnel, Klaus-Dieter: Tradition und Entwicklung des Lyrikbegriffs. Vorläufige Anmerkungen zu einem theoretischen Problem. In: Zeitschrift für Germanistik 1 (1980) S. 183–200.

Häntzschel, Günter: »In zarte Frauenhand. Aus den Schätzen der Dichtkunst.« Zur Trivialisierung der Lyrik. In: Zeitschrift für deutsche Philologie 99 (1980) S. 199–226.

– Lyrik und Lyrik-Markt in der zweiten Hälfte des 19. Jahrhunderts. In: Internationales Archiv für Sozialgeschichte der deutschen Literatur 7 (1982) S. 199–246.

Hamburger, Michael: Die Dialektik der modernen Lyrik. Von Baudelaire bis zur konkreten Poesie. Übers. von Hermann Fischer. München 1972. – Neuausg. u. d. T.: Wahrheit und Poesie. Spannungen in der modernen Lyrik von Baudelaire bis zur Gegenwart. Berlin 1985.

Hamm, Heinz Toni: Poesie und kommunikative Praxis. Heidelberg 1981.

Hartung, Günter: Erneute Überlegungen zum Gedicht. In: Neue deutsche Literatur 26 (1978) H. 10. S. 129–141.

Haverkamp, Anselm: Kryptische Subjektivität – Archäologie des Lyrisch-Individuellen. In: Individualität. Hrsg. von Manfred Frank und Anselm Haverkamp. München 1988. S. 347–383.

Heißenbüttel, Helmut: Text oder Gedicht? In: Textsorten und literarische Gattungen. Dokumentation des Germanistentages in Hamburg vom 1. – 4. April 1979. Berlin 1983. S. 3–24.

Heller, Erich: Das lyrische Ich seit Schopenhauer. In: Schopenhauer-Jahrbuch 57 (1976) S. 58–76.

Hempfer, Klaus W.: Gattungstheorie. Information und Synthese. München 1973.

Herrmann, Helene / Ortner, Eduard: Lyrisches Schaffen und feste Formgebilde in der Lyrik. In: Zeitschrift für Ästhetik und allgemeine Kunstwissenschaft 19 (1925) S. 247–267.

Hinck, Walter: Das lyrische Subjekt im geschichtlichen Prozeß oder Der umgewendete Hegel. Zu einer historischen Poetik der Lyrik. In: W. H.: Von Heine zu Brecht. Frankfurt a. M. 1978. S. 125 bis 137.

– Das Gedicht als Spiegel der Dichter. Zur Geschichte des deutschen poetologischen Gedichts. Opladen 1985.

– (Hrsg.): »Schläft ein Lied in allen Dingen.« Poetische Manifeste von Walther von der Vogelweide bis zur Gegenwart. Frankfurt a. M. 1985.

Hinderer, Walter: Stichworte zum Problemfeld einer Gattung. In: W. H. (Hrsg.): Geschichte der deutschen Lyrik vom Mittelalter bis zur Gegenwart. Stuttgart 1983. S. 7–19.

– Schiller und Bürger: Die ästhetische Kontroverse als Paradigma. In: Jahrbuch des Freien Deutschen Hochstifts (1986) S. 130–154.

Hinterhäuser, Hans: Zwischen Poesien und Prosa. In: Jahrbuch der Deutschen Akademie für Sprache und Dichtung (1973) S. 44–50.

Hippe, Robert: Lyrik. Hollfeld 1981.

Hirt, Ernst: Das Formgesetz der epischen, dramatischen und lyrischen Dichtung. Leipzig 1923. – Neudr. Hildesheim 1972.

Höfele, Andreas: Rollen-Ich und lyrisches Ich. Zur Poetik des »dramatic monologue«. In: Literaturwissenschaftliches Jahrbuch N.F. 26 (1985) S. 185–204.

Höllerer, Walter: Wie entsteht ein Gedicht? In: W. H.: Gedichte. Wie entsteht ein Gedicht. Frankfurt a. M. 1964. S. 61–91.
– (Hrsg.): Theorie der modernen Lyrik. Dokumente zur Poetik I. Reinbek bei Hamburg 1965.
Hohendahl, Peter Uwe: Gottfried Benns Poetik und die deutsche Lyriktheorie nach 1945. In: Jahrbuch der Deutschen Schillergesellschaft 24 (1980) S. 369–398.
Hollander, Brigitte v.: Die Theorie der Lyrik von Hebbel bis Liliencron. Diss. [Masch.] Jena 1943.
Horn, Peter: »Niederrinnt ein schmerzenloses Heute!« Geschichte und Geschichtslosigkeit im Gedicht. In: Acta Germanica 6 (1971) S. 67–94.

Ibel, Rudolf: Gestalt und Wirklichkeit des Gedichtes. München 1964.
Immanente Ästhetik – Ästhetische Reflexion. Lyrik als Paradigma der Moderne. Hrsg. von Wolfgang Iser. München 1966.
Ingarden, Roman: Vom Erkennen des literarischen Kunstwerks. Darmstadt 1968.

Jaeckle, Erwin: Zirkelschlag der Lyrik. Zürich 1967.
– Evolution der Lyrik. Reden und Glossen zur Tabulatur. Stuttgart 1972.
Jakobson, Roman: Poesie und Sprachstruktur. Zürich 1970.
Jackson, John E.: Über das lyrische Fragment. In: Fragment und Totalität. Hrsg. von Lucien Dällenbach und Christiaan L. Hart Nibbrig. Frankfurt a. M. 1988. S. 309–319.
Jäger, Georg: Das Gattungsproblem in der Ästhetik und Poetik von 1780 bis 1850. In: Zur Literatur der Restaurationsepoche 1815–1848. Forschungsreferate und Aufsätze. Hrsg. von Jost Hermand und Manfred Windfuhr. Stuttgart 1970. S. 371–404.
Jauß, Hans Robert: Zur Frage der Struktureinheit älterer und moderner Lyrik. In: Germanisch-Romanische Monatsschrift N.F. 10 (1960) S. 232–266.
Jonas, Anna: »Die Gattung«. Ein Essay über Lyrik. In: Die Neue Rundschau 93 (1982) S. 124–133.

Kahler, Erich: Was ist ein Gedicht? In: Die Neue Rundschau 61 (1950) S. 520–544.
Kaiser, Gerhard: Augenblicke deutscher Lyrik. Gedichte von Martin Luther bis Paul Celan interpretiert durch G. K. Frankfurt a. M. 1987.

Kaiser, Gerhard: Geschichte der deutschen Lyrik von Goethe bis zur Gegenwart. Bd. 1: Geschichte der deutschen Lyrik von Goethe bis Heine. 3 Tle. Frankfurt a. M. 1988.

– Das Ich im Gedicht: Wandlungen seit der Goethezeit. In: Seminar 24 (1988) S. 97–132.

Kalow, Gert: Poesie und Abstraktion. In: Frankfurter Hefte 19 (1964) S. 799–806.

Kaulhausen, Marie Hed: Die Bedeutung der irrationalen Sprachkräfte für die Gestalt des lyrischen Gedichts. In: Deutsche Vierteljahrsschrift für Literaturwissenschaft und Geistesgeschichte 25 (1951) S. 232–249.

Kayser, Wolfgang: Das sprachliche Kunstwerk. Bern [4]1956.

Keller, Josef: Die Lyrik Philipp von Zesens. Praxis und Theorie. Bern 1983.

Kemper, Hans-Georg: Deutsche Lyrik der frühen Neuzeit. 6 Bde. Tübingen 1986 ff.

Kiesant, Knut: Konvention und Innovation. Zur Problematik des Lyrik-Begriffs bei der literaturgeschichtlichen Wertung des 17. Jahrhunderts, am Beispiel Simon Dachs (1605–1659). In: Wissenschaftliche Zeitschrift der Pädagogischen Hochschule »Karl Liebknecht« Potsdam 26 (1982) S. 209–218.

Killy, Walther: Mythologie und Lyrik. In: Die Neue Rundschau 80 (1969) S. 694–721.

– Elemente der Lyrik. München 1972. – Taschenbuchausg. München 1983.

– Wandlungen des lyrischen Bildes. Göttingen [7]1978.

Klein, Johannes: Geschichte der deutschen Lyrik. Wiesbaden 1957. [2]1960.

Knoche, Ulrich: Erlebnis und dichterischer Ausdruck in der lateinischen Poesie. In: Gymnasium 65 (1958) S. 146–166.

Knörrich, Otto: Die deutsche Lyrik seit 1945. 2., neu bearb. und erw. Aufl. Stuttgart 1978.

– Lyrische Texte. Strukturanalyse und historische Interpretation. Eine Einführung. München 1985.

Köpf, Gerhard (Hrsg.): Neun Kapitel Lyrik. Paderborn 1984.

Kraft, Herbert: Strukturen der Lyrik. In: Sammeln und Sichten. Festschrift für Oscar Fambach. Hrsg. von Joachim Krause, Norbert Oellers und Karl Konrad Polheim. Bonn 1982. S. 324 bis 341.

Kraft, Werner: Das Dunkel des Gedichts. In: Akzente 1 (1954) S. 132–140.

Krolow, Karl: Ein Gedicht entsteht. Selbstdeutungen, Interpretationen, Aufsätze. Frankfurt a. M. 1973.

Kuhn, Hugo: Versuch über schlechte Gedichte. In: H. K.: Text und Theorie. Stuttgart 1969. S. 104–109.

Kuhnen, Johannes. Die Gedicht-Überschrift. Versuch einer Gliederung nach Arten und Leistungen. Diss. [Masch.] Frankfurt a. M. 1953.

Kunert, Günter: Warum schreiben? Notizen zur Literatur. München 1976.

Lamping, Dieter: Das lyrische Gedicht. Definitionen zu Theorie und Geschichte der Gattung. Göttingen 1989.

Landwehr, Jürgen: Textsorten als »Schlechtes Allgemeines« und der Aufstand der Lyrik. Über ein produktives Mißverständnis der Ästhetik. In: Textsorten und literarische Gattungen. Dokumentation des Germanistentages in Hamburg vom 1. – 4. April 1979. Berlin 1983. S. 235–249.

Ledanff, Susanne: Die Augenblicksmetapher. Über Bildlichkeit und Spontaneität in der Lyrik. München 1981.

Lehmann, Wilhelm: Dichtung als Dasein. Poetologische und kritische Schriften. Darmstadt 1960.

Lehnert, Herbert: Struktur und Sprachmagie. Zur Methode der Lyrik-Interpretation. 2., überarb. Aufl. Stuttgart 1972.

Lempicki, Sigismund von: Geschichte der deutschen Literaturwissenschaft bis zum Ende des 18. Jahrhunderts. 2., durchges. und verm. Aufl. Göttingen 1968.

Levin, Samuel R.: Die Analyse des »komprimierten« Stils in der Poesie. In: Zeitschrift für Literaturwissenschaft und Linguistik 1 (1971) S. 59–80.

– Concerning what Kind of Speech Act a Poem is. In: Pragmatics of Language and Literature. Hrsg. von Teun A. van Dijk. Amsterdam 1976. S. 141–160.

Link, Jürgen: Das lyrische Gedicht als Paradigma des überstrukturierten Textes. In: Funk-Kolleg Literatur. Hrsg. von Helmut Brackert und Eberhard Lämmert. Bd. 1. Frankfurt a. M. 1977. S. 234–256.

Lockemann, Fritz: Gedanken über das lyrische Du. In: Volk, Sprache, Dichtung. Festgabe für Kurt Wagner. Hrsg. von Karl Bischoff und Lutz Röhrich. Gießen 1960. S. 79–106.

Lockemann, Wolfgang: Lyrik, Epik, Dramatik oder die totgesagte Trinität. Meisenheim 1973.

Lohner, Edgar: Schiller und die moderne Lyrik. Göttingen 1964.

Lotman, Jurij M.: Die Struktur literarischer Texte. Übers. von Rolf-Dietrich Keil. München 1972.

Lüders, Eva: Die Ich-Form und die Tendenzen des Lyrischen. In: Festschrift für Helen Adolf. Hrsg. von S. Z. Buehne, J. L. Hodge und L. B. Pinto. New York 1968. S. 342–352.

Lyric Poetry. Beyond New Criticism. Hrsg. von Chaviva Hošek und Patricia Parker. Ithaca 1985.

MacFarland, Thomas: Poetry and the Poem: The Structure of Poetic Content. In: Literary Theory and Structure. Essays in Honor of William K. Wimsatt. Hrsg. von Frank Brady, John Palmer und Martin Price. New Haven 1973. S. 81–113.

Maclean, Norman: From Action to Image: Theories of the Lyric in the Eighteenth Century. In: Critics and Criticism. Hrsg. von R. S. Crane. Chicago 1952. S. 408–460.

MacLeish, Archibald: Elemente der Lyrik. Übers. von Bazon Brock und Reinhold Grimm. Göttingen 1963.

Mahal, Günter: Wirklich eine Revolution der Lyrik? Überlegungen zur literaturgeschichtlichen Einordnung der Anthologie »Moderne Dichtercharaktere«. In: Naturalismus. Bürgerliche Dichtung und soziales Engagement. Hrsg. von Helmut Scheuer. Stuttgart 1974. S. 11–47.

Markwardt, Bruno: Geschichte der deutschen Poetik. 5 Bde. Berlin 1937–67.

– Zur Typenbildung der Lyrik. In: Dichtung und Deutung. Gedächtnisschrift für Hans Matthias Wolff. Hrsg. von Karl S. Guthke. Bern 1961. S. 69–81.

Marsch, Edgar: Die lyrische Chiffre. Ein Beitrag zur Poetik des modernen Gedichts. In: Sprachkunst 1 (1970) S. 207–240.

Marti, Kurt: Wie entsteht eine Predigt? Wie entsteht ein Gedicht? In: Almanach für Literatur und Theologie 3 (1969) S. 94–109.

Martini, Fritz: Der Lyriker Hebbel. Theorie und Gedicht. In: Hebbel in neuer Sicht. Hrsg. von Helmut Kreuzer. Stuttgart 1963. S. 123–149.

Maurer, Georg: Welt in der Lyrik. In: Sinn und Form 20 (1968) S. 133–181.

Maurer, Karl: Der Liebende im Präteritum. In: Poetica 5 (1972) S. 1–34.

McHale, Brian: Postmodernist Lyric and the Ontology of Poetry. In: Poetics Today 8 (1987) S. 19–44.

Meyer, Herman: Erotik des Reims. In: Jahrbuch der Akademie der Wissenschaften in Göttingen 1976. S. 39–59.

Middleton, Christopher: The Pursuit of the Kingfisher: Writing as Expression. In: Ch. M.: The Pursuit of the Kingfisher. Essays. Manchester 1983. S. 55–68.

– Ideas about Voice in Poetry. Ebd. S. 69–79.

Müller, Günther: Geschichte des deutschen Liedes. München 1925.

– Bemerkungen zur Gattungspoetik. In: Philosophischer Anzeiger 3 (1928/29) H. 2. S. 129–147.

– Die Grundformen der deutschen Lyrik. In: G. M.: Morphologische Poetik. Gesammelte Aufsätze. In Verb. mit Helga Egner hrsg. von Elena Müller. Tübingen 1968. S. 105–145.

Müller, Ludolf: Die literarischen Gattungen und die »Leistungen der Sprache«. In: Festschrift für Klaus Ziegler. Hrsg. von Eckehard Catholy und Winfried Hellmann. Tübingen 1968. S. 427–434.

Müller-Dyes, Klaus: Literarische Gattungen. Lyrik, Epik, Dramatik. Freiburg i. Br. 1978.

Neumann, Bernd Helmut: Die kleinste poetische Einheit. Semantisch-poetologische Untersuchungen an Hand der Lyrik von C. F. Meyer, Arno Holz, August Stramm und Helmut Heißenbüttel. Köln 1977.

Neumann, Gerhard: Lyrik und Mimesis. In: Sprachen der Lyrik. Festschrift für Hugo Friedrich. Hrsg. von Erich Köhler. Frankfurt a. M. 1975. S. 571–605.

Neumann, Peter Horst: »Text« und »Gedicht«. Versuch einer terminologischen Unterscheidung. In: Germanisch-Romanische Monatsschrift N.F. 23 (1973) S. 1–11.

Neumeister, Sebastian: Poetizität. Wie kann ein Urteil über heutige Gedichte gefunden werden? Heidelberg 1970.

Niebelschütz, Wolf von: Über lyrische Dichtung. In: W. v. N.: Freies Spiel des Geistes. Reden und Essais. Düsseldorf 1961. S. 193–212.

Paz, Octavio: Zwiesprache. Essays zu Kunst und Literatur. Übers. von Elke Wehr und Rudolf Wittkopf. Frankfurt a. M. 1984.

Peper, Jürgen: Transzendentale Struktur und lyrisches Ich. In: Deutsche Vierteljahrsschrift für Literaturwissenschaft und Geistesgeschichte 46 (1972) S. 381–434.

Pestalozzi, Karl: Die Entstehung des lyrischen Ich. Studien zum Motiv der Erhebung in der Lyrik. Berlin 1970.

Petersen, Jürgen (Hrsg.): Triffst du nur das Zauberwort. Stimmen von heute zur deutschen Lyrik. Frankfurt a. M. 1961.

Petersen, Julius: Zur Lehre von den Dichtungsgattungen. In: Festschrift August Sauer. Stuttgart 1925. S. 72–116.

– Die Wissenschaft von der Dichtung. Berlin 1939. ²1944.

Petsch, Robert: Die Aufbauformen des lyrischen Gedichts. In: Deutsche Vierteljahrsschrift für Literaturwissenschaft und Geistesgeschichte 15 (1937) S. 51–68.

– Die lyrische Dichtkunst. Ihr Wesen und ihre Formen. Halle a. d. S. 1939.

Peucker, Brigitte: The Poem as a Place: Three Modes of Scenic Rendering in the Lyric. In: Publications of the Modern Language Association of America 96 (1981) S. 904–913.

Peyer, Heinz: Herders Theorie der Lyrik. Winterthur 1955.

Pfeiffer, Johannes: Das lyrische Gedicht als ästhetisches Gebilde. Diss. Halle a. d. S. 1931.

– Was haben wir an einem Gedicht? 6 Kapitel über Sinn und Grenze der Dichtung. 2., erw. Aufl. Hamburg 1959.

Poe, Edgar Allan: Das Gesamtwerk. Hrsg. von Kuno Schumann und Hans Dieter Müller. Bd. 4: Gedichte, Drama, Essays, Marginalien. Olten ³1983.

Popper, Hans: Reflections on Form in German Poetry. In: Trivium 1 (1966) S. 169–181.

– Ambiguität als kompositionelles Prinzip in der Lyrik. In: Akten des VI. Internationalen Germanisten-Kongresses Basel 1980. Bd. 3. Hrsg. von Heinz Rupp und Hans-Gert Roloff. Bern 1980. S. 224–233.

Prang, Helmut: Formgeschichte der Dichtkunst. Stuttgart ²1971. [S. 149 ff.]

Reed, Terence J.: Erlebnislyrik und Gesellschaft. Zur Rettung eines in Verruf geratenen Begriffs. In: Akten des VII. Internationalen Germanistenkongresses. Bd. 8. Göttingen 1985. S. 56–65.

Rey, William H.: Poesie der Antipoesie. Moderne deutsche Lyrik. Genesis, Theorie, Struktur. Heidelberg 1978.

Ribbat, Ernst: Poetik im Liebesgedicht. Johann Wolfgang Goethe: »Gegenwart«. In: Poetik und Geschichte. Festschrift Viktor Zmegač. Tübingen 1989. S. 205–217.

Riedler, Rudolf (Hrsg.): Die Pause zwischen den Worten. Dichter über ihre Gedichte. München 1986.

Ritter, Joachim: Subjektivität. Sechs Aufsätze. Frankfurt a. M. 1974.

Rühmkorf, Peter: Strömungslehre I. Poesie. Reinbek bei Hamburg 1978.

Ruprecht, Dorothea: Untersuchungen zum Lyrikverständnis in Kunsttheorie, Literarhistorie und Literaturkritik zwischen 1830 und 1860. Göttingen 1987.

Ruttkowski, Wolfgang Victor: Die literarischen Gattungen. Reflexion über eine modifizierte Fundamentalpoetik. Bern 1968.

Rychner, Max: Elemente des Gedichts. In: M. R.: Welt im Wort. Literarische Aufsätze. Zürich 1949. S. 97–103.

Scherpe, Klaus R.: Gattungspoetik im 18. Jahrhundert. Historische Entwicklung von Gottsched bis Herder. Stuttgart 1968.

– Analogon actionis und lyrisches System. Aspekte normativer Lyriktheorie in der deutschen Poetik des 18. Jahrhunderts. In: Poetica 4 (1971) S. 32–59.

– Historische Widersprüche in der Gattungspoetik des 18. Jahrhunderts. In: Germanisch-Romanische Monatsschrift N.F. 34 (1984) S. 312–322.

Schlaffer, Heinz: Das Dichtergedicht im 19. Jahrhundert. Topos und Ideologie. In: Jahrbuch der Deutschen Schillergesellschaft 10 (1966) S. 297–335.

Schlenstedt, Silvia: Subjektivität in der Lyrik / Subjektivität der Literaturwissenschaft. In: Weimarer Beiträge 23 (1977) H. 10. S. 105–112.

Schmidt, Gerhart: Lyrische Sprache und normale Sprache. In: Sprachen der Lyrik. Festschrift für Hugo Friedrich. Hrsg. von Erich Köhler. Frankfurt a. M. 1975. S. 731–750.

Schmidt, Jochen: Gelehrte Genialität: »Wandrers Sturmlied«. In: Jahrbuch der Deutschen Schillergesellschaft 28 (1984) S. 144–190. – Auch in: J. Sch.: Die Geschichte des Genie-Gedankens 1750–1945. 2 Bde. Darmstadt 1985. Bd. 1. S. 199–254.

Schmidt, Siegfried J.: Alltagssprache und Gedichtsprache. Versuch einer Bestimmung von Differenzqualitäten. In: Poetica 2 (1968) S. 285–303.

Schröder, Jürgen: Gottfried Benns späte Lyrik und Lyriktheorie. In: Bild und Gedanke. Festschrift für Gerhart Baumann. Hrsg. von Günter Schnitzler in Verbindung mit Gerhard Neumann und Jürgen Schröder. München 1980. S. 410–424.

Schultz, Hartwig: Aspekte der Form-Inhalt-Dialektik in der Lyrik. In: Literaturwissenschaft und Geschichtsphilosophie. Festschrift für Wilhelm Emrich. Hrsg. von Helmut Arntzen, Bernd Balzer, Karl Pestalozzi und Rainer Wagner. Berlin 1975. S. 134–145.

Schwinge, Ernst-Richard: Anmerkungen zu Goethes Gattungstheo-

rie. In: Deutsche Vierteljahrsschrift für Literaturwissenschaft und
Geistesgeschichte 56 (1982) S. 123–134.

Segebrecht, Wulf: Das Gelegenheitsgedicht. Ein Beitrag zur
Geschichte und Poetik der deutschen Lyrik. Stuttgart 1977.

– Steh, Leser, still! Prolegomena zu einer situationsbezogenen Poetik der Lyrik, entwickelt am Beispiel von poetischen Grabschriften
und Grabschriftenvorschlägen in Leichencarmina des 17. und
18. Jahrhunderts. In: Deutsche Vierteljahrsschrift für Literaturwissenschaft und Geistesgeschichte 52 (1978) S. 430–468.

Sengle, Friedrich: Vorschläge zur Reform der literarischen Formenlehre. 2., verb. Aufl. Stuttgart 1969.

Sieberg, Bernd: Linguistik und Lyrik. In: Runa 5/6 (1988) S. 217–228.

Sieburg, Friedrich: Die Grade der lyrischen Formung. Stuttgart 1920.

Söring, Jürgen: »Die Apriorität des Individuellen über das Ganze«.
Von der Schwierigkeit, ein Prinzip der Lyrik zu finden. In: Jahrbuch der Deutschen Schillergesellschaft 24 (1980) S. 205–246.

Sorg, Bernhard: Das lyrische Ich. Untersuchungen zu deutschen
Gedichten von Gryphius bis Benn. Tübingen 1984.

Spinner, Kaspar H.: Zur Struktur des lyrischen Ich. Frankfurt a. M.
1975.

Staiger, Emil: Lyrik und lyrisch. In: Der Deutschunterricht 4 (1952)
H. 2. S. 7–12.

Standop, Ewald: Die Bezeichnung der poetischen Gattungen im Englischen und Deutschen. In: Germanisch-Romanische Monatsschrift N.F. 6 (1956) S. 382–394.

Stephens, Anthony: Überlegungen zum lyrischen Ich. In: Zur
Geschichtlichkeit der Moderne. Ulrich Fülleborn zum 60. Geburtstag. Hrsg. von Theo Elm und Gerd Hemmerich. München
1982. S. 53–67.

Stevenson, Charles L.: On »What is a Poem?«. In: The Philosophical
Review 66 (1957) S. 329–362.

Stierle, Karlheinz: Die Identität des Gedichts – Hölderlin als Paradigma. In: Identität. Hrsg. von Odo Marquard und Karlheinz
Stierle. München 1979. S. 505–552.

Stöckli, Rainer: Gedicht des Lyrikers – »Gedicht« des Schizophre-
nen. In: Der Deutschunterricht 39 (1987) H. 3. S. 82–93.

Szondi, Peter: Poetik und Geschichtsphilosophie II: Von der norma-
tiven zur spekulativen Gattungspoetik. Schellings Gattungspoetik.
Hrsg. von Wolfgang Fietkau. Frankfurt a. M. 1974. [Studienausg.
der Vorlesungen. Bd. 3.]

Tamás, Attila: Über die Bedeutung des Wortes »Lyrik«. Beitrag zu den Grundfragen der Systematisierung von Kunstgattungen. In: Zagadnienia Rodzajow Literackich 19 (1976) S. 5–17.

Tarot, Rolf: Mimesis und Imitatio. Grundlagen einer neuen Gattungspoetik. In: Euphorion 64 (1970) S. 125–142.

Textsortenlehre – Gattungsgeschichte. Hrsg. von Walter Hinck. Heidelberg 1977.

Thalmann, Marianne: Gestaltungsfragen der Lyrik. München 1925.

Theobaldy, Jürgen / Zürcher, Gustav: Veränderung der Lyrik. Über westdeutsche Gedichte seit 1965. München 1976.

Todorow, Almut: Gedankenlyrik. Die Entstehung eines Gattungsbegriffs im 19. Jahrhundert. Stuttgart 1980.

Urbanek, Walter (Hrsg.): Gespräch über Lyrik. Dokumente zur Poetik des Lyrischen. Bamberg 1961.

Valéry, Paul: Zur Theorie der Dichtkunst. Aufsätze und Vorträge. Übers. von Kurt Leonhard. Frankfurt a. M. 1962.

Viëtor, Karl: Die Geschichte der literarischen Gattungen. In: K.V.: Geist und Form. Bern 1952. S. 292–309.

– Geschichte der deutschen Ode. Darmstadt ^{2}1961.

Voege, Ernst: Mittelbarkeit und Unmittelbarkeit in der Lyrik. Untersuchungen an lyrischen Gedichten des Altertums und der Neuzeit im Hinblick auf die herrschende deutsche Lyrik-Theorie. München 1932. Neudr. Darmstadt 1968.

Völker, Ludwig (Hrsg.): Theorie der Lyrik. Stuttgart 1986.

– Schiller and the Problem of Lyrical Subjectivity: »Expression« and »Concept«. In: A. Ugrinsky (Hrsg.): Friedrich von Schiller and the Drama of Human Existence. New York 1988. S. 141–148.

Waldmann, Günter: Produktiver Umgang mit Lyrik. Eine systematische Einführung in die Lyrik, ihre produktive Erfahrung und ihr Schreiben. Baltmannsweiler 1988.

Waldvogel, Markus: Die Lyriktheorie Th.W. Adornos. Zürich 1978.

Walzel, Oskar: Schicksale des lyrischen Ichs. In: O.W.: Das Wortkunstwerk. Leipzig 1926. Neudr. Darmstadt 1973. S. 260–276.

Warnke, Frank J.: The Lyric, »Erlebnis«, and Self-Transcendence. In: Literary Theory and Criticism. Festschrift für René Wellek. Tl. 1: Theory. Hrsg. von Joseph P. Strelka. Bern 1984. S. 619–629.

Was ist eigentlich Lyrik [Eine Rundfrage]. In: Literatur und Kritik 4 (1969) S. 65–94.

Watkins, Evan: Lyric Poetry as a Social Language. In: Argumentum e
    Silentio. International Paul Celan Symposium. Hrsg. von Amy D.
    Colin. Berlin 1987. S. 266–271.

Weithase, Irmgard: Gedichte – Sprechakte der Dichter. In: Sprechen
    und Sprache. Tonträger und sprachliche Kommunikation. Vorträ-
    ge der 9. Arbeitstagung der »Deutschen Gesellschaft für Sprech-
    kunde und Sprecherziehung e. V.« vom 11.–14. Oktober 1967 in
    Bochum. Hrsg. von H. Geipner und W. L. Höff. Wuppertal 1969.
    S. 117–124.

Wellbery, David E.: Benjamin's Theory of the Lyric. In: Studies in
    Twentieth Century Literature 11 (1986/87) S. 25–45.

Wellek, René: Genre Theory, the Lyric, and Erlebnis. In: R.W.:
    Discriminations: Further Concepts of Criticism. New Haven
    1970. S. 225–252. – Dt.: Gattungstheorie, das Lyrische und Erleb-
    nis. In: R.W.: Grenzziehungen. Beiträge zur Literaturkritik.
    Stuttgart 1972. S. 106–124.

Wellek, René / Warren, Austin: Theorie der Literatur. Übers. von
    Edgar und Marlene Lohner. Frankfurt a. M. ³1962. [S. 202 ff.]

Wellershoff, Dieter: Träumerischer Grenzverkehr. Über die Entste-
    hung eines Gedichtes. In: D.W.: Das Verschwinden im Bild. Es-
    says. Köln 1980. S. 127–142.

Werner, Heinz: Die Ursprünge der Lyrik. Eine entwicklungspsy-
    chologische Untersuchung. Nachdr. der Ausg. München 1924.
    New York 1971.

Wiegmann, Hermann: Der implizierte Autor des Gedichts. In:
    Archiv für das Studium der neueren Sprachen und Literaturen 133
    (1981) H. 1. S. 27–46.

Wilke, Hans-Jürgen: Die Gedicht-Überschrift. Versuch einer histo-
    risch-systematischen Entwicklung. Diss. [Masch.] Frankfurt a. M.
    1955.

Willems, Gottfried: Das Konzept der literarischen Gattung. Unter-
    suchungen zur klassischen deutschen Gattungstheorie, insbeson-
    dere zur Ästhetik F. Th. Vischers. Tübingen 1981.

Winokurow, J.: Was ist Lyrik? Rede auf dem 6. Internationalen
    Dichtertreffen in Belgien. In: Kunst und Literatur 12 (1964)
    S. 30–46.

Witkop, Philipp: Das Wesen der Lyrik. Diss. Heidelberg 1907.

Zeitgenossenschaft und lyrische Subjektivität. Lyrikdiskussion in
    Leipzig mit Heinz Czechowski u. a. In: Weimarer Beiträge 23
    (1977) H. 10. S. 80–103.

Nachtrag

Althaus, Thomas: Expeditionen ins Eigene. Reversive Strukturen in der neuen Lyrik. In: Zeitschrift für deutsche Philologie 113 (1994) S. 614–633.

– Versfragmente. Lyrische Deformation im Gedicht der Moderne: Celan, Bobrowski, Meister. In: Ernst Meister und die lyrische Tradition. Hrsg. von H. Arntzen. Aachen 1996. S. 195–212.

Bauer, Gerhard: Gewissensblitze. Moderne Gedichte als Provokationen. München 1995.

Baumgartner, Walter (Hrsg.): Wahre lyrische Mitte – »Zentrallyrik«? Ein Symposium zum Diskurs über Lyrik in Deutschland und Skandinavien. Frankfurt a. M. 1993.

Bernauer, Joachim: »Schöne Welt, wo bist du?«. Über das Verhältnis von Lyrik und Poetik bei Schiller. Berlin 1995.

Bernhart, Walter: Überlegungen zur Lyriktheorie aus erzähltheoretischer Sicht. In: Tales and »their telling difference«. Zur Theorie und Geschichte der Narrativik. Festschrift zum 70. Geburtstag von Franz K. Stanzel. Hrsg. von H. Foltinek [u. a.]. Heidelberg 1993. S. 359–375.

Bockelmann, Eske: Propädeutik einer endlich gültigen Theorie von den deutschen Versen. Tübingen 1991.

Böschenstein, Renate: Das Ich und seine Teile. Überlegungen zum anthropologischen Gehalt einiger lyrischer Texte. In: Das Subjekt der Dichtung. Festschrift für Gerhard Kaiser. Hrsg. von G. Buhr [u. a.]. Würzburg 1990. S. 73–97.

Conrady, Karl Otto: Noch etwas über den Begriff Erlebnislyrik. In: Architectura poetica. Festschrift für Johannes Rathofer zum 65. Geburtstag. Hrsg. von U. Ernst und B. Sowinski. Köln 1990. S. 359–369.

– Kleines Plädoyer für Neutralität der Begriffe Lyrik und Gedicht. In: Brücken schlagen. Weit draußen auf eigenen Füßen? Eine Festschrift für Fernand Hoffmann. Hrsg. von J. Kohnen. Frankfurt a. M. 1994. S. 35–57.

Ernst, Ulrich: Permutation als Prinzip in der Lyrik. In: Poetica 24 (1992) S. 225–269.

Feldt, Michael: Lyrik als Erlebnislyrik. Zur Geschichte eines Literatur- und Mentalitätstypus zwischen 1600 und 1900. Heidelberg 1990.

Fischer, Ludwig: Kurzes Nachdenken über lange Gedichte. In: Bausteine zu einer Poetik der Moderne. Festschrift für Walter Höllerer. Hrsg. von N. Miller. München 1987. S. 64–75.

Frank, Armin Paul: Theorie im Gedicht und Theorie als Gedicht. In: A. P. F.: Literaturwissenschaft zwischen Extremen. Aufsätze und Ansätze zu aktuellen Fragen einer unsicher gemachten Disziplin. Berlin 1977. S. 131–169.

Fuchs, Peter / Schmatz, Ferdinand: »Lieber Herr Fuchs, lieber Herr Schmatz!« Eine Korrespondenz zwischen Dichtung und Systemtheorie. Opladen 1997.

Fülleborn, Ulrich: Die deutsche Lyrik im gesamtkulturellen Wandel unserer Zeit. In: Poetry, Poetics, Translation. Festschrift in honor of Richard Exner. Hrsg. von U. Mahrendorf und L. Rickels. Würzburg 1994. S. 207–215.

Gadamer, Hans Georg: Gedicht und Gespräch. Frankfurt a. M. 1990.

Geyer-Ryan, Helga: Redevielfalt als poetisches Prinzip. Bachtin, Brecht, Harrison und das epische Gedicht. In: Robert Musils »Kakanien«. Subjekt und Geschichte. Festschrift für Karl Dinklage zum 80. Geburtstag. Hrsg. von J. Strutz. München 1987. S. 244–272.

Grabher, Gudrun M.: Das lyrische Du. Du-Vergessenheit und Möglichkeit der Du-Bestimmung in der amerikanischen Dichtung. Tübingen 1989.

Grimm, Reinhold / Hermand, Jost (Hrsg.): From Ode to Anthem. Problems of Lyric Poetry. Madison (Wis.) 1989.

Hähnel, Klaus-Dieter: Problemfeld einer Gattung. Neuere Forschungen zur Lyriktheorie. In: Zeitschrift für Germanistik N. F. 1 (1991) S. 636–644.

Helbling, Hanno: Rhythmus. Ein Versuch. Frankfurt a. M. 1999.

Hinck, Walter: Magie und Tagtraum. Das Selbstbild des Dichters in der Lyrik. Frankfurt a. M. 1994.

Holschuh, Albrecht: Schrift – Oralität. Zur Geschichte von Vers, Zeile und Gedicht. In: The German Quarterly 71 (1998) S. 209 bis 227.

– Der Phänotyp Gedicht. In: The German Quarterly 71 (1998) S. 121–135.

Homann, Renate: Theorie der Lyrik. Heautonome Autopoiesis als Paradigma der Moderne. Frankfurt a. M. 1999.

Horn, Eva: Subjektivität in der Lyrik: ›Erlebnis und Dichtung‹,

›lyrisches Ich‹. In: Einführung in die Literaturwissenschaft. Hrsg. von M. Pechlivanos [u. a.]. Stuttgart 1995. S. 299–310.

Hühn, Peter: Lyrik und Systemtheorie. In: Kommunikation und Differenz. Systemtheoretische Ansätze in der Literatur- und Kunstwissenschaft. Hrsg. von H. de Berg und M. Prangel. Opladen 1993. S. 114–136.

Jaegle, Dietmar: Das Subjekt im und als Gedicht. Eine Theorie des lyrischen Text-Subjekts am Beispiel deutscher und englischer Gedichte des 17. Jahrhunderts. Stuttgart 1995.

Kaiser, Gerhard: Geschichte der deutschen Lyrik von Goethe bis zur Gegenwart. Ein Grundriß in Interpretationen. 2 Bde. Frankfurt a. M. 1988–91.

Koch, Walter A. (Hrsg.): Die Welt der Lyrik. Bochum 1994.

Man, Paul de: Lyric and Modernity. In: P. d. M.: Blindness and Insight. Essays in the Rhetoric of Contemporary Criticism. New York 1971. S. 166–186.

Matt, Peter von: Die verdächtige Pracht. Über Dichter und Gedichte. München 1998.

Meyer, Kinereth: Speaking and Writing the Lyric »I«. In: Genre 32 (1989/90) S. 129–149.

Müller, Wolfgang G.: Das lyrische Ich. Erscheinungsformen gattungseigentümlicher Autor-Subjektivität in der englischen Lyrik. Heidelberg 1979.

– Das Problem der Subjektivität der Lyrik und die Dichtung der Dinge und Orte. In: Literaturwissenschaft. Theorien, Modelle und Methoden. Eine Einführung. Hrsg. von A. Nünning. Trier 1995. S. 93–105.

Nivelle, Armand: Kairos. Eine Gratwanderung zwischen Erkenntnis und Meinung. In: Ein Leben für Dichtung und Freiheit. Festschrift zum 70. Geburtstag von Joseph Strelka. Hrsg. von K. F. Auckenthaler [u. a.]. Tübingen 1997. S. 21–35.

Oelmann, Ute Maria: Deutsche poetologische Lyrik nach 1945. Ingeborg Bachmann, Günter Eich, Paul Celan. Stuttgart ²1983.

Olivi, Terry / Petöfi, János S. (Hrsg.): Approaches to Poetry. Some Aspects of Textuality, Intertextuality and Intermediality. Berlin 1994.

Rudorf, Friedhelm: Poetologische Lyrik und politische Dichtung. Theorie und Probleme der modernen politischen Dichtung in den

Reflexionen poetologischer Gedichte von der Aufklärung bis zur Gegenwart. Frankfurt a. M. 1998.

Schlaffer, Heinz: Die Aneignung von Gedichten. Grammatisches, rhetorisches und pragmatisches Ich in der Lyrik. In: Poetica 27 (1995) S. 38–57.

Schödlbauer, Ulrich: Entwurf der Lyrik. Berlin 1994.

Schrott, Raoul: Die Musen. Fragmente einer Sprache der Dichtung. München 1997.

Schuhmann, Klaus: Lyrik des 20. Jahrhunderts. Materialien zu einer Poetik. Reinbek bei Hamburg 1995.

Simmler, Franz: Zum Verhältnis von Satz und Text in lyrischen Gedichten. In: »Der Buchstab tödt – der Geist macht lebendig«. Festschrift zum 60. Geburtstag von Hans-Gert Roloff. Hrsg. von J. Hardin und J. Jungmayr. Bd. 1. Bern 1992. S. 55–105.

Strohschneider-Kohrs, Ingrid: Gesprächsformen als Konstituens lyrischer Struktur. In: Traditionen der Lyrik. Festschrift für Hans-Henrik Krummacher. Hrsg. von W. Düsing. Tübingen 1997. S. 151–167.

Tarot, Rolf: Käte Hamburgers Lyriktheorie – eine Revision. In: Traditionen der Lyrik. Festschrift für Hans-Henrik Krummacher. Hrsg. von W. Düsing. Tübingen 1997. S. 257–275.

Timm, Eitel: Das Lyrische in der Dichtung. Norm und Ethos der Gattung bei Hölderlin, Brentano, Eichendorff, Rilke und Benn. München 1992.

Völker, Ludwig: Gattungsdenken im Umbruch. Zum Lyrik-Diskurs der deutschen Literaturwissenschaft nach 1945. In: Germanica 21 (1997) S. 163–177.

Wellbery, David E.: Das Gedicht: zwischen Literatursemiotik und Systemtheorie. In: Systemtheorie der Literatur. Hrsg. von J. Fohrmann und H. Müller. München 1996. S. 366–383.

Wiedemann, Barbara: Von Fischen und Vögeln. Überlegungen zum modernen Gedichtbegriff. In: Poetica 27 (1995) S. 396–432.

Wolf, Werner: Aesthetic Illusion in Lyric Poetry? In: Poetica 30 (1998) S. 251–289.

Lyrik-Ausgaben

IN RECLAMS UNIVERSAL-BIBLIOTHEK

Deutsche Literatur · Eine Auswahl

Jandl, Ernst: *Gedichte über Gedichte*. 88 S. UB 18831 – *Laut und Luise*. 160 S. UB 9823 – *Sprechblasen*. 96 S. UB 9940

Kästner, Erich: *Gedichte*. 172 S. UB 8373

Klopstock, Friedrich Gottlieb: *Oden*. 184 S. UB 1391

Lenau, Nikolaus: *Gedichte*. 176 S. UB 1449

Liliencron, Detlev v.: *Gedichte*. 160 S. UB 7694

Meyer, C. F.: *Sämtliche Gedichte*. 278 S. UB 9885

Mörike, Eduard: *Gedichte*. 176 S. UB 7661

Mühsam, Erich: *Trotz allem Mensch sein*. 192 S. UB 8238

Nietzsche, Friedrich: *Gedichte*. 197 S. UB 18636

Novalis: *Gedichte. Die Lehrlinge zu Sais*. 327 S. UB 7991

Rilke, Rainer Maria: *Gedichte*. 324 S. UB 9623 – *Duineser Elegien. Die Sonette an Orpheus*. 157 S. UB 9624

Ringelnatz, Joachim: *Gedichte*. 128 S. UB 9701

Rückert, Friedrich: *Gedichte*. 333 S. UB 3672

Schiller, Friedrich: *Gedichte*. 424 S. UB 1710

Storm, Theodor: *Gedichte*. 173 S. UB 6080

Trakl, Georg: *Werke. Entwürfe, Briefe*. 367 S. UB 8251

Tucholsky, Kurt: *Gedichte, Lieder, Couplets*. 134 S. UB 18391

Philipp Reclam jun. Stuttgart